SOBRE OS FUNDAMENTOS
DA PSICANÁLISE

Blucher

KARNAC

SOBRE OS FUNDAMENTOS DA PSICANÁLISE

Quatro cursos e um preâmbulo

Fabio Herrmann

Organizadora
Leda Herrmann

Sobre os fundamentos da Psicanálise: quatro cursos e um preâmbulo

Imagem da capa: "Do Rio", foto de Fabio Herrmann do rio Douro.

Equipe Karnac Books

Editor-assistente para o Brasil Paulo Cesar Sandler

Coordenador de traduções Vasco Moscovici da Cruz

Revisão gramatical Beatriz Aratangy Berger

Conselho consultivo Nilde Parada Franch, Maria Cristina Gil Auge, Rogério N. Coelho de Souza, Eduardo Boralli Rocha

Blucher

Rua Pedroso Alvarenga, 1245, 4° andar
04531-934 – São Paulo – SP – Brasil
Tel.: 55 11 3078-5366
contato@blucher.com.br
www.blucher.com.br

Segundo o Novo Acordo Ortográfico, conforme 5. ed. do *Vocabulário Ortográfico da Língua Portuguesa*, Academia Brasileira de Letras, março de 2009.

FICHA CATALOGRÁFICA

Herrmann, Fabio

Sobre os fundamentos da Psicanálise: quatro cursos e um preâmbulo / Fabio Herrmann – São Paulo : Blucher, 2017.

504 p.

Bibliografia
ISBN 978-85-212-1104-4

1. Psicanálise I. Título.

16-1056 CDD 150.195

Índices para catálogo sistemático:
1. Psicanálise

Prefácio

Este livro sobre os fundamentos da Psicanálise vem a público vários anos depois de ter sido idealizado e organizado por Fabio Herrmann. Na forma de "Quarto Cursos", traz uma apresentação do autor datada de 2004. Representava, então, tanto um resumo expositivo do pensamento e da obra do autor em duas variações – Curso de New Orleans (2004) e Curso de Oslo/Tallin (1999) –, como uma visita em nova chave, parafraseando Suzane Languer,[1] da produção de Fabio Herrmann que já se constituíra em um sistema de pensamento psicanalítico original crítico-heurístico, como o apresentei em minha tese de doutoramento.[2] Em nova chave porque se trata de uma visita à clínica psicanalítica, apresentada, nos dois cursos posteriores, como "Meditações Clínicas" que, na forma

---

1 Langer, S. *Filosofia em Nova Chave.* Perspectiva, 2004.

2 Herrmann, L. *Andaimes do Real: A Construção de um Pensamento.* Casa do Psicólogo, 2007, p. 4.

trabalhada pela Teoria dos Campos, expõe sua extensão e desvela os fundamentos da Psicanálise.

Mais que um resumo, trata-se da visita, pelo autor, ao conjunto de seu pensamento apresentado ao longo de sua vida em mais de 10 livros – considerando as reedições ampliadas – e na centena de artigos publicados em coletâneas e em jornais e revistas. Essa visita é uma volta ao já produzido e nunca se apresenta, aqui, da mesma forma do primeiro registro, sem perder de vista a posição dessa obra como uma interpretação da Psicanálise.

Para este autor, o conjunto das teorias psicanalíticas de Freud e sucessores sobre as condições peculiares do homem e seu desenvolvimento constitui-se importantes produtos derivados da invenção freudiana da exploração do sentido humano – do homem e seu mundo. Mas não são, essas teorias, descrições fatuais, são interpretações, valem como exemplo de possibilidade de novas construções teóricas e de descoberta de novos campos de exploração da ciência psicanalítica.

Assim, o pensamento de Herrmann que se cria com a pergunta: "Por que a psicanálise é eficiente, como cura, seja qual for a orientação teórica do analista?" caminha pela via da exploração metodológica do fazer clínico que o leva a penetrar os fundamentos dessa disciplina, estabelecidos por Freud, mas encobertos pelos resultados de sua vasta produção teórica. A obra de Herrmann espelha esse percurso, embora não o mostre em uma primeira leitura. Nesta síntese dos "quatro cursos", a exploração desses fundamentos está mais evidente no primeiro dos cursos das Meditações Clínicas, "Da clínica extensa à alta teoria". Inicia-se por um passeio, ou um voo, pela condição histórica da Psicanálise que a transformou em resistência ao próprio desenvolvimento para tornar-se ciência geral da psique ("A história da Psicanálise como resistência à Psicanálise"), faz seu primeiro pouso na condição posta a descoberto por esse pensamento, de ter como reino análogo para sua produção a ficção, e primordialmente a ficção literária ("O análogo"), para aterrissar no aeroporto da conjunção de tempo, sujeito e cura como as bases da produção psicanalítica em uma ciência que, de certa forma, cria para as ciências futuras, no dizer de Herrmann, nova perspectiva epistemológica ("O tempo, o sujeito e a cura"). Tal perspectiva fora definida por Freud, desde os inícios da Psicanálise, e referida com precisão em seu artigo de 1924, "Resumo da psicanálise", pelo específico procedimento simultâneo de conhecimento e cura.[3] No segundo curso, "Intimidade da clínica", são esses fundamentos que permitem ao autor revisitar seu pensamento clínico exposto mais especificamente no livro *Clínica Psicanalítica: A Arte da Interpretação*, cuja primeira edição data de 1991.[4]

Poderia este livro, na forma organizada por Herrmann de quatro cursos e com o título de "Sobre os fundamentos da Psicanálise", ser considerado como uma introdução ao pensamento deste profícuo autor? Diria que sim e que não. Simplesmente introdutório a esse sistema de pensamento psicanalítico, não é. Mas o apresenta com certeza, por revisitá-lo em tempos e perspectivas distintas dos de sua criação, com o acréscimo apontado acima da discussão tanto de suas bases como daquelas da própria Psicanálise.

Não foi possível a Fabio Herrmann cuidar de sua revisão e publicação, pois veio a falecer em meados de 2006, depois de um ano de tratamento de grave doença. A tarefa coube a mim, tanto

---

3 Freud, S. (1924). Resumo da Psicanálise. In *Sigmund Freud Obras Completas*. Trad. Paulo César de Souza. São Paulo: Companhia das Letras, vol. 16, p. 227, 2011.

4 Esse livro conheceu sua primeira edição pela Editora Brasiliense. Em 2003 foi publicada a terceira edição pela Casa do Psicólogo.

por ser a herdeira de todo legado por ele deixado, como por ter acompanhado o desenvolvimento de seu pensamento psicanalítico desde seus inícios. Pelas características que fui encontrando no livro ao relê-lo, tomei a decisão de acrescentar-lhe um preâmbulo, incluído no subtítulo: (Quatro cursos e um preâmbulo). Trata-se de texto inédito de 1976, o trabalho escrito para sua apresentação como membro associado da Sociedade Brasileira de Psicanálise de São Paulo, ao final de sua passagem pelo Instituto de formação, "Andaimes do Real, um ensaio de psicanálise crítica". Pareceu-me que como texto fundador do pensamento de Fabio, teria lugar no livro que o revisita, pois já havia sido escrito como um resumo de sua produção à época, evidenciando que se iniciava a construção de uma original produção psicanalítica. Assim estariam contemplados tanto a perspectiva que tomaria a obra que estava sendo produzida, como a visita a seus resultados. Esta é uma história por mim apreendida. Creio que para Fabio, se não fosse impedido de viver, o momento da organização deste livro, 2004, seria o marco de novos desenvolvimentos de psicanálises possíveis, aquelas que a penetração nos fundamentos estava permitindo-lhe criar ou construir.

Para a preparação do texto final do livro várias decisões precisei tomar guiada pela preocupação de mantê-lo o mais fiel possível aos originais deixados por Fabio. Contei com a colaboração da colega Fernanda Sofio, que em sua cuidadosa leitura apontou-me as repetições de exemplos e de explicações de conceitos ao longo dos quatro cursos, bem como me poupou o trabalho da adaptação à última revisão ortográfica da língua portuguesa. Isso lhe foi possível pela familiarização com a obra objeto tanto de sua dissertação de mestrado,[5] como

---

5 Sofio, F. *Função terapêutica e hospital: onde há psicanálise?*, Programa de Pós-Graduação em Psicologia Clínica, PUCSP, 2006.

da tese de doutoramento.[6] Foi a revisão de Fernanda que me ajudou a entender a decisão expressa por Fabio na apresentação que fez para o livro preparado como quatro cursos de manter, para os dois últimos, as aulas tais como foram escritas no período de sua preparação.

Começando pelo fim, os dois cursos que compõem as "Meditações clínicas" foram ministrados em paralelo ao longo de 4 anos, de 2002 a 2006, tanto no Programa de Pós-Graduação em Psicologia Clínica da Pontifícia Universidade Católica de São Paulo, em que Fabio foi professor desde 1984, e no Instituto de Psicanálise da Sociedade Brasileira de Psicanálise de São Paulo. As aulas Fabio iniciou a escrever em 2001, tendo terminado em 2004, quando os cursos ainda estavam em andamento. Isso permitiu-lhe organizar este livro aproveitando na primeira parte cursos em que resume e apresenta seu pensamento psicanalítico, ocorridos no intervalo de cinco anos.

Essas duas partes do livro, "O que é a Teoria dos Campos" e "Meditações Clínicas" distinguem-se. A primeira constitui um exercício, pelo autor, de expor seu pensamento, enquanto interpretação da Psicanálise, de forma resumida. Em cada um dos cursos evidencia-se uma escolha para essa apresentação, pois seguem rumos diferentes. Isto é, Fabio conta de maneiras distintas sobre seus achados na busca de respostas para a pergunta que formulou desde muito jovem, sobre o como e o porquê da eficácia da Psicanálise. É claro que esses achados aparecem nos dois cursos, mas se são repetições, em cada um há toques e tratamentos peculiares. Na segunda parte, é claro que voltam os temas da primeira, só que na especificidade de como esse pensamento psicanalítico, já bem desen-

---

6 Sofia, F. *Literacura?* Psicanálise como forma literária: uma interpretação estética vislumbrada. Instituto de Psicologia, USP, 2013.

volvido, trabalha com a clínica, tocando os próprios fundamentos da Psicanálise. É interessante notar que aqui fica muito presente a preocupação do autor de seguir o que apontou em Freud, de vir a constituir-se a Psicanálise em ciência da psique, o que tratou por horizonte de vocação – recuperado na primeira aula da terceira meditação. Usa várias vezes o argumento de que uma prática terapêutica não dura mais que algumas gerações, enquanto que a ciência dura o que dura a cultura em que se criou. Em outros escritos insiste que o psicanalista é um pesquisador sendo sua empiria a clínica, do homem ou do mundo, e que como Freud, precisa criar, porque "quem não cria crê"[7] e repete as teorias consagradas, pondo-se à parte do viés heurístico da disciplina inventada por Freud.

A inclusão do texto de 1976 no "Preâmbulo" que inventei, como já afirmei, foi uma decisão minha ao vislumbrar um lugar próprio para esse texto inédito – que muito extenso para um artigo, muito curto para um livro, sofreu esse destino.[8] Vários trechos, por exemplo, o Capítulo II, "Uma regra em três histórias", são retomados em livros posteriores, especialmente em Andaimes do Real: Psicanálise do Quotidiano, desde sua primeira versão, de 1985, publicada pela Editora Vértice, com o título Andaimes do Real: O Cotidiano. Fabio, a partir do final dos anos 1980, passou a grafar quotidiano com "quo" ao invés de "co", seu uso mais frequente, principalmente na impressa escrita. Além de ser etimologicamente mais apropriada, a palavra passou a referir um conceito, o da realidade como representação do real, e a opção por essa grafia teve também o propósito de não confundir quotidiano com dia a

---

7 Cf. Herrmann, F. "A Psicanálise em São Paulo", 15/06/1986, suplemento Folhetim, *Folha de S. Paulo e Clínica Psicanalítica: A Arte da Interpretação*, Casa do Psicólogo, 2003, 3ª ed., pp. 137-8.

8 Em minha tese de doutorado, que analisa esse pensamento pela obra escrita produzida, considerei-o texto fundador. Ver Herrmann, L., op. cit., capítulo 3.

dia. Neste livro mantive a grafia original de 1976. O texto, em sua forma, difere muito da produção posterior de Fabio. Abriga muitas notas de rodapé sobre textos referidos, o que desaparece na obra a partir dos textos de meados da década de 1980, provocando certa desorientação do leitor.

Tal característica de escrita de Fabio levou-me a optar por incluir nos textos dos quatro cursos notas de rodapé como referências bibliográficas daquilo que pude identificar, valendo-me inclusive do recurso da plataforma Google de que dispomos hoje em dia. Essas notas estão identificadas por "(L H)".

Finalmente, a possibilidade de tornar pública esta parte da produção escrita de Fabio Herrmann, principalmente os textos dos cursos "Meditações Clínicas", está permitindo a divulgação das últimas preocupações deste autor. Elas confirmam o caminho de suas reflexões pela clínica psicanalítica em toda sua extensão ao pensar pela força do método interpretativo que inspirou Freud. Não poderia terminar sem mencionar que a aventura deste livro só pôde tornar-se realidade graças ao convite do colega Paulo Cesar Sandler em nome da Editora Karnac Books, a que agora se associa à Editora Blucher.

Leda Herrmann
São Paulo, fevereiro de 2015

Conteúdo

Preâmbulo

Andaimes do real: um ensaio de psicanálise crítica

A Leda, é dela.

A muitas pessoas eu poderia agradecer, mas a outras não poderia deixar de agradecer: ao Dr. Armando Ferrari, meu analista, à Sra. Lygia Amaral e ao Dr. Isaias Melsohn, meus supervisores, e à Sra. Regina Chnaiderman, minha primeira professora de Psicanálise.

Apresentação formal – Prólogo

O que se pode esperar de uma apresentação formal, como a que devo cumprir? Os ingleses, mestres da formalidade ocidental e da apresentação, encontraram a medida certa: "*How do you do*?". Nada faz, nem interroga, essa fórmula vazia; quando é compulsória uma apresentação, deixo que se diga meu nome, faço ouvir minha voz e basta: estou apresentado por um nome e um ruído cortês.

Pretendendo avançar os limites da pura formalidade já me arrisco a ser fastidioso, pois devo reinterpretar o convite. *Apresentar-me* significa: fazer-me presente pelo que sou; e sou uma história pessoal, dentro da nossa história conjunta, do momento psicanalítico que partilhamos. Salva-nos o requisito segundo da formalidade. Em vez de fatigá-los com o desinteressante relato de uma formação igual a todas – onde está contida a pretensão de ser única, como na de todos –, posso restringir-me a ser *formal*, isto é: apresentar-lhes a história de uma forma, de meu estilo. Isso é possível fazer sem que me torne demasiadamente importuno. Porque não há muito a dizer.

Formulou-se para mim uma certa ideia da Psicanálise[1] – faz seis ou sete anos – que, do ponto de vista estilístico, me tem produzido coerentemente o trabalho clínico, assim como umas poucas tentativas de comunicação escrita, inclusive as duas regulamentares.[2] Isto me pode apresentar: o sumário de uma série de textos – planejada, em 1969/1970, para se constituir em exposição sistemática desse ponto de vista – que, de uma proposta inicial abstratamente formulada (Capítulo I), fosse caminhando para o particular e para o concretamente vivido (Capítulos II a VIII); de maneira a dar uma ideia e aplicá-la depois. Somente a aplicação pode *dar uma ideia* e julgar-lhe o valor. Assim a série planejada vai do geral ao particular, em rota batida, sem deixar os limites da Psicanálise em momento algum. E, se vejo a unidade dessa *ideia geratriz* ao longo da história de minha formação analítica, não me deveria ser difícil

1 Nos anos 1980, Fabio Herrmann passou a usar Psicanálise com "P" maiúsculo para designar a ciência psicanalítica e com "p" minúsculo, suas adjetivações, como por exemplo, a terapia psicanalítica. Para garantir a precisão dessa diferença adotei a alteração neste texto (L H).

2 Trata-se de referência aos dois relatórios de casos atendidos em supervisão como exigência da formação na SBPSP na época (L H).

manter a mesma unidade e coerência ao historiar a própria ideia. Infelizmente existe um problema duplo de distância; não só a destes últimos cinco anos em que o escrever tem sido raro e distante, como também a distância que me posso permitir intercalar entre o princípio e o fim de um texto feito para ser lido de um só fôlego e não custar mais que um dia do colega atarefado. Sem subestimar a condescendência amiga, mas não superestimando, por outro lado, o escasso poder de entretenimento do ensaio, tenho de me render à evidência de que as suas originais trezentas páginas iriam muito além do princípio do prazer. Sumario, portanto, apresentando-me apenas por meio deste prólogo e excertos de alguns dos capítulos terminados em diferentes datas.[3] Pelo que se perderá um pouco da não muita clareza original da exposição da ideia, e praticamente toda a oportunidade de lhe investigar as decorrências colaterais, sobretudo aquelas que concernem à prática psicanalítica. Acrescentando-se a isso o fato de se tratar aqui do sumário de um projeto inconcluído, devo arcar com o risco adicional de parecer estar somente especulando e especulando fora do campo da Psicanálise. Falsa aparência; tudo o que se segue há de ser apreciado com o rigor que faz juz um trabalho de Psicanálise. Que os colegas leiam e que critiquem com severidade; mas que leiam, pois não será possível sumariar verbalmente um sumário.

---

3 Alguns dos capítulos que formam o ensaio seguinte foram terminados há tempos, outros baseiam-se em textos diversos mas inéditos. Assim os Capítulos II e III, que são de 1970/71, foram apenas resumidos. Os Capítulos IV e VI baseiam-se em notas e em dois estudos particulares: sobre a sorte-azar (de 1971) e uma análise comparativa de delírios, iniciada em 1970/71 e não terminada. O Capítulo VIII também tem por fundamento um texto único "O Campo e a Relação", este de 1969. O Capítulo V é de 1973/74 e o VII, a transcrição quase integral de um relato clínico sob supervisão, é de 1974, tendo sido apresentado em maio de 1975. Dois outros capítulos escritos para constar no ensaio original foram excluídos. O prólogo foi escrito apenas para esta apresentação que tem o caráter de uma comunicação preliminar.

Permitam-me uma pequena digressão ainda, apropriada a esta apresentação e menos própria, talvez, a uma publicação remota e eventual. Da mesma maneira em que uma história pessoal só faz sentido no contexto mais amplo da história de sua época, a história formal de meu estilo requer a justificativa de uma breve apreciação do momento estilístico da Psicanálise.

A impressão deste estudante é a de estar vivendo em uma espécie de período barroco na Psicanálise. Tanto o primitivo vigor da criação do método, quanto o classicismo da edificação teórica precisa, foram atravessados pela obra complexa de Freud. Por um lado, os trabalhos sobre a histeria, a *Interpretação dos Sonhos*, os cinco relatos clínicos; por outro, a *Metapsicologia* e todas as posteriores reformulações e consolidações teóricas. O que se pode esperar depois? Até mesmo a epistemofagia frenética deste século precisa de um certo tempo para digestão. Se é verdade que o desenvolvimento posterior da Psicanálise teve o seu acento no estilo barroco, se é isso o que nos cabe agora – e posso, evidentemente, estar errado –, não será motivo bastante para nos envergonharmos. Qualificar de barroco não é um insulto, sê-lo no escuro, entretanto, é perigoso. Esteticamente, o barroco é mais que decadência; ele surge, por exemplo, quando a estátua deixa o templo e se humaniza, quando se torna particular: "*Le portrait apparaît. Le type s'efface*",[4] observa Élie Faure com propriedade. O panorama turva-se, as opiniões são emitidas mais depressa do que se as pode avaliar, uma perspectiva clara torna-se de repente duvidosa. A estátua, nascida como um adorno tardio do templo no momento em que já são necessários atrativos para reunir os cidadãos, vai-se vestindo aos poucos de roupas enfeitadas, dessacraliza-se e deixa o lugar da fé, para encontrar um novo lugar na cidade: na Pólis ou na

4 Faure, Élie. L'Esprit des Formes. In *Histoire de l'Art*. Paris, Librairie Plon, tomo V, p. 35.

praça defronte à catedral gótica. E, no final do trajeto, os atrativos da êxedra e dos conselhos suplantam os do templo. A harmonia cede espaço à sutileza. E o que se perde com isso? A estatuária perde, mas a pintura ganha; a literatura, que não se pode mais desejar épica – e quem se importa? – ou classicamente trágica, alcança a dimensão de um novo tom premonitório, tragicamente angustiado com seu destino, voltado à autocrítica, introvertido e até esotérico, esperando um outro horizonte. Contido na autocrítica, pode estar presente em germe um novo impulso que ainda se ignora. Cervantes viveu o barroco moral da antiga cavalaria e viveu-o com dignidade artística. O teatro do absurdo sobrevive hoje, denunciando o barroco da nossa moral.

"Eu diria que é barroca a fase final de toda a arte, quando ela exibe e exaure seus recursos", palavras de Borges.[5] Isso não pode ser tomado ao pé da letra, mas deve-se tomar em consideração. Em nosso caso trata-se da exaustão provisória de uma certa arte, de um período crítico inevitavelmente repetitivo. A crise barroca sói oferecer três formas comuns e uma solução parcial, mas digna.

Pensemos na Psicanálise exclusivamente; pondo de parte este momento de dúvida sem sistema que é o nosso, neste mundo que oscila entre o extermínio nuclear e o oligopólio progressivo.

Uma das formas tradicionais do barroco é a exacerbação do detalhe: o rococó. Provavelmente muitos dos colegas partilham esta impressão diante de alguns textos psicanalíticos: uma ponta de rebuscado rococó. O abuso da pormenorização dos mecanismos de defesa é um exemplo. À medida que se divide um conceito como o de projeção e se retalha o resultado, subdividindo e especificando,

---

5 Borges, J. L. *História Universal da Infâmia*, Porto Alegre, Editora Globo, 1975, p. XXIX.

há um progressivo esvaziamento do conteúdo. A vida mental passa a ser compreendida como o resultado da interação de mecanismos, e o que só poderia ser um recurso de linguagem concebe-se, enfim, como fato mental. Isto é: o enriquecimento aparente redunda em pobreza efetiva. Diante de uma roupagem conceitual sofisticada, a gente se pergunta: é uma intuição original que só encontrou essa forma para se expressar ou trata-se de uma reiteração oculta – barroco do Aleijadinho? De Veiga Valle? Ou de um dourador anônimo?

A reação natural contra esse abuso, bem o sabemos, é a generalização apressada com apelo aos *dados imediatos, à experiência*. No contexto do barroco oferece um espetáculo de renovação que eu chamaria de espetacular. Vale sempre pela ousadia, pelo brilho instantâneo e, sobretudo, por criar a ilusão de conter em si todas as obras precedentes. Concedendo, entre outras coisas, uma dispensa especial para o cansativo esforço de investigar propostas que se multiplicam com tanta rapidez. Com pesar, porém, acabamos por reconhecer a presença incômoda das mesmas formas exauridas, sob a vestimenta nova da estátua. Eis o selo da generalização barroca – a nomeação. O Barroquismo acredita na onipotência da palavra; rebatiza ou crisma. Dominando o nome, assenhoreia-se das concepções antigas, reinventa-as em nova fórmula. Torna-se útil, portanto, para fins didáticos. Não há renovação verdadeira dentro do barroco. É preciso ter paciência e uma certa dose de desconfiança, quando novas formas espoucam em um espetáculo pirotécnico. Não importa, o rococó espetacular é bonito a seu modo e quando se assume; em caso de dúvida, visitemos imaginariamente uma bela igreja baiana, como a de São Francisco, porque há outras, muitas outras.[6] O problema maior do espetacular é

---

6 Segundo a opinião de Dom Clemente Maria da Silva Nigra, antigo diretor do Museu de Arte Sacra da Bahia, o motivo final da excelência da Igreja de São

que ele tende a se repetir. Repete-se, e nisto se distingue de uma nova fase em abertura; esta passa das dores do parto para uma vida primeira quase secreta que, de tão irritantemente outra e carente de fórmulas, não se pode repetir. Repetição obrigatória! Pelos anos de 1600, por exemplo, era costume iniciar um livro devotado aos costumes exóticos com referências às questões do barroco dos descobrimentos geográficos. Assim, o imprescindível testemunho de Garcilazo de la Vega, "*el Inca*", abre-se com as considerações habituais sobre a possibilidade de vida humana nas zonas quentes ao sul do equador, para concluir afirmativamente: sim, é possível a vida humana nestas condições, já que seria absurdo supor "*que partes tan grandes del mundo las hiciese Dios inútiles, habiéndolo creado todo para que lo habitasen los hombres*".[7] O que não deixa de ter uma autêntica graça barroca quando consideramos que o autor nascera em Cuzco.

Do lado de baixo do equador, porém, existe vida, pecado e até erudição. Poderia dizer ainda que o pecado – o pecado cristão – foi trazido pela erudição e que a erudição, esta, é o pecado barroco contra a castidade cultural. Terceira forma oferecida, a erudição pretende-se resposta ao declínio, enquanto não passa de consequência. "O barroquismo é intelectual",[8] palavras de Borges, novamente. Intelectual, sofisticada e elegante, a forma erudita coleciona expressões psicanalíticas, investiga o seu valor relativo, aponta e denuncia a mera sinonímia das grandes generalizações, faz humor do rococó e importa contribuições das disciplinas afins. Tudo

---

Francisco foi a pobreza franciscana, que impediu os frades de seguirem o costume dominante no começo deste século, o de substituir os velhos altares de madeira dourada por outros de alvenaria simulando mármore.

7 Vega, Garcilazo de la. *Comentarios Reales: el origen de los incas*. Barcelona, Bruguera, 1968; p. 56.

8 Borges, op. cit., nota 13.

meritório. É um pecado que não baste! A insuficiência da erudição revela-se na sua timidez. Conclui sempre: "apesar de tudo é apenas disso que dispomos; colocado em melhor linguagem, depurado filosoficamente, o que foi dito... Enfim... É mais ou menos..." A timidez resulta da seriedade com que o erudito se encara. Como ele só pode viver na atmosfera pesada do barroco, no orgulho intelectual de sua superioridade mal reconhecida, o erudito da Psicanálise é pouco sensível ao riso. Em consequência arrisca-se a derrisão.

Três formas prevalentes, três evidentes fracassos; de uma combinação inteligente das três é presumível alcançar um moderado êxito estilístico, atendida uma condição: a de não se querer definitivo, a de considerar a evidência barroca. É um tempo impróprio a sínteses poderosas, embora seja aquele que mais as necessite. O paradoxo dos períodos incertos, em que uma disciplina rapidamente erigida aguarda, no meio de um nevoeiro de opiniões, a virada qualitativa que lhe pode conceder um novo fôlego, reside exatamente em que essa virada auspiciosa é tão necessária quanto impossível. Talvez já se tenha dado, em algum dizer oculto pelo barulho geral; não se fica sabendo se, nem onde. Como não rir de si mesmo, quando aquilo que se procura pode existir incógnito em qualquer parte, até mesmo aqui, onde se está? Nesta, segundo penso, resume-se a mais digna das soluções do barroco: no riso ou, mais precisamente, num certo riso torcido e leve, o da ironia.

A ironia é a resposta do espírito à exaustão repetitiva dos dogmas: "Ela nasce com o dogmatismo, do qual ela observa a ascensão, e espera a queda".[9] Não pelo gosto do vazio; ao contrário, o ironista repudia as generalizações dogmáticas porque as sabe vazias. Não

---

9 Lefebvre, H. Sobre a Ironia, a Maiêutica e a História. In *Introdução à Modernidade*. Trad. Jehovanira C. de Souza. Rio de Janeiro, Paz e Terra, 1969, p. 15.

pelo prazer do dito espirituoso e fácil; a ironia desnuda o rococó por considerá-lo fácil. Nem, muito menos, por qualquer pendor ao obscurantismo intelectual; o ironista deplora a erudição por crê-la confusa, e por temer a sorte que espera o pouco que conhece, se mergulhado no caos de muitas opiniões. "O ironista socrático não escolhe entre o 'tudo saber' e o 'nada saber' Ele sabe alguma coisa, e antes de tudo que não sabe nada; logo, ele sabe o que é 'saber'."[10]

Se a minha visão do estado atual do estilo psicanalítico tem algum sentido – o que não posso assegurar, mas desconfio – a posição estilística mais frutífera neste tempo de espera é a crítica. Crítica consiste em primeiro lugar no ato difícil e inoportuno de reconhecer uma crise, um período crítico. Isso apenas se pode suportar com bom humor, com um riso levemente irônico, dirigido sobretudo a si mesmo. Em segundo lugar, requer-se uma defesa apaixonada do que é *saber*. Em terceiro, a crítica deve reconhecer o que se sabe e a quem se deve este saber. Finalmente, não deve e não pode ser tão segura de si a ponto de omitir a possibilidade de estar anunciando alguma coisa que já se passou, que foi e não é mais. Muitos colegas poderão pensar que uma nova síntese teórica esta em plena construção. Por que estariam errados? Eu seria o último a desejar que estivessem; contudo, como o panorama não me parece claro, só posso procurar uma situação de boa visibilidade, de lucidez, e esperar.

Apresento-me, assim, sem novidades. A crítica é o exercício último da ortodoxia, é mais conservadora que o dogmatismo, porque este ridiculariza o que pretende defender. Mesmo a crítica mais iconoclasta – e não é absolutamente o caso – ao pretender virar tudo de pernas para o ar, tem que saber onde fica o lado de

---

10 Lefebvre, H. Ibid., p. 15.

cima, a cabeça. Até prova em contrário, será a de Freud, sendo seu o passo edificador da Psicanálise.

O nosso conhecimento progride em grandes e pequenos passos. Um grande passo tem a forma geral de um vórtice: no centro uma síntese aguda que aspira continuamente a recalcitrante periferia de noções correlatas. Um texto muito importante prende-nos, de início, pela confusão que cria em nosso catálogo interno de definições. Porém, quando a tensão se resolve pela própria força organizadora do novo conhecimento adquirido, sobrevém um tal sentido de posse e poder, que nós nos imaginamos coautores e repositório de toda uma cultura. E há também os pequenos passos. Esses não realizam qualquer plenitude – nem a das grandes sínteses, nem a das falsas contribuições que são plenas também, mas de vazio. Não sendo respostas, têm a vantagem de exercitarem a inquirição. Quando são derrubados pela crítica do leitor, levam consigo alguns preconceitos ou fundamentam alguma crença intuída. E como a vigência de uma comunicação dá-se no pensamento de quem a recebe, os pequenos passos vivem da tensão provisória que criam sem poder solucionar. São, por fim, exercícios que valem pelo seu estimulante despudor.

Situado estilisticamente dentro do estilo da época que penso viver, só me posso permitir esse despudor que se ironiza, que ri de sua pretensa seriedade. O que se segue há de ser, portanto, encarado como um jogo, isto é: com toda a seriedade, participação e descrédito pelas conclusões.

I – De Édipo a Sísifo

A ideia que desejo expor é simples, como convém a uma ideia que organiza teimosamente o pensamento inteiro de uma pessoa simples. Consiste em tomar a multiplicidade de sentidos divergentes de algum conceito respeitável e procurar-lhe o sentido essencial, que em cada um se manifesta, ocultamente. É maneira algo original, já que trata das origens; não é uma ideia inteiramente nova, porque aparece no *Poema Didático*, por exemplo, e ocorre a toda a gente, antes e depois de Parmênides. Encontrando esse sentido unificador da diversidade posso contemplar sua precariedade, acompanhá-la ao beco sem saída da questão que levanta. O que não é mais recente, também, que a aporética – e ocorre a toda a gente, antes e depois de Zenão de Eleia. Refutando-o por absurdo, tenho seu absurdo presente, rendo-lhe homenagem e paro aí. A contemplação do absurdo põe fim ao trabalho do crítico; em vez de desespero, apazígua-lhe a consciência e permite-lhe crer. O que carece também de novidade e ocorre – no sentido de acontece – a toda a gente, antes e depois de Santo Agostinho ter ou não ter escrito: "*Credo quia absurdum*".[11]

Suponhamos que, após um cuidadoso levantamento dos inúmeros sentidos em que o conceito psicanalítico central de inconsciente tem sido empregado, se encontrassem os seguintes: representações e ideias inconscientes, afetos inconscientes (?), estruturas de impulsos subjacentes aos atos psíquicos, núcleos psicóticos que, por incompatibilidade, não se podem agregar ao pensar comum, consciência operante e opaca a si mesma, essência concretizada da *experiência interna*. Suposição simplista, que não leva em consideração inúmeras variantes e acepções mais raras, servindo somente como ponto de partida, ao assinalar uma diversidade. O trabalho crítico poderia começar ignorando a história do conceito, e designar-lhe um *sentido crítico*. Crítico duplamente: por um lado, um sentido que torne a crítica possível, por outro, um sentido que revele a crise do conceito, um sentido crucial. Proponho que se considere este: *inconsciente é o*

---

11 Aparentemente, a atribuição tradicional é falsa. A frase seria de Tertuliano.

conjunto de regras estruturantes da consciência, logo ocultas. Essa definição não é melhor que as outras; não se aplica, por exemplo, à situação interpessoal da entrevista com suficiente valor operativo.[12] A sua única e suficiente utilidade consiste em ser um sentido essencial a todas as definições da lista apresentada; excetuando-se a de *consciência operante e opaca*, que padece de uma óbvia contradição nos termos, e pode ser abandonada de imediato. Por economia, deixo aqui de justificar a escolha da definição crítica, que é por si bastante evidente. Apenas pretendo considerar o problema de expressão que comporta, depois de ter abordado a questão do desnudamento deste inconsciente formal.

* * *

Sabemos da consciência através das palavras. Quando a palavra é proferida, embora no silêncio do dizer interno, sua dimensão longitudinal, o discurso, repousa sobre o campo organizador de certas precondições formais, que chamamos de regras. Essas regras não aparecem mais que as anquinhas de antigamente. Estruturante e constitutiva a regra compõe o discurso, que em sua claudicação ficaria descomposto, como um vestido de corte sem as anquinhas – e, em sua falência completa, decomposto. Desde o começo, desde a histeria e os sonhos, a Psicanálise perguntou pelos fatores determinantes de certas consciências, em especial das consciências ditas patológicas. E, como método, tentou imitar a química: dissolver para analisar os componentes. Porém, veio a conseguir um êxito

---

12 "O sentido em que usamos *inconsciente* é no de alguns esquemas compreensivos que se repetem com notável regularidade." (Entrevista em Serviço Social de Caso – Emoção – Conceitos Gerais. Leda e Fabio Herrmann, PUCSP, 1970.) Conceituação que privilegia o caráter de inteligibilidade, isto é, inconsciente é o *esquema compreensivo* na situação interpessoal. Por onde se pode ver como é difícil estar-se de acordo até consigo mesmo.

definido, apenas quando observou, com relutância, que a dissolução não punha a nu elementos desvitalizados, química da alma, mas fazia surgir novas consciências de objeto, complexas e fantásticas. Quer dizer: quando progrediu da química para a alquimia. A consciência maltratada pela interpretação é ainda *consciência de* e continua repousando no campo organizador da regra. Mas não da mesma regra! A dissolução regressiva do campo da comunicação – seja o de um texto, seja o de um paciente – deixa no espaço o campo anterior, que se pode tornar, então, objeto de consciência. Poupo-me o esforço de exemplificar agora, todo trabalho psicanalítico serve de exemplo; os ensaios seguintes, em particular, versarão sobre esse processo, exercitando-o repetidamente.[13]

Para ressaltar a dramaticidade de uma ruptura do campo, há uma experiência terrível que alguma vez todos enfrentamos. Uma acalorada discussão chega ao final, e quando meu último argumento parece irrespondível, choca-se com a indiferença absoluta do interlocutor. Como se eu lhe dissesse: "Você é menos do que eu, porque isto você não sabia. À ignorância, eu só perdoarei pela sua humilhante rendição à evidência e a mim". Estou supondo que nos medimos no mesmo campo de luta e que venci, quando ele me responde: "Sua vitória nada me diz. Eu nunca estive no mesmo campo que você, no do saber. Meus interesses são outros, bem outros". Um duelo a pistola é o único argumento válido nesse caso. A quem se nega o título de *sapiens* só posso retrucar privando-o do título de *Homo*. Com umas frases curtas meu adversário pôs-se fora do campo – o da compreensão recíproca – deixando-me pendurado no vazio.

É surpreendente quantos analistas, praticando diariamente o jogo desse aturdimento, chegam a morrer de causa natural. Este

---

13 Cf. especialmente o Capítulo VIII deste Preâmbulo.

crudelíssimo puxão do tapete da comunicação parece-me o cerne do trabalho analítico. Usamos a relação estabelecida com um cliente – relação de afeto e de compreensão, de ódio (que é também afeto) e de competição – para desnudar o campo que a sustém.[14] E a regra desse campo é posta em evidência, e fatorada. Salta a vista com o risco de furá-la, e mais: *é dita.*

Mas como é dita, em que forma? A estrutura despojada da regra não tem uma forma última que se possa encontrar no miolo descascado da mente. A vida mental, a consciência, obedece ao princípio da cebola mais que ao do abacate: se for descascada meticulosamente, camada por camada, deixa a mão vazia. A regra estruturante está presente em cada nível do vivido, não é uma calcificação substantiva, não é uma coisa interna, nem é uma coisa. E se não tem forma, por *ser forma*, a sua expressão pode ser tão abstrata quanto se queira. Num grau extremo de abstração, eu a formulo. Gozo mesmo a satisfação duvidosa de colocá-la em fórmulas esotéricas, se me decido a convencionar-lhe símbolos; isso dá um aspecto algo científico e nós, excluídos do milênio da técnica, somos tão sensíveis às aparências científicas... A questão, porém, não se resolve com tanta simplicidade. A formulação por símbolos arbitrários é pobre e inexata quando lhe falta o texto descritivo cuidadoso e explícito ao qual se refere.[15] Do fracasso inevitável da linguagem *científica*, inequívoca e formalizada, nasce uma das crises barrocas da Psicanálise. "Precisamos encontrar uma nova linguagem", diz-se. Ela já existe, basta aprender a usá-la. A literatura tem milênios de experiência em descrever o inconsciente, a regra

---

14 Cf. Capítulo VIII deste Preâmbulo.

15 Uma meditação arguta sobre esta moda (no âmbito da Matemática, especialmente) pode-se já encontrar em Poincaré, H. *Últimos Pensamentos*. Rio de Janeiro, Livraria Garnier, 1924; cap. IV, "A Lógica do Infinito".

encarnada na vida imaginária dos seus personagens. Um escritor de qualidade apossa-se da essência de um personagem que depois se apossa dele; as peripécias de um bom enredo expressam com toda a precisão a essência, intuída e, ainda mais, são sua única expressão. Quando o melhor psicólogo brasileiro, Machado de Assis, descreve um personagem, em Galeria Póstuma: "Há no cérebro dele um certo furo, por onde o espírito escorre e cai no vácuo. Não reflete três minutos seguidos"[16] – o que fica por dizer? E no âmbito do nosso próprio Instituto, quando Amazonas traça a "Trajetória de um conceito",[17] o de trabalho, pelos meandros da feminilidade indecisa e urgente de sua analisanda, ELLA, demonstra que o português bem usado basta a um pensamento bem pensado. Em uma palavra: enquanto as ciências naturais clamam por uma linguagem sem equívocos, a Psicanálise que nasceu da redescoberta da palavra, da *livre associação*, tem a seu dispor o discurso cultivado da literatura e pode reclamar apenas de sua inabilidade em usá-lo, da tolice de chorar sobre a riqueza derramada.

* * *

O valor crítico da conceituação de inconsciente como regra aparecerá claro se dermos alguma atenção ao processo interpretativo. Comparando relatos diferentes a Psicanálise expôs uma relação essencial entre as pessoas, que fora bem expressa, já, no ciclo tebano. Utilizando o *complexo de Édipo* para transformar as palavras de um paciente nas palavras de uma interpretação, nós o redescobrimos a cada vez. E, de repente, percebemos que ele

---

16 Machado de Assis. Galeria Póstuma, *Histórias sem data*. Obras Completas. Rio de Janeiro, José Aguelar, 1959, tomo II, p. 395.

17 Lima, Amazonas Alves. *Trajetória de um Conceito – Comunicação Clínica*. Instituto de Psicanálise da Sociedade Brasileira de Psicanálise de São Paulo.

aparece demais. Uma dúvida transforma-se em denúncia: estaremos encontrando apenas o que tínhamos lá colocado? Na operação conhecida como interpretação, o elemento mediador que transforma um material discursivo em sua resposta analítica, o elemento interpretante, tendo uma forma fixa, recorta a multiplicidade dos sentidos possíveis, segundo o seu molde. Toda palavra, também a do paciente, é equívoca, contém tantos sentidos quantos forem os interpretantes a ela aplicados. O interpretante, porém, não se altera – chamemo-lo de forma canônica.[18] Então uma de duas. Ou bem, cremos que a interpretação expressa e retira uma coisa interna preexistente – o *grão de sandice* de Quincas Borba, a *pedra da loucura* de Bosch[19] –, ou admitimos que a interpretação, sob forma canônica, desvela tão somente a sua própria forma, encontrando-a onde ela sempre está: em todo o dizer ocidental. Não retira e nem coloca, constata; mas sempre a mesma constatação. Com razão, desta vez, a Psicanálise reclama novas formas canônicas; o método para descobri-las está à mão desde Freud, e mesmo antes: a investigação comparativa das regras que organizam formalmente os movimentos vividos do nosso pensar cotidiano.

---

18 A omissão de uma série de considerações pode ter obscurecido o texto. Em primeiro lugar os sentidos múltiplos do discurso do paciente decorrem da equivocidade da palavra, isto é, da linguagem proferida. Reconhecendo a equivocidade tenho de abandonar a ficção de um *sentido verdadeiro*, final e único. Ao compreender e interpretar estou obrigado a lançar mão, portanto, de mediações interpretantes: estas não são condenáveis. Quando expresso uma forma geral e aceita – destas que impropriamente chamamos, às vezes, *de teorias*, mas que prefiro apelidar de canônicas – o interpretante tem o valor de paradigma de uma interpretação possível, mas geral. A interpretação dada como forma canônica, no entanto, é mera recitação de um universal, presente, mas possivelmente irrelevante.

19 Ver a "Retirada da Pedra da Loucura", se possível, no Museu do Prado. Caso contrário: "El Sentimiento del Absurdo en la Pintura". Alberto Perez, Universitario (Santiago, 1970), por exemplo.

Destas regras pretendo interrogar apenas uma, suspeita de valer como crucialmente irônica, através dos capítulos que se aproximarão sucessiva e pacientemente da atividade clínica. Trata-se da regra do absurdo e de sua contrapartida, a da rotina.

"O absurdo não está no homem, nem está no mundo, mas na sua presença comum. É ele, no momento, o único vínculo que os une",[20] escreveu Camus em "O mito de Sísifo". O absurdo é o *estado natural* do homem no mundo, o que vale dizer que é absurdo o *mundo para* o homem. No entanto, o mundo rotineiro não me parece nada absurdo. Inaceitável talvez, quase sempre brutal e contraditório, caótico até; mas aparentemente conhecido e comum. Existe uma força redutora que me turva a visão do absurdo, que me convence das certezas do pensar adulto e urbano, que faz parecer sólido o pantanal onde vivo. A esta força banalizadora darei o nome de rotina. Rotina quer dizer caminho estabelecido, isto é, regra que me conduz por certos caminhos do pensar e me veda outros. Somente quando suspendo em parte os efeitos de sua ação é que o mundo surge absurdo. O absurdo não é o caos, o sem sentido; é o sentido oculto decorrente de outra regra, regrado portanto. As regras do absurdo não se podem observar a todo momento já que são constituintes do olho que as poderia ver, da consciência. E como estão cobertas pelo efeito da grande contrarregra que é a rotina, *rotinizadas*, receio estar sob o efeito de uma dupla mentira: não sei do absurdo e nem reparo na rotina como tal, regra redutora constituinte e oculta. Duas mentiras fazem a *verdade*!

O estranhamento provocado pela interpretação desfaz o casamento feliz: "O absurdo é essencialmente um divórcio".[21] Um

---

20 Camus, A. *Le Mythe de Sisyphe*. Paris, Gallimard, p. 48.

21 Camus, A. Idem, p. 48.

exemplo só, mas paradigmático. Um paciente demonstrava asco visceral por atitudes alheias que, bem ou mal, diríamos projetadas. Algumas associações tornaram claro que o valor nauseante residia sobretudo no reconhecimento das entranhas estranhas. Entranhadas nele as atitudes viscerais não deveriam ser visíveis. Jean Renaud não deveria trazer "*ses entrailles dans sa main*".[22] A saliva, mesmo a dele, ao se exteriorizar já era cuspo – que a interpretação fazia-o engolir enojado. A entranha estranha, que nos exibe indiscretamente as próprias vísceras, destrói a ilusão de imanência, estranha-nos, faz de nosso corpo uma repugnante presença. Engole-se em seco diante de um homem que baba, do contrário engole-se a própria baba. Aqui está o absurdo e a rotina que o encobre. No estranhamento da interpretação os dois saltam simultaneamente aos olhos, como o velho par *impulso e repressão*, divorciados e evidentes. Da cegueira de Édipo à desesperançada clarividência do Sísifo de Camus, consciente do absurdo de seu trabalho eterno, abre-se a rota do despertar humano, e de sua crise. Desilusão difere de desespero. "*La lutte elle-même vers les sommets suffit à remplir un cœur d'homme. Il faut imaginer Sisyphe heureux*".[23]

II – Uma regra em três estórias

É o absurdo que nos leva a interpretar. A interpretação aparece, primeiramente, como a vitória da tolerância contra o obscurantismo no reino do mais desprezado, do *sem sentido*. Diante das frases incoerentes de um psicótico, diante da improbabilidade de uma intervenção mágica relatada e criada pela tradição, foi um passo de profunda condescendência abandonar o antigo juízo depreciativo, para substituí-lo por uma quase respeitosa compreensão.

---

22 De uma canção medieval francesa.

23 Camus, A. Op. cit., p. 166.

Antigo e novo, desprezo e compreensão, contudo, não se inscrevem como oposições absolutas ao longo do tempo; sempre se interpretou, sempre se curvou a cabeça ao incompreensível que se oferecia claro e direto para alguns privilegiados tradutores. Antes, estamos tratando de duas atitudes aparentemente inconciliáveis: ou o absurdo vale por alguma coisa oculta, ou ele não vale de todo. Mas pode um relato não valer de todo? A primeira reflexão tranquila deixará ofuscantemente claro que um conjunto totalmente desordenado nunca se poderia constituir em relato. O *sem forma* é impensável. Negar sentido à loucura é apenas uma questão de preconceito, não de razão. Resta a outra posição, conciliante, benevolente, que *compreende* o absurdo como forma desorganizada de uma organização anterior, que a interpretação se propõe reconstituir. Curiosamente, enfrenta-se de novo, uma proposição análoga àquela que disse ser insustentável. Essa gentileza encobre uma condenação semelhante; se o relato absurdo vale pelo que foi na pré-história da constituição, sua atualidade é uma lembrança, talvez o resquício de uma ordem compreensível, que não comporta, porém, enquanto presença, qualquer organização inteligente. A inteligência está do lado do estudioso, e é só.

Logo, bem vista e bem pesada, uma atitude difere da outra apenas nas consequências práticas (divã ou quarto forte); na definição de princípios, a fobia pelo estrangeiro vigora inabalável. A quem se dirige essa xenofobia? Parece-me, como vimos e ainda veremos muito mais, que não a um estranho e nem a um primo pobre que exibe o que a todos nós pode acontecer, se não nos acautelarmos; parece-me que o absurdo, ou o *Homem Absurdo*, denuncia algumas regras do nosso cotidiano que só não se fazem notar, porque são os olhos mesmos que o enxergam. Assim, permitimo-nos aceitar uma presença, evidente no louco, mas atuante em nós como a antípoda distante das convicções de vigília, *processo primário* posto para ser superado, lado errado da moeda, necessário, mas invisível. Repugna a confrontação direta. Contraria-me que o esforço de escrever este trabalho seja análogo ao do meu cliente G. que elabora, com mais paciência e dedicação, um sistema complicado para explicar como o seu cérebro, rolando num doloroso delírio, está sendo atormentado a fim de fecundar os desertos de Marte. Certo é que numa terra de fecundadores seria eu o beneficiado pela indulgência do psiquiatra marciano.

O louco denuncia. Não o sabemos silenciar. Seu delírio evidencia que é humano delirar; e mais, que as *regras absurdas* estão presentes em nossa lucidez – estado de núpcias com o absurdo. A contemplação dessas regras começará pelo campo mais simples de um outro cotidiano. Estudaremos as *regras absurdas*, o *inconsciente formal*, de três relatos bíblicos, diferentes na autoria.

* * *

Betúlia fora sitiada pelos Assírios, a resistência desmoronava.

"E (Judite) chamou a sua criada, e, descendo a sua habitação tirou o seu cilício, e, despiu-se dos hábitos de sua viuvez, e lavou o seu corpo, e ungiu-se de preciosos cheiros, e entrançou os cabelos de sua cabeça, e pôs uma coifa sobre a cabeça e vestiu-se com os vestidos de gala, e calçou as suas sandálias, e pôs braceletes e joias do feitio de açucenas, e arrecadas, e aneis, ornou-se com todos os seus enfeites. O Senhor aumentou-lhe ainda a gentileza", para seduzir e covardemente assassinar Holofernes. Por causa disso, "Ozias, príncipe do povo de Israel, disse-lhe: 'Ó filha, tu és bendita do Senhor Deus Altíssimo, sobre todas as mulheres que há na terra'".[24]

---

24 Este e os trechos seguintemente citados encontram-se nos livros de Judite, de Tobias e de Jó, quer dizer, no Antigo Testamento, sendo os dois primeiros "Livros Históricos" e o último classificado entre os "Sapienciais". Utilizei como

* * *

Tobias – o velho – dá o que tem. Logo, tem o que dar. É um homem rico. Acontece-lhe uma desgraça que obriga sua mulher a sustentá-lo. Na provação persiste no caminho justo, não pactuando com um roubo, porque sabe que voltará a "enriquecer no Senhor": "E Ana, sua mulher, ia todos os dias tecer, e do trabalho de suas mãos trazia o que podia ganhar para viver. Sucedeu pois, que tendo recebido um cabrito, levou-o para casa; e seu marido tendo-o ouvido dar balidos disse: 'Vede, não seja furtado, restituí-o a seus donos, porque a nós não é lícito comer nem tocar coisa alguma furtada'. A isto respondeu-lhe sua mulher com ira: 'Bem se vê como tuas esperanças são vãs, e agora se fizeram ver as tuas esmolas'. E com estas e outras palavras semelhantes o insultava". Sua virtude maior é a de enterrar os mortos. O impuro deve sumir no seio da terra. Não obstante, uma impureza que por direito é da terra (esterco de andorinhas) surpreende-o vinda do céu. Ei-lo cego. Mas Tobias não renega o seu direito à boa sorte: "nós somos filhos de santos...".

E conduzida por um mensageiro de Deus, volta a boa sorte, através de uma outra impureza, esta do mar. Tobias envia o filho para cobrar uma dívida em distante cidade: "Ragés, cidade dos Medos". É um despojamento final, de vez que a viagem, naqueles tempos, equivalia a um definitivo adeus. Diz sua mulher: "Tu nos tiraste o bordão de nossa velhice e o apartaste de nós". Como companheiro de viagem, um jovem se oferece a Tobias-filho. Este jovem é na verdade o anjo Rafael, mas o rapaz não sabe. Os dois encetam a perigosa viagem, chegando, enfim, às margens do rio

---

base uma edição portuguesa da "Vulgata" (Paulinas, 9ª ed.). Não discriminarei capítulos e versículos nos trechos citados.

Tigre. "E eis que saiu da água um peixe monstruoso para o devorar. À sua vista, Tobias, espavorido, clamou em alta voz, dizendo: 'Senhor, ele lança-se a mim.' E o anjo disse-lhe: 'Pega-lhe pelas guelras, e puxa-o para ti'. Tendo assim feito, puxou-o para terra, e o peixe começou a palpitar a seus pés. Então lhe disse o anjo: 'Tira as entranhas a esse peixe, e guarda o coração, e o fel, e o fígado, porque estas coisas te serão necessárias para remédios úteis'. Feito isto, assou Tobias parte de sua carne, levaram-na consigo para o caminho; salgaram o resto para que lhes bastasse até chegarem a Ragés, cidade dos Medos." Lá chegando, o anjo Rafael convence o jovem Tobias a se casar com Sara (filha de Raquel, um seu parente), a qual tinha a má sorte de ter visto os sete primeiros maridos mortos por um demônio. O anjo instruiu Tobias-filho a manter castos os três primeiros dias de seu casamento; orando e queimando o fígado do peixe porá em fuga Asmodeu, o demônio assassino. Assim as coisas se passam; e mais, Gabelo paga a dívida sem protestar. De volta à casa, o fel do peixe é aplicado aos olhos do velho Tobias devolvendo-lhe a visão. "E o restante de sua vida passou-a na alegria, e com grande aproveitamento, no temor de Deus, foi em paz."

A riqueza dessas duas histórias pediria uma detalhada interpretação. Meu propósito, entretanto, não é exegético. Tampouco cansarei o leitor com as particularidades que me conduziram a eliminar comparativamente algumas interpretações plausíveis. Prometi uma regra, vamos a ela.

Tobias torna-se pobre. Além disso, a cegueira acumula suas dores a um tal limite, que nos parece vê-lo minguar e sumir. E as suas esperanças permanecem, não a título de compensação intrínseca – é bom sofrer etc. – nem como antevisão de uma recompensa espiritual – o céu, a paz no seio de Abraão –, aguarda que suas riquezas lhe sejam devolvidas, que prospere a sua prole. Não sai do chão e de suas vaidades. Mas, se é o capital que se deve multiplicar, suas esperanças repousam no absurdo. Terá um nome esse absurdo? Por certo: chama-se Deus. O Deus de Tobias é a particular infração das regras do mundo que introduz o contraditório, o imprevisível. Imprevisível? Para o apólogo, a trama repousa sobre a percuciente previsão de uma virada na sorte de Tobias. O absurdo, assim, não cai do céu: ele constitui o Céu.

Voltemos a Judite. Ela se orna como prostituta, participa do banquete de Holofernes – ai, licenciosidade! – ao fim do qual, valendo-se de seu *charme* e da embriaguez do general, decepa-lhe a cabeça. Temos, ainda, uma acumulação. A virtude esvai-se-lhe em adereços finos, em atos escandalosos. A santa viúva degradou-se até o limite. Então, um ato final de vilania que rompe as normas da guerra limpa; ela assassina Holofernes à traição. O clímax devolve sua honra, acrescida da veneração de todo o povo de Betúlia. Absurdo também, mas não por coincidência. Se me preocupasse a realidade cruel de um cerco, a psicologia de Judite ou a do apologista, poderia moralizar a Maquiavel: os fins justificam os meios. O mesmo para Tobias de carne, de emoções que pensaria talvez: "Já me aconteceu tudo do ruim. Diabos! Agora as coisas têm de melhorar". São comuns os otimistas inveterados, os homens do *pior possível.* De Judite, diria eu, que se fora virtude suportar um cativeiro antigo; porque não considerar a oportunidade deste novo cativeiro, levado na mansidão e fortaleza, criar um outro exemplo edificante? Ou, a santa assassina padece de tamanho preconceito racial contra os Assírios que a faz esquecer a mais simples das conveniências sociais? Mas não! Nem preconceito e nem otimismo. Judite e Tobias, neste trabalho, são fábulas, são esquemas. Não posso recusar o absurdo pela via da justificativa psicológica. Como proceder?

Na história de Judite tem-se a mostra um princípio diretor. O extremo da iniquidade é virtude. Quando o crime atinge o seu limite e Judite janta com os inimigos regando a vinho o solo estéril de sua viuvez, ela já não pode ir mais longe. Vai. Toma a espada, sorrateiramente, e golpeia sem piedade o adormecido Holofernes. Neste ponto Judite atravessa a barreira. O golpe fatal aciona um gatilho oculto que a lança ao abrigo de uma regra que chamaria *princípio do absurdo*. Princípio que se define como *reversão pela tensão máxima*, o exagero da quantidade provocando uma reviravolta qualitativa. O crime torna-se mérito. Essa maneira de ver não é religiosa certamente. Quando situo Deus como o Imenso Inventor das Regras, Ele rege por detrás dos fatos relatados e a regra evidenciada não passa de um dos seus inescrutáveis desígnios. O deus visado aqui é também um personagem, ou melhor, uma personificação da regra que, esta sim, vem primeiro.

Vale o mesmo para Tobias. Sob pena de não figurar no antigo testamento, Tobias *tem* de confiar. É o preço da entrada no apólogo. Posto que existe o livro de Tobias, nós, os leitores, temos o direito de esperar a coerência da fábula. Assim o Tobias-apólogo está tão determinado quanto qualquer herói de novelazinha policial, que há de esmurrar até a vitória e se apaixonar pela loira que o trai, copulando em triunfo final com a morena suspeita, sabida virtuosa. O destino de Tobias já se delineia, inexorável, quando o autor escreve no segundo capítulo: "E o senhor permitiu que lhe acontecesse essa prova, para servir de exemplo aos vindouros pela sua paciência". Suspense medíocre se o esquema foi anunciado de antemão. Qual é o esquema? Bem reduzido, não difere em nada daquele de Judite: o mal, transpondo seus limites, vira bem.

O começo deste ensaio anunciava um jogo. Jogo é o ensaio e tudo o que nele cresce, debaixo de um lúdico sol sem novidades. Brinquemos de Tobias. Era uma vez um homem rico, rico, que fica pobre, pobre. Era um esmoler e agora não tem nada. Todavia reza o preceito do jogo: quem dá, recebe. *A esmola protege da morte*. Nada mais tem o coitado, a mulher sustenta-o e o cabrito duvidoso, ele o devolve. No extremo da penúria fica cego, eis o limite. Então realiza o gesto que o transcende, Tobias manda para a morte certa o seu único filho, o bordão da velhice. Ao lançar fora seu bordão, Tobias coloca-se, como a Judite assassina, ao abrigo do *princípio do absurdo*. Tudo lhe volta, e duplicado.

No jogo, o piedoso Homem ocupa-se em sepultar os mortos. Fá-lo com o risco de sua própria vida (L.T.; 2, 8). Estamos na presença de uma regra simples: o que é da terra, para a terra deve ir. Até aqui, tudo corre normalmente. Mas algo que é impuro, algo que por impuro deveria estar sepultado, as fezes de andorinha, cai-lhe em cima e o cega. O morto, corrompido, deve ser enterrado e não mais visto. O impuro há de ser escondido e quando vem do céu ataca e cega; é o preço de uma regra desobedecida. Não, claro está, da regra absoluta que rege a história inteira de Tobias. O *princípio do absurdo*, constituinte e organizador, jamais poderia ser desrespeitado ao longo do relato que ele mesmo criou e sustenta. A ordem céu-terra é uma regra contingente; suas exigências impõem-se de fora das personagens, coagindo-as sob pena de castigo. Quem não imitar a galinha paga uma prenda; mas quem bota ovo não pode sequer entrar no jogo. Tobias não some, fica cego, isto é: as coisas somem para ele. O Monstro inverte a proporção do morto. O peixe horrendo e monstruoso, passando da água para a terra, transforma-se na comida forte, que alimenta a viagem do jovem Tobias. Mais: ao se volatilizar, queimado o fígado, anula o mau espírito, Asmodeu. E o fel do peixe, criatura marinha, completa o ciclo de Tobias, enterrador do que se deve enterrar, vitimado por um *a-enterrar* (impureza) vindo do céu e curado pelo impuro e asqueroso que saiu do mar. Ar, terra, fogo e mar, brincadeira de alquimista? Sim, na medida em que os elementos fazem o jogo da complementaridade que se anula. Esta, ficou dito, restringe-se a ser regra acessória, não de todo desvinculada, entretanto, do *princípio do absurdo*, regente do todo narrativo. É um absurdo parcial, um mero reflexo. Em vez do brusco salto qualitativo que resulta de um extravasamento da tensão sem mediadores reconhecíveis, essas passagens e anulações repousam em propriedades, mágicas embora, dos materiais dados no enredo. Sua eficiência vem de uma regra que se apoia no mundo criado da estória, norteada pela oposição dos elementos; por seu lado, o *princípio do absurdo* cria, norteia e sustenta *a priori*. Para distinguir com simplicidade as diferentes ordens a que os dois tipos de regras se filiam, basta considerar o casamento de Tobias com Sara. Sete maridos mortos e um tremendo agouro. O fato de Tobias-filho ter de se casar com ela, estourando o mágico numero sete, pondo para lá do tolerável o risco de se perder o bordão, articula-se imediatamente com o final da história. Ultrapassado o plausível, intervém o *princípio do absurdo*. O jovem nele abrigado, eu ousaria dizer, mesmo sem passes de mágica venceria a prova. Este é o nível da regra primordial, do princípio. O emprego de um processo mágico protetor procede em consonância com a regra de anulação complementar, é um truque, um expediente. Que Tobias-filho o empregue, é necessário: faz parte da trama gerada pela regra geral de acumulação de riscos em confiança. Que surta efeito, também. Subsidiário parece o fato mesmo de constar aqui algum expediente. Isso posto, já sabemos *brincar de Tobias*.

* * *

E nós que partido tomaremos? O de Jó ou o de Elifaz? Trata-se de uma discussão confusa, permeada pelo óbvio e pelas reiterações aparentemente concordantes. Os adversários parecem estar falando a mesma língua, a das obras imensas e a dos inatingíveis desígnios de Jeová.

Elifaz possui a sabedoria humana. Deus castiga o pecador. Essa premissa está sustentada pelas bíblicas seiscentas páginas que precedem o livro de Jó. Se Jó padece é porque cometeu iniquidades de alguma sorte, ainda que o ignore. Hoje diríamos: "Qual de vós tem limpos os desvãos do inconsciente; que o homem, nascido de mulher, não se arrogue a isentar-se da culpa edipiana, quando enfrentar a assembleia dos analistas!". E por outro lado, todo homem é intrinsecamente culpado diante da grandeza de Deus. Elifaz imita a contento qualquer outro profeta da desgraça e insta Jó a entregar-se à penitência. E este, o que responde? A resposta de Jó é uma moderna peça de retórica. Diz que o Senhor é onipotente, exorbita-se em exemplos metereológicos de Sua onipotência, pinta a fraqueza humana em tons carregadíssimos; e discorda de Elifaz! Concorda, sim, em ser um mísero pecador como todos os homens, pede a Deus que o leve das desgraças presentes para o seio de Abraão, mas não aceita reconhecer em seu passado justificativa alguma para os sofrimentos atuais.

Escarnece de seus interlocutores: "A quem queres tu ajudar? Porventura a um fraco?". Jó proclama a sua inocência e afirma que o homem conhece muitas coisas; a sabedoria, porém, só está em Deus. A disputa fica interessante. Jó perora em defesa própria, fala do seu zelo virtuoso em defender os fracos e sobre o respeito com que, por isso, todos o tratavam. E agora é escarnecido pelos mesmos aduladores; apesar disso, o Senhor é justo.

Prossegue o santo homem: "Não me entreguei às paixões, não abusei da força, não fui arrogante contra Deus ou contra o próximo". Eliú, outro dos admoestadores, toma a palavra a refuta os seus argumentos. "Se pecares que dano farás tu a Deus? Levanta os olhos e vê como o firmamento é mais Alto." A discussão parece ter fugido completamente ao domínio da lógica. Simplifico-a para nosso benefício. Os argumentos dos *amigos* não podem ser contestados. Deus é justo, se Jó esta sofrendo é por alguma razão. Por conseguinte, enquanto os acusadores evocam algumas causas prováveis, e, em falta de melhores, a indiferença dos atos humanos diante da autossuficiência divina, Jó teima em responder que é justo – embora não exista homem justo.

Fastidiosamente a tautologia brinca de pegador com os sofismas, movido talvez por um tédio mais que divino, Jeová resolve intervir e por as coisas em seus devidos lugares. E como! Ridiculariza o filho querido, modelo de todos os homens pacientes, perguntando-lhe se estivera por ventura presente à criação do mundo, ou se estaria interessado em participar de um safári à cata de hipopótamos e crocodilos (Beemot e Leviatã).

Diante disso resta a Jó retratar-se de tudo o que dissera: "Falei nesciamente sobre coisas que ultrapassam sobremaneira a minha ciência". E é essa retratação que coloca o apólogo no caminho que os dois anteriores faziam prever. Deus proclama a inocência de Jó, condena à penitência os seus pretensos defensores e restitui em dobro tudo o que lhe havia tomado.

A moral da história? A moral da história creio que vem antes da história. Os fatos ensinam-nos lições! Essa verdade aparente pode ser refutada por qualquer analista, ao constatar que seus clientes são determinados a agir em conformidade com as lições que espera tirar. Quanto mais em um relato bíblico, cujo interesse declarado é servir de exemplo aos crentes. Aqui os acontecimentos apoiam-se na linha norteadora geral, de que são meros casos particulares. Essa linha, sustentáculo do acontecer da fábula, é a que importa. Jó recebe em dobro quando chega ao limite da miséria; aliás, como Tobias.

Falta esclarecer um ponto crucial. Nos livros precedentes, a passagem do azar para a sorte, do mal para o bem, dá-se num disparo repentino. Judite foi do começo ao fim numa só noite. O gatilho foi a decapitação de Holofernes (cúmulo de ousadia criminosa). Tobias teve de lançar o seu arrimo aos azares de uma viagem perigosíssima para produzir a tensão necessária à grande virada. O bem e o mal vêm de golpe. Onde está a *trigger zone*[25] na história de Jó? Nada menos que na renúncia à razão. O santo homem perdera tudo: saúde, riqueza e prestígio. Quando porém perde o uso da razão diante do castigo absurdo, quando reconhece a inutilidade de perguntar sequer e precipita-se na humilhação final, é elevado. Os seus amigos, com todo o bom senso bíblico-exegético, são compelidos a lhe prestar tributo, e o "Senhor enfureceu-se contra eles". A Jó, que tudo perdera, sobrava ainda a boa consciência e o bom senso de usá-la para deduzir o absurdo de Deus. Jogando-os fora colocou-se sobre a proteção do princípio do absurdo. Sorte dele. Esse apólogo não só obedece ao princípio de reversão qualitativa no limite da quantidade, como versa, ainda que disfarçadamente, sobre esse princípio.

Cabe resumir agora as conclusões. É um ponto delicado. Poderia criar no leitor a fácil ilusão de ter esgotado as estórias estudadas. Seria trair a riqueza do material englobá-lo numa fórmula única e simplista. Ao que chegamos, realmente? A um esquema teórico que nos permite reduzir coerentemente o absurdo dessas histórias, reintegrando-as no curso do pensar cotidiano, que, por rotineiro, já não escandaliza ninguém? Espero que não. Pondo em evidência o princípio, penso que se reforça o seu absurdo, do qual não estamos alheios. Porque o princípio do absurdo que norteia essas estórias bíblicas é provavelmente responsável por inúmeras outras crenças e preconceitos. Nem é um princípio, no sentido

25 Na Nevralgia do Trigêmeo, um determinado local da face, quando tocado, dispara a dor fulminante. Este local, que os pacientes procuram intuitivamente proteger, chama-se geralmente de *trigger zone* (a zona de gatilho).

corriqueiro de começo. Chamo-lhe *princípio*, apenas, na medida exígua em que não lhe soube encontrar uma fórmula mais geral, da qual fosse um *derivado*. Não a encontrei nessas estórias, que outros encontrem alhures. Pouco importa. Importa compreender que a regra dada à luz põe-se como anterior e constituinte para as personagens: estas não sabem dela. A regra constrói-lhes a consciência, que se exprime em Tobias no modo da confiança, em Judite no da coragem, em Jó no da paciência. Inconsciente, mas não inconsequente, é só a regra divina do absurdo.

* * *

Essas considerações bastam no momento. Vimos que a comparação de três estórias bíblicas, tomadas quase ao acaso, expôs uma regra, o *princípio do absurdo*, que lhes vale como o inconsciente para um homem, isto é: a regra é constitutiva, estruturante, inescapável e rotineiramente oculta. Constitutiva do deus das estórias, não decretada por Deus. Vimos também como outra regra – anulação por complementaridade dos elementos, em Tobias – exemplifica normas contingentes; na estória organiza as peripécias, em um homem real organizaria sistemas de valor, práticas mágicas ou técnicas, atos sociais. Vimos como a *regra inconsciente* das duas primeiras estórias pôde ser fatorada e posta em evidência pela exclusão comparativa das diferenças contingentes, e aplicada à terceira, provou o seu mérito compreensivo, sua qualidade de boa interpretação. E, embora eu tenha suprimido, por longa, a crítica da própria regra exposta, não será difícil avaliar sua generalização possível e o esvaziamento paulatino que traria em contrapartida. Em seguida passaremos juntos da exiguidade do espaço das três estórias, mínimo para isolar a regra e aplicá-la uma vez, para a organização mais ampla de um universo inteiro: o mundo das fadas de Perrault.

III – A moral do País das Fadas[26]

"Entretanto, Barba Azul com um grande alfanje na mão gritava com toda força para a mulher:

— Desce depressa, ou vou aí em cima!

— Ainda um momento, por favor – respondeu a mulher; e disse baixinho para a irmã:

— Ana, minha irmã Ana, não vem vindo ninguém?

E sua irmã Ana respondeu:

— Só vejo o sol polvilhando e a verde relva viçando."[27]

Este sol que só polvilha e a viçosa relva definem uma ausência angustiante, a dos irmãos, que virão salvar aquela mulher curiosa da degola prometida. O sol e a relva de Perrault nunca são ocasionais. As paisagens não constituem pano de fundo para o desenvolvimento da ação; ou participam estreitamente, como personagens, ou estão ausentes. Ficamos surpreendidos com a parcimônia dessas estórias, onde os gestos ocorrem puros de qualquer sustentação

---

26 Um capítulo da *Ortodoxia* de G. K. Chesterton (Livraira Tavares, Porto, 1956, p. 87) chama-se assim. O velho polemista cristão defendia a liberdade das fadas no mundo dos homens, o maravilhoso em oposição ao determinismo científico e materialista. Chesterton é sabidamente um ironista e, de tão fora de moda, um autor atualíssimo. Foi também a curiosidade pela moral do *País das Fadas*, moral em sentido estrito de restrição, que me conduziu a estudar os contos de Perrault. E se as conclusões diferem radicalmente quanto ao problema da liberdade, a diferença é tão radical que reproduz certa desconfiança de que Chesterton tenha usado de sua própria frase: "O paradoxo é o verde do Jardim do Éden".

27 Este e os outros trechos de contos citados foram extraídos dos *Contos de Perrault*, tradução Olívia Krahembuhl, São Paulo, Cultrix.

ambiental. Tempo e lugar somente existem quando são chamados à existência pela necessidade de uma ação. O passeio de carruagem que leva a Borralheira ao baile do rei deixa entrever uma estrada. Há um bosque para que o Pequeno Polegar possa nele ser abandonado. Os bosques, os campos e mesmo os palácios surgem do nada, apenas definidos pelas qualidades que o enredo requisita. Haverá uma zona rural, suposta na existência de um camponês, em "Os desejos ridículos". E é assim que a paisagem, ou mora no limbo da suposição, ou vem cumprir um papel atuante (o espinheiro que cerca o palácio da Bela Adormecida) e depois se desvanece.

Essa impressionante economia poderia ser atribuída às conveniências do público, infantil. Porém não servem explicações de fora quando nós estamos caminhando dentro do mundo das fadas, a fim de surpreender-lhes as regras, a coerência. Sob este prisma, a dependência da paisagem à ação faz parte de um sistema tirânico que suprime qualquer iniciativa pessoal e ignora o livre-arbítrio. Os menores atos das princesas estão cheios de significados. Uma agulha desencadeia o apocalipse.

E o que pensar das personagens? Vivem sob regras tão estritas como as de uma colônia penal. São dirigidas por leis sempre anteriores a seus desejos, ainda quando esses acabem por serem satisfeitos. Nem mesmo um rei é senhor do seu destino, exatamente como na realidade. A grande distância entre estas criaturas fabulosas e nós, prosaicos moradores das cidades modernas, aparece na sua falta de ilusão a respeito da liberdade. Podemos facilmente supor que algumas fadas reúnam-se para dotar de encantadoras qualidades uma recém-nascida princesinha, inimaginável seria que as boas fadas se organizassem em piquete para protestar contra a sorte infeliz designada à Bela Adormecida. O Pequeno Polegar lidera os irmãos na luta contra o Ogro, nunca lhe ocorre procurar o abrigo do Juizado de Menores. Vemos que lhes não falta energia, ou iniciativa; é que o espaço que percorrem, na sua efêmera trajetória de seres da fábula, constitui-se de uma complicada rede de determinações que eles cruzam e descruzam formando bordados coloridos, mas que não têm autonomia de romper.

Na ordem do conto, a coerência é tudo. Até os nomes dos personagens de Perrault fogem de se curvar ao arbítrio. Raros são os nomes próprios, gratuitos e repousantes, em que, ainda hoje, se manifesta a criatividade meio livre dos pais. As denominações individuais assemelham-se antes aos números do Registro Geral, ou a certos nomes, citados por Lévi-Strauss, designativos do comportamento característico dos pais numa tribo da Uganda: *Em-preguiça*, porque os pais são preguiçosos; *No-pote-de-cerveja*, porque o pai é bêbado.[28] O Barba Azul não ousaria tingir a barba, nem Chapeuzinho andar descoberta. Esta tirania do nome é tanto mais evidente, quando se leva em conta que os nomes *lugbara* punem os pais pelo seu passado, enquanto os de Perrault obrigam o futuro de quem os recebe. O que adiantou a proscrição das rocas de tear, ordenada pelo pai da Bela Adormecida? Não mais que o emprego de modernos hipnóticos em pacientes muito ansiosos; no mundo das fadas, o sono é tão fatal como é a insônia em nosso mundo.

O nome do protagonista de um conto de fadas liga-se diretamente a seu caráter. Todavia o caráter de uma personagem não passa, a rigor, de um nome: do nome da espécie moral a que pertence. O Lobo é lobo até a medula. Pérfido, inescrupuloso e de uma sagacidade brutal. Chapeuzinho, por seu lado, define a criança convencional – mas, desafortunadamente rara – cheia de qualidades leves e ingênuas. Assim, também, a irmã mais nova de "As Fadas",

---

28 Lévi-Strauss, Claude. *O Pensamento Selvagem*. Trad. Maria Celeste da Costa e Souza e Almir de Oliveira Aguiar. São Paulo, Nacional, 1970, p. 209.

a *Pele do Burro*, a *Borralheira*. O Gato de Botas constitui um tipo interessante de animal de estimação, agradável de se ter em casa, malgrado sua gritante desonestidade. O Gato é um chauvinista, um fanático a serviço do bem arbitrário que o patrão encarna. Tudo se lhe justifica plenamente – intimidação, assassinato, bajulação e logro –, posto que sirva ao "Marquês de Carabás". Fico tentado a tomar o partido do Ogro, por sua decência e urbanidade. Aliás, os exemplos foram tomados ao acaso, porque todas as personagens, sem exceção, aparecem como tipos e arquétipos. O caráter não resulta de traços de personalidade, é dado por essência e obriga sem perdão o procedimento e o destino.

Refletindo sobre a paisagem e o nome, estes baluartes do ocasional – um, porque externo e resistente à nossa individualidade, o outro resistente porque interno demais –, fui levado a suspeitar de uma ordem ditatorial no mundo de Perrault.

* * *

Alguém objetará: "Talvez a Bela Adormecida tenha recebido o nome porque dormiu". É uma objeção justa, que qualquer adolescente faria. Só para uma criança faz suspense um conto que começa com Adormecida e termina em um século de sono. Mas neste reino, como no dos Céus, há que recuperar o coração de criança para não se passar por obtuso. Para o psicanalista, assim como para a criança, a precedência histórica na ordem da criação da fabula não é fundamental.[29] Este é o sentido mais legítimo da expressão aqui e agora; a interpretação visa uma totalidade presente. Saber-lhe a origem conta, mas depois, a modo de crítica. Suspeitando

29 O que já define a abordagem que realizo; para o psicanalista não é fundamental, para o folclorista e para a maior parte dos literatos provavelmente o é.

de uma ordem ditatorialmente lógica, cabe desnudá-la, procurar-lhe a coerência, mesmo que seja uma coerência absurda. O resultado da interpretação é o de prover "uma linha alternativa de significados que, em um certo nível, dá conta da coerência" de um relato.[30] A pesquisa das origens do relato ou da sua função pode ser encarada como um segundo momento, quando o trabalho interpretativo já cessou. O texto alternativo vale primeiramente por sua coerência;[31] o contrário seria reintroduzir a noção de *realidade interna* a ser extraída, a *Extração da Pedra da Loucura*. Diacronia e funções servem a título de modelo – esta palavra maltratada pelo abuso –, quer dizer: como expressão organizada de um figurino analógico, da maneira em que um triângulo é o modelo de todos os triângulos ou, mais precisamente, como certa árvore pode ter sido o modelo do Mondrian expressionista de 1909 e dos abstratos de 1911 e 1912.[32] A aplicação de um modelo aos contos de Perrault dificilmente conduziria à luz esquemas tão diferentes do original. Para escapar à redundância é forçoso partir de outro ponto; e o ponto mais adequado é fornecido pela confluência das próprias estórias, empregando uma como esquema interpretativo da outra. O resultado pode ser descrito como obtenção de esquemas desencarnados que, na ordem lógica dos Ogros e das princesas, determinam o evolver do enredo. Essa forma comparativa de estudo, não se prestando para uma exposição medianamente agradável que compensasse o leitor da dilação que lhe imporia, leva-me a começar pelo fim: pela descrição do ambiente geral deste ameno e perigoso mundo das fadas.

---

30 Herrmann, Leda e Fabio. *Entrevista em Serviço Social de Casos – Emoção (Conceitos Gerais)*. São Paulo, PUCSP, 1970; publicação interna.

31 Ver Capítulo VIII deste Preâmbulo.

32 Trata-se de "L'arbre Rouge" 1909-1910, de "L'arbre Gris" 1911 e de "Pommier en Fleurs", tal como os interpreta o *Mouvements de L' Art Moderne*. Paris, O.D.E.J., Introduction.

* * *

Leio o "Chapeuzinho Vermelho" e, em seguida, retiro-me da narrativa para contemplá-la inteira. O que mais me impressiona é a poderosa concisão do enredo. "Era uma vez uma menina aldeã, a mais bonita de quantas existiram." Aqui está tudo: sendo Chapeuzinho a mais bonita, imagine-a cada um como quiser. "Sua mãe era louca por ela, sua avó ainda mais louca. Esta boa mulher mandou fazer para ela um chapeuzinho vermelho que lhe assentava tão bem que, por toda parte, só lhe chamavam Chapeuzinho Vermelho." E em poucas linhas caracterizaram-se os atores e suas relações; o único elemento arbitrário, o título, está reduzido à compreensão. As relações são simples e enfáticas, sem meios tons. Ama-se, odeia-se ou se devora. O campo foi armado para a ação. Entre o amor da mãe e o da avó (que era *ainda mais louca* por ela, não esqueçamos) interpõe-se o espaço de uma estrada, que será transposta pelo móvel da cesta de pãezinhos. Ao longo dessa estrada surgirá o segundo membro da oposição que já se faz prever – pois o bom e o belo atraem o mau e repelente. Surgirá um lobo convencional, padrão e exemplo para todos os lobos que desejem ver a classe respeitada: o Lobo. Postas as duas oposições (Lobo-Menina e Casa da avó-Casa da mãe) anuncia-se uma questão. No "Chapeuzinho" a questão consiste na coexistência de dois pares de opostos e sua solução é o aniquilamento de um deles no curso que o outro impõe. Será uma constante em Perrault?

A sequência da leitura não deixa dúvidas: cada uma a seu modo, e frequentemente repetindo os modos, as histórias de fadas ilustram a mesma regra; são problemas solucionados. O Barba Azul contra a jovem; as dúvidas do Príncipe e a "Paciência de Griselda"; Riquet, feio e inteligente, com sua bela princesa idiota. E assim por diante. Às vezes o problema aparece em crescendo, outras em repetições, mas sempre aí estão a pergunta e a resposta.

O esquema geral de questão e resposta não se limita a determinar o rumo das pessoas. Pessoas e animais personalizados estão a responder constantes desafios, tanto o Pequeno Polegar como o Gato de Botas; contudo as coisas entram também na constituição das perguntas e, ao entrarem, animam-se, adquirem intenções. Uma chave denuncia, um espinheiro protege, um anel ou um sapato são chamados a provar identidades. Como representar essa multidão de perguntas e respostas de forma unitária? Ou, dando outro feitio à mesma interrogação, a que se deve a penetração do desafio em cada ente particular, como explicar a inexistência da paisagem descomprometida e do ocasional? Tudo o que podemos dizer é que o mundo das fadas põe-se como questão. O sinal "?!", pergunta enfática, precede à constituição dos objetos; o desafio, vigora no espaço em que se constituem pessoas, animais, gênios e coisas. Direi, até, que aí se encontra na sua máxima generalidade, a Moral do País das Fadas.

* * *

Não se estranhe que isso não tenha a forma de uma explicação. Na linha dos porquês teria de explicar a causa desta regra, e em seguida a causa da causa. Se acertei com uma parte da lei de formação, esta é seguramente de natureza lógica, corresponde a uma dissolução do particular (o conteúdo) para atingir o peculiar (a forma constituinte). Essa *lei de formação* decorre do próprio procedimento comparativo anteriormente mencionado. E traz o seu selo. Consiste na mais ampla das abstrações realizadas comparativamente, por eliminação de divergências (poucas, aliás), e generalização das formas abstraídas. Mas pretendo avançar um pouco mais, reconstruindo o conjunto de regras que ordenam o mundo das fadas. Isso mostrará, de trás para diante, o processo interpretativo utilizado. Terá o aspecto de dedução, portanto. Mas cuidado! Só a exposição é dedutiva, não o processo interpretativo. Para prevenir a confusão que poderia decorrer dessa forma expositiva creio que será útil agrupar as regras evidenciadas (não todas as descobertas, apenas os exemplos que usarei) em um esquema geral. As regras aparecem aqui como 1. a ORDEM primária do conto; 2. regras absolutas derivadas (como OPOSIÇÃO); 3. regras terciárias (como RETIÇÃO POR MÁXIMOS E MÍNIMOS) e 4. leis do conto – isto é, leis do enredo sem caráter de absoluto *a priori*, passíveis de infração (como TUDO, MENOS). No mais o esquema será desenvolvido ao longo do capítulo.

Aproximações à ordem moral do País das Fadas

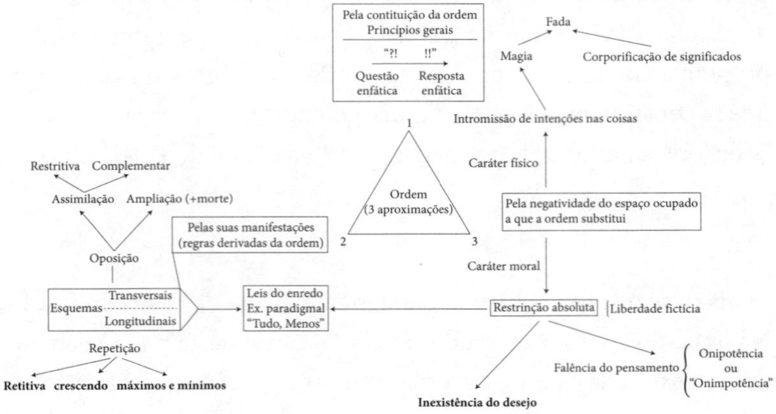

Interpretando as histórias de Perrault a partir do princípio organizador que rege a criação, do “?!” anterior, da pergunta enfática, não mais espanta que a relva surja vicejante para assinalar uma ausência; se o solo em que ela brota é o próprio solo de ausência. Nem perturba que a Bela Adormecida tenha tal nome, uma vez que o nome marca um batismo para o sono e o sono existe para um despertar. No entanto, se me detivesse por aqui, teria simplesmente invertido os papéis com as personagens; eu estou seguro e elas ficam aturdidas. Porque a única resposta à interrogação desencarnada é a perplexidade. “?!” não pode ser encarado, vive antes do enredo e não o conduz. Criaturas do "?!" não falam, não temem, não fogem e não lutam. Apenas ficam perplexas. Se desejasse imaginar uma criação somente derivada dessa interrogação enfática, obteria seres atônitos e perplexos numa inação essencial. Nem sequer poderia imaginá-los pessoas, a absoluta perplexidade é um gritar emudecido.

Intervém então outro princípio que, por analogia, represento pelo sinal "!!". A resposta enfática não se opõe imediatamente à questão; fora assim e não haveria estória, nem ao menos perplexidade: haveria nada. "!!" vai por meta; a passagem de um para outro é a ORDEM do conto, inviolável. Ao contrário das leis de tráfego, não se apresenta às personagens vinda de fora. As leis externas, inclusive a lei da gravidade, não passam de tentações. Está-se tentado a quebrá-las, ou tentado a obedecê-las. Em geral desobedecemos às leis de trânsito e seguimos fielmente a da gravidade, porém, nada me impede de imaginar um mundo onde não vigore a segunda e, com esforço um pouco maior, supor uma cidade que obedeça à primeira.

A ORDEM não se oferece às personagens de Perrault, ela as constitui. Do ponto de vista do enredo, a ORDEM é um *a priori*, nada do que aconteça poda alterá-la. Por meio dela dá-se a passagem de "?!" a "!!". Os personagens, filhos da ORDEM, estão inteiramente dirigidos a cumpri-la: é tão fatal que a Bela Adormecida pique o dedo como é fatal que, picando-o, adormeça. Representarei a organização geral da fábula da seguinte maneira: "?!" ORDEM "!!". Observemos em seguida algumas manifestações derivadas da ORDEM, isto é, exemplos de regra que organizam a "Moral do País das Fadas".

* * *

Repetição

A REPETIÇÃO pode ser encontrada praticamente em todos os contos. O "Chapeuzinho Vermelho", por exemplo, está sustentado em uma série de situações e de frases repetidas, desde a questão até a solução. A questão inicial consiste numa oposição a resolver: a do Lobo contra a Menina. O espaço que suporta o movimento é a outra oposição: casa da mãe, casa da avó. O drama corre em um jogo de Santo e Senha, repetidos a cada incidente importante. Com as seguintes palavras recebeu Chapeuzinho a sua missão: "Leva-lhe uns pãezinhos e esta tigelinha de manteiga". Os pãezinhos e a manteiga reaparecem quando a menina encontra o lobo, quando o Compadre Lobo bate à porta da avó e quando, por fim, Chapeuzinho Vermelho entra na casa de onde não sairá. O pão e a manteiga funcionam como passaporte para a casa da avó. A avozinha, por sua vez, devolve a senha: "Puxa a aldrava e a porta se abrirá". Como máscaras do teatro grego, um detalhe do hábito já basta para fazer o monge. Pela magia de uma simples fórmula o Lobo se torna menina e depois avó. *Pãozinho e Tijelinha de manteiga* definem Chapeuzinho, a vovó está contida na resposta ritual: "Puxa a aldrava...". Parece infantil tanta ingenuidade? Das crianças é o reino das fadas, justamente porque as crianças podem aceitar sem relutância que Chapeuzinho esteja destinada a se deixar comer. Sob a pressão da ORDEM, basta um mínimo de matéria para produzir efeitos tremendos. Basta uma varinha, um sapato ou uma frase e cumpre-se o destino.

A REPETIÇÃO está em toda parte. Pele de Burro exige três vestidos do pai, como provas sucessivas do seu amor. O Gato de Botas leva ao Rei vários presentes, todos conseguidos do mesmo jeito; logo depois, ao intimidar os camponeses para que confirmem as glórias do Marquês de Carabás, repete a mesma ameaça, respondida com uma fórmula sempre igual.

Repetição em crescendo

"A Paciência de Griselda" promete, no próprio título, vir a ser um conto repetitivo. O leitor deve ser quase tão paciente como ela, para atravessar as provas de sua virtude. E, no entanto, há uma característica distintiva, as crescentes exigências do Príncipe. O Príncipe duvida das mulheres; para falar a verdade, tem certeza. Aos súditos que lhe pedem que se case responde: "Observai atentamente as moças: enquanto permanecem no seio da família, não são senão virtude, bondade, pudor, sinceridade... Mas logo que o casamento põe fim à falsidade, decidindo o seu destino, já não lhes importa serem ou não bem comportadas, e deixam de fingir, tomando cada uma em sua casa o partido que mais lhe agrada. Uma, de gênio mau e que nada diverte, se transforma em devota exagerada, grita e ralha a todo instante; outra se transforma em namoradeira... Ora, estou convencido que no casamento não se pode ser feliz quando são dois a mandar. Se, pois, desejardes que eu me case, procurai uma jovem beldade, sem orgulho e sem vaidade, de obediência consumada e provada paciência, totalmente despida de vontade...". Quando, numa caçada, encontra a jovem camponesa pela qual se enamora, submete-a a uma sequência de provas cada vez mais cruéis. Feita esposa e rainha, a provação começa! Primeiro é encerrada num quarto onde "mal penetrava a luz do dia". Como isso não afeta a paciente Griselda, o Príncipe vai-se refinando nos tormentos: separá-la da princesinha e, logo depois, mente dizendo-lhe que a criança morreu. Não satisfeito anuncia à rainha que vai ser repudiada e obriga-a a prestar serviços a sua sucessora, que é a própria filha. Com isso põe à prova mãe e filha, esta apaixonada por um príncipe ilustre. Griselda permanece inquebrantável na obediência e dedicação. No momento das núpcias fingidas a tensão máxima desmorona em um final feliz: a rainha é glorificada pelo seu bom gênio e a princesa, revelada agora como sua filha, casa-se com o eleito de seu coração.

A história de Griselda introduz uma significativa variação no esquema da REPETIÇÃO. A cada vez, o Príncipe exige mais da paciência de Griselda; o conto segue uma linha ascendente, parecida àquelas do segundo capítulo, uma espécie de *reversão pela tensão máxima*. É bem característico desta forma de absurdo que o próprio Perrault, escandalizado com o comportamento de seu personagem, tenha se sentido obrigado a explicá-lo *psicologicamente*: "Fosse que a alma do Príncipe era agora menos ardente do que nos primeiros tempos de seu amor, fosse porque se acendera o seu gênio maligno, e com sua fumaça espessa obscurecesse seus sentidos e corrompesse seu coração, em tudo quanto a princesa fazia ele imaginava perceber insinceridade; sua grande virtude o ofendia; era uma armadilha à sua credulidade". Como vimos, esta cruel maneira de agir, conta com ilustres predecessores; Deus, entre outros.

Repetição por máximos e mínimos

Outra interessante variação sobre o tema da REPETIÇÃO constitui o sistema de MÁXIMOS E MÍNIMOS. A Bela Adormecida passa por marés de felicidade e desgraça, uma produzindo a outra, feito gangorra. Todos conhecem o começo feliz, no batizado, as boas fadas dotando-a de quantas perfeições se possa imaginar. Depois a fada má promete morte. Uma das fadas benfazejas atenua a sentença: a princesinha dormirá. A infância corre tranquila e feliz. Aos 15 anos cumpre-se a profecia. Cem anos passados o príncipe desencanta-a e casa-se com ela. A felicidade cresce com o nascimento de dois herdeiros, até precipitar a Bela nas tribulações que a sogra engendra. Estando o príncipe a fazer a guerra, sua mãe (que é ogra) decide comer Dia e Aurora, os dois netos, além da nora. Um mordomo, compadecido, logra a sogra-ogra, servindo-lhe uma ovelha, um cabritinho e uma corça, preparados finamente a *sauce Robert,*[33] como exigia a rainha. Esta, porém, descobre o

---

33 Para receita do molho remeto a leitora interessada em preparar sua nora com requinte ao *Dicionário de Gastronomia Larousse,* obra indispensável, como se vê, às harmoniosas relações familiares.

embuste e ordena a imediata execução dos cúmplices. No instante fatal o príncipe volta, e a rainha, despeitada, lança-se de ponta cabeça numa tina cheia de serpentes, que havia mandado preparar. A moral da história poderia ser: "Quem quer faz, quem não quer manda"; mas, para o tema presente, é melhor considerar a glorificação dos MÁXIMOS E MÍNIMOS, tema comum no pensamento do jogador e, de resto, frequente no pensar de todo dia. A diferença está na pureza com que o esquema desenvolve-se aqui. A felicidade chamando a desgraça e vice-versa, eis o imperativo da ORDEM da qual a Bela Adormecida não se pode esquivar.

Tudo, menos (exemplo de uma lei do enredo)

Além das regras obrigadas, existem leis do enredo como o esquema do TUDO, MENOS. A Gata Borralheira pode gozar o baile a seu bel prazer, pode dançar, comer, conversar com o Príncipe, fazer inveja às irmãs, pode TUDO, MENOS ultrapassar a Meia-Noite. Não existiria, em princípio, razão alguma para que um feitiço poderoso – transformador de abóbora em carruagem e de ratos em cocheiros – não se pudesse prolongar até às três horas da manhã. As vestes da Borralheira voltam à aparência anterior, a carruagem volta, volta TUDO, MENOS o Sapatinho de Vidro. Por seu lado, a esposa do Barba Azul recebe uma ordem semelhante: "Aqui estão – disse ele – as chaves da despensa e da adega, as da baixela de ouro e prata, que não é do uso diário, as do cofre forte, onde estão o ouro e o dinheiro, e as das caixinhas de pedras preciosas, e eis aqui as chaves que abrem todos os aposentos. Quanto a esta chave pequena, ela pertence ao gabinete que fica no fim do corredor dos aposentos do andar térreo: abre tudo, entra em tudo, mas quanto a esse gabinete, proíbo-lhe de entrar nele, e de tal maneira proíbo que, se abrires, não há nada que não devas esperar de minha cólera".

Essas regras são proibições ao nível do enredo, e, portanto, podem ser rompidas. A verdade é que essas proibições sempre se transgridem. Assim sendo, é lícito emendar a lei do enredo da seguinte forma: "Podes fazer tudo menos isto, para que, o fazendo, experimentes as consequências". Com essa última formulação desvanece-se a ilusão de liberdade. O sapatinho é todo obediência à sua condição de intermediário para a identificação da amada. A chave é puro alcaguete. Numa palavra: a ORDEM se compraz em criar aparentes exceções a seus ditames, para se afirmar com ênfase maior. O TUDO, MENOS é um exercício de determinação tirânica, mostrando que mesmo as exceções das regras não passam no fim de Regras de Exceção.[34] As histórias de Perrault parecem ser intolerantes à presença de oposições. A diversidade – relva e palácios, homens e animais –, quando desempenha algum papel importante, torna-se extremada, gerando pares de opostos. Isso empresta aos quadros descritos o caráter de tudo ou nada, totalmente bom ou mau, sem meias cores, sem matizes. Os contrários constituem a forma mais simples de grande questão, premissa de todos os contos. E havendo uma oposição a ORDEM exige que se revolva.

Oposição com assimilação destrutiva

Paradigmas da OPOSIÇÃO: "Barba Azul" e "Chapeuzinho Vermelho". Em ambos os casos, oposição entre o caráter de dois personagens. Nessas histórias fica patente que a OPOSIÇÃO gera imediatamente um conflito, o mundo das fadas é muito pequeno para Chapeuzinho e o Lobo. Não há lugar para política de boa vizinhança entre o Barba Azul e esposa, eis a dura verdade nos palácios, como nos apartamentos. Os conflitos desenvolvem-se, ver-

34 Ver Capítulo IV deste Preâmbulo (página 75).

tiginosamente, com o aniquilamento de uma das partes. O Lobo devora a Menina e os irmãos matam o homem mau. No próprio ato destrutivo, contudo, existe uma ASSMILAÇÃO, o Lobo devora Chapeuzinho e a vovó – para não falar no pão com manteiga, que um lobo esfomeado não desprezaria. A jovem esposa apropria-se do espólio de "Barba Azul", para proveito seu – que se casa novamente, levando o dote polpudo – e de seus irmãos, para os quais compra patentes de capitão, sem se esquecer da irmã Ana, bem dotada e bem casada. A regra de ASSIMILAÇÃO DESTRUTIVA dos contrários, praticada igualmente pelo Pequeno Polegar em prejuízo do Ogro, é uma forma econômica de resolver OPOSIÇÕES.

Oposição com assimilação complementar

Mas não a única. Riquet de Topete ensina um jeito tão original quanto prático. Trata-se de um tipo de assimilação que não implica a destruição de um dos opostos. Riquet era inteligentíssimo, embora "feio e tão mal feito, que durante muito tempo toda a gente duvidava que ele tivesse forma humana". Sua inteligência devia-se à intervenção de uma boa fada que, além desse dote, concedeu-lhe o dom de tornar igualmente inteligente a pessoa que mais amasse. "Ao fim de sete ou oito anos a rainha de um reino vizinho teve duas filhas. A primeira que nasceu era mais bela que o dia. A rainha ficou tão contente que todo mundo receou que uma alegria tão grande lhe fizesse mal. A mesma fada que havia assistido ao nascimento do pequeno Riquet de Topete também estava presente, e, para moderar a alegria da rainha, declarou-lhe que essa princesinha não teria inteligência, e que seria tão tola quanto bela." Para consolar a rainha, a boa fada acrescentou-lhe um dom semelhante ao de Riquet: o de tornar bonita a pessoa amada. Após certas peripécias, casam-se os príncipes e suas qualidades complementam-se, resultando um par de beleza e inteligência invejáveis.

O esquema representativo dessa estória constrói uma perfeita simetria. Cada qualidade evoca o seu contrário, como compensação. À presença dos opostos segue-se uma síntese final, em que a tensão interna – qualidade e defeito numa mesma pessoa –, assim como a contrariedade de caracteres – defeitos e qualidades discordantes no par –, sintetizam uma unidade homogênea; por assim dizer a um nível zero de tensão. Não consigo imaginar uma continuação interessante para a vida do Sr. e Sra. Riquet, a não ser a vulgar e fatal conclusão: e viveram felizes para sempre...

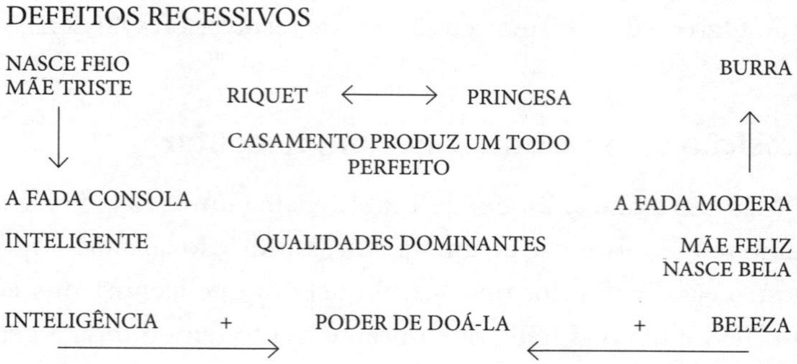

Oposição – Isolamento (por ampliação de diferenças)

Existirá alguma outra solução possível para o problema da OPOSIÇÃO? OPOSIÇÃO é o esquema ideal para ilustrar a tensão imposta ao mundo das relações fantásticas, que entretêm princesas, fadas e ogros. Um caminho, ao menos teoricamente viável, seria ampliar de tal maneira a OPOSIÇÃO que os opostos se distanciassem e, isolados, deixassem de interagir. O isolamento, em estado puro, não se encontra nos contos de Perrault; é como se faltasse espaço. Temos aqui um detalhe importantíssimo da ORDEM. Pelo campo organizador do conto, todos os elementos referem-se reciprocamente, falta alheamento; cada sorriso é ironia ou amor; cada gesto, ameaça ou afago.

Há uma história, porém, que sugere imperfeitamente o mecanismo de ampliação das diferenças. Chama-se "As Fadas". O tema é o de sempre: duas irmãs, a mais nova bela e judiada, a outra feia, má e protegida pela mãe. Pois bem, indo a linda menina à fonte buscar água, aparece-lhe uma pobre velha pedindo o que beber. A moça cede prazerosa a jarra que trazia, ajudando-a, para que a gosto se sirva. A mendiga, todos sabem, é uma fada. Por gratidão anuncia-lhe o dom de: "sair de vossa boca ou flor ou uma pedra preciosa a cada palavra que disserdes". A mãe ordena à filha predileta – usando a expressão "a minha filha" – que vá à fonte conseguir vantagem igual. De má vontade, ela vai; mas quando surge a mesma fada, disfarçada em trajes magníficos, a interesseira responde: "Pensais que vim aqui para dar-vos de beber? Aconselho-vos a beber por vós mesma, se quiserdes!". E a fada pune-a com serpentes e sapos a lhe saírem da boca a cada palavra, ampliando a diferença tanto que, se a boa menina casa-se com um príncipe, a outra faz-se odiar até, expulsa de casa, morrer num canto do bosque. Nessa estória anula-se a diferença pela radicalização do par de opostos, sem assimilação ou síntese.

Por que chama-se "As Fadas" este conto se só intervém uma fada? Perrault é expresso nesse sentido (*a mesma fada*). Essa pergunta puxa outra: porque chamar de "Fada" a um conto, quando todos os outros são de fadas. Provavelmente a resposta está no caráter do ser fada. A fada é expressão personificada da ORDEM nas leis contingentes feitas para serem transgredidas – o braço secular diria – e o efeito da intervenção é que a define. São duas fadas, ou dois fados opostos (diamantes e sapos), acentuando além do limite a oposição de caráter das meninas, rumo à solução. O conto é dos mais curtos, pois a intervenção da regra faz-se de golpe. E "Fadas", quando é uma só, equilibra *a minha filha* quando há duas, pondo o enredo na horizontal onde a distância pode resolver a oposição.

Existe isolamento dos caracteres conflitantes; ainda assim a ORDEM do conto faz pé firme em dar a um dos elementos fim completo, a morte. Do palácio à casa do bosque a distância ainda é pequena demais...

* * *

Seguimos juntos até aqui a ORDEM dos contos de fadas através das regras que impõe a seus súditos, ressaltando-lhe a inexorabilidade e onipresença. Falta alguma coisa para completar a exposição. A ORDEM expressa-se em REPETIÇÕES E OPOSIÇÕES, em jogos de MÁXIMOS E MÍNIMOS. A ORDEM polariza as diferenças e reúne todos os componentes dos contos em uma rede de referências recíprocas; define um elemento pelo outro e fá-los dançar. Vimos formular-se a ORDEM no vetor: <u>"?!" – "!!"</u>, mas não pudemos prosseguir, metodicamente, derivando as particularidades da ORDEM desta condição geral. Fomos, ao contrário, obrigados a saltar para o outro extremo da corrente que liga o particular ao geral e, dos próprios enredos, retirar algum conhecimento sobre suas regras. Falta alguma coisa ainda, falta apanhar a ORDEM na sua conformação geral, apriorística. É impraticável esgotá-la diretamente como conjunto de regras, porque estas multiplicar-se-iam indefinidamente. A outra extremidade da cadeia foi usada; mas convenhamos: <u>"?!" – "!!"</u> não é uma definição muito clara. Portanto, lançarei mão de um artifício que, sem ser muito exato, é, pelo menos, esclarecedor. Tentarei exibir o estado de coisas criado por um *afrouxamento* da ORDEM, a fim de lhe estabelecer as formas do corpo pelo espaço que preenche. Estudarei os casos em que resta um pouco de *liberdade* para as personagens de Perrault. Tenha presente o leitor que essa tentativa não passa de uma aproximação, já que a liberdade aparente é manifestação da ORDEM. É a *regra* da LIBERDADE.

Liberdade (artifício)

O filho do moleiro e seu maravilhoso gato estão soltos no mundo. Que mundo é este? Um mundo que os vai engolir. Ou o rapaz come o gato, ou deixa-se devorar pela fome. O Gato de Botas, sagaz como qualquer felino, começa a tramar a salvação, salvando o amo. Rouba um coelho jovem e estúrdio – os inexperientes vão para a panela –, duas perdizes, e vai bajulando o Rei. Para salvar a pele, envolve o Rei e o filho do moleiro numa trama complicadíssima: mente, intimida e, por fim, tapeia o próprio Ogro latifundiário, fazendo-o transformar-se em um ratinho, e o devora. Podemos condenar o gato, mas vivendo numa terra de ogros, há que se comportar como um deles. Que mundo terrível! Ou se come, ou se é comido; graças a Deus, o nosso é diferente...

Agora que substituí a ORDEM pelo pensamento e pela vontade, tenho de julgar as ações por critérios habituais. Por precaução, reis, gatos e camponeses deveriam estar trancafiados no hospício. Que mundo! Mas é franca paranoia! Mundo insaciável, devorador; atrás de cada árvore um perigo; um deslize de curiosidade e nos querem cortar a cabeça! Um gesto algo descortes, como em "As Fadas", e temos o hálito empestado por cobras e sapos!

Deixando de lado o espanto retórico porei em relevo o pensamento que confronta esse mundo. Os perigos caem como pedras e os benefícios sobem como foguetes – são dons, dotes, surpresas; para sobreviver nesse clima o pensamento imita. Em outras palavras, uma personagem com ambições de luta está obrigada a prever todas as possibilidades. O pensar torna-se mágico: o Gato de Botas pela astúcia supera qualquer obstáculo. O Pequeno Polegar vence com recursos semelhantes. A floresta ameaça devorá-lo, o Ogro quer servi-lo no espeto aos amigos, e seus pais, por delicadeza de alma, não suportando vê-lo morrer à míngua, abandonam-no às feras. O nosso herói simboliza a vitória do pensamento. Ele é pequeno, tão pequenino, "que ao vir ao mundo não era maior do que o dedo polegar". Com seus embustes mata o ogro feroz, açambarcando-lhe a fortuna. O Gato e o Polegar, de tão fracos, mostram inequivocamente que o que conta é a esperteza. No âmbito do conto seu pensamento é onipotente. Mais ainda, a agressividade do meio condena-o a onipotência. E é curioso constatar que mesmo a liberdade fingida esfuma-se numa denúncia final. Porque onipotência também é escravidão, é ser escravo de si mesmo. O pobre gato nunca se deliciará pedindo desculpas, pois lhe falta a dimensão do erro.

A fábula que se chama "Os Desejos Ridículos" aponta o reverso da medalha. Numa versão ou noutra todos nós a conhecemos. Um lenhador queixa-se de seu pesado trabalho, quando Júpiter intervém, propondo-se a realizar os três primeiros desejos que ele expresse. Discutindo com a mulher sobre a maior conveniência, sugere inadvertidamente que uma linguiça ao lume seria de seu agrado. A esposa enche-o de recriminações e o lenhador, levado pela raiva, expressa mais um voto desastrado: "Maldita linguiça, mais uma vez maldita! Prouvera Deus que ela se dependurasse na ponta do teu nariz". Assim, não lhe sobra outra saída que a de gastar o último desejo fazendo sumir o apêndice importuno. Essa é estritamente uma fábula, mais ao estilo de La Fontaine, incluindo a moral: "Não pertence aos homens miseráveis, cegos, imprudentes, inquietos e inconstantes, pedirem ao céu que realize seus desejos". Bem, se vê que tudo está ao avesso: enquanto o Gato de Botas começa inerme, ao lenhador a onipotência é oferecida, mas o gato por pensar supera tudo, e o camponês, no mesmo ato em que afirma o seu poder, atesta a futilidade de pensar. O pensamento é nada, é *onimpotência*. De novo, esta ironia imensa de uma liberdade que se oferece para acentuar sua falência.

O par mundo-pensamento, que considerei opostos, não existe de fato. O mundo, já ficou claro, é pensamento; é uma rede que envolve, asfixiante, as personagens, e estes não pensam, deixam-se pensar. Mundo e pensamentos são criações da ORDEM; se os desliguei provisoriamente, foi para tentar pôr em evidência o todo da ORDEM, mostrando o espaço que ocupa. Um lugar de caótica perseguição, em que a sobrevivência consegue-se ao preço de se tornar perseguidor, no exercício da razão onipotente, do entender cruel. A ORDEM substitui esse par insustentável: caos perseguidor contra o entender cruel. A ORDEM dos contos tem a forma daquilo que substitui: da luta dos homens que enfrentam a hostilidade do universo pensando, e do pensamento que se anula, entregue a si mesmo. É uma rede sim, uma rede de significados que de golpe transforma coisas em significados e dos significados faz coisas; pedras que se assentam sobre conceitos, e a esperança, escondida por um espinheiro.

Por três vias diferentes aproximamo-nos da ORDEM dos contos: pelo princípio de sua constituição ("?!" – "!!") , pelos seus ditames (REPETIÇÃO, OPOSIÇÃO etc.) e, finalmente, pela função que ela substitui. Com esta última aproximação torna-se claro que estamos tratando de ORDEM moral, no sentido de uma ordem que *ocupa o lugar da moral*, como limitação interna da liberdade das ações. Como moral, ela nasce de fora e age de dentro. Como moral, ela anima com valores estáveis os objetos que se relacionam e imobiliza, em significados estritos e obrigados, os menores atos das personagens. Uma chave é a delação, usá-la conduz ao alfanje. A introdução brutal de significados nas coisas cria o estado particular de *humanização do mundo* que chamamos MAGIA. À chave da história do Barba Azul foi imposta, pela ORDEM, uma função alheia à natureza comum das chaves: as chaves abrem portas, esta fecha o destino da moça curiosa. Em um conto realista, a chave poderia denunciar um criminoso, em obediência ao projeto do enredo. Denunciá-lo-ia talvez por uma mancha de sangue. Essa mancha, porém, dever-se-ia à imperícia do culpado – os criminosos são naturalmente distraídos. E a descoberta proviria de argúcia laboratorial do detetive, que é sempre bem dotado. Logo: o crime não compensa. Como a "Moral do País das Fadas" é constituinte da moça e da chave, nem sequer é necessário esperar a distração. A ORDEM invade bruscamente o mundo inanimado e este adquire voz, a mancha de sangue permanece indelével *pois a chave era Fada.* Com isso, tudo se explica.

Magia

Tendemos a imaginar que a MAGIA é uma ruptura das regras costumeiras; isso é válido se o acontecimento mágico invade um mundo hipotético, ordenado pelos cânones da ciência física. Fazer mágica é ressuscitar um morto; ou pôr uma pedra a voar. Isto é: produzir um efeito por meios impróprios. Esta é a definição da MAGIA para o físico e o médico. Nos contos de Perrault a MAGIA não é uma ruptura. É a mais clara denúncia do estado de coisas que procurei apresentar. A ORDEM cria a personagem que não tem nada a fazer mais que cumpri-la. Se se trata de uma pessoa ou de um animal humanizado; sua vontade parecerá dócil demais. Se o personagem é um espinheiro, uma chave ou uma varinha de condão, o escândalo decorre de os ver cumprir, com igual docilidade, as regras que os criam e que não são, estritamente falando, habituais em nosso mundo. Não criemos ilusões: a tendência a se deixar devorar, de Chapeuzinho Vermelho, não é menos mágica que a tendência a se manchar da chave do Barba Azul. Apenas chama a atenção quando a participação da ORDEM é tão próxima que se pode tocá-la, quando as regras irrompem na história através de *materiais inadequados*. Sendo a ORDEM no País das Fadas tão tirânica, a matéria da MAGIA (a chave, a varinha da Pele de Burro) é tão exígua. Desnecessários os complicados artifícios dos alquimistas e magos convencionais, basta um mínimo de mediação para o cumprimento da lei. A MAGIA em Perrault, simples e corriqueira, declara a quem quiser entender que a ORDEM está em toda parte, que sua origem não requer justificativa no enredo.

* * *

Haverá, pois, algum vestígio de rebeldia neste mundo encantado? Só nos resta procurá-lo nos antípodos do dever: examinemos o DESEJO. Para isso sairemos, por algumas linhas, dos contos de Perrault, porque uma estória de Andersen esclarece bem: "O Homem de Neve". O Homem de Neve conversa com um cão, preso como ele no exterior da casa. Pela janela vê o crepitar alegre de um fogão e apaixona-se perdidamente: "Que estalos esquisitos dentro de mim – disse ele – será que um dia poderei entrar lá? É um desejo inocente, e os desejos inocentes se cumprem. Preciso entrar lá, encostar-me nele, nem que tenha de saltar a janela". O cão, mais prático nas coisas do mundo, explica-lhe que isso seria o fim. Mas o tempo muda, vindo o degelo. O Homem de Neve vai se derretendo até que, no lugar onde estava, fica uma vara espetada ao chão. Conclui então o cachorro: "Agora sei a causa de sua grande saudade. Olhem ali, amarrada à vara, a pá com que se limpava o fogão! O Homem de Neve tinha dentro de si uma pá de puxar cinzas, e era isso que se mexia em seu interior. Agora está livre disso também. Au! Au!". Os personagens de Perrault não trazem nada dentro de si, nenhum moto oculto que os empurre a fins contraditórios a suas regras.

Amor é fogo que arde sem se ver;
É ferida que dói e não se sente;

É um contentamento descontente;
É dor que desatina sem doer;

É um não querer mais que bem querer;
É solitário andar por entre a gente;
É nunca contentar-se de contente;
É cuidar que se ganha em se perder;

É querer estar preso por vontade;
É servir a quem vence o vencedor;
É ter com quem nos mata lealdade.

Mas como causar pode seu favor
Nos corações humanos amizade,
Se tão contrário a si é o mesmo Amor?[35]

Nem o desejo existe, que este se contradiz – as personagens de Perrault não sabem amar!

IV – O ***pizzicato*** *cotidiano*

Da construção do real

Retomemos a sentença emprestada de Camus: "É ele (o absurdo), no momento, o único vínculo que os une (o homem e o mundo)". À qual ajuntei: "O absurdo é o estado natural do homem no mundo".[36] Examinei depois dois mundos absurdos, porque plenamente humanos, o do apólogo bíblico e o mundo das fadas. Neles exercitei um método de interpretação comparativa que lhes pôs à mostra primeiro

---

35 Camões.
36 Cf. Capítulo I deste Preâmbulo.

uma regra (Capítulo II) e, logo, uma família de regras organizadoras (Capítulo III). Se aplicar agora a primeira delas – a que, com uma ponta de malícia e inteira seriedade, chamei de *princípio do absurdo* – à sentença inicial, obtenho um dito capital, sobejamente conhecido. No topo da escala zoológica, o homem, ao ultrapassar seu limite pela cultura, puxa o gatilho que o põe fora da zoologia, no sentido de ser-lhe o contrário, estranho e absurdo. Reversamente, o mundo das coisas compreendendo materialmente o Homem, na contingência de seu destino físico e de suas produções concretas, escarnece-o. E, como essa contradição aguça-se hoje até a crise em que, por exemplo, o Homem pode riscar-se da escala zoológica levando-a consigo na absoluta aculturação de uma guerra nuclear, o absurdo faz-se evidência. O absurdo não é caos, mas o simples patenteamento de certas regras não promulgadas, constitutivas. O terceiro capítulo dedicou-se a estudar a organização arquirregrada do absurdo. Essa organização só não se patenteia a meu olhar cotidiano porque a grande contrarregra, a rotina, encarrega-se de encobri-la, concedendo plausibilidade artística a este espetáculo que chamo de real. Eu o aplaudo e aceito, plausível que é, mas posso bem lhe arguir a montagem.

Tomemos por assentado que o real (no sentido de objetividade) não se oferece pronto a uma consciência passiva, mas é construído. Pelo menos a título de teoria do desenvolvimento, isto foi sempre admitido pela Psicanálise (desenvolvimento da libido, desenvolvimento de simbolização etc.), e consta, ainda que indiretamente, de todas as teorias psicológicas do desenvolvimento, desde as de inspiração mais ou menos condutista até Piaget. Também não há dificuldade em aceitar que a noção de objetividade é a de um consenso cultural. No plano atual do *cotidiano adulto normal* a realidade objetiva consiste em uma construção, às vezes precária e outras vezes consistente, fruto da opacificação ou eliminação aparente do absurdo. Estabelece-se como consenso majoritário a respeito do mundo, e funda o campo da comunicação. Isto é: o processo de opacificação do absurdo, que chamei de rotina, constitui um campo de consenso em que a comunicação é possível, um campo precondicionante, sobre o qual se edifica o discurso. Campo que não se percebe, porque precondiciona a percepção; que não se diz, pois é precondição do dizer comum.

Ergue-se um edifício de apartamentos, os andaimes são desmontados, mas sua forma persiste, integrada na do prédio. A amarração do cimento, as linhas insubstanciais de força, os pilares de sustentação integrados em paredes (a não ser no porão ou nas garagens) perpetuam-lhes a forma. Habitado o prédio, as pessoas já os desconhecem, porque suas vidas tomaram-lhe as formas também: duramente esquinadas, incompletas, provisórias e sem raízes, feitas para durar o tempo certo até a desmontagem, dando lugar a outras análogas e que por isso mesmo, hão de ignorá-las. A vida rotineira se ignora, enquanto os andaimes sonham talvez com a sobrevivência da alma, senão nos Céus, ao menos os arranhando. O prédio é real, as pessoas o são, e suas relações. Por reais têm-se as coisas que se crê e diz, e outras que se cala. Em todas as crenças e opiniões os andaimes estão conformes. Civilização ou barbárie, mito ou ciência. A rotina é equânime. Para nós, contudo, será sempre mais fácil observar as sombras dos andaimes naquilo que nos parece estranho, justamente porque, como veremos adiante neste ensaio, o caminho para o absurdo passa necessariamente pelo estranhamento.

O exemplo que originalmente escolhi para ilustrar a presença de uma *forma absurda*, onde se pretende ver a ordem da causalidade objetiva, foi a dupla *sorte-azar*. Essa ordem de determinação do suceder tem para este ensaio importância igual àquela dos sonhos e parapraxias na edificação da Psicanálise.[37] A investigação

---

37 *"The special affection with which Freud regarded parapraxes was no doubt due to the fact that they, along with dreams, were what enabled him to extend to*

da ordem da sorte, contudo, resultou numas boas oitenta páginas de observações sobre a identidade de princípios com a causalidade científica, sobre a sua presença disfarçada mas norteadora do pensamento instrumental, sobre suas modalidades e subtipos; sem contar a própria descrição das manifestações diversas e do processo comparativo, que as permitiu reunir em duas modalidades principais. Subordinando-me ao princípio de parcimônia – não ao de Occam, nem à corruptela de Lloyd-Morgan, mas ao da tolerância parcimoniosa do leitor – ponho tudo de lado. Apenas direi que a sorte é uma tela de determinações que não perdoa o menor ato diário, trama insuspeitada geralmente, mas "para a qual não existe ato indiferente". Citando ainda: "a entidade estudada [...] desdobra-se em duas modalidades fundamentais. A primeira manifesta-se em uma crença geral na determinação de todos os acontecimentos, em nível inalcançável pelo pensamento instrumental (se não tenho sorte é porque sou azarado). A segunda, na crença em um nível de determinação eficaz dos fatos que, embora logicamente anterior à sua conexão reconhecível, pode ser atingida pela reflexão, permitindo prever, e através de práticas adequadas (sortilégios) controlar o futuro. Chamamos ao primeiro tipo *Sorte Metafísica* e ao segundo, *Sorte Eficiente*".[38]

Como personagens de contos de fadas, estamos todos submetidos a uma ordem que nos precede. Quando dita incons-

---

normal mental life the discoveries he had first made in connection with neurosis." *The Psychopathology of Everyday Life.* S. E., Vol. VI, James Strachey, Editor's Introduction, p. XIII.

38 O trabalho omitido não é indispensável para a compreensão do que se segue, mas sua eliminação deixa a argumentação quase que no ar rarefeito das asserções abstratas. É interessante que o leitor reflita, por sua conta, na presença deste nível de determinação do cotidiano e em como ele se identifica com outros princípios causais, como os de razão técnico-científica.

ciente e definida como conjunto de regras estruturante da consciência, tem o caráter de precedência lógica. Suas manifestações, cobertas pela rotina e descobertas pelo estranhamento, são estes absurdos entranhados em nosso pensar que chamamos preconceitos, ideologias (em certo sentido comum), crenças. É fundamental, porém, que se reconheça a similitude completa das *crenças absurdas*, como a crença na sorte, com as *menos absurdas*, como a certeza empírica nos dados imediatos dos sentidos (a rigor basta a possibilidade do solipsismo para pô-la em crise), ou como a confiança na descrição técnico-científica do mundo. Não menos fundamental, todavia, é considerar que, ao contrário das personagens de Perrault, os homens são seres históricos; por causa disso, as manifestações da ordem, que no mundo do apólogo e das fadas chamei de *contingentes*, no mundo dos homens são de fato contingentes. Embora manifestações segundas da mesma ordem estruturante, são promulgadas como leis jurídicas (como as leis do TUDO, MENOS, por exemplo) ou, como leis científicas, são descobertas e promulgadas. O que significa dizer que se de certo modo ciência e organização social descobrem as regras das coisas e dos homens, de outro modo e no mesmo passo *descobrem* (isto é tiram a coberta, desentranham, manifestam) a ordem do pensamento que as descobre. Consideremos o segundo aspecto explicitamente,[39] o primeiro fica a critério da teoria do conhecimento predileta a cada leitor. Que os menos céticos da objetividade radical e isenta das ciências naturais, servas descomprometidas da Verdade, recordem o antigo adágio: "Para um bom entendedor meia palavra basta e duas ou mais dão que pensar".

---

39 Nas páginas seguintes e no Capítulo VI deste Preâmbulo, no que se respeita a ciência médica principalmente.

A regra da exceção

O brinquedo é sempre sério. Para o participante, significa o estabelecimento de uma série de regras[40] que o envolvem por completo, que o cercam e proporcionam uma gentil confiança no mundo. As regras conhecidas e aceitas constituem já um *Mundo* em que a dúvida não pode penetrar. A criança torna-se forte na sua fraqueza; obedecendo aos limites que criou, cria limites, que contêm uma explicação satisfatória de suas relações com um Outro Mundo, o Mundo de regras também arbitrárias que lhe são apresentadas a cada momento, provindas do enigmático brinquedo com que se entretêm os adultos. "Lave as mãos, coma com modos e vá dormir!"

É um erro grave supor que a criança finge-se de adulta no jogo de casinha. Ela se finge de *adulto brincando de casinha.* As regras do jogo constituem uma família imobilizada no cumprimento de rígidos papéis de mãe e pai e filho. E a família assim montada denuncia a família real, que também se imobiliza e congela no respeito às regras sociais.

O *esconde-esconde* serve de ilustração excelente desta denúncia. Há uma perseguição ritualizada. Conta-se até 100 e se dispara ao encalço dos escondidos. Até aqui, temos um retrato fidedigno da jornada de trabalho. Porém, ao perseguido cabe um refúgio, o *piques.* Ou seja, existe uma regra totalitária que faz com que o toque (ou três toques) elimine o jogador, mas há também uma lei de exceção, há um lugar onde o perseguido não se pode capturar.

---

40 Regra é entendida aqui como regra contingente ou lei promulgada, constringindo *sob pena de.* Quanto à sua derivação no plano da ORDEM, trata-se de regra derivada, ou segunda, apenas o conjunto regra mais regra de exceção. Esse obriga por necessidade.

Por evidentes, e não por desinteressantes, deixo de lado as analogias com o direito de refúgio em igrejas, ou, mais modernamente, nas embaixadas, para expor à consideração do leitor apenas a denúncia corriqueira representada pelo brinquedo: há uma forma de romper com as regras usuais no mundo adulto. Essa forma desdobra-se em muitos tipos como o carnaval – em que a fantasia, além de imaginada, pode ser vestida –, ou a guerra ou o boxe ou o palco. Novamente proponho que se abandone o amplo terreno oferecido, para concentrar toda a atenção em um só aspecto dos *piques* cotidianos: a doença. A doença, isenta de obrigações, retira o peso de parecer adulto dos ombros das crianças e das crianças mais crescidas. O esquecimento não é desculpa para a festa à qual não se foi, mas a doença sim; a preguiça, a falta de vontade e a apatia são reprováveis, mas se as deifico com o rótulo sagrado, crio um campo onde quase tudo é lícito, menos curar-se prematuramente.

Pareceria intrigante a possibilidade dessa tolerância. Não é difícil compreender que a eficácia do jogo de *esconde-esconde* reside na universalidade da perseguição e do esconderijo. Mas o *piques* é uma regra que contraria outra regra e desconfio que não poderia ser de outra forma; uma regra sustenta a que se lhe opõe, o *piques* justifica a corrida. Um aspecto representado no brinquedo pode ajudar-nos a compreender que à universalidade da perseguição não se oponha apenas uma fuga universal e esconderijos ardilosos, mas também esta tão generosa instituição, a doença, que protege a criança e salva o adulto. O brinquedo torna visível o perseguidor, as regras são patentes e poderiam ser contestadas, embora quase nunca o sejam. Mas o adulto e a criança em idade escolar estão submetidos a regras menos aparentes. Talvez isso soe estranho a quem considera que o horário de entrada de um emprego ou a lista dos deveres de casa não se ocultam. Respondendo a essa questão vamos nos aproximando do nó do problema. A lição de casa, por exemplo, deve ser feita.

Porém, não é preciso fazê-la sempre e com perfeição. Há uma tolerância de horário, mesmo quando se exige pontualidade. E é essa tolerância que a doença multiplica de forma velada.

Regra, contrarregra. O par mutuamente se sustenta. Penso que não devemos desprezar como inofensiva essa oposição. A primeira, a regra de obediência às normas sociais, apresenta-se como uma lei promulgada absoluta, como um ideal: "Tenho de chegar na hora, não devo mentir". Ora, sempre que se postula um comportamento limite, como o da absoluta pontualidade, cria-se uma impossibilidade e arrisca-se a que o comportamento real, que sempre se desvia dos absolutos, desmascare a fragilidade da regra. Um só gesto, que verdadeiramente desrespeite a ordem, ameaça divulgar aquilo que mais nos apavora e que escondemos com tanto cuidado; o absurdo que se oculta atrás do cotidiano. Para que a regra da obediência se sustente, é preciso dar então uma pequena gorjeta ao absurdo, é necessário seduzi-lo criando uma regra oposta, a regra da exceção, o *piques*. Entendo que toda postulação de comportamento absoluto cria a contrapartida de uma regra de exceção que, prevendo a realidade dos desvios, submete-os também à ORDEM. Se paro no sinal vermelho obedeço à regra de parar; se passo, obedeço a regra de transgressão, e a multa é apenas uma consequência ritual.

Sumariando essas ideias, é útil reafirmar a necessidade de leis promulgadas, filhas da rotina, que ocultem o absurdo do dia a dia, em fórmulas gerais e compreensíveis. Também é evidente que as leis que cumprem essa missão formulam-se em geral como exigências impraticáveis e, diante da ameaça de retorno da desordem (filha regrada do absurdo), organizem-se leis de exceção, para permitir a um cristão pecar honestamente, ao invés de perder a fé.

Entre as regras de exceção, voltemos à doença. Ninguém porá em dúvida que a doença é pensada como um aparte, como algo que atenta contra uma ordem que deveria prevalecer, a ordem da normalidade. E assim o médico é comparado às vezes a um combatente da boa causa, outras a um herói quixotesco e destinado ao fracasso. Há mesmo alguma coisa de marcial no ensino da medicina, um certo ritualismo de hierarquia, uniformes e até mesmo armas. Ou não se diz, de um novo produto farmacêutico, que é a arma mais eficaz no combate a certo item do catálogo dos males humanos.

Esta ideia da doença como um inimigo provém, presumo, do pensamento moldado em um curioso realismo platônico que postula a existência de uma entidade, a saúde, particularizada em cada indivíduo. Mas não em todos. É preciso opor-se-lhe um inimigo externo, também pensado como real enquanto genérico: a doença. Seria fascinante discutir tal oposição. Poderia arguir que não há qualquer indivíduo que represente a saúde no campo psiquiátrico. Houve, é natural, muitas tentativas de constituir um catálogo dos atributos deste ser imaginário, a saúde psíquica. Erikson,[41] por exemplo, nos assombra com as exigências da utopia genital. Ao fim da pesquisa concluiria, quem sabe, que lidamos com definições *ad hoc* de normalidade em cada campo; o que, se tem um valor operacional muito louvável, põe em xeque a própria base em que o dualismo realista assenta-se.

Quando uma pessoa transforma-se em paciente ao penetrar no recinto da doença, quer seja pela porta de uma úlcera duodenal ou pela janela do medo da úlcera, coloca-se numa nova posição onde não vigoram as regras habituais que normam o cotidiano. Pensa-se numa compensação, como se fosse possível pagar o sofrimento com remuneração adicional. É compreensível que o paciente adira fervo-

---

41 Erikson, Erik H. Eight Ages of Man. *International Journal of Psychiatry*, vol. 2, n. 3.

rosamente à sugestão de compensar-se, sem perceber que nela reside boa parte do sofrimento. Ao mesmo tempo em que sofre deveras, o paciente (padecente) é objeto de cuidados, vítima de atenções e visitas que não pode recusar, pois a regra de ouro da doença é a sujeição. Sujeição é o ato voluntário do sujeito que se abdica, pondo-se na condição de objeto da vontade alheia. Por voluntário não se entenda livre, leia-se opcional. Optando por situar-se no aparte da doença a pessoa deve acatar as normas da casa, tanto as essenciais como, na medida de sua polidez e bom-tom, as de simples conveniência. Há que ser obediente e rebelde – o bom paciente deve permitir que se o censure –, volúvel no tratamento, mas pertinaz no sintoma, e assim por diante. Requer-se, sobretudo, uma adesão incondicional ao dualismo médico, deve acreditar na saúde genérica que o virá habitar algum dia, quando ficar bom. Ou morrer na esperança e gratidão; em *odores de santidade*,[42] dizia-se, sem rebuço, nos tempos mais francos de antigamente.

Eu desconfio que os dualismos psicológicos de princípio são frequentemente realismos menores e, moralmente, tendem a ser maniqueístas. Pelo menos na área menos ampla das teorias modernas da personalidade não me ocorre exemplo que o desdiga. Aqueles que retiram da teoria evolucionista uma contrafação de teleologia positiva, tentando coonestá-la naquilo que se conhece como *funcionalismo adaptativo*, obviamente não tem escapatória. É menos o caso do *funcionalismo* americano do começo do século, uma suave miscelânea, do que o dos sistemas cerrados e coerentes, como os que informam a psiquiatria. Nós, os psiquiatras, não

42 A confiança inabalável em sua própria virtude e o escândalo provocado pelo mau cheiro do cadáver do mestre de Ivan Karamázov talvez não sejam exatamente coincidência. Afinal Dostoiévski não menciona um médico que lhe sancionasse o processo de doença e morte.

temos tempo a perder refletindo nisso; nossa prática é que o revela. O conceito possui a simplicidade das ideias duradouras. Há uma força que empurra os homens para frente. Essa virtude recebe muitos nomes: evolução, desenvolvimento, função, instinto etc. O homem tem a capacidade natural de sobreviver ("se não a tivesse, como sobreviveria?", diz-se), de se desenvolver e aperfeiçoar-se rumo à vida adulta, basta um ambiente próprio. (Os equívocos são tantos que não vale a pena enumerá-los. Basta e sobra arguir: "Para que frente sou empurrado?". Metade do resto é pura tautologia, a outra metade, moral, é tautologia aplicada à domesticação.) Se os fatos desmentem o otimismo vitalista, o que é óbvio, estamos obrigados a construir a hipótese de uma positividade oposta, uma força conflitante, para salvar a primeira. Novamente, uma regra de exceção. Tão firme em teoria como a *Sorte Metafísica* (e correspondente *Azar Metafísico*) a eficácia da prática, como a da *Sorte Eficiente*, é julgada sempre pela própria teoria, quer dizer: funciona.

Se esse requisitório parece dirigido ao *modelo médico* é preciso lembrar que a prática psicanalítica baseia-se numa teoria parecida. Nem eu perderia tempo, de outro modo, apedrejando esse Judas tão enforcado. E não se diga que a nossa prática está isenta de aplicação da teoria. Como argumento é fraco. Prática implica teoria (ou ideologia, ou preconceito) como premissa; uma *prática natural*, sem referência organizadora, há muito se sabe que não passa de quimera. O dualismo realista participou da concepção da teoria psicanalítica, assistiu-a no parto e viceja incólume em seu desenvolvimento. Se eu substituo *desenvolvimento da libido* por *desenvolvimento mental*, *funções adaptativas*, por *funções mais sofisticadas*, *instinto de vida* por *amor*, ao nível do fundamento teórico, a sinonímia eufemizante não me salva de hierarquizar as funções e as metas. Persiste a ideia de *progresso rumo a*, tanto no discurso teórico quanto na prática do discurso. E, no entanto...

No entanto, pensando bem, alguma coisa ameaça extravasar a medida. A Psicanálise é o *nosso cotidiano* e nós temos a impressão de que algo se esforça por aparecer, força a entrada na prática sem uma definição teórica ainda; e isso é possível porque, se a prática é exercício de uma teoria, pode sê-lo também de uma outra não explícita, quer dizer, descompassar-se e entrar em crise.

A questão afigura-se-me mais ou menos assim. O projeto de domesticar o absurdo, enfrentado pelas ciências, atinge o seu limite com a aplicação do princípio de forças opostas à explicação da loucura. Pareceria que nada mais sobra a ser posto sob o domínio de uma razão técnico-científica. As teorias dos instintos, mecânica vetorial do espírito, completam seu papel legislador. A Psicanálise também partiu de uma teoria de instintos conflitantes, libido contra instintos do ego. E evolui (por passos, como mostra Bibring) para a oposição ultrarradical e supersimplificadora de instinto de vida contra instinto de morte. Isso, que sempre pareceu-me uma espécie de reducionismo mais para o antiquado, vejo agora com olhos diferentes. Porque, é evidente, já não se trata mais de instintos nem de impulsos, mas de uma polaridade quase metafísica, ou algo assim. Sobretudo se essas entidades são chamadas a determinar o cotidiano. Imagino, então, que a razão científica exorbitou-se; que a Psicanálise, chamada a reduzir racionalmente a ponta de absurdo que se supunha sobrar, ultrapassou os limites propostos, e a redução última do absurdo transformou-se em *redução ao absurdo*. Teoria de instintos que se torna polaridade metafísica, determinismo que vai à sobredeterminação da vida quotidiana, dualismo realista mais do que esquemático, a Psicanálise deve ter acionado o gatilho do *princípio do absurdo* e, por consequência, trazer em gérmen os requisitos de uma reviravolta radical, que venha a pôr criticamente em juízo a crise da tecnocracia e da utopia científica. Denunciando a nudez do rei, isto é: acabando por destruir a laboriosa edificação de que parece o topo, expondo a inexistência teleológica de princípios genericamente reais – desenvolvimento, evolução, progresso etc. Proclamando a falta de direção e o descentramento internos do Homem, reintroduzindo a lógica das regras do absurdo numa síntese, imprevisível ainda, de determinismo radical e livre-arbítrio – escândalo final e crítico da crise do cientismo, crucialmente posta a nu. O certo é que tal síntese não existe ainda, a não ser como horizonte e gérmen; do que se segue que há de ser vivida a crise como crise. Enquanto isso o aprendiz de psicanalista está obrigado a esperar – e sorrindo é mais fácil que sentado.

* * *

Vimos, ou melhor, entrevimos alguns movimentos do absurdo no saltitar do dia a dia humano. A noção de reversão por extravasamento de limites, um tanto pomposamente cognominada *princípio do absurdo*, sustenta o inquérito como um todo. Onde se pensa haver série contínua de hierarquias, esse princípio cria rupturas radicais, destruindo a base de categorização; o que é enfrentado legislativamente pela ciência, tomando os *estados absurdos* como exceções ou apartes e promulgando leis de exceção, a serviço da rotina. Apartes seriam o Homem, suas crendices, a doença e, quem sabe, por visar esses três apartes, a própria Psicanálise. A razão técnico-científica, vendo-se ameaçada pela filha desnaturada que descobre a lógica do absurdo e a iguala à científica, promulga-lhe o estado de sítio, aparta-a e desterra, rogando-lhe tríplice maldição: a de ser humana (e demasiadamente), crendice e doença da razão. Em revanche, a Psicanálise pode responder, parafraseando El-Cid banido: "*Que me place, que me place de buen grado*". Ou seja: no horizonte das suas possibilidades, a Psicanálise, chamada a racionalizar tecnicamente o absurdo, pode tomar o papel de denunciadora da desrazão da técnica (apostrofá-la de crendice maior e de desumana doença), transformar-se em crítica demolidora do porvir desta ilusão ocidental.

V – Adoção e congelamento

Apresentação

As mães de alguns pacientes atendidos gratuitamente por um serviço psiquiátrico reuniam-se comigo para uma experiência de orientação grupal. A equipe de atendimento infantil chegara a um impasse; parecia-lhe que a terapia das crianças esbarrava no muro das crenças e das relações familiais; queriam saber porque o aconselhamento dos pais não resultava. Pediram-me assessoria, que cedi de bom grado – na época eu também estava curioso a respeito da tríade: criança em psicoterapia, sistema familiar, equipe psiquiátrica. Suspeitando que pudesse encontrar uma interação mais que terapêutica entre os três sistemas, propus uma pesquisa constando de: 1. Estudo da evolução de um grupo de mães que haviam pedido uma oportunidade de discutir seus próprios problemas; 2. Reuniões com a equipe para confrontar a evolução do grupo à dos pacientes infantis. É desnecessário acrescentar que o foco do trabalho seria, para mim, o evolver das discussões do grupo psiquiátrico, uma vez que, por hipótese, o impasse dever-se-ia expressar em séries analógicas constitutivas ao mesmo tempo dos três sistemas. Acordou-se em um ano para a duração da experiência.

Evolução da experiência

Abstenho-me de expor a evolução dos dois grupos. Das mães, direi somente que as nossas conversas guardaram semelhança bastante para que as considere uma quase terapia. A equipe de terapeutas progrediu na direção de tormentosos debates de que eu participava e, não raro, era julgado responsável, *agent-provocateur*, minoria subversiva. De mim se esperava que sugerisse algo construtivo, algum salutar conselho psicanalítico; os colegas admitiam de quando em vez que a colaboração pudesse estar implícita, mas não sabiam onde. Eram unânimes em me atribuir a quebra da rotina cansada das reuniões clínicas – fosse isso um elogio ou um convite polido a meu sumiço. No calor das discussões, surgiram claras várias das crenças psiquiátricas paralelas e secundárias. A mais geralmente aceita dessas crenças era a de que a criança *adoece por carência afetiva.*

A experiência teve êxito? Não teve? Terminado o ano, eu me fui. Não saberia dizer se a suspensão induzida da rotina, além de expor um absurdo regrado, pôde deste acrescentar alguma consciência útil que se vertesse em prática.

Conclusões

"É pra falar de qualquer assunto ou só dos filhos?" pergunta Carmem, quando todas estão acomodadas para a primeira sessão. Cai um silêncio irrequieto sobre as mulheres do grupo, cada uma procurando um detalhe de roupa a ser melhor composto, um objeto a mais, desnecessário, para catar laboriosamente na bolsa. Carmem ensaia um apanhado de memórias, ganhando segurança ao não ser interrompida. Trabalha no hospital, mas o marido desgosta ter esposa funcionária, "desde o noivado ele reclama". O tempo ensinou-lhe a aceitar essas coisas com paciência, deixa reclamar que seu ganho é indispensável. A filha em tratamento é única e adotiva. Deu para roubar: tira dinheiro da bolsa materna deixada à mão de propósito, sabendo-se sempre exatamente "quanto tem dentro, para ver se já perdeu o hábito". Fora disso, são apenas bugigangas furtadas de amigas, compulsivamente, e devolvidas, compulsoriamente, depois do castigo. "Uma vergonha para a gente, em casa é tudo direito, certinho, até nas mesinhas de canto nunca falta uma toalha." "A gente tem de trancar os quartos quando não está"; mas isso sempre se fez, mesmo quando a menina não tinha o *hábito*.

"Meu marido e eu... A gente tem medo sabe... O sangue, os maus impulsos; a educação não é tudo, o senhor não acha?"

Essa longa fala abre o jogo, denuncia logo a suspeita grave de que o grupo não é para o que se diz. São mulheres adultas que pedem ajuda ou mães chamadas a prestar contas das falhas de sua maternidade? Se for assim elas não estão presentes por si, mas pelos filhos, ocupando o lugar de outrem, vicariamente. Adotadas. E a adoção confunde; não se é inteiramente filho nem alheio. Filho adotado por um amor geral e indiferente às crianças, pelo desejo insatisfeito de uma forma física, um nenê acariciável, prova e resultado do amor conjugal. A infertilidade deixa um vácuo que atrai alguém que, postiço e suspeito, não preenche o vazio nem pode ser dispensado. A adoção dói na menina como nas mães.

A sessão desvia-se para minudências: horários, regras (pode-se fumar?), um bate-papo acerca de roupas e moda. Várias sessões passam-se assim, congeladas. Ninguém se arrisca a roubar muito tempo para si. Todas declaram-se culpadas pela doença dos filhos. "Se eu não tivesse feito aquilo", "se fosse mais calma", "se dialogasse com ele..." Um ponto em comum nas crenças grupais é o de falta de amor. Não sabem demonstrá-lo aos filhos, nem os maridos a elas, nem os próprios pais quando ainda eram crianças.

Amor e culpa, adoção e congelamento – voltamos às regras de oposição, a Perrault e à Bíblia? O julgamento da equipe psiquiátrica sobre as doenças infantis parece dizer que sim. Afirma-se inocentemente que a criança precisa de amor. Com isso está dado o tom, já que o amor será evangelicamente definido como aquilo de que precisa a criança. O serviço postula, como autoevidente, que as mães amam suas crianças e que o amor é bastante para lhes dar saúde. Mas esta adoeceu. Logo, falta-lhe amor; isto é, falta sem faltar, existe, mas não se comunica eficazmente.

Essas observações colhidas dos debates clínicos não carecem de inventividade: proclamam uma regra, que chamarei de ilusão do amor suficiente, quase que só para justificar-lhe as exceções, os casos clínicos.

A verificação da falta em cada caso particular introduz uma *regra de exceção, a doença por falta de amor*. A criança enferma, amada em essência, tendo o que precisa, sofre do que só aparentemente falta. E adoece. Segue-se que a doença não é mais que aparência de doença. E a psicoterapia serve para desfazer o equívoco, corrigir a desilusão, falsa e ilusória, curar pelo amor.

Mas que não se culpe a equipe psiquiátrica por utilizar tautologias de forma tão notória. Ou que se a culpe apenas por ser notória. A definição de enfermidade como falta pressupõe em cada especialidade médica uma norma, a saúde. O médico proclama, na falta do que nunca houve, o estado de doença e a família crê. Crendo põe-se a salvo atrás dessa regra, que apontando exceções (falta de amor) no aparte da doença, confirma a ilusão (do amor suficiente, por exemplo) para a regra da vida e da saúde. A carência afetiva não deixa lugar à questão das carências efetivas.

É hora de perguntar: de que amor se trata? O amor e o congelamento impostos à filha por Carmem, que, sob a capa de *tudo bem*, de mesas limpas e toalhinhas sobre as mesas, esconde as angústias de mulher insatisfeita. O amor mantém quartos fechados para que a explosão dos maus instintos da filha adotiva não perturbe a paz conjugal, a paz xenofóbica de um casal, que admite tudo, menos perturbação. A filha adotada não tem como deixar de o ser, e a penetração no quarto proibido é a própria penetração num passado fechado, mas constantemente sugerido pelos pais quando se referem a seu sangue ruim e aos maus instintos. Como não roubar?

Arriscaríamos a famosa interpretação convencional: esta criança está roubando o afeto dos pais, que lhe é negado? Por que não? Afeto é um termo amplo. Afeto inclui ódio. O que está roubando? Amor, então? O amor adotivo de Carmem congela a criança em sua forma de nenê acariciável. Mas esta vive, move-se, cresce, arromba os quartos, rouba-os e o produto do saque é parte de uma troca que nunca se completa. A menina – intrusa na família adotiva – permanece sempre postiça, permanece sempre alheia, mas presente; presente, mas externa. Ao se tornar proprietária do que não é seu pelo roubo, ela não o retém, nem o deseja ter: o roubo é a expressão primeira de sua grande solidão. Também não pode deixar de ser presente como ladra, o amor dos pais exige-a tal como é. Um mórbido amor? Não, é impróprio denunciá-lo como doentiamente falso, se a falsidade é em relação a um amor ideal, inexistente. Este é o amor que há entre Carmem e sua filha.

Se o amor materno é essencial, a culpa não o é menos. A equipe psiquiátrica observada considera ponto de honra diminuir o sentimento de culpa dos pais por seus filhos enfermos. O que não deixa dúvidas a respeito da sentença, isto é, só se diminui o que se crê existir. É a contrapartida coerente e necessária da regra do amor suficiente. A criança só pode enfermar se os pais, as mães em especial, falharem no papel de doadores totais da saúde mental. Essa etiologia genérica e fantástica, ao mesmo tempo que dispensa a equipe do estudo minucioso das condições concretas do sistema familial, abre à família caminho idêntico. A mãe, culpada em essência, deve confessar seus erros. Não é preciso o esforço radical de colocar em tela de juízo a situação doméstica, seus ressentimentos, esperanças e contradições. Basta um expediente rotineiro: admissão de culpa, arrependimento e a procura de um truque psicológico eficiente (quem as convencerá de que não existe!) para demonstrar o escondido amor.

É mais simples concordar com a culpa genérica e essencial que se lhes atribui: tudo o que as mães fazem reflete-se nos filhos, elas são feitas de culpa. Do contrário, Carmem, tomada como exemplo, teria de se por frente ao desejo de que a filha permaneça sempre filha, sempre obediente, pequena, não ultrapassando o ato magnânimo da adoção. O grupo também não pode crescer, é lógico. O desenvolvimento dos filhos espelha aquele temido estado de consciência que situa alguém como agente inalienável de seu próprio destino. A escolha do destino parece ser o tema constante e oculto, o tema que está por não estar. Como o grupo, grupo de mães e não grupo de mulheres.

A ideia, tão difundida entre nós, de que a culpa leva ao desenvolvimento encontra sua fronteira na aceitação cega e submissa dessas mulheres. Elas se dizem culpadas e por isso vão melhorar. A culpa verdadeira só se descobre na desculpa, com luta e dor. Aqui, é aceita como essencial e genérica, realiza-se a cada momento no modo de uma verdade geral que as isenta do reconhecimento das realidades particulares. E de particulares providências concretas. Carmem mostra isso de forma magnífica quando conta que, pretendendo bater na filha, foi experimentar quanto doía a cintada em si mesma. Satisfeita com o conhecimento adquirido, chamou a filha e bateu. A menina *não guardou rancor*. Tirou-se-lhe a possibilidade de sentir rancor, desobedecer e voltar a ser castigada eventualmente. A mãe, castigando-se, já se tornara irresponsável. Já se tornara imune à dor da filha pela sua própria dor e, em ausência, resolvera a culpa. Não há saída para esta maternidade dolorosa!

* * *

Neste capitulo procurei expor um sistema de regras encarnado na relação grupal. Três grupos paralelos: a família de Carmem, o grupo de mães e a equipe psiquiátrica. Entre o amor absoluto, razão suficiente da saúde mental das crianças, e a culpa essencial, que é o seu reverso necessário, anula-se a capacidade de pensamento instrumental. São dois conceitos quase metafísicos; restituí-los ao plano da prática humana requer uma denuncia crítica que lhes desnude o absurdo, levantando as toalhinhas do uso rotineiro. Isso feito surge o esquema seguinte:

	Menina Adotiva	Grupo de mães	Equipe psiquiátrica
Adoção	Adotada: ocupa o lugar do filho legítimo. Adota: as concepções impostas.	Adotadas: ocupam o lugar dos filhos doentes. Adotam: crianças para consolidar o matrimônio vazio (sejam filhos adotivos ou não).	Adotada: pede assessoria. Adota: assessor.
Amor absoluto	Corresponder à adoção – preenchendo um vazio.	Crença no amorde mãe – saúde das crianças.	Curar as crianças fazendo brotar amor materno Terapia de amor.
Culpa essencial	Sangue ruim, maus instintos.	Doença dos filhos – falta de amor demonstrado.	Desbancar as mães como doadoras de saúde mental.
Dever contraditório	Boa filha: educação. Provar a inferioridade do sangue: ser ruim.	Mostrar amor: ideal inexistente. Esqueceram-se de si mesmas como mulheres: fontes do amor possível, real.	Curar as crianças – sem denunciar as contradições concretas familiais.
Comportamento congelado	Paralisação: roubo sem proveito.	Paralisação: confissão de culpa, impotência, espera do truque salvador.	Paralisação: terapia sem proveito. Aconselhamento rotineiro.

A série analógica assim representada é terrivelmente estável. A adoção quando submetida às tensões polares do amor suficiente (absoluto e indiferente) e da culpa essencial (inescapável e constitutiva da maternidade) leva necessariamente ao congelamento.

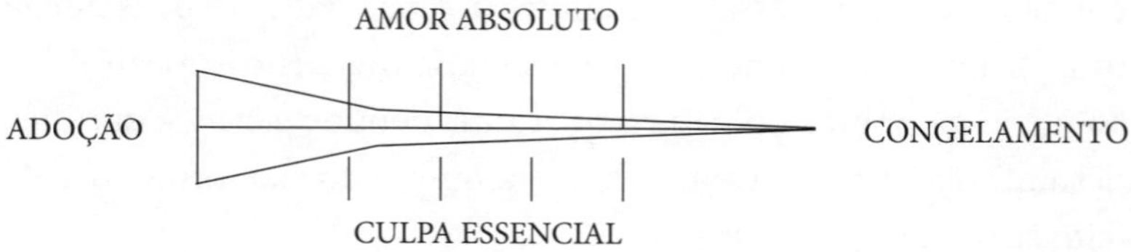

Fôssemos criaturas do apólogo ou do conto e o sistema não se poderia romper. Nas coisas humanas, porém, a sustentação é histórica. À margem da analogia existem forças produtoras concretas. A equipe psiquiátrica criticando seus conceitos já se fará capaz de quebrar a ordem analógica. A título de exemplo, e pondo a modéstia de parte, minha presença já foi um tanto perturbadora. O assessor mostrou-se mais dotado que adotado e, em vez de se congelar, queimou-se. Isso, contudo, não importa a este capítulo, que tem a única finalidade de exemplificar o sentido crítico das regras na estruturação da consciência grupal.

VI – A permanência dos andaimes

Como este capítulo refere-se à psicopatologia, não o posso dispensar de vez. Vai picado, para que se não perca a sequência do ensaio.

Sua organização planejada compreendia: 1. Apresentação de um problema, a crise da psicopatologia taxonômica. 2. Um núcleo constituído pela análise comparativa de certos delírios psicóticos, à maneira dos estudos sobre o apólogo e sobre os contos de Perrault. Quer dizer: 1. Estudos de alguns relatos delirantes construídos por pacientes diversos, como no Capítulo II. 2. Do mesmo modo que com o mundo das fadas, a descrição de um universo delirante organizado por famílias de regras. 3. A crítica que esses procedimentos proporcionam sobre a crise da classificação.

Infelizmente terei que pôr de parte o núcleo inteiro, com segurança o mais interessante do capítulo. O estudo foi interrompido pelo meio. Seria prematuro expor-lhe as conclusões provisórias, que iludem por sua aparente clareza.

Temos de nos contentar com o picadinho resultante, sem o enobrecer pela ligação artificial das generalidades que se pode sobrepor em casos tais, como molho *strogonoff*.

* * *

A partida para o conhecimento do outro tem muito do safári recusado por Jó. Visito um casal amigo, converso, tendo ao lado uma bebida. Mas não me devo distrair da palestra corriqueira, erguendo as pálpebras da rotina, topo imediatamente com Leviatã e Beemot. O que eu encontro então é sofisticadamente primitivo, argutamente animal. Um sistema familial, visto com a perspectiva do capítulo anterior, perde o caráter familiar, torna-se uma selva estranha onde o golpe de tacape vem de improviso, de um improviso ritual e tão antigo e intrincado como o de qualquer cultura dita primitiva. Nisto reside talvez a normalidade; em que eu não vejo em mim o absurdo constituinte, que me aturde nos outros, se não cerrar pudicamente as pálpebras. Mas eu sempre o faço, todos o fazemos. Porque abrindo os olhos uma vez para o absurdo, vejo refletido neste malfadado espelho o mesmo alienígena que me habita, e acabo por abrir os olhos duas vezes mais, espantadíssimo.

Esse encontro especular seria, porém, a via principal para a descoberta do meu próprio absurdo; não o posso contemplar diretamente, é um ponto cego, pois faz parte dos *olhos com que enxergo*. Não existe opção: a maior parte do tempo devo ignorar meu absurdo sob pena de vir a desconhecer tudo o mais. Este absurdo, quando se arranja numa justaposição tal que o torna translúcido, abre-se para o mundo, para a consciência de objeto. Se o absurdo revela-se é como exterioridade, o mundo desintegra-se no absurdo e a minha confrontação com ele assume a *forma natural*, já denunciada por Camus. O que é indesejável para a vida diária, sobretudo para a vida social. Daí procede o bom-tom que nos proíbe comentar a fugidia visão de uma ponta de roupa de baixo mal oculta ou a visão, mais indiscreta, de uma ponta de loucura. Eu diria mesmo que a lei de Talião tem raízes profundas e insuspeitadas; mais do que *se eu te olhar, tu me olhas, olho por olho* significa: *se te olhar, eu me vejo*.[43]

O olhar absurdo do louco é inclemente como a nudez exibida em dia de sol. Esse *espelho abominável* aguarda ainda um destino apropriado de vez que é tão conspícuo. As épocas que tinham o louco por um *outro qualquer, apenas perigoso*, trancafiaram-no ou o baniram. A Europa civilizada fez assim antes de Pinel, e depois continuou a fazer. Para conviver com o louco, outras épocas fizeram-no o Outro, a total dessemelhança, espelho falso de parque de diversões. Diversão das Cortes, "permitem-lhes dizer e fazer todo mal que lhes aprouver". "São sagrados para os deuses" que "tiveram a bondade de *misturá-los com os homens* para edulcorar a tristeza da vida humana".[44]

---

43 Ou me cheiro. É notável a expressão popular que apelida de *fedida* a pessoa que se queixa de mau cheiro em tudo, que tem sempre as narinas delicadas e franzidas de desprezo. Esta é a primeira e melhor acepção da Lei de Talião, provavelmente. Se eu abomino a visão dos homens devo cegar-me para minha humanidade – mas o nariz não tem pálpebras, sempre me hei de cheirar, nausear-me e minha própria vida não será mais que um vômito prolongado.

44 Erasmo. *Elogio da loucura*. Trad. Paulo M. Oliveira. Rio de Janeiro: Ediouro, p. 81 (o itálico é meu).

A teoria da total dessemelhança encarna-se em diversos corpos doutrinários, principalmente nos de cunho humanista. Deixando à margem sua inimputabilidade jurídica e a indiferença moral dos atos, passaporte seguro do paraíso, a psicopatologia especial oferece um exemplo notável, embora não ainda o destino apropriado e definitivo. Para garantir a total dessemelhança do *Outro* não existe no momento melhor recurso que o da classificação, à imagem da zoologia. As primeiras taxionomias são antigas.[45] Só nos fins do último século, todavia, confiou-se quase que só a elas a tarefa de zelar pela dessemelhança. Estrategicamente a ideia é engenhosa: dividir para conquistar, e desterrar para outro reino quase animal. Ampliadas as diferenças, como em "As Fadas", resta saber se o mundo conceitual da psiquiatria é bastante amplo para comportar uma convivência. Não é! Progressivamente as categorias nosográficas se foram superpondo; e neste recinto acotovelado a Psicanálise acabou por baralhar as coisas, todos sabemos como. Hoje, a psiquiatria classificatória chega a um ponto crítico, como zeladora da diversidade; diz-se, facilmente, somos todos neuróticos. Note-se, neuróticos! A falência da total dessemelhança traz como avesso essa banalização da loucura, dessacralizada e acientífica.

---

45 Correlações somatopsíquicas serviram para constituir tipologias fantásticas desde os tempos de Hipócrates e através da Idade Média, sem nunca perderem completamente o lugar. Por outro lado, a noção de uma loucura dispersa pela humanidade inteira e da desumanização dos representantes especiais (os loucos) nunca desapareceu também. É interessante notar que entre a publicação do *Elogio* e a do *Malleus Maleficarum* não decorreu mais de vinte e cinco anos, enquanto nos fins do século XVII ainda se publicava sistematicamente acerca dos delitos da demonialidade (por exemplo: *De Incubis et de Sucubis* do Pe. Sinistrari d'Ameno). O que em conjunto leva a uma certa desconfiança do ufanismo científico de alguns historiadores da psicologia médica como Zilboorg (*Historia de la Psicología Medica*. Buenos Aires, Psique).

No mais, a questão da sanidade, como tantas outras questões pisadas e repisadas, não teve tempo ainda de nascer. Será este o parto prefigurado? A primeira impressão de um psiquiatra sobre seu cliente costuma ser assombro. Ou melhor, seria, se uma profissionalíssima artificialidade não tolhesse essa emoção vulgar. Nem é necessário que se trate de um psicótico: todo homem é doido quando visto em conjunto.[46] Ou seja, falando com rigor, a sanidade é função do ponto de vista. "Nunca faria isso", digo escandalizado; mas devo ajuntar, "[...] se eu me pudesse ver como te estou vendo".

Dentro da crise, a sensatez é crítica. Se a loucura é a presença do absurdo e este não é mais que as regras estruturantes da consciência, a sensatez aconselha a procurar diferenças noutra parte. Ficou dito[47] que a realidade constrói-se pela opacificação rotineira do absurdo, enquanto que a consciência, por sua translucidez. Essa construção, pois trata-se de uma só, faz-se durante a vida toda. Em alguns momentos, em algumas pessoas ou situações, os andaimes da construção não se desmontam a tempo.

Certas manifestações psicóticas o demonstram. Ou ponho minha confiança nas declarações alheias ou nos sintomas de sua origem presumível, ou eu creio ou indago a base da crença, ou emprego as palavras para dizer ou atento para a maneira pela qual elas dizem. É uma questão de foco do olhar: no estado de máxima convergência posso assegurar-me da presença física de meu nariz, mas não enxergo um palmo além dele. Se as regras de minha consciência começam a se fazer notar, é natural e forçoso

46 Diz a loucura: "Todos os homens são estátuas a mim erigidas, imagens vivas da minha pessoa... por que hei de exigir um templo, se possuo um tão vasto e tão belo, que é a terra inteira?". Erasmo. *Elogio da Loucura*, p. 110.

47 Capítulos I e IV deste Preâmbulo.

que a consciência do mundo se altere. Pode-se supor que a reconhecida habilidade de certos pacientes psicóticos em captar sentidos marginais no discurso, como também em usá-los, repouse sobre causa semelhante. Algumas vezes são paralogias, outras vezes anagramas ou então conotações secundárias e alusões fora de contexto. Por essa via apropriam-se, não raro agudamente, das ideias ocultas do interlocutor, interpretam-no. Isso é creditado ao temor paranoide com certa razão – trata-se mesmo de um saber distorcido –, ou a uma direta comunicação de *inconsciente a inconsciente*, não menos razoável, se entendermos por *inconsciente* as regras constitutivas do campo que os dois partilham ao se comunicarem. Com mais precisão, acredito que se deva considerar que essas são manifestações de uma atenção voltada às regras da linguagem, que se fazem impropriamente notórias, perdendo a translucidez da fala comum, onde a palavra que diz esconde-se no dito. O alusivo torna-se mais digno de confiança que o conteúdo principal. Um paciente, por exemplo, ao me ver retirar do bolso um maço de cigarros *Dunhill*, sorri satisfeito e acrescenta aliviado: "Agora eu sei que vai tudo bem". O raciocínio me é apresentado com candura e certo assombro por minha falta de destreza mental. *Dunhill* é marca inglesa, os ingleses lutaram contra os nazistas na segunda guerra, estes perseguiam os judeus, mas o paciente é judeu, logo... Os lapsos verbais, caminho querido de Freud para o determinismo absoluto, não diferem do dito comum. Apenas tendo falhado em expressar a razão principal intencionada convidam-nos a procurar as razões secundárias da sentença. O defeito esquizofrênico exibe com frequência essa atenção imprópria aos constituintes do discurso. Outro exemplo tabagista e do mesmo paciente pode ilustrar o limite entre a paralogia e o trocadilho. Em certo momento acende um *Cônsul*, mostra-se um pouco assustado e comenta: "Quem fuma cigarro mentolado é débil mentol?". A opacificação da palavra, ou seja, da consciência que se expressa, é a contrapartida necessária da animação intencional das coisas. Quando a consciência verte-se atenta em suas regras estruturantes, porque essas não se *rotinizaram* até a completa transparência, é no mundo que as percebo – pelo que digo *verte-se* e não *introverte-se* –, e o mundo anima-se além da medida, assume intenções, regra-se pelo absurdo. Como na magia, as palavras deixam entrever sua riqueza, capturam o pensamento enquanto os objetos valem, como significantes vitalizados. A distância entre palavra e coisa parece diminuir pelo que, afinal de contas, talvez, haja algum sentido na expressão *pensamento concreto*. O mundo normalizado, o real, assim se considera, contudo, por ser o substrato referido da nossa fala comum. Por contraste apenas é que os outros mundos estranham. Nem o primeiro e nem os outros são repúblicas democráticas. Num, a *res é* pública pela ditadura de consenso; nos outros, em maior ou menor medida, o paciente é o régulo de seu reinozinho próprio, único cidadão e único escravo.

* * *

Um só exemplo é o bastante, onde muitos não seriam suficientes, por prenderem a atenção nas diferenças. O trajeto de Horácio pela vida era arrastado e torto, como o percorrido diariamente para alcançar meu consultório. Preso a minúcias, detido por dúvidas pequenas mas insolúveis, não se casava e nem rompia o noivado, trabalhava uns meses desgostando do emprego e, ao querer sair, tomava-se de empenho. Ora, em certa ocasião fiquei sabendo da causa do percurso tortuoso. Quando cruzava a frente de uma igreja tinha de persignar-se. Sem isso, o desrespeito a Deus faria jus a um castigo, a um azar. Persignando-se, porém, o obséquio haveria de atrair o olhar de Deus, que, ao escrutinar--lhe a intenção propiciatória, iria zangar-se e castigá-lo com um azar. Esperava o azar até meia-noite. Se não chegasse, a insônia era azar bastante. Sistema infalível, buridanense na liberdade, regrado como o da Borralheira. Esperto a seu modo, Horácio encontrou o expediente que lhe permitia chegar às sessões sem passar defronte a nenhuma igreja. Assim como o de se masturbar às onze e quarenta e cinco para que o castigo não o alcançasse entre a ejaculação e o fim do dia. Mas, a preocupação com o relógio era sempre maior que o gozo furtivo.

Quem não diagnosticou neurose obsessivo-compulsiva está azarado até a meia-noite, a menos que bata três vezes com nó dos dedos em madeira de lei. Em que lei? O nome do pai é a Lei, dizem. Todos nós desrespeitamos a Lei amedrontados; muitos adotam itinerários tortos no trânsito e na vida; o azar, já foi visto, está em toda parte. Onde, a diferença? Nem ansiedade, nem inibição caracterizam a neurose.[48] O sistema de Horácio, no entanto, é transparente onde deviria ser opaco, e vice-versa. O nome do pai está perto demais do nome-do-padre conflitivo. A consciência, vice-versa, deixa projetar uma sombra excessiva de suas regras, fica menos clara. Sobraram à vista alguns andaimes da construção do real.

A conclusão forçada desta crítica aconselha, penso que sensatamente, a distinguir dois níveis. No sentido puro de cidadãos da regra estamos todos em pé de igualdade; às doutrinas do *outro qualquer, mas perigoso*, e da *total dessemelhança* deve-se opor a doutrina da fraternidade absoluta, filhos que somos das núpcias do absurdo com a rotina. No sentido prático da evidência maior de certas regras em certas pessoas, no sentido de representação de teatro inacabada em que o contrarregra tem de entrar em cena para

---

48 Freud, S. Inhibición, Síntoma y Angustia. *Obras Completas*. Editorial Nueva Madrid, 1948, vol. I.

segurar o cenário despencado, a psiquiatria dá conta dos desvios para que a farsa fira menos o bom-gosto cultural de cada público.

A crítica ao *modelo médico*, que se ouve tanto repetir, tem a obrigação de esclarecer o que condena. Se condena a falácia do desenvolvimento – o princípio de que o homem, por natureza, está destinado a progredir rumo ao autoconhecimento, à normalidade da saúde ou a outra meta qualquer, bastando que se lhe faculte condições propícias –, fá-lo com razão, que isso nunca se demonstrou e a experiência sugere o contrário. Porém, essa falácia, *petição de princípio*, está contida no evolucionismo e no funcionalismo psicológico; portanto, em todas as formulações psicanalíticas que falem de instinto de vida, de desenvolvimento psíquico, de adaptação, de funções etc. Se condena o princípio de cura, quer dizer, de alívio parcial da dor de se existir na contingência, cabe a essa crítica sugerir uma solução melhor.

VII – Simetria, recaptura[49]

O objetivo desta comunicação é o de descrever uma análise que acabou ante a ameaça de começar. Por quatro meses e meio, C. cumpriu comigo as preliminares de um encontro impossível – tanto usamos a expressão *encontro consigo mesmo* que, por vezes, perdemos o sentido de impossibilidade que ela transmite. Esse encontro ou é o da própria imanência (logo, trivial); ou o da transformação simbólica em que pela via do outro eu me reconheço, indo buscar fora de mim novos significantes e uma outra ordenação de fantasias que exprimam o mesmo que sou (na interpretação, por exemplo).

---

49 Comunicação regulamentar relativa ao segundo caso sob supervisão apresentado em maio de 1975. Supervisora Profa. Lygia Alcântara do Amaral.

A reconstrução da tentativa de trabalho analítico com C. revela, porém, um modo diferente, que neste caso – e, penso, em qualquer caso – está votado à impossibilidade de se concretizar. Trata-se apenas do problema de fazer coincidir a consciência que apreende e a que se oferece como objeto, inconciliáveis como a mão direita sobre a esquerda.

* * *

Na última sessão, pela manhã de uma sexta-feira, C. explicou-me que já havia tomado a decisão definitiva de interromper a análise. "Pensei muito e decidi." Um pouco antes de sair explicou: "Vou tentar não fazer nada (análise). Vou ver... Estou cheio de problemas, mas não posso deixar a Faculdade... A análise posso... A análise tem sido um problema a mais. (rindo) Acho que estou um pouquinho pior".

A sua primeira entrevista fora quase exclusivamente um contrato analítico. Não se queixara, não houvera dúvidas. Fora encaminhado várias vezes a tratamentos psicoterápicos pelos gastroenterologistas que lhe atribuíam uma úlcera *psicossomática*. Recusara-se. Tentou uma terapia de grupo, mas cedo se cansou. Anos depois dessa tentativa mudou de ideia e considerando-se *em dificuldades* (quais, eu nunca soube ao certo) procurou um colega do Instituto de Psicanálise. Foi-lhe recomendado submeter-se a testes psicológicos e, em seguida, indicados análise e meu nome. Eu o aceitei.

* * *

Para relatar a série de sessões que mediaram a minha aceitação e sua recusa final, prefiro apoiar-me na descrição de um movimento temático que sempre esteve presente ou, dizendo melhor, que *foi* a sua presença.

C. insistia na impossibilidade de falar. Sofria. Cumprimentava-me sorrindo mas, começada a sessão, sofria muito, sentado no divã. Por duas vezes no segundo mês de análise apresentou um quadro de pneumotórax espontâneo. "Uma implosão, por falta de palavras que me aliviem", disse-me então.

A investigação dessa dificuldade mostrou um sistema característico. Para C. não era possível decidir, entre as ideias, qual a que deveria ser escolhida para nossa conversa. Esse empecilho não era privativo do início de sessões. A qualquer interpretação, a resposta era "não sei" e emudecimento. Com isso mostrava-me a incapacidade de lidar com o plano inatingível e duvidoso das próprias emoções. Não *sentia*.

Na verdade sentia. Estava quase sempre mal humorado e irritadamente distante. Desprezava-me mas também desprezava a própria vida. Quando, por exemplo, foi proibido de fumar por uma tendência a desenvolver enfisema pulmonar, contou-me, entre um cigarro outro, que estaria bem melhor sem os pais e médicos que se preocupavam com ele; "não me importo de ficar doente". E referindo-se à falta de interesse em comunicar quaisquer aspectos de sua vida: "Ora, eu cago montes para tudo isso".

Seríamos tentados a pensar esse sistema como simples decorrência do ataque projetivo e uma repugnada isenção para se preservar da sujeira. Penso que não estaríamos longe da verdade; por outro lado, omitiríamos a regra fundamental do sistema, a ordem de disposição dos canais de esgoto deste caso.

E qual era esta ordem? A necessidade de estar consigo, sendo-se. De fato, havia um certo afrouxamento da percepção do encontro trivial por imanência, que o levava a não se sentir inteiramente em si; mas nunca nos objetos e, particularmente não, em seu analista. O reencontro pelas minhas palavras também estava fechado para ele. Porque, afinal, seu desejo era o de estar consigo. Tentava descrever-se, discutir-se, mas a consciência que apanhava a caça, já não era a mesma. A consciência caçada (sentimentos, hábitos, memória) denunciava-se constantemente diferente da consciência caçadora. C. permanecia insatisfeito: "Eu estou aborrecido, bem... não... eu estava aborrecido sim, mas agora... não sei". Descreveu--me metaforicamente esta situação. Numa caçada tocaiava com muita ansiedade um pássaro raro; ao vê-lo, disparou. Porém, o troféu estava morto e o tempo da emoção se fora. Ficou aborrecido.

* * *

Não conseguia apanhar com vida suas emoções. Era um caçador atento a meus movimentos, muito auto-observador e obviamente perseguido. O problema de se apanhar, sem um intervalo em que a consciência caçadora pudesse transformar-se em caça, torturava-o. Ao olhar para um espelho que decora meu consultório, perguntou se eu não o veria refletido caso se deitasse, imaginou várias provas empíricas e muitas deduções engenhosas, mas não foi capaz de observar a evidente reciprocidade da situação imaginária.

A sua principal inimizade parecia ser o tempo. Tentemos compreender. Ele, que só se admitia conhecido por si mesmo, ao tentar apreender-se, desiludia-se ao ver que o *eu sou isto* significa apenas *isso, eu fui*. Às vezes, ocorria-lhe o truque da rapidez, algo como trancar a gaveta com a chave dentro. Então, acompanhava-me atentamente, observava-se com intensidade, parecendo muito vivo e disposto a *pegar primeiro*. Mais comumente, contudo, considerava-se derrotado e de seu desânimo surgia a ideia de que sempre seria assim, de que nunca poderia falar com espontaneidade. Dentro deste mesmo apelo à eternidade passava ocasionalmente à pretensão arrogante de ser uma estátua perene, imutável. Orgulhava-se de sua vitória amarga, sorria superiormente ao me mostrar que nada o faria vencer sua dificuldade de expressão. Desafiava-me a interessá-lo.

No plano de sua vida cotidiana essa inimizade fundamental convertia-se no isolamento de dois tempos, reflexo da relação antagônica entre caçador e caça. Em um deles, o tempo do trabalho, era a caça, era visto e conhecido, sofria, mas executava com precisão tudo que lhe era ordenado. Não suportava imperfeições ou parcialidade. Os seus trabalhos eram perfeitos até à datilografia final; pobres, no entanto. O outro, o tempo do caçador, era o seu repouso. Falava-me na necessidade de brechas na semana. O fim de semana, uma ausência no trabalho, uma falta à análise. Esse tempo convertia-se em devaneio ou atividade física, em que ele era capaz de se capturar, ainda que fugazmente, pelo exercício da força (do pensamento ou física) constituindo-se em uma unidade irrefletida, mas poderosa. Estava anulado o incômodo escravo que tinha ousado oferecer-se como questão.

* * *

A relação comigo padecia do mesmo impasse. Se eu chegasse a saber algo dele – que temia que eu tudo soubesse – não poderia admiti-lo como contribuição. Porque enxergar à luz alheia significava, mais do que a renúncia à onipotência, admissão de que algo se passara com ele, algo que, ao não lhe ser transparente, pertencia ao caçador invisível. E como saber-se visto? Sempre negava. Em geral, nem ouvia, tomado de um torpor (a que chamava "meus *gaps*"). Quando porém ouvia, tomado de surpresa, achava graça ou me desprezava profundamente. Ao mesmo tempo havia uma fome de comunicação torturante que, superficialmente, justificava como desejo (da caça: belas plumas) de ser cooperador. Todavia, me parece que, mais profundamente, o desespero se devia a uma intuição da possibilidade de se recuperar em mim, pondo um paradeiro na corrida impossível. Não chegamos a esclarecer este ponto.

* * *

Temendo que coisas fantásticas fossem urdidas nos porões da análise, C. estava quase sempre assustado. Ao temor básico de ser descoberto, somava-se o dos modos desta descoberta, que só poderia ser violenta. Iniciou uma sessão, por exemplo, contando-me o que considerava uma "piada boa, mas antiga". Na primeira sessão com seu analista uma paciente jovem recebe a ordem de se despir e deitar-se no divã. Obedece atônita e o analista violenta-a sexualmente; dizendo depois: "Bem, eu já resolvi o meu problema. Agora conte-me os seus". Várias outras situações também deram margem a suspeitas de ataques homossexuais.

Essa qualidade da penetração imaginada devia-se, provavelmente, à extrema fragilidade de sua *barreira de contato*. As impressões do mundo externo pareciam penetrá-lo violenta e indiscriminadamente; procurava proteger-se oferecendo o mínimo de alvo, contendo as suas associações. Quando, por exemplo, eu lhe mostrava a relação entre fatos contados e a situação presente, apavorava-se, ria ou ridicularizava. Percebendo-se vulnerável, os silêncios aumentavam. Como último bastião defensivo mantinha a crença nas *regras da análise*. Considerava-as soberanas e embora ficasse na ignorância da Lei, resignado a ter-me por mediador e juiz, sentia-se protegido em parte contra a ferocidade dos golpes que uma situação livre acarretaria. Mais que um servidor, era um crente e devoto da Lei.

* * *

Esta série de observações, transpostas a uma linguagem distante do factual, talvez repita apenas a grande quantidade de descrições semelhantes de pacientes obsessivos e paranoides. Por isso, gostaria de fixar uma expressão mais próxima e viva da questão fundamental do tipo de encontro pretendido: *Eu só comigo*. Esta regra de apreensão de si, que diríamos narcísica até ao ponto do desespero, não tolera a irregularidade. Como a fusão ansiada é impossível, o reflexo do belo herói é especular e nunca superponível – só a simetria perfeita pode salvá-lo do reconhecimento de não ser o que vê.

Longos estados de torpor mantinham C. distante e absorto. Acabei por descobrir que sua atenção fora capturada pelo desenho de um tapete na minha sala. Um tapete oriental que, como é frequente, aparenta certa simetria, sem porém cumpri-la com rigor. C. odiava-o, irritava-se com ele, mas não conseguia desprender-se do seu fascínio, cada vez que uma interpretação mostrava algo de si. Ser isto implica, enfim, não ser aquilo. A consciência caçadora não o tolerava. Elaborava artifícios para *consertar* o tapete, este símbolo do incompleto. Igualmente, tendo atrasado um pagamento, contou-me que deixaria de pagar na terça-feira, não dispondo do talão de cheque: "Só amanhã, mas é quarta-feira... Espero mais dois dias e chegamos ao fim da semana" (os pagamentos eram semanais). Novamente a simetria capturava-o. O começo e fim de sessões tinham certas qualidades mágicas. Principalmente a escolha de alguma coisa para dizer, abandonando as outras possibilidades, era insuportável. Pedia-me que escolhesse por ele, que sugerisse um tema.

Da atração fatal da simetria veio também algum progresso e o abandono. Trabalhando lentamente sobre os temores, descerrando-lhes o significado, foi possível a este odiador de assimetrias tolerar um pouco mais o contato comigo. E chegou o dia em que se dispôs a deitar no divã.

Rompera-se o sistema? Digamo-lo fenestrado. Pelas frestas passaram sua aversão às mulheres (espelhos distorcidos, enfim), os anseios de liberdade da *prisão interior*, as boas recordações de uma viagem à Europa que vivera livre e espontâneo, seus rituais de preparação do sono (abrir e fechar porta). Tornou-se colaborador, entretanto o desprezo por mim aumentava na proporção do medo. Deve ter sido aterrador ver-se tão diferente, tão irrecuperavelmente exposto. Esta situação durou algumas semanas, com augúrios de crise.

* * *

A última semana de análise abriu-se com uma sessão interessante, em que discutimos os recursos empregados para evitar perturbação. Uma fantasia anterior voltou: a ideia de possuir um carro com ar-condicionado e atravessar o trânsito de janelas fechadas, climatizado e seguro. O sentido de abrir e fechar portas também esteve presente. Parecia que C. mantinha uma série de quartos (dentro e fora de si) onde buscava refúgio mantendo isolada a percepção de já ter sido diferente. Cada vez que adotava um novo estilo – caça, caçador ou variações – ignorava totalmente a existência dos outros. Integração dolorosa seria essa. E a solução: quartos separados.

O tema interessou-o. Na terça-feira, depois de um período de silêncio, contou-me magoado que pensara muito no "problema dos quartos" sem descobrir nada. Mostrei-lhe que a mágoa provinha da percepção de necessidade. Eu lhe fazia falta, era impossível avançar sozinho. Essa interpretação levou a furo sua indignação. Não conseguia quase falar. Dirigia-se a mim, de quando em quando, para mostrar sua independência e seu desprezo. Podia prescindir da análise, desta *conversa mole*. Fechava-se então no silêncio, menino emburrado. O mau humor era a única vitória. Saiu da sessão batendo a porta. Na quarta-feira também estava irritadíssimo.

Faltou à sessão de quinta-feira e na sexta comunicou-me o abandono da análise.

* * *

A propósito desta tentativa de análise, prematuramente interrompida, gostaria de concluir algo mais do que minha imperícia em conduzi-la melhor. Penso, no entanto, que esta merece ser comentada. C. empurrava-me constantemente para uma armadilha. A cilada fundamental era a da *ajuda-ataque*. Sempre que os esforços em abrir campo para a comunicação surtiam efeito, eu pensava estar ajudando quando, na verdade, feria-o fundo ao lhe desmentir a unicidade das intenções. O reino dos sentimentos estava-lhe interdito. Ou as interpretações eram assumidas como parte da consciência-caça – e ele era um sócio majoritário do processo –, ou apanhavam o presente e despiam o caçador, fazendo-o voltar-se furioso contra mim. Penso que também me irritei crescentemente com a sonegação. Identificava-me talvez com o sistema do paciente (que é um pouco o de todos nós) e, nesses momentos, eu também ficava entorpecido ou ansioso.

Entretanto, da autocrítica, surge-me clara a utilidade de se compreender o sistema narcísico de C., como conjunto de regras ordenadoras dos movimentos afetivos.

Naturalmente, conceitos como inveja, defesas maníacas etc., deverão ser aplicáveis aos resultados desta observação clínica. Prefiro ater-me, porém, ao movimento impossível de encontro: captar-se enquanto se é. Na qualidade de regra organizadora, essa formulação fornece adequada sustentação para se compreender a ordem das disposições afetivas de C. Talvez outros pacientes obsessivos e paranoides dediquem-se ao mesmo jogo.

* * *

Conclui-se que a análise nessas condições (ou em todas?) deve ser bastante difícil. Porque, afinal, a nossa tarefa é descerrar, na constelação de imagens que um paciente organiza durante o transcorrer da sessão, a definição metafórica de sua condição presente.

C., como bom caçador, nunca pôde aceitar completamente este dia de caça; e se foi.

Quanto à evolução do paciente, uma de suas imagens a pode ilustrar. Era uma das primeiras sessões em que se deitava. Depois de confiar-me que lhe viera à mente uma ideia insignificante, contou de um excelente gravador que possuía; defeituoso porém. O sistema automático de controle de gravação não funcionava. Os ruídos penetravam indiscriminadamente. Não sabia como consertá-lo. A irmã levou-o a uma casa de *picaretas*, que lhe cobraram uma quantia exorbitante e devolveram-no com outro defeito. Agora uma das saídas estereofônicas também não funcionava. O seu gravador estava um *pouquinho pior*.

As analogias dispensam comentários. Interessante é apenas a desconsolada constatação com que respondeu à minha pergunta acerca do que fazer: "Só devolvendo ao fabricante, né?".

VIII — Considerar a interpretação

A última parte deste ensaio lúdico poderia vir a ser primeira de um outro comprometedoramente sério. Para prevenir tal deslize, mantendo contudo o estilo grave, indispensável ao tema da interpretação, figuro a última vez em que escrevi com manifesta convicção. Isto se deu nas provas ginasiais, nas sabatinas – que já não se prestavam aos sábados, guardando o nome por alusão, talvez, à feitiçaria, ao *sabath*, promíscua reunião de invencionices voadoras. Dita o professor: "Dissertação compreendendo – 1. Esquema. 2. Desenvolvimento. Tema: 'Considerar a interpretação psicanalítica'. São oito horas, às dez e quinze recolho as provas. Não colem demais e, principalmente, não colem da pessoa errada".

Esquema geral

1 A palavra *interpretação* possui dois significados principais que, quando confundidos, criam confusão.

1.1 Diz-se de certo processo próprio a todo ato de compreensão, não havendo, pois, compreensão que deixe de ser interpretativa. Diz-se, em especial, das descrições em que esse processo é usado com relevo.

1.2 Diz-se também do resultado do processo interpretativo.

2 Quanto ao *processo* distinguem-se:

2.1 Variedade dos caminhos seguidos pelo analista, segundo a meta que se propõe.

2.2 Sua unidade genérica.

2.3 Variedade. A interpretação pode ser:

2.3.1 *Linear ou de causalidade. Interpretações causais lineares genéticas* objetivando salientar a presentificação atuante do *passado*, ou *interpretações causais lineares não genéticas*, que destacam a formação do discurso como efeito da *situação bipessoal presente*. E também: *interpretações causais lineares de função*, destacando-se as que procuram integrar o discurso na *ordem causal das necessida-*

des (p. ex.: qual a função deste dizer?) e a variação elementarista consistente em perguntar-se *pelos fatores de que a conduta é função* (p. ex.: que forças mentais discretas causam isto?).

2.3.2 *Interpretações analógicas*: aquelas que oferecem uma variação formalmente análoga ao discurso interpretado, do qual se toma o valor metafórico.

2.3.3 *Outras*: por simbolismo fixo, adaptativas ou morais, intuitivo-transcendentais (senti que...), aleatórias etc.

2.4 Unidade. Quando à unidade genérica da construção uma interpretação supõe: *o discurso (verbal, mímico etc.) de um paciente, um elemento mediador interpretante e a formulação discursiva do resultado.*

3 A interpretação, como *produto*, equivale geralmente em forma ao interpretado, por exemplo um texto interpreta outro, um dito outro dito. No limite um silêncio interpreta outro. Reciprocamente um dito interpretativo é reinterpretado por outro do paciente, e, se desdito, reedita-se. Também se pode dizer, nesta ordem de ideias, que a interpretação de uma fantasia é outra fantasia.

4 Quanto ao efeito, a interpretação pode ser:

4.1 eficiente (ou sinônimos, p. ex.: *mutativa*)

4.2 ineficaz

5 Quanto à veracidade, pouco se diz. Diz-se verdadeira, às vezes, mas quase nunca falsa. Do que se depreende que o juízo de veracidade repousa em geral no de eficácia, na

evidência dos dados imediatos da experiência, na incerteza hipotética permanente, na pura coerência interna ou na expressividade essencial.

A série diacrônica das interpretações, embora dizendo respeito a certos itens antes enumerados, foge ao tema estrito da dissertação, cabendo mais ao de *processo psicanalítico*.

Desenvolvimento

Consideremos a seguinte metáfora: "Os andaimes são desmontados, mas sua forma persiste integrada na do prédio. A amarração de cimento, as linhas insubstanciais de força, os pilares de sustentação integrados em paredes (a não ser no porão ou nas garagens), perpetuam-lhes as formas. Habitado o prédio, as pessoas já os desconhecem, porque suas vidas tomaram-lhes as formas também: duramente retas e esquinadas, incompletas, provisórias e sem raízes, feitas para durar o tempo certo até a desmontagem, dando lugar a outras análogas e que, por isso mesmo, hão de ignorá-las. A vida rotineira se ignora, enquanto os andaimes sonham talvez com a sobrevivência da alma, senão nos Céus, ao menos arranhando-os".[50]

Todo o dizer do paciente contém formalmente as regras de sua constituição de consciência expressiva. Do contido na palavra, diz-se: significado. Certa maneira de ouvi-la toma em consideração principalmente esta classe de significados, a saber: comparando falas sucessivas deixa cair as referências principais intencionadas e diferentes, guardando o significado comum da expressão de regras. Todo o dito, quando ouvido assim, chama-se fantasia. Alguns ditos esparsos têm por referente intencionado um desvio na percepção

50 Cf. Capítulo IV deste Preâmbulo, p. 72.

do real cotidiano ou uma ruptura em sua expressão, esta se torna um tanto opaca, aquele – o real – um tanto transparente.

À peculiar disposição do ouvinte mencionado, posso chamar de *prestar atenção às fantasias*, ou posição analítica. Sua manifestação verbal predominante e instrumental é a interpretação. As interpretações não expressam nuamente as regras, tal expressão não existe. Como a do paciente, é expressão velada, mesmo que as intente revelar, pelo que as interpretações seriam a bem dizer fantasia a respeito de fantasias. Se produzem o efeito de suspender provisoriamente a rotina, fazem-no por um estranhamento. O estranhamento, por intenção e por definição, fugaz, ao estranhar desentranha o absurdo, a regra, a sombra do andaime fantasmática, e o paciente se vê alienígena ou alienado (gênese ou estrutura), habitando-se descentrado. Isso tudo se sabe; prossigamos.

A fórmula estética do surrealismo de Ducasse[51] – hoje ironicamente clássica – prescrevia a contemplação do encontro de um guarda-chuva com a máquina de costura, sobre uma mesa de dissecção. A mesa, cafetina mortuária, proporciona um campo que põe em crise o encontro corriqueiro. Toda relação humana descansa sobre um campo de percepções comuns, crenças e afetos partilhados, um campo cultural enfim, incriado por esta ou por aquela relação interpessoal nem delas criador; apenas suporte, condição

51 "Uma realidade já concluída, de que o ingênuo destino aparenta estar fixado para sempre (um guarda-chuva), encontrando-se em presença de uma outra realidade muito distante e não menos absurda (uma máquina de costura), num lugar onde ambas devem sentir-se deslocadas (sobre uma mesa de dissecção), escapará por este motivo à sua ingênua destinação e à sua identidade; ela passará do seu falso absoluto passando por um relativo, a um novo absoluto, verdadeiro e poético." Max Ernst, citado em Duplessis, Yves. *O surrealismo*. Difusão Europeia do Livro, São Paulo, p. 29.

de possibilidade. Define-se o campo da relação psicanalítica por uma extravagância: a de que um campo, uma vez estabelecido, é sempre desfeito pela interpretação estranhadora. A retração do campo desvela o absurdo onde havia relação rotineira, porque, ficando no ar, a relação anterior é objeto de consciência, opacifica-se, torna-se assunto, de assumida que era, revela-se fantasia.

O campo próprio à Psicanálise, em sentido absoluto, seria a ausência de campo que de todos os ditos faria fantasias. Isso como limite inalcançável, por requerer, entre outras impossibilidades, um analista invisível e mudo; mudo só não é bastante. Fica, porém, a tendência para esse limite. O paciente, que convida a discutir certo assunto vê seu convite sempre traído pela interpretação. O assunto da Psicanálise – dizemo-lo imprevisível, inefável etc. – o que é?

Nada me impede de imaginar um discurso que versasse exclusivamente sobre suas próprias regras, interpretável em sentido estrito. Mas esse artifício desilude. Ou se trataria de uma transcendência pura, quer dizer uma coisa de pedra e cal, ou de pura transparência, consciência do nada; e essas são mudas. O assunto, em que a concordância absoluta corta a chance de interpretar, atrai o paciente para um espaço virtual, para um esforço de fundir-se com a própria imagem no espelho, que no máximo quebra-lhe o nariz,[52] e mais frequentemente permanece em estado de angústia. A interpretação apazigua um pouco a angústia que criou, quando exprime satisfatoriamente uma essência apreendida de emoção e permite ao paciente como que se reapoderar do ser-se perdido. O que, em grande parte, é uma ilusão.

---

52 A este propósito, ver Capítulo VII deste Preâmbulo, p. 98.

Uma longa série de felizes interpretações cada vez mais abrangentes vai desembocar em um beco sem saída. O cliente recolhe-se amuado, enquanto o analista tenta compreender o que houve com aquele que não ouve. Uma porção de significados ele pôde conjurar a fim de esclarecer o impasse; um, no entanto, sobressai-se por natural: o paciente considera ofensivo ser tão compreendido.

Ao rever um segmento de análise, até mesmo uma só sessão, encontramos um ritmo semelhante ao do *nado de peito*: imersões relativamente longas no material que culminam em interpretações. O momento da elaboração final de uma intervenção equivale a respirar fora d'água, a distanciar-se para contemplar um conjunto significativo e transformá-lo em expressão sintética. Esse ritmo binário de comprometimento e compreensão torna suportável o processo.

Por outro lado há ritmo, e praticamente o mesmo, quando se considera a sequência das interpretações sucessivas. De quando em quando uma delas eleva-se a uma generalidade maior, agindo para com as outras como estas em relação ao *material em bruto*. Se classificássemos aquelas interpretações como de segunda ordem, encontraríamos provavelmente outras de terceira, quarta, até chegar a um *diagnóstico existencial*, ou a alguma erudita observação sobre os *mecanismos do pensamento*. O que empresta ao processo interpretativo um caráter de sistema lógico aberto, para não dizer experimental.

Se é verdade que os momentos de lucidez do analista conduzem o processo, são os períodos de confusão que estabelecem a proximidade essencial, a fraternidade zoológica na espécie que quis definir-se pela dúvida do pensamento, pelo equívoco da palavra e pela virtualidade da consciência.

Das considerações anteriores – toda relação humana repousa num campo pré-condicionante, o campo psicanalítico é a extravagância da dissolução sistemática dos campos –, e acrescentando-se que qualquer proposição tem valor veritativo apenas no seu campo pertinente (ou domínio), segue-se que o campo veritativo[53] das interpretações psicanalíticas não pode subordinar-se ao princípio de adequação tradicional (aristotélico); nem ao de necessidade lógica, como é evidente. Para a vigência do princípio de adequação seria preciso introduzir o termo de correspondência. Duas classes de tentativas merecem ser mencionadas: 1. Inconsciente reificado, seja: memória fixada (engrama) do trauma real ou imaginário, fantasia inconsciente (objeto interno), simbolismo fixo etc. 2. Reificação da intersubjetividade: teleologia adaptativo-funcional (culturalismo), experiência reificada etc.

Pondo de parte esses recursos o problema da veracidade da interpretação entra em crise, sendo que três aproximações – entre outras, certamente – mantêm-se viáveis: 1. *Veracidade da coerência*. Quando a interpretação não se contradiz e pode ou não ser coerente com os efeitos produzidos, isto é, com as fantasias subsequentes. O mesmo vale para uma série qualquer de interpretações. Trata-se de uma síntese, talvez mescla de dois ceticismos:

---

53 Campo veritativo significa um pouco mais que domínio. Isto é, além de indicar a área em que as proposições (interpretações) têm valor, manifesta também o campo produtivo das interpretações e, num sentido mais estrito, uma situação de crise do valor de *verdadeiro*. Nesse último sentido a afirmação *é verdade* pode ser encarada como, por exemplo, uma justificativa dimensionante do tipo *é brincadeira* ou *falando a sério*. Ao ouvir isso de um paciente, o analista quer descobrir o que significa *brincadeira*. Com relação às interpretações é preciso constantemente perguntar-se o que significa *ser verdadeira uma interpretação*. Assim a Psicanálise deverá ter algum papel na recolocação dos problemas gerais do conhecimento científico.

um, racionalista, com laivos de solipsismo, e outro, pragmático, com tintas leves de operacionalismo (crítico, entretanto). 2. *Veracidade sistemática*. Quando interpretações comparativas produzem regras supostamente estruturantes da consciência que, empregadas a modo de elemento interpretante, reproduzem-se em uma família de regras, sistemática. Só tem valor nesse caso, porém, a organização que prescinda das formas canônicas e ponha em crise sistemática o elemento interpretante. Do contrário a veracidade é tautológica e abdica do dado empírico, tornando-o indiferente. 3. *Veracidade expressiva*. Quando a interpretação apreende uma essência vivida e, seguintemente, a expressa com verdade artística; isto é, no limite da generalidade como caricatura ou diagrama.

A crise do campo veritativo deve ser encarada como um avanço em relação à sedimentação dos sistemas estabelecidos nas ciências naturais, e não como estágio provisório de uma evolução em direção a esse sistema. Por evidente, essa proposição dispensa justificativas. Basta considerar que a crise de veracidade situa a Psicanálise na exploração crítica das fronteiras do campo veritativo chamado científico. Isto é, no horizonte de um saber artístico.

A investigação dos interpretantes pode confirmar a assertiva anterior. Se o interpretante for definido como *a mediação transformadora do material em interpretação*, não passará, no sentido crítico adotado, de pura regra, sem expressão própria. Numa expressão assente e de uso comum, diz-se-o em *forma canônica*. Por exemplo: o complexo de Édipo ou quaisquer outros agregados de relações coerentes formais, chamados, às vezes, de *teorias*. A substituição de um desses cânones por uma ficção não alteraria provavelmente o sistema de interpretações em seu valor veritativo.

Conclusão

Analogamente a seu campo produtivo relacional, o campo veritativo peculiar à interpretação psicanalítica seria, em sentido absoluto, o da crítica sistemática dos significados de *ser verdade* da proposição proferida em certo contexto interpessoal. O ato interpretativo, provocando estranhamento, dissolve, sucessivamente, os campos sustentadores da relação interpessoal, para expor-lhes as regras estruturantes. As regras – comportando expressão vária, por não a ter própria – requerem coerência sistemática e eficiência artística na expressão. A crise dos elementos interpretantes pode ser explorada, e talvez o venha a ser. A interpretação pode ser considerada provisoriamente como fantasia acerca de outras, respondida por fantasias e imprimindo mobilidade ao processo de substituição de fantasias.

Esta dissertação procura interceptar a interpretação psicanalítica em seus pontos de crise, cruzando-os crucialmente.

Finalmente salienta-se a posição da interpretação psicanalítica, entendida como crítica geral do campo veritativo científico, autocrítica portanto – o que justifica a apelidação de *psicanálise crítica* de um ensaio possível, mas no momento incompleto.

(Fim da dissertação)

Essa dissertação é mais que um exercício de pedantismo ginasiano. Suas insuficiências são óbvias na pretensa generalidade do esquema e no desenvolvimento primariamente categórico e concludente. As qualidades, porém, são menos evidentes. O leitor atento tê-las-á notado, mas os professores tarimbados no ofício nunca leem com atenção. Escondido pelo estilo hirto, de quem está falando do que não deve falar, vai um escorço de sistema. Por exemplo: o agrupamento das interpretações *funcionais* (no sentido duplo que parece ser o de Bion) junto com as *genéticas* (estas compreendendo, tanto a presentificação do trauma e dos modelos primitivos, quanto a gênese *hic et nunc* transferencial, tida geralmente como distinta) sob o mesmo epíteto de *lineares causais*. Ou a proposta de considerar-se o campo veritativo da interpretação como correlato de seu campo produtivo (fazendo valer o juízo de *é verdade* como o de *é brincadeira*, debaixo da mesma crítica). De resto não há menoscabo nem pilhéria, toda a dissertação é absolutamente séria embora resuma um pouco drasticamente umas cinquenta páginas de texto. Há, isso sim, o espírito fantástico da sabatina, o resumo radical de teorias amplas e complexas, o amontoamento de opiniões alheias e até mesmo próprias. Esse espírito, que sugere a atmosfera do quinto movimento da Sinfonia Fantástica de Berlioz, pode, com justiça, evocar também o quarto. Nesse caso, com a cabeça nas mãos eu peço, lembremo-nos do sentido menos usual da palavra *cadafalso* (do provençal *cadalfalc*), que é o de *andaime*, simplesmente.

Apresentação formal – Conclusão do prólogo

Terá sido um absurdo a forma que escolhi para esta apresentação? Se foi, o epíteto não cai mal em absoluto ao autor do ensaio entremeado neste prólogo. A escolha, porém, justifica-se. Apresentei o ensaio de meu encontro com a Psicanálise e, com isso, bem ou mal apresentei-me. Sem uma contribuição nova? Sem nenhuma; usando sempre o método psicanalítico em sentido estrito. Um resumo do resumo prová-lo-á.

No capítulo primeiro escolhi um sentido particular de inconsciente que me parecia crítico (em duplo sentido, recorde-se); o de conjunto de regras estruturantes da consciência E particularizei um problema a que aplicá-lo: o absurdo que a rotina oculta. Nos segundo e terceiro itens exercitei o projeto economicamente, lucrando uma regra essencial que expõe o absurdo (*princípio do absurdo*) e o caminho para organizar sistematicamente as regras que a suspensão provisória da rotina descobre. Só então, como aconselha a prudência médica, passei a experimentar *in anima nobile*, no cotidiano desumanizado das grandes cidades, em seu credo tecnicista e no que ele encobre, e também a própria Psicanálise, fenômeno urbano, como todos sabem. O resultado não diferiu grandemente do panorama das fadas: uma ordem primária *absurda* e regras derivadas, por debaixo da rotina, com o acréscimo de sua encarnação histórica que quase não tomei em consideração. Seguiu-se o estudo de um tríplice sistema grupal, particular e concreto – família, grupo de mães, equipe psiquiátrica. Lidando com suas crenças, foi possível exemplificar o que antes aparecera como generalidade; uma série analógica de adoções contraditórias, cujas decorrências mantinham congelado o sistema (cada um, e os três interagindo). Um passo rumo ao indivíduo e surgiu o campo da psicopatologia, onde a incompletude do ensaio mais se fez sentir, faltando a análise comparativa dos delírios, que daria substância ao tema; restringi-me a uma crítica sumária da taxionomia como manifestação da rotina nessa fronteira do absurdo. O caso clínico veio suprir em parte a carência anterior de sustentação empírica, exibindo uma regra de encontro impossível e um impasse efetivo. Análise curtíssima, porém grata, a seu modo. Tive por fim que dar um passo artificial porque, beirando a seriedade de arriscar conclusões, esquivei-me delas, ficando na enumeração e na interpretação crítica da própria interpretação, naquilo que concerne a suas bases. De onde procede dizer que esse foi um ensaio estritamente psicanalítico, não lhe abandonando o método sequer ao tratar da Psicanálise mesma.

Certas pessoas, em cuja prudência confio tanto ou mais que em meu próprio bom-senso, aconselharam-me a escrever um trabalho curto. Seguindo esses bons conselhos, tratei de reduzi-lo ao mínimo, com o que, entretanto, temo haver dissolvido a maior parte do cimento de ligação entre as ideias, dando-lhes um aspecto antes arbitrário e fragmentado, onde existia um raciocínio quase linear. Mas consegui, espero ao menos, ser breve em um tema leve. A releitura do ensaio e o trabalho cirúrgico de amputação e remontagem sugeriram algumas ideias que em pequena parte inseri no seu próprio corpo, guardado o resto. Do guardado, duas ou três considerações gostaria de tecer ainda, para desfazer os equívocos da mesma brevidade.

Em primeiro lugar, como disse, este é um trabalho disciplinado segundo um método, ainda quando pareça um amontoado de opiniões. O que de rococó, de generalização apressada e de falsa erudição possa ter penetrado não é responsabilidade do autor, mas da divina Ironia, que assim paga a quem a serve. Lê-se na *Introdução à Modernidade*: "O ironista representa uma comédia. Ele diz o falso... para chegar ao verdadeiro".[54] O que não significa que ele tenha inventado a comédia (*representa*) e nem que saiba o que é verdadeiro (*para chegar*). Também não quer dizer que chegue ao verdadeiro. Pois, mesmo acontecendo isso, não o poderá saber. A ironia, rigorosamente falando, cria a sua comédia, vem de fora. Impõe-se a uma pessoa que está confusa e não gosta de o estar, em suma, a quem procura ser coerente e ignora exatamente com o que. Logo só tendo a si para disciplinar, a crítica redunda em autocrítica.

Em segundo lugar, além de disciplinado, este pequeno ensaio não é interdisciplinar. Qual poderia ser a outra disciplina? Da filosofia sabem os filósofos de profissão e de formação. O amadorismo repugna-me tanto como a falsa cultura, de que é uma variante insigne. E o que falta de cultura a este aprendiz, sobra-lhe

---

54 Lefebvre H. *Introdução à Modernidade*. Rio de Janeiro, Paz e Terra, 1969, p. 14.

em vontade de a não afetar. Por causa disso, estive cheio de dedos ao escrever os capítulos sobre contos e apólogos, para que se os não confundisse com uma análise literária canhestra e plagiária. A *Morfologia do Conto*, de V. Propp, ajudou-me a demarcar limites. Infelizmente, porém, embora o terceiro capítulo tenha sido escrito em fins de 1970, eu não conhecia ainda o trabalho meticuloso e a bagagem de Marc Soriano, *Les contes de Perrault, culture savante et traditions populaires,*[55] publicado dois anos antes. Nesta revisão presente não o discuti, precisamente por não querer imitar a pulga, da nossa velha piada de Noé, que empurra o elefante. Anoto apenas, e com satisfação, três coisas. Que não incidi na "falta de seriedade das explicações psicanalíticas que, a intervalos regulares, pretendem nos mostrar o verdadeiro sentido dos Contos".[56] Não por ter sido tão sério, mas por jamais ter pretendido encontrar um *vrai sens*; do qual esta aproximação crítica procura justamente excluir a possibilidade teórica. Dirigi-me, isso sim, à ficção chestertoniana da "Moral do País das Fadas", chegando, com pena, a conclusões diferentes daquela maravilhosa defesa do livre-arbítrio. O lapso do conto "As Fadas" intrigou-me um pouco, mas devo confessar que o tratei de forma bem menos psicanalítica do que o professor de literatura. Porque, onde Soriano viu um deslize, pareceu-me ver duas estranhezas complementares – *As Fadas* (plural) no título, e *fada* – desenterrando uma especificidade mais do que um equívoco. Finalmente pude constatar, com sádico prazer, que o literato esteve tão temeroso de entrar na Psicanálise como eu de lhe invadir o campo; coincidência zoológica entre pulgas e elefantes, animais sabidamente amolantes, mas arredios.

55 Soriano, M. *Les Contes de Perrault: culture savante et traditions populaires*. Paris, Gallimard, 1968.

56 Soriano, M. Op. cit., p. 367.

Por fim gostaria de dedicar uma palavra à presença inevitável da história, excluída por intenção, mas intrometida por natureza. Em alguns momentos talvez tenha cometido a impropriedade pior que há debaixo do sol de uma época crítica: a de sugerir augúrios. Bom, está feito; não se os tomem a sério. Quanto ao horizonte da Psicanálise, porém, não me retratarei. Não é uma previsão, é a visão de um grão contraditório no solo da teoria psicanalítica que pode germinar se bem regado.

Um lugar propício a esse desenvolvimento seria talvez a própria psicanálise latino-americana. A nossa cultura, tradicionalmente, tem pago taxas extras de importação. Colonizados fomos e ainda o somos, nem se o nega, nem adianta lastimá-lo. O preço extra, contudo, é o de uma crença falsa e de certos lucros secundários patológicos. Acredita-se comumente que um estágio só se pode ultrapassar depois de alcançado. Erro crasso. As distâncias entre os centros culturais tendem a manter-se, e até a crescer, quando o mais atrasado procura alcançar o outro em seu campo; quer dizer, acatando a sua definição de progresso. Alcançar, geralmente não se pode, mas pode-se torcer o caminho encontrando uma solução diferente para problemas que são, é claro, diferentes. O que sucede, no entanto, é que o pensamento colonizado colabora com a manutenção da dependência, sustentando-se em disputas doutrinárias importadas, e, às vezes, com atraso. Haverá opção? Não sei, mas posso imaginar uma ficção, fundada num desenvolvimento possível da Psicanálise.

A Psicanálise disseminou-se pelo pensamento contemporâneo graças à potencialidade crítica de seu método. Dessa diáspora, participaram até mesmo os psicanalistas, e mais poderiam participar se considerassem que a prática analítica vigora num espaço cultural, que lhes cabe criticar constantemente. A palavra do psicanalista tem a força do método que a produz e a vigência ampla da disseminação de seu saber em tantas disciplinas. Em particular, o procedimento interpretativo, que consiste em vincular o valor de um dito às condições e intenções implícitas que o produziram, pode contribuir para a crítica do conhecimento, sublinhando a impossibilidade de um saber descomprometido. E, pela denúncia crítica dos desvios do tecnicismo, que se afirma livre de compromissos de origem, colaborar na descoberta duma unidade proscrita entre as ciências e suas condições de fato. À Psicanálise não cabe arbitrar, evidentemente, apenas apontar. Ou antes, dar exemplo.

Qual exemplo? A interpretação conduz a uma apreensão global e despojada de substância, se a emprego na forma pura de restituição das regras ocultas – seja de uma consciência, de um sistema de relações ou até de um texto. Não há relação propriamente causal, mas analógica. Ora, se depois de interpretar um estado presente passo a reconstituir-lhe a história, voltando, de uma unidade final apreendida, pela rota de sua construção, encontro geralmente um descompasso entre os fatos e seu significado. E aí os caminhos dividem-se. Uma parte da Psicanálise põe fé na história (não no relato, necessariamente), outra preventivamente a ignora, e há também meios termos (história como *pano de fundo* etc.). O que se radica, tenho por quase certo, em pressupostos mais historicistas ou mais mecanicistas. Não importa, trata-se de uma escolha fundada na necessidade aparente de escolher. Uma via original consistiria em se aceitar como inteiramente dignos de confiança tanto a interpretação como a história, desacreditando apenas a primazia do fato na ordem da inteligibilidade. Estaria fundado, com isso, um realismo fidelíssimo e histórico, não mais sobre as tímidas distorções que a fantasia faz da história, mas sobre uma história autenticamente fantástica. Ou seja, uma história dos possíveis. E como toda reconstrução histórica é por natureza, interpretativa, não estaríamos realmente fugindo do bom senso, mas buscando-lhe os limites.[57]

Assim chegamos ao porto seguro, já que a América Latina é, por muitos títulos, a terra inconteste do realismo fantástico, e tem condição de o ser ainda mais. Por essa estrada já largamos com ampla diferença sobre os demais; o *mais verdadeiro que a verdade*, que foi sempre nosso estilo, viria então a ser praticado com propósitos de saber. Por exemplo: a história fantástica e sua correspondente psicologia ficcional poderiam começar com uma cuidadosa seleção de meios expressivos, mais importante do que a simples coleção de dados. Quem sabe se dividisse a disciplina renovada, segundo a fórmula usual (de Windelband, se não me engano), em nomotética e ideográfica. Assimilando Portugal à América Latina – essas concepções geográficas impõem-se –, poder-se-ia escolher inicialmente as obras de Fernando Pessoa, claramente um psicólogo ficcional nomotético (mais que um metafísico), e Machado de Assis, ideográfico sem dúvida. Talvez já tivéssemos, com os dois, o primeiro manual eficiente para o ensino de Psicanálise.

E para não ser acusado de leviandade, nem perder a primazia de minha própria sugestão, apresso-me a substituir um capítulo (digamos, o IV) pela agudeza destas palavras escolhidas.

Sobre a construção do real, falhada:

Ao que não serei legai-me
Que cerquei com um andaime
A casa por fabricar (F. Pessoa)

---

57 Como Freud (segundo Ricoeur), no "Projeto", em relação à possibilidade de "transcrever anatomicamente suas descobertas" "*L'Esquisse est un adieu à l'anatomie sous la forme d'une anatomie fantastique*". Ricoeur, P. *De l'Interprétation, essai sur Freud*. Paris, Editions du Seuil, 1965, p. 91.

Onde a palavra andaime foi encontro casual – se a casualidade existe –, contudo, em sentido mais que semelhante.

Ou, ainda, sobre o estatuto do real cotidiano:

Entre o que vive e a vida
Pra que lado corre o rio?
Árvore de folhas vestida –
Entre isso e Árvore há fio?
Pombas voando – o pombal
Está-lhes sempre à direita, ou é real? (F. Pessoa)

E a respeito do aparte da doença:

Estando doente devo pensar o contrário
Do que penso quando estou são.
(Senão não estaria doente). (Alberto Caeiro)

E para a descrição ideográfica dos estados particulares do cotidiano, porque não remeter, simplesmente, o leitor para os contos machadianos? A "Igreja do Diabo" seria uma digna introdução ao problema das contradições. O "Alienista", um manual técnico de psiquiatria, e como iniciação às sociedades científicas e aos congressos (nosso cotidiano) é indispensável a leitura introdutória de "Academias de Sião". Para o estudo de outros cotidianos, há farto material, de "Papéis Avulsos" em diante.

Por fim, como epígrafe esquecida deste trabalho inteiro: "Somente não deves empregar a ironia, esse movimento de canto da boca, cheio de mistérios, inventado por algum grego da decadência..." (Machado de Assis, Teoria do Medalhão).

São Paulo, março de 1976.

QUATRO CURSOS

Apresentação

Este livro reúne quatro cursos sobre os *Fundamentos da Psicanálise*, ministrados em situações muito diferentes.

Os dois primeiros são curtos e compartem o mesmo título: *O que é a Teoria dos Campos*. O que figura em primeiro lugar vem a ser, na realidade, o mais recente e o mais básico: um curso de duas aulas ministrado no Congresso Internacional de New Orleans, em março de 2004. O segundo consta de três conferências, proferidas em Oslo, na Fundação Major e na Associação Psicanalítica da Noruega, bem como, logo depois, em Tallin, na Estônia, em setembro de 1999. Nesses cursos, procurei esclarecer a *Interpretação da Psicanálise pela Teoria dos Campos*, tratando de seus fundamentos epistemológicos, teóricos e clínicos, de forma condensada e acessível.

Os outros dois cursos são mais extensos e aparecem sob o designativo geral de *Meditações Clínicas*. Dirigem-se simultaneamente à Pós-Graduação da PUC-SP, a membros da SBPSP e aos candidatos de seu Instituto. Cada um deles foi programado para ter a duração de três semestres letivos. O primeiro versa sobre *Clínica extensa e alta teoria*, ideias que procuram responder ao desafio da crise presente da clínica padrão e das teorias correspondentes, discutindo sua história, o estatuto teórico da Psicanálise e os fundamentos da clínica. O último curso mergulha na *Intimidade da clínica*, no dia a dia do consultório.

A sugestão de publicar as aulas, na redação original, veio de alunos e colegas. Parece-lhes difícil para o leitor de meus livros compreender a Teoria dos Campos e, em especial, sua relação com a clínica e com a psicanálise atual. Acho que têm razão. A Teoria dos Campos não é uma das escolas psicanalíticas, caso em que bastaria cotejá-la com as demais escolas, mas uma tentativa de penetração na essência do método. Por isso, dialoga com a Psicanálise, a ciência que se está constituindo, não tanto com as correntes atuais e com a clínica psicanalítica, nem com a técnica padrão atual. Por vezes, o leitor, mesmo entendendo as ideias, fica em dúvida sobre onde as situar. Nas aulas, colegas e alunos acham que tudo isso fica mais claro, principalmente a natureza radicalmente clínica do pensamento da Teoria dos Campos. Espero que estejam certos e sou muito grato à sugestão.

Fabio Herrmann
Setembro de 2004

PRIMEIRA PARTE

O QUE É A TEORIA DOS CAMPOS

INTERPRETAÇÃO DA PSICANÁLISE PELA TEORIA DOS CAMPOS

1. O que é a Teoria dos Campos (New Orleans, 2004)[1]

1. O inconsciente

Teoria dos Campos: uma Interpretação da Psicanálise

A Teoria dos Campos surgiu da reflexão sobre dois temas estreitamente ligados entre si: o inconsciente e o método psicanalítico. Trata-se, portanto, de uma *Interpretação da Psicanálise*, a partir da discussão crítica de seus fundamentos.

Meus primeiros escritos foram esboçados no fim da década de 1960, mas só começaram a ser dados a público nos meados dos anos 1970. Em 1976, apresentei à Sociedade Brasileira de Psicanálise de São Paulo o projeto geral de Andaimes do Real,[2] obra em três

---

1 Publicado em versão um pouco modificada na *Revista Brasileira de Psicanálise*, vol. 38, n. 1, 2004. (L H)

2 Esse texto compõe o *Preâmbulo* do presente livro. (L H)

volumes, cujo primeiro livro, sobre o Método da Psicanálise, apareceria em 1979.

Hoje, a Teoria dos Campos faz parte do currículo de algumas Universidades brasileiras, o grupo que a pratica se encontra a cada dois anos, num Congresso Nacional, e tem conduzido pesquisas, das quais resultaram dezenas de teses acadêmicas, livros e artigos. Receio, no entanto, que seja quase desconhecida fora do Brasil.

Durante este curso, procurarei apresentar, de forma tão clara quanto possível, uma introdução aos problemas tratados pela Teoria dos Campos, seus princípios gerais e um panorama sintético de suas teorias. Tentarei ordenar estas exposições em torno dos dois eixos fundamentais, cuja reinterpretação gerou a Teoria dos Campos: na primeira parte, o *inconsciente*, na segunda, o *método psicanalítico*. Sendo um curso introdutório, não há como ultrapassar as questões mais fundamentais. Eu seria imprudente, e a exposição, dificilmente compreensível, caso passasse por alto das concepções mais antigas e básicas, para apresentar nossas linhas atuais de investigação. Reconheço que corro o risco de ser repetitivo para aqueles entre vocês que já me escutaram antes. Console-nos o fato de que até mesmo Freud, no fim de sua vida, tinha de expor suas teorias iniciais, voltando sempre aos *Estudos sobre a histeria*. Quando recebo tais críticas, em minha Sociedade, lembro-me sempre da queixa que faz aos pais o aluno repetente, contra a professora do primeiro ano: *como vocês querem que eu aprenda, se ela nunca consegue sair da cartilha...*

Inconsciente e consciência

Quando Freud criou sua noção psicanalítica fundamental, o inconsciente tinha como pano de fundo, para efeito de contraste, a noção de consciência comum àquela época; que, pouco mais, pouco menos, a confundia com razão, com a racionalidade comum atribuída ao adulto médio da civilização ocidental. O inconsciente, em contraste, seria uma região selvagem, povoada de impulsos desmedidos, violentos, antissociais, subjacente à consciência racional. Uma ideia revolucionária então, ainda que não sem precedentes na filosofia e na literatura, e ainda hoje profundamente perturbadora.

O problema com as ideias revolucionárias, como a do inconsciente freudiano, é que revolvem seu solo de origem, para o fertilizar. Muito daquilo que para Freud fazia parte de *suas teorias* é hoje fato quotidiano para nós, analistas, e caiu em domínio público, mesmo que o público raramente as domine. Um século de Psicanálise teve o efeito principal de destruir a identidade entre consciência e razão. Nesse trabalho de sapa, a Psicanálise teve como aliadas diversas correntes de pensamento crítico. A Fenomenologia, a Psicologia da Forma (*Gestalt*), a análise das ideologias por parte da Teoria Crítica (*Escola de Frankfurt*), o pensamento de Foucault e de seus seguidores, e tantas outras obras críticas com os quais a Psicanálise intercambiou influências diretas; além de inúmeros aliados eventuais, às vezes relutantes, vindos da filosofia e, quiçá sobretudo, da literatura. Desde Kafka e Joyce, a literatura do século XX não poupou a ilusão de racionalidade individual nem muito menos a de racionalidade social. Aquela consciência razoável que servia de contraste ao inconsciente freudiano simplesmente deixou de ser crível, antes de tudo em razão da própria crítica acumulada dia a dia pela clínica psicanalítica.

Seria muito pouco freudiano hoje, como já o era nos anos 1960, reservar ao inconsciente uma posição tão radicalmente distinta da consciência, como a vigente nos tempos da fundação. Parece, ao contrário, mais lógico e mais fiel às origens da Psicanálise que, uma vez superada a suposta transparência da consciência para si mesma, também se redefina a posição do inconsciente com respeito a ela. O inconsciente ocupa um lugar psíquico diferente do da consciência? Com certeza. Mas que lugar? Não, decerto, o de uma consciência paralela, capaz de desempenhar funções semelhantes, como memória, juízo, intenção etc. Não o podemos imaginar como sendo uma porção da consciência, apenas separada do conjunto pela repressão. Cabe-lhe melhor, a meu ver, a posição de uma das *condições gerais da consciência*. Mais eficaz que uma parede isolante, sua disposição incongruente no cerne da consciência impede o conhecimento direto. O inconsciente parece-me ser a própria consciência pelo avesso, operando suas regras na inapreensível espessura dos atos de consciência. Outro lugar, no sentido topológico, não no sentido geográfico; não devido a uma cisão provisória, mas por ser seu avesso topológico, portanto irreconciliável. Como o polo negativo de um ímã em relação ao positivo, o inconsciente sustenta toda e qualquer consciência, atrai-a, mas nela nunca pode ocupar lugar algum. Nem pode ser dela separado: tente-se cortar um ímã, até ficar só com o polo positivo, e se verá a impossibilidade. Não é propriamente um conjunto de representações censuradas, ou certos conteúdos afetivos condenáveis; mas uma lógica absurda e irredutível seria o inconsciente, cuja intromissão no curso ideativo o desqualifica radicalmente enquanto representação e processo mental consciente.

Interpretação da Psicanálise e generalização do inconsciente

Esta parte da *Interpretação da Psicanálise* pela Teoria dos Campos fará, entretanto, alguma diferença, ou será apenas uma nova metáfora para exprimir aquilo que já evocou tantas outras, como a freudiana, do auditório para onde tenta retornar, disfarçado, o elemento perturbador que havia sido expulso? Acredito que faça diferença, mas é melhor deixar a conclusão ao julgamento de vocês. A primeira e, talvez, a mais chocante das diferenças consiste em que não só o fracasso das funções da consciência, como atos falhos e esquecimentos, deve ter sua lógica inconsciente explicada, senão também os êxitos, os rendimentos ditos normais, como a lembrança correta e os atos bem-sucedidos. Não só: *por que diabos me enganei?* – mas também: *por que diabos acertei?* É bem verdade que um ato falho ou um sintoma fazem soar a campainha de alerta de que é dotada a mente do analista e lhe facilitam sobremaneira o trabalho de decifração. Contudo, a experiência clínica acumulada não cessa de mostrar os matizes que medeiam entre esquecimento e lembrança, entre ato falho e realização. Vista em conjunto, por exemplo, uma série de atos bem cumpridos pode assemelhar-se singularmente a um ato falho monumental, desses que, proverbialmente, *fariam corar até um monge de pedra*. A consequência desta primeira *generalização do inconsciente* – não só considerar o patológico, mas também o normal –, decorrente de seu reposicionamento teórico, seria uma etapa no projeto freudiano de constituir, através da Psicanálise, uma ciência geral da psique. Será um projeto demasiado ambicioso para nossos ainda escassos recursos?

Generalização: inconsciente, inconscientes

Todavia, antes de encarar essa delicada questão, continuemos a perseguição das possíveis diferenças introduzidas por nossa *Interpretação da Psicanálise*. A imagem de uma *região inconsciente*, de uma "reserva natural", em meio à civilização industrial, evoca de imediato uma sensação de unidade e convida a proceder à cartografia do inconsciente. Ao contrário, a de avesso dos atos de consciência sugere multiplicidade, sem mapa único. Ao que consta, Freud jamais tentou provar que o inconsciente fosse uma unidade: o problema não se punha para o descobridor. A multiplicação das escolas psicanalíticas escancarou a questão, pois resultaria inconsistente somar o inconsciente kleiniano, de objetos parciais, às estruturas de Lacan, por exemplo. Mas este é apenas um indício marginal, de clara raiz histórica. Muito mais significativo é o fato clinicamente observável de, em momentos distintos de uma análise, surgirem desenhos diferentes do inconsciente, segundo a área psíquica explorada, que só um *tour de force* teórico conseguiria remeter um ao outro, e o conjunto às descrições tradicionais. Em parte, este é o desafio daquilo a que se convencionou chamar, com ou sem razão, de *novas patologias*. Contudo, bem observado, qualquer processo analítico mostra inconscientes diversos e também atos de consciência de qualidade muito diversa durante seu desenvolvimento. Um tanto por broma, costuma-se dizer que temos pacientes kleinianos, freudianos, lacanianos, bionianos, winnicottianos, os quais, às vezes, mudam de escola, de uma sessão para outra. Se tomarmos a sério a questão, porém, devemos admitir que, na maior parte do tempo, o material do paciente não se filia a escola alguma – o analista é quem o remete arbitrariamente. Da infinidade de configurações possíveis do inconsciente (se o concebemos como avesso indissociável da infinidade de possíveis consciências), apenas uma diminuta porção foi descrita por nossas teorias. Este é um fato que todos vocês devem ter constatado em sua clínica. A Psicanálise ainda está lambendo as bordas do prato de sopa fervente que a psique nos oferece, e tendo de soprar, de vez em quando.

Como seria melhor dizer: inconsciente ou inconscientes? Chegando a este ponto, temos de tomar uma decisão terminológica importante. *Inconsciente* sugere a unidade de uma província psíquica, *inconscientes* sugere as escolas psicanalíticas, o que tampouco é minha intenção, além de soar estranho (em inglês, mais até que em português).[3] A solução que encontrei, há coisa

---

3 O curso foi preparado em inglês (L H).

de trinta e cinco anos, foi a introdução do termo *campo*. Este aceita o plural, não soa estranho, e, como na Física, designa a topologia determinante das condições concretas do espaço, da energia, da matéria, até do tempo. Pouco tem que ver, portanto, com campo perceptual, com Kurt Lewin, ou ainda com a admirável concepção do casal Baranger. Naquela época, esta última era pouco divulgada em nosso meio.

Inconsciente, inconscientes, campo, múltiplos campos. Para cada relação psíquica (ou ato de consciência), seu *campo*. No plural, *inconscientes relativos*[4] (os inconscientes das relações psíquicas representadas na consciência), ou *múltiplos campos*. Entende-se, quero crer. Se nosso problema fosse apenas de nomes, estaria resolvido. Fica ao menos entendido por que Teoria dos Campos.

Porém, há algo mais. A demolição da consciência racional trouxe, como contraparte inevitável, a crise da individualidade da consciência. *Só eu sei o que sinto!* – é comum escutarmos de nossos pacientes. Verdadeiro e falso ao mesmo tempo. Ideias, sentimentos, até sensações são constantemente implantadas pela cultura de massa. Na realidade, aquilo que se segue àquela declaração individualista costuma ser algum sentimento bastante convencional, amplamente veiculado pela televisão, por exemplo. Ademais, a própria sentença – *Só eu sei o que sinto!* – é uma dessas coisas que todos dizem e com que todos concordam, faz parte de uma ideologia emocional *pseudossolipsista* muito em voga. Um pouco como o adolescente que reclama o direito de vestir-se do seu jeito, e copia o que todos os outros adolescentes usam, pois seu jeito individual é... *legião*, parodiando a sentença bíblica.

---

4 Cf. Herrmann, F. *Andaimes do Real: O Método da Psicanálise*, Casa do Psicólogo, 2001, 3ª ed. O tema do inconsciente no plural e dos inconscientes relativos já aparece no capítulo de introdução e segue tratado ao longo do livro. (L H)

Como vocês certamente já perceberam por conta própria, somos todos habitados por ideias sociais prontas e, o que é mais sério e menos notório, pelo equipamento que as fabrica. Este vasto *aparelho ideológico*, para usar a expressão corrente, equivale em função, eficácia e ocultamento ao inconsciente freudiano. Tudo se passa como se o indivíduo fosse o ponto de encontro e o efetor (a *via de descarga*, nos termos da época de Freud) de uma psique social extremamente complexa e contraditória. Ou, o que é igualmente verdadeiro, como se o indivíduo não fosse um indivíduo, mas uma série de participações culturais. Os males não vêm sós, depois de o *indivisível* ter sido dividido por Freud em instâncias e estruturas, deve ainda sofrer o vexame de ver negada sua singularidade radical. Aqui, podemos lançar mão, com proveito, de nossos próprios termos: o homem é produto de campos culturais, que agem interna e externamente, chegando a despojar inteiramente de sentido a distinção *dentro/fora*.

Enfim, nossa nave aproxima-se de um bom porto. Vislumbramos o quadro de uma consciência humana heterogênea, operando emocionalmente (não *afetada* por emoções, mas ela mesma intrinsecamente emocional) com mecanismos que costumávamos circunscrever ao domínio dos sonhos, da patologia, do inconsciente. Numa palavra, acredito que boa parte do que temos considerado inconsciente tenha sido simplesmente roubado por nós à consciência real, esvaziando-a de seus determinantes e identificando-a com uma atividade racional utópica. Este deslocamento da linha de corte entre inconsciente e consciência só foi possível realizar graças à alteração do fundo de contraste antes mencionado, alteração que a própria Psicanálise realizou. Do que resulta não estarmos abrindo mão do exemplo freudiano: Freud toma como fundo a psiquiatria e a psicologia de seu tempo; nós, a psicologia e a psiquiatria do nosso tempo, ou seja, *nosso fundo de contraste deve ser a própria Psicanálise.*

Exemplos clínicos são longos e sutis. Para lhes dar uma simples ideia do efeito de contraste entre campo e inconsciente – ou seja, entre campo e *O Inconsciente* –, basta um episódio de fim de semana. Estava sentado, certa manhã de domingo, conversando com P. ao lado da quadra de tênis, quando L. se aproximou, convidando-o para jogar um *set*. P. aceita e, enquanto L. se prepara, segreda-me: *o L. acaba de perder para o H., se ganho dele agora, vai ficar doido...* Começa o jogo, P. ganha um *game*, dois, três. Na troca de lados, senta-se de novo perto de mim e confidencia baixinho: *se ganho mais um, fica 4 x 0 e o L. desmancha!* Faz 4 x 0. E, como eu bem previa, *o sujeito* se desmancha, só que *o sujeito* é P., não L. No seu rosto, o júbilo converte-se numa espécie de tédio, um desagrado em estar lá ganhando. No 4 x 5, que não demora, é saque de L.: P. devolve três duplas faltas seguidas do adversário, para acelerar a perda do *set*.

Minha predição interior não tinha como estar errada. P. não suporta ganhar. O sorriso de prazer com que disse que L. ficaria doido, o risinho de gozo triunfante do *4 x 0 e ele desmancha*, melhor que qualquer oráculo, profetizam sua derrota. É que o masoquismo edipiano, quando, aos três anos... Mas, esperem. Eu não tenho a menor noção de como foi a infância de P. nem ele é meu paciente, aliás, só parceiro de tênis. Que história é essa de masoquismo edipiano dos três anos? Mesmo assim, eu sei. O H., que nem sequer é analista, também sabe, tanto que trocamos um sorriso cúmplice. E L. deve estar farto de saber, visto que o convidou para jogar, e não a mim, por exemplo. Só ele, P., parece não saber. Diz-se comumente que a pessoa não sabe que sabe, que tem um conhecimento inconsciente. Errado. Ele sabe muito bem que não sabe, sabe que não pode deixar de ignorar e não admite revelações.

Na realidade, nós não estamos apenas na quadra, estamos também no campo. Este campo envolve a todos nós, torna óbvia a predição, que também é uma das relações do campo, se me faço claro. É um campo inconsciente, mas não exatamente aquele inconsciente que a teoria descreve com certa solenidade. Determina nossas consciências, no modo da ignorância, em P., do desfrute, em L., da pena (e certa ironia), em H. e em mim. E determina a pequena comédia socioesportiva que, com variações irrelevantes, repete-se a cada semana. Vocês conhecem bem este tipo de campo, ou algum outro equivalente dos seus fins de semana, não é verdade? Sabem que uma das determinações inelutáveis da consciência é não conseguir deixar de saber, os três, e não conseguir deixar de não saber, o quarto (P.). E isso constitui um campo social e individual, é consciência determinada e *inconsciente recíproco*, ou como também se diz, *destino*. Previsível, inevitável.

Concluindo: além das teorias tradicionais do inconsciente, precisamos de boas teorias desse tipo de campo. A Teoria dos Campos trata de criar algumas condições metodológicas e teóricas para tal generalização da psique. Essa ciência geral ainda está em obras. Quando terminada, gostaria de a ver chamar-se: *Psicanálise*. Mas isso depende de nós.

Primeiras análises de campos

Meus primeiros ensaios de análise de campos foram dirigidos a constituições bem simples, nas quais, porém, sujeito e mundo até certo ponto se confundiam, bem como inconsciente e consciência. Estudei primeiro o mundo dos apólogos bíblicos, em especial as histórias de Tobias, Judite e Jó, depois os *Contos* de Perrault. Expor o procedimento seguido seria antecipar o próximo item, sobre o método, mas posso resumir o resultado obtido em dois pontos. Para fins práticos, os *mundos* do apólogo e dos *Contos* – as coisas inanimadas, os animais, as pessoas, as forças naturais e sobrenaturais – constituem personagens, tanto quanto os protagonistas, digamos. As coisas *sofrem de humanidade*, é justo empregar aqui essa expressão, elas nunca aparecem gratuitamente, possuem intenções e automatismos de comportamento, tanto os protagonistas, como o mundo circunstante, que nunca é mero palco da ação. Se Jó possui bens e filhos, é para os perder e recuperar multiplicados, se há uma chave no *Barba Azul*, esta é delatora por profissão. Buscando uma regra inconsciente de constituição desses mundos, fui surpreendido – este é o segundo ponto do resumo – pela constatação de um estranhíssimo princípio geral de constituição. Cada vez que um estado atinge seu ponto máximo, ocorre um clímax reverso. Alguma ocorrência, percalço ou peripécia faz com que o estado seja ultrapassado quantitativamente, desencadeando-se o estado qualitativamente oposto. Tobias e Jó, para ficar no caso mais simples, perdem tudo, mas quando o primeiro renuncia ao filho e o segundo, à boa consciência, o sinal se inverte e a miséria vira riqueza. A essa *regra inconsciente* do campo do mundo das fadas e daquele das figuras bíblicas, denominei *princípio do absurdo*. Este rege até mesmo o personagem *Deus*.[5]

Algumas contribuições da Teoria dos Campos

O reposicionamento – e a consequente generalização – da noção de inconsciente produziu resultados interessantes ao longo desses anos, de molde a não decepcionar minhas expectativas. Acima de tudo, resultados clínicos, que procurarei apontar brevemente ao discutir com vocês o método psicanalítico. A investigação da vida quotidiana e da psicopatologia, que se vê de hábito dilacerada

---

5 A análise aqui resumida dos apólogos bíblicos e dos contos de Perrault compõe a segunda parte do livro de Herrmann, *Andaimes do Real: Psicanálise do Quotidiano*, Casa do Psicólogo, 2001, 3ª ed. Faz parte, também, do texto que abre este livro, "Andaimes do Real. Um ensaio de Psicanálise crítica", escrito em 1976. (L H)

pelo dilema entre psicologia e sociologia, encontrou também soluções originais. Noções como *rotina* e *absurdo*[6] puderam receber tratamento psicanalítico mais rigoroso a partir de então, esclarecendo-se melhor também o sentido psicanalítico dos pares *real/realidade*, e *desejo/identidade*. Exploramos as funções psíquicas de *representação* e *crença*, a partir dos anos 1980, assim como sua patologia.[7]

O estudo da relação entre realidade e identidade tem despertado um interesse especial entre os colegas dedicados à Teoria dos Campos, com estudos que vinculam essa relação a certas formas de patologia; por exemplo, sobre a *rebeldia na adolescência* (mostrando que o objeto da oposição constitui o núcleo identitário futuro) e sobre a *generalização do conceito de adição*, como a adição a dietas, às *grifes* de prestígio e, ultimamente, a *adição vazia*[8] – o campo

---

6 Também em *Andaimes do Real: Psicanálise do Quotidiano* (op. cit.), Herrmann procede à investigação de aspectos da vida quotidiana que têm como um dos pontos de apoio as noções de rotina e absurdo, apresentadas no primeiro e no último capítulos e anunciados no texto referido de 1976. Rotina é tomada como uma função opacificadora das camadas produtoras das representações mentais de identidade e de realidade, isto é, o absurdo. Tais representações por darem a impressão de serem só aquilo que mostram, tornam-se parciais e rotineiras. (L H)

7 Meu trabalho fundamental sobre a crença, *O escudo de Aquiles*, foi apresentado à SBPSP na abertura dos trabalhos científicos de 1985 e no IPAC de Montreal, em 1987. Antes, fora submetido ao *IJP*, que, para minha surpresa, o recusou, explicando que o tema dizia respeito à filosofia, mais que à Psicanálise. Posteriormente, foi retomado em *Clínica Psicanalítica: A Arte da Interpretação* e, finalmente, em *Psicanálise da Crença*, terceiro volume de *Andaimes do Real.* (O primeiro foi publicado em 3ª edição pela Casa do Psicólogo, 2003, e o último pela mesma editora, em 2ª edição, póstuma, 2006 – L H.)

8 As investigações sobre adolescência, adições e campos do social, de que participam vários colegas da Teoria dos Campos, têm-nos conduzido à ideia de que, mais que frente a novas patologias, estamos diante de um período de crise da psicopatologia psicanalítica. Prisioneira da órbita do par neurose/psicose,

da adição sem objeto predeterminado. No domínio estrito da psicopatologia, foi possível construir uma teoria específica do *limiar delirante*, ou seja, da condição psíquica desencadeante do delírio.[9]

Examinando a contribuição da Teoria dos Campos, do ponto de vista daquilo a que, tradicionalmente, se chama de *teoria do psiquismo*, correspondente ao aparelho psíquico da metapsicologia freudiana, destacaria uns poucos tópicos, nos quais não pretendo estender-me. Como tendência geral, as noções freudianas mais abarcantes, aptas a solucionar qualquer problema teórico, caso dos impulsos, dos princípios de funcionamento mental etc., têm sido postas em tela de juízo. Como diretriz pessoal (mas isso veremos melhor na segunda aula, sobre o método da Psicanálise), não me parece razoável aplicar procedimentos dedutivos à Psicanálise, nossa *ciência artística* da interpretação, ou recombinar conceitos abstratos. As grandes construções teóricas de Freud, segundo penso, são exemplares quanto à aplicação do método de conhecimento que criou, mas estão longe de descrever órgãos da mente ou a realidade de um aparelho psíquico, o qual, mesmo como metáfora, continua a ser tão desconhecido quanto problemático. Para lhes dar um exemplo. A noção de pré-consciente parece-me corresponder

---

adapta-se mal aos ajustes introduzidos, como o conceito de *borderline*. Aparentemente, estamos à beira de uma *nova psicopatologia*.

9 A teoria do *limiar delirante* baseia-se em dois conceitos que vinha desenvolvendo desde o começo dos anos 1970: *sentido de imanência* – conceito que define a garantia pré-representacional da identidade, enquanto a *crença* responde por sua garantia representacional – e *patologia dos possíveis* – o estado de confusão da hierarquia psíquica das possibilidades de ser. Só a falha simultânea dessas duas áreas abre as portas ao estado delirante. (O conceito de limiar delirante é trabalhado no artigo "43 de abril ou o drama ridículo de Aksenti Ivanovitch, de *O Divã a passeio: À procura da Psicanálise onde não parece estar*, Casa do Psicólogo, 2ª ed., 2001, pp. 223-249, e também aparece no terceiro capítulo no livro *Psicanálise da Crença*, op. cit., pp. 125-171 – L H.)

menos a um ponto de passagem entre inconsciente e consciência que ao lócus de certas funções. É o caso da *crença*, por exemplo, a *função de asseguramento da representação psíquica*. Quanto aos conceitos energéticos, tenho preferido vinculá-los à *energia de posição*, significando, com isso, as forças estruturais decorrentes da forma intrínseca de cada campo.

Outro pequeno exemplo teórico de nossa *Interpretação da Psicanálise* pode vir a ser útil. Seguindo indicações dos trabalhos de Freud da década de 1920, assim como outras procedentes da teoria kleiniana dos objetos internos, dediquei um de meus livros ao estudo da *duplicação sub-reptícia do eu no processo intrapsíquico*.[10] Em essência – que creio ser o bastante para avaliar qual o estilo crítico da Teoria dos Campos –, sustento ali que o conceito estrutural de ego parece estar na contramão do grosso dos demais, tais como o de repressão (*Verdrängung*), negação (*Verneinung*), cisão (*Spaltung*) etc., os quais exprimem impedimentos ou, de maneira ainda mais ampla, negatividades. Fosse o ego tão parecido ao herói da tragédia grega, que enfrenta toda sorte de adversidades e obstáculos, estaríamos perigosamente próximos de uma mitologia, como o próprio Freud foi o primeiro a reconhecer. Com efeito, a vida mental opõe constantemente sujeitos psíquicos conflitantes. Mas onde estaria o eu (*das Ich*), em cada campo? A solução encontrada foi supor uma constante duplicação do eu, ou seja, agentes psíquicos não necessariamente identificados com qualquer das três estruturas fundamentais (id, ego, superego), mas, em geral, sem conceito ou teoria. De forma teoricamente mais econômica, para a maioria das situações de conflito interno, basta conceber a interação de duas posições do eu, sem que nenhuma delas represente cabalmente a identidade – o *self*, o indivíduo. O corolário

---

10 Trata-se de *A Psique e o Eu*, HePsyché, 1999. (L H)

dessa concepção teórica é a *noção posicional de sujeito psíquico*: ocupando tal posição transitoriamente, núcleos representacionais distintos assumem o papel do eu. Não havendo tempo para discutir as razões e as consequências práticas desta reconceituação, apresento-a tão somente a título de modelo da crítica teórica da Teoria dos Campos.

Espero, aliás, não os ter confundido com as referências feitas a algumas de nossas linhas de investigação. Não seria este o lugar para dissertar sobre os progressos (e fracassos) de nosso ramo do movimento psicanalítico, embora esteja disposto a responder, com grande prazer, a qualquer pergunta que venham a fazer. Não obstante, se não lhes acenasse com algum tipo de resultado prático, vocês estariam no direito de se julgar diante de mais um dos tantos ensaios acadêmicos que pretendem virar toda a Psicanálise de ponta cabeça, sem saber qual é o lado de cima – *Ἄνω κάτω πάντα*, como se encontra no *Teeteto*. Ou, quem sabe, fosse eu mesmo a julgar, pois, em minhas funções universitárias, volta e meia sou confrontado com projetos do gênero. Para afastar de vez essa impressão, gostaria que me permitissem finalizar nossa conversa inicial, contando-lhes uma experiência de investigação concreta que, a meu ver, reúne vários aspectos característicos do espírito da Teoria dos Campos.

Psicose de ação, regime do atentado

No final dos anos 1970, minha atenção foi despertada pelo atendimento de alguns pacientes de um tipo bastante peculiar, cujo traço distintivo era um incremento assustador da atividade prática, porém desordenada e lábil. Trocavam rapidamente de projetos e, o que me impressionava especialmente, só conseguiam manter sua ação quando desafiados por dificuldades ou por alguma oposição pessoal. Ainda mais chamativo é que essa ação desmedida e concentrada, no âmbito profissional, amoroso, de aquisições materiais (ou até em atividades esportivas, ginástica, dietas), tinha o caráter nítido de um *atentado*. De tempos em tempos, surgia um inimigo diferente – um concorrente, a mulher, ou até o colesterol –, tal como seria de se esperar de uma psicose paranoica. Só que tais pacientes não apresentavam qualquer manifestação delirante na esfera ideativa: sua psicose, se assim coubesse dizer, restringia-se a ser uma *psicose de ação*.[11] Também os atentados, apesar de se dirigirem a alguém ou a alguma instituição, e de serem tramados com cuidado meticuloso, pareciam voltar-se sempre contra o próprio autor, o que levava a pensar em atentados masoquistas. Um desses pacientes, por exemplo, tinha o hábito de casar-se e separar-se seguidamente, trabalhando o resto do tempo, enlouquecidamente, para sustentar seu punhado de ex-mulheres. Outro geria sua empresa de maneira tão paradoxal que, em dada ocasião, surpreendeu-se instigando uma greve contra si próprio. Creio que isso lhes dá uma ideia da estranheza dos casos.

A análise mostrava pessoas de elevada impulsividade e dadas a transportes afetivos, cuja contenção era tão violenta quanto o ataque, e sem a menor capacidade de elaboração emocional, nem sequer de *representação das emoções*. Esta também se manifestava em atividade sôfrega, ou, o que quase dava no mesmo, em períodos de lassidão e preguiça. Um deles (esses pacientes eram todos homens, dado significativo) ficava largado a ouvir música clássica em seu escritório, recusando-se a receber seja lá quem fosse. Outro só conseguia perceber que estava relaxado se estivesse girando nas mãos um copo de uísque com gelo, que nem precisava beber.

---

11 O tema da psicose de ação foi trabalhado na 3ª parte do o livro já citado, *Andaimes do Real: Psicanálise do Quotidiano*, op. cit. (L H)

Por outro lado, a raiz da identidade estava seriamente comprometida em todos os casos. O *ex-marido exemplar* sofrera uma crise de despersonalização, um tanto atípica, que precipitara sua procura de análise. Certa manhã, ao barbear-se diante do espelho, pôs-se a falar com sua imagem, como de costume. Dessa vez, porém, pareceu-lhe que o reflexo não acreditava em uma palavra do que dizia. Experimentou mudar de idioma, falava vários, porém a resposta era sempre a mesma: não acredito em você!

Certas conclusões a que ia chegando na investigação dessa patologia, para mim ainda inédita, foram aos poucos iluminando minha compreensão de alguns acontecimentos do mundo social, entre os quais se destacavam atentados de verdade, culminando pelo ataque ao papa João Paulo II, em 1981. A análise conjugada das duas ordens de fenômenos terminou por evidenciar um quadro deveras preocupante. De novo, os detalhes da investigação e dos resultados não caberiam nesta exposição introdutória. Vale a pena salientar apenas os contornos gerais da conclusão a que fui conduzido, nos trabalhos publicados entre 1982 (L'Attentat, *Cahiers Confrontation*) e 1985 (*Andaimes do Real*, Vol. II, Psicanálise do Quotidiano),[12] malgrado minha compreensível resistência em aceitá-la.

O sujeito contemporâneo já nesse tempo vinha sendo submetido a certo tipo de exigência contraditória muito maligna. Por um lado, sua potência de ação, pessoal ou grupal, fora drasticamente reduzida pela complexidade e automação dos mecanismos políticos e econômicos, pela vitória irresistível da representação por imagem sobre o pensamento reflexivo e pelo simples tamanho das

---

12 Esse livro em versão ampliada teve duas edições posteriores, em 1997 pela Editora Artes Médicas e em 2001 pela Casa do Psicólogo. (L H)

sociedades urbanas. Eram forças demasiado grandes para que simples pessoas ou grupos sociais pudessem decidir seus rumos. Por outro lado, o indivíduo era instado a identificar-se com o aspecto mais emblemático do próprio sistema, ao qual fizera oblação de sua potência, ou que simplesmente a roubara: para desfrutar de algum valor ontológico, o homem teria de ser autônomo, senhor de seu destino e do destino de seu mundo, e sobretudo eficaz – como direi? –, eficaz como uma máquina, na qual ideia e ato não se distinguem. Tendo perdido sua raiz no pensamento, porquanto este era constantemente infiltrado pela comunicação de massa, via imagem, o ato humano parecia haver-se introvertido, até se transformar em *ato puro*: o ato cuja razão é sua eficácia.

No entanto, a erosão do vínculo entre pensamento e ato fatalmente despoja o sujeito do sentido de ação própria. Nessas circunstâncias, a ação humana só pode manter seu cambaleante prestígio ontológico – e o sujeito o dele – na exata medida de sua eficácia imediata e durante sua execução. Logo depois, entrará no circuito imagético da propaganda, que captura seu sentido para os fins que lhe são próprios e segundo sua própria racionalidade. Assim como as bactérias assumem a forma de cisto para sobreviver num ambiente inóspito, o ato humano parece ter-se restringido a uma *forma de resistência*, imune à distorção de seu sentido, por ter renunciado a ele. Isso equivale a dizer que o ato sobrevive, porém representando apenas aquilo que realiza. Ou, tudo posto numa palavra, como *atentado*.

A descaracterização e a fragmentação dos grupos sociais, como forma de controle de massa e em escala mundial, reduzia ao mínimo a dimensão do sujeito social empenhado na ação. A oposição a tal controle, no mesmo campo, só poderia repetir suas regras, fazendo com que o sujeito do atentado tendesse a zero. Ficava, pois, compreensível a psicose de ação que acometia meus pacientes. Porém, o trabalho de interpretação já resultara então no delineamento de um quadro futuro, em que o regime político dominante não mais poderia contar com o peso da participação social, sendo esta substituída por atos de extrema eficácia pontual, cujo sujeito, fosse o da ação repressora, fosse o da ação terrorista, teriam renunciado à sua substância. Num caso, limitando-se a política ao controle do mundo, no outro, renunciando o opositor à liberdade ou à vida. Ao regime político que começava se desenhar então, no começo dos anos 1980, cabia perfeitamente a meu ver o nome de *regime do atentado*.[13] A psicose de ação seria, portanto, um reflexo antecipado e em ponto pequeno, na vida individual, do regime do atentado. A tal conclusão pessimista conduziu-me a análise do campo emergente.

Ainda que pouco possamos fazer na prática para impedir a expansão do regime político do atentado, hoje plenamente instalado, ao que parece, não será inútil talvez a consciência retrospectiva do recurso de predição interpretativa, brindado pela noção de campo. Ou será inútil? Quase se pode escutar a erudita voz de Freud, advertindo-nos com este provérbio de fina ironia helênica: *na presença da ursa, não procures suas pegadas!* Ainda assim, foi o próprio Freud quem inaugurou o estilo de análise que transita entre psiquismo individual e cultura, sem perder o rigor. Nesse sentido, a Teoria dos Campos nada faz senão seguir o caminho traçado.

---

13 A Teoria dos Campos tem investigado diversos campos sociais. Dentre os campos dominantes mais gerais, de conotação gravemente patológica, contam-se, por exemplo, além do *regime do atentado*, estudos sobre *o processo autoritário, o regime da farsa e o trauma da psique do real pela tangência à extinção da humanidade (trauma do fim do mundo)*. Alguns desses estudos figuram em meu livro *Psicanálise do Quotidiano* (op. cit.).

2. *O método*

O método e os estilos psicanalíticos

A palavra método nunca foi muito usada na Psicanálise, e, quando Freud a empregava, era em geral para designar o tratamento que inventou – como no artigo: "O método terapêutico de Sigmund Freud". Os relatos que dele nos chegam, próprios ou testemunhais, debuxam um quadro de tocante simplicidade de procedimento, quase uma conversa natural, dentro da pesada moldura vitoriana do ritual de deitar, fechar os olhos, relaxar, procurar fazer associações sobre certos pontos, enfrentar resistências e não escamotear informações ao analista. Freud conversava com seus pacientes, argumentava, às vezes ensinava. Eles se esmeravam em lhe trazer sonhos, prezados como preciosas amostras histológicas do tecido do inconsciente. Sonhos, sintomas, recordações da infância e a própria relação com o médico eram explicadas a partir de suas teorias sobre a sexualidade infantil, sobre o sentido simbólico de certas representações psíquicas – por exemplo, *um mantô, no sonho de uma mulher, pode representar o homem que a cobre e protege* (*Novas conferências introdutórias)*[14] –, sobre o aparelho psíquico e a neurose.

Depois, como vocês sabem, a análise se transformou substancialmente. Uma sessão lacaniana típica, a crer nos seus praticantes, aproxima-se mais de um enigma, como um fragmento de palavras cruzadas, resolvido sem a ajuda da matriz quadriculada e da enumeração dos conceitos. Uma semana de processo analítico kleinia-

---

14 Freud, S. (1929). Revisão da teoria do sonhar. In *Novas Conferências Introdutórias à Psicanálise*. Trad. Paulo César de Souza, Sigmund Freud – Obras completas, vol. 18, Companhia das Letras, 2010, pp. 148-9. (L H)

no é uma série de traduções das metáforas transferenciais que o analista acredita poder distinguir no relato do paciente, transbordante de *pathos* e emoções extremas, denunciadas por pequenos sinais. O caráter das teorias também mudou em igual medida. O freudismo lacaniano abstraiu e enfatizou ao mesmo tempo as concepções originais: o medo do menino de ser castrado converteu-se na *Castração*, uma espécie não kantiana de categoria *a priori* da razão psicanalítica; enquanto a teoria kleiniana embrenhou-se na selva primitiva das emoções básicas e dos mecanismos da primeira infância. Para usar de uma comparação – que se poderia facilmente prestar a interpretações ambíguas, como todas as comparações –, se uma das sessões de Freud poderia ter sido retirada de Ibsen, uma kleiniana teria sido escrita talvez por Tennessee Williams, enquanto uma sessão lacaniana seria uma das peças miniaturais de Beckett. Ou, se fosse mecânica clássica a teoria freudiana, a lacaniana seria *topologia n-dimensional* e a kleiniana, a hipótese da *sopa de elétrons* pós-Big Bang. Em suma, nem conversa natural, a sessão; nem a teoria, descrição de fatos observáveis.

Devemos encarar isso como evolução ou desvio? Esta não era a questão, para mim ao menos. Era visível, já naqueles distantes anos 1960, que resultados psicanalíticos podiam ser alcançados por kleinianos e lacanianos, por freudianos ortodoxos, pela psicanálise do *self*, pelos bionianos etc. A perda de naturalidade da sessão face à conversa comum, aliás, nada mais representa senão o desenvolvimento já sinalizado pela prática de Freud, cujas sessões só parecem tão naturais, porque vistas retrospectivamente por nossos olhos habituados a estranhezas maiores. Então, elas não deviam parecer nada naturais. O método de tratamento psicanalítico sempre se pautou por regras bem precisas: de *setting*, de técnica e de teorias interpretantes, com ordem de generalidade, de origem e de abstração muitíssimo diversas.

As questões que me intrigavam eram outras. Como, partindo de teorias radicalmente discrepantes e seguindo técnicas tão diferentes, as análises podiam produzir resultados comparáveis, para lá das meras diversidades de estilo e capacidade pessoal dos analistas? Qual seria, pois, o método da Psicanálise? E não só no sentido de método terapêutico, como se diria método quimioterápico ou método de cura natural, porém na acepção de método científico. A Química tem o seu, como tem o seu a História e, permitindo-me vocês certo alargamento da classificação (positivista) de ciência, a Literatura também tem seu método, além de inúmeras técnicas. Várias técnicas, mas um método geral para cada ciência, ou, em certos casos, para cada setor maior de uma ciência. O caráter cada vez mais *artificial* das análises, no sentido de artístico e de técnico, deixava claro o funcionamento de um motor muito especial a movimentar as diversas técnicas poéticas, do *haikai* lacaniano à ópera kleiniana. Qual seria ele, onde o poderia procurar?

Método e teoria

E aqui chegamos a uma passagem delicada em nossa trilha, pois o que direi em seguida pode despertar uma natural relutância em seus espíritos, que só a boa vontade e a curiosidade em compreender um pensamento diferente possam talvez vencer, de modo a permitir-lhes suspender o juízo. Como já creio ter deixado implícito na aula anterior, pessoalmente não acredito ser demonstrável boa parte das teorias psicanalíticas. Nossas teorias são muito heterogêneas, algumas se referem, de forma conjectural, a épocas da vida individual quase completamente inacessíveis – pelo menos o bastante para que não as possamos sequer refutar. Outras conjecturas são só modelos do psiquismo, úteis para um caso e não para outro. Outras são coleções de fatos observados que o tempo confirmou, mas não são teorias, falta-lhes abstração e procedimento reprodutivo. Por fim, a maioria se apresenta como opiniões; e, mesmo quando assim não se apresentam, são aceitas como opiniões, tanto que os analistas se permitem escolher suas correntes e, dentro delas, as teorias prediletas – o que, convenhamos, não é lá muito comum noutras áreas do conhecimento.

Não pondo fé na comprovação objetiva da maior parte das teorias de fundamento, mas sem perder um grão de confiança na evidência clínica, era natural que tentasse identificar qual o motor intrínseco desta última, que a movia no sentido da cura, permitindo-lhe produzir efeitos facilmente reconhecíveis, apesar da insuficiência das justificativas teóricas. A esse motor comum, a essa operação essencial, propus-me chamar de *método*, fundindo os sentidos de método terapêutico, método científico e *método artístico* (como se diria no teatro: *método Stanislavski*).

O resultado talvez lhes pareça intrigante, como a mim parecia de início, mas nada tão grave que uns minutos de reflexão não permitam reconhecer a lógica e uns anos de emprego, a utilidade. Cheguei, pois, à conclusão que, em essência, a análise parecia funcionar por *ruptura de campo*. O diálogo entre paciente e analista, quaisquer que sejam as técnicas empregadas, é constantemente aprisionado pelas mesmas redes que limitam drasticamente a liberdade psíquica do paciente, fato notório para qualquer analista. Sentimos sua presença sem dificuldade, apenas não podemos dizer em que consiste o inconsciente aprisionador. Hipóteses gerais sobre sua natureza num caso particular não apenas sucumbem à incerteza de nossas teorias, como produzem o mesmo efeito deletério que dá origem às divergências entre as escolas psicanalíticas. Dado o extraordinário potencial sugestivo do ambiente da análise, sobre o paciente, mas também sobre o analista, a simples coerência de uma teoria molda de imediato a situação transferencial, autodemonstrando-se espontaneamente. No entanto, mesmo essa eventualidade, como tenho podido observar inúmeras vezes, afeta mais o estatuto da teoria e o valor da investigação do analista, que a eficácia do tratamento propriamente dito. Interpretações fundadas em teorias objetivamente bastante discutíveis parecem produzir, não obstante, efeito psicanalítico adequado.

Vocês podem aquilatar sem dificuldade a perturbação causada em mim por esta última constatação. Minha primeira impressão – não se esqueçam de que estava ainda me introduzindo na profissão – foi de espanto e desânimo. Com que então a experiência clínica tampouco demonstra a teoria? A ideia do método de ruptura de campo, que logo explicarei melhor, veio porém em meu socorro, da mesma forma que havia servido para mostrar o problema. Se a eficácia de uma interpretação não decorre de sua validade teórica nem a garante consequentemente, talvez, apesar de tudo, a teoria não seja de fato indiferente à clínica. Podia dar-se que eu estivesse usando critérios veritativos inapropriados para a teoria psicanalítica. Claro, a solução simplista de negar valor científico à Psicanálise, reduzindo-a a uma práxis terapêutica, nem sequer me passava pela cabeça: se assim fosse, em poucas décadas poderia extinguir-se, enquanto uma ciência dura, a rigor, o mesmo que a cultura onde surgiu.

A solução do impasse não demorou a mostrar sua face. Em primeiro lugar, por que uma teoria fraca pode ainda assim gerar interpretações fortes? Porque, corretamente empregada como interpretante, uma teoria funciona como um... interpretante; ou seja, compreende o discurso do paciente num registro distinto ao de sua enunciação.[15] Ou, para usar os termos da Teoria dos Campos,

15 O conceito de interpretante, como aqui definido, foi apropriado e estabelecido por Herrmann, permitindo o esclarecimento sobre o uso fixo de teorias para

embora estando sob o influxo do campo, do inconsciente relativo proposto pelo paciente, o analista o apreende também noutro campo, mesmo que oferecido por uma crença teórica discutível. E não é o acerto objetivo da teoria geral, mas a tensão imposta ao campo pela interpretação que pode desencadear sua ruptura. Logo, para recuperar o valor da teoria psicanalítica, tudo o que restava a fazer era encontrar o sentido de verdade derivado de nosso método. A formulação em si nem sequer era demasiado difícil. Verdade teórica, no sentido adequado ao método psicanalítico, é simplesmente o fato de uma proposição ter nascido da interpretação e ser capaz de dar sentido às interpretações seguintes. Durante uma análise, certas interpretações constituem uma prototeoria do caso, que depois se vai modificando e aprimorando; às vezes desemboca numa teoria conhecida, outras não, mas sempre com diferenças e peculiaridades, que são sua riqueza. Creio que, com maior ou menor clareza epistemológica, quase todos os analistas chegam a conclusões parecidas, ao longo de sua carreira.

Para saber se uma noção epistemológica é útil, o caminho mais natural consiste em observar o que ela proíbe. Esta proíbe, antes de tudo, que se atribua qualquer sentido não interpretativo a nossas teorias. Não podem ser reificadas, tomadas como fatos internos, independentes da condição de sua descoberta clínica. Dizer que tal ou qual coisa se passa na infância precoce, sem mencionar as condições da análise em que se descobriu, está fora das regras, por conseguinte. Tampouco é possível generalizar ou fazer derivar uma teoria de

---

a compreensão da comunicação do paciente. Tal uso implicou, na clínica, um movimento tautológico para a interpretação, que encontra do dito do paciente o ponto teórico de que parte o analista, definido por Herrmann como o uso canônico das teorias, tal como o cânon da missa, que é fixo e imutável. Ver "Do interpretante", nono capítulo da 2ª parte de *Andaimes do Real: O Método da Psicanálise*, op. cit. (L H) outra, a não ser pelo próprio procedimento de ruptura de campo. A ligação entre uma teoria e outra, no caso da Psicanálise, não pode passar por um conectivo lógico, tal como o de implicação ("→" *se isto, então aquilo*), mas por uma interpretação, por uma ruptura de campo, se me estou fazendo claro. Em seguida – o que tem sido até mais difícil de ver aceito pelos psicanalistas, em minha experiência de ensino da Teoria dos Campos –, nosso método afirma que a interpretação psicanalítica não é aquilo que o analista diz, mas sim o acontecimento, a própria ruptura de campo. Tentamos de muitas maneiras romper um campo, mas quando acontece, não é fácil saber por que se rompeu; e, ainda pior, só temos ideia de qual campo se tratava, quais suas regras de organização, ao se dar a ruptura.

De qualquer modo, o princípio tem-se mostrado consistente: teorias derivadas da ruptura de certo campo são válidas para esse campo, seu domínio veritativo é *coextensivo* ao campo originário. A generalização depende de sucessivas operações interpretativas. Como disse antes, a formulação, conquanto um pouco abstrata, é razoavelmente simples. Sua aplicação, porém, demandando uma depuração constante das teorias reificadas e a criação rigorosa de outras tantas, com certificado de origem interpretativa, tem-me tomado toda a vida. Por felicidade, já que mal e bem são estrelas gêmeas ao redor das quais orbitamos, o método de ruptura de campo é tão severo na proibição de conjecturas sobre o funcionamento psíquico quanto heuristicamente generoso em oferecer alternativas, como logo veremos.

Ruptura de campo

Antes, porém, devo esclarecer melhor o que ocorre na clínica. Nosso paciente fala, nós o escutamos. Sabemos estar presos num campo limitante, que ainda desconhecemos. Escutamo-lo, porém, atentos a sentidos marginais, a sinais de desconformidade com o assunto. Sobretudo, nós o escutamos obliquamente, pois tanto quanto estamos sentados numa poltrona, estamos também assentados noutro móvel, nas prototeorias resultantes de interpretações anteriores. É a partir desse ponto de vista oblíquo que aplicamos leves toques emocionais, explorando aqui o duplo sentido de uma palavra, que pode aludir a um acontecimento analítico anterior, ou ressaltando acolá a presença de uma emoção discrepante, que talvez remeta àquela outra sessão que nos veio à mente. Quando ocorre a ruptura de campo, porém, ou seja, quando ocorre a interpretação, não há como deixar de o perceber. O campo inconsciente provê o paciente de alicerce representacional; quando se rompe, ele experimenta um momento de confusão, pois está em trânsito de uma a outra representação de si e do analista. Costumo chamar a essa condição de *expectativa de trânsito* – expectativa do trânsito entre representações. Em si, a expectativa de trânsito é apenas um vazio representacional, um escorregão no nada, vivido no mais das vezes com angústia. O fenômeno positivo que a ocupa, por outro lado, não se deixa ignorar. A desorganização da estrutura do campo, cuja ação antes o ocultava perfeitamente, faz com que seus componentes aflorem à consciência (que ele já não consegue determinar), sob forma de representações um tanto deslocadas e impróprias, convocadas da periferia representacional e relacionadas entre si por restos da *lógica de concepção*, da lógica emocional do campo inconsciente, avessa à consciência, mas que concebe suas ideias. Surgem misturadas, de maneira a lembrar a figura de um *vórtice*, de um *vórtice representacional*. Então, é sumamente importante que o analista esteja atento, mas que procure interferir o menos possível, mesmo que a tentação de pôr ordem na casa seja grande. Quase tudo o que temos a aprender de uma análise surge aí, nos momentos de vórtice. A última coisa que desejaríamos seria interromper esse precioso fenômeno psicanalítico. Embora, refletindo sobre sua experiência clínica, vocês mesmos possam testemunhar quão forte é o desejo de o fazer. Penso às vezes se o conselho de Bion a respeito da abstenção de desejo não se referiria sobretudo à tentação de interromper o vórtice.

Por que se rompe um campo?

Essa série de ocorrências clínicas – campos, ruptura de campo, expectativa de trânsito, vórtice representacional – é tão característica e tão central na prática analítica que lhes proponho ver nela a essência de nosso trabalho. Porém, quase posso ouvir uma objeção intrigada: *se isso tudo que você diz ser a essência da análise acontece sem que se saiba exatamente como, que faz o analista, senta e espera?* Não é bem assim, evidentemente. Mas, se os tiver levado a formular esta dúvida, é sinal de que estamos nos entendendo. De hábito, pensamos que o analista resolve um problema na sua mente, orientado por suas teorias, e comunica a solução ao paciente. Se assim fosse, não entenderíamos por que um campo se rompe ou um sintoma se resolve, a menos que pudéssemos imaginar que o inconsciente, como a esfinge tebana, ao ver solucionado seu enigma, decida suicidar-se de puro despeito. Tal comportamento antropomórfico só se poderia esperar de uma espécie de consciência paralela; nunca de um campo estrutural, que é só o lado do avesso da própria consciência que determina.

Que se passa, então? Os inconscientes, os campos com que a clínica nos depara, são capazes de organizar quase qualquer representação que neles ocorra, precisamente porque inviabilizam as mais ameaçantes e denunciadoras. Experimentem mostrar a um paciente obsessivo a agressividade que recheia suas manobras bondosas para poupar sofrimento ao outro. Verão que não os entende; depois, caso insistam, ele explicará longamente que, por falta de clareza, não se soube fazer entender – culpa dele, claro. Por fim, se a insistência ultrapassa o limite do razoável, quase certamente ele os acusará de o tentar enlouquecer. Então, serenado pelo recuo atônito do analista, é provável que se recrimine por haver pensado, *erradamente*, que este o queria enlouquecer. O que terá sido uma pena, pois não estava errado, estava certíssimo: o analista queria enlouquecer não seu paciente, decerto, mas esse campo da bondade obsessiva. Campos são organizações poderosas que formam o solo de cada consciência e decidem que vegetação pode ou não pode nela crescer. Determinam o sentido permissível das representações, das palavras, dos sentimentos. A denúncia de uma bondade destrutiva é estruturalmente ameaçadora. Nesse campo não se pode sequer admitir que exista semelhante coisa.

Podemos pensar um campo como uma organização gestáltica, cuja força decorre da *boa forma* – boa para ele, é óbvio. Para que uma interferência seja aceita, tem de nascer do próprio sistema, pela introdução de pequenas, quase imperceptíveis contradições. Numa palavra, é forçoso que o paciente pronuncie a interpretação, mesmo sem saber que o faz. Sendo o avesso da consciência, o campo emite mensagens de duplo sentido, que contêm, como uma espécie de *Post Scriptum* emocional, as diretrizes para sua (incorreta) tradução. Ou, como diriam os mais atualizados, um e-mail, portando seu programa de leitura, além de um ou outro vírus ocasional. Nosso paciente, melhor até que os ingênuos consulentes do oráculo délfico, profetiza ele mesmo a sentença que é incapaz de traduzir, pois aquele setor de seu desejo encarnado no campo presente o proíbe terminantemente. *Se deres combate, destruirás um grande reino* – e Creso, surdo pela *hybris*, dá combate e destrói o seu. Ou, ainda melhor, este outro vaticínio célebre: *Ibis, redibis, non morieris in bello* (irás, voltarás, não morrerás na guerra). Como nossos pacientes, dificilmente o rei Creso teria escutado seu analista antes do desastre; só lançando mão de extrema economia de meios, cujo modelo perene é a disruptiva pontuação dessa sentença sibilina (*Ibis, redibis non, morieris in bello*), pode um analista ter a esperança de partejar o sentido contraditório de um campo. Dito de outro modo, uma interpretação, para a Teoria dos Campos, não é explicação, conselho ou tradução. É uma pequena interposição de sentido que faz com que o próprio paciente se denuncie e escute sua denúncia.

Exemplo clínico

Exemplos clínicos concretos sempre oferecem o problema da extensão excessiva. Como não é possível avançar sem um ao menos, permitam-me mencionar um dos mais breves e econômicos de quantos já se passaram em meu consultório, o qual, por isso mesmo, repito de quando em quando. Certa paciente, numa fase de sua análise, testa minha escassa capacidade imaginativa com um material fragmentário ou aparentemente inócuo, como se seu único objetivo fosse o de me forçar à prática da arte da interpretação: *vamos ver se mata esta charada?* Umas vezes, tento dizer algo inteligente, outras, eu me calo. Naquela sessão, fala de mulheres que se encontram em dificuldades, por se terem divorciado. Ela mesma está separada, mas não se conta entre as sofredoras. Não tento mostrar-lhe o concebível mecanismo de projeção, que em nada daria. Apenas assinalo: *mulheres em dificuldade*. Decepcionada com minha resposta tosca, ela retruca interrogativamente, em inglês: *so*? – como a dizer: e daí? Acontece que *so*, como alguns de vocês talvez saibam, soa praticamente igual ao português sou, que significa *I am*. Respondo-lhe apenas: *sim, você é*. Ela, espantada: *o quê? Mulher* – completo – você não disse: sou? Na sequência, ainda em vórtice, como diríamos, ela lembra que sua única dificuldade nas tarefas de mulher é mexer com carne crua, o que a repugna. Arrisco perguntar absurdamente, porém seguindo a lógica de concepção da sua produção psíquica: *mulher então é carne crua?* Ela fica perplexa por um instante, mas, logo em seguida, recorda-se de uma fantasia, antiga e impertinente, de ser a mulher um bife dobrado, que às vezes sangra, na menstruação.

Como se pode notar neste exemplo, é a paciente quem pronuncia a interpretação, embora o analista a provoque com um toque (*sou?*) e a impeça de afastar-se das alusões identificatórias (*mulher é carne crua?*). O campo sabe defender-se muito bem de explicações de sentido, torcendo-as, inquirindo para ganhar tempo, mas é impotente diante de sua própria manifestação instantânea. A ruptura do campo, neste caso, como em todos, aliás, traz à tona representações que mostram suas regras ocultas. Depois, bem depois de o vórtice nos haver entregado seus tesouros, é quando podemos formular a interpretação costumeira se necessário, a explicação de um funcionamento mental particular. Mas, creio que concordarão comigo que qualquer explicação posterior mais completa, mesmo a que costumamos chamar de interpretação, não terá sido o motor essencial da descoberta. Prefiro, por conseguinte, chamar de *interpretação* a esse gênero de *ato falho a dois*,[16] que move a análise, reservando à explicação o nome de *sentença interpretativa*.[17] Quando dizemos, com certo orgulho: *então, interpretei a meu paciente que ele* etc. – estamos em geral cometendo uma inversão de causa e efeito, um *hysteron proteron* equivocado, pois o campo jamais aceitaria a explicação, a menos que esta já proviesse de sua ruptura. Caso contrário, se aceita explicações, é de recear que tenha ocorrido uma simples sugestão

---

16 Cf. Herrmann, F. "Nossa clinica". In *Introdução à Teoria dos Campos*, Casa do Psicólogo, 2004, 3ª ed., cap. 17. (L H)

17 Ver Herrmann, F. "A arte da interpretação". In *Clínica Psicanalítica: A Arte da Interpretação* (Casa do Psicólogo, 2003, 3ª ed., cap. 6). É nesse livro, desde sua 1ª edição de 1991, que está discutida a ideia de distinguir interpretação de fala do analista. A esta, chama sentença interpretativa. (L H)

(e não uma descoberta), sustentada pelo poder transferencial do analista e de suas teorias. A tendência a atribuir certa mudança psíquica à explicação posterior é compreensível. Primeiro, porque nos envaidece tê-la produzido. Segundo, porque outorga à sessão um aspecto racional. Todavia, convém não esquecer o ditado que desde a antiguidade se reserva a esse gênero de ilusão: *o carro puxa o boi, nesse caso*.

O exemplo clínico que lhes apresentei, por sua inusual simplicidade e clareza, pode conduzir a alguns equívocos. Em primeiro lugar, o *ato falho a dois* – que, com toda a honestidade, considero ser a chave-mestra da interpretação psicanalítica –, aqui está representado bem demais, pois o *so* da paciente é quase um *lapsus linguae* na acepção clássica, um *slip of the tongue* de um idioma a outro. Poderia dar a entender que dou um privilégio especial ao significante e à sessão curta, ao modo de Lacan. Não é bem isso. No mais das vezes, no processo interpretativo, trata-se de um lento e complicado emaranhado emocional a destrinçar, e o ato falho a dois culmina o paciente trabalho de artesanato espiritual. A propósito, se o narrasse num *tempo* diferente – um *largo* e não um *allegro*, tempo longo e não tempo curto –, vocês teriam o exemplo neste mesmo caso, visto sob outra óptica e escutado noutro andamento. Nem é verdade que a ruptura de campo costume ser um susto ou uma frase surpreendente, embora o resultado seja, via de regra, surpreendente e, não raro, assuste as duas pessoas envolvidas no assunto. O vórtice nem sempre sobrevém a uma crise abrupta da consciência, como aqui. Pode ser longo e repetido. Na realidade, tenho constatado que aquilo a que Freud chamava de *livre associação* jamais acontece naturalmente; quando surge, já se trata de um fenômeno de vórtice, não devido a alguma interpretação em especial, mas aos seguidos abalos da identidade que sucessivas rupturas de campo deixam como resíduo, a uma espécie de *clima interpretante*. Razão pela qual prefiro classificar a livre associação como *fenômeno de vórtice basal*, em vez de a considerar *regra fundamental*.[18]

Parte desse dilema analítico entre o súbito e o lento procede, como a investigação metodológica o demonstrou, da presença concomitante de três andamentos, ou *tempos*, no tratamento. Segundo o sistema teórico e o estilo pessoal de cada analista, a descrição do processo pode enfatizar mais, ou quase exclusivamente, um deles. No *tempo longo*, a análise praticamente se confunde com a história do paciente; descreve-se a convocação da história pelo *campo transferencial*. Freud dominava esse estilo com maestria inigualável; seus historiais têm nitidamente cara de paciente, não cara de análise. O *tempo médio* é onde se passa o drama da transferência e o duelo emocional de sua interpretação. Para associá-lo a uma personagem influente, diria que Melanie Klein e os kleinianos especializaram-se nesse gênero descritivo, por assim conceberem o processo analítico, como palco de emoções. Lacan poderia ser o patrono do *tempo curto* – o que não se deve confundir com sua proposta de *tempo lógico*. Não que dele tenhamos recebido uma farta seleção de material clínico, mas porque suas concepções técnicas privilegiavam o tecido da fala psicanalítica. E é isso o tempo curto: é o tempo da palavra na sessão.[19]

A propósito, embora meu gosto pessoal pelas escolas seja absolutamente irrelevante para o tema, de vez em quando desperta curiosidade, e leva um ou outro ouvinte a procurar pistas nas referências que faço. Isso é desnecessário, pois é muito fácil esclarecer.

---

18 Ver Herrmann, F. "Nossa clínica". In *Introdução à Teoria dos Campos*, op. cit., p. 206. (L H)

19 A concepção de três tempos no trabalho analítico está desenvolvida no livro *Introdução à Teoria dos Campos* (op. cit.) como específica psicopatologia psicanalítica. Capítulo 15, "Psicopatologia". (L H)

Sou antiescolástico por princípio, mas, como é evidente, aprecio os autores psicanalíticos. Do ponto de vista clínico, Melanie Klein e Lacan são inspirações que jamais desprezaria; porém, na medida exata e na forma irreconciliável em que cada qual é freudiano. E Freud em especial, como investigador da psique. Parafraseando Somerset Maughan, diria que a psique *é um enigma que comparte com o universo o mérito de não ter resposta*. (*It is a riddle which shares with the universe the merit of having no answer*.)

Método e investigação psicanalítica

Por último, porventura o mais grave equívoco, seria a impressão de que o método de ruptura de campo apenas se aplica às sessões. Trabalhando parte do tempo com pesquisa acadêmica, sou constantemente assediado pela pergunta: *o método psicanalítico pode ser usado fora do consultório?* Parte da questão é irrelevante, diz respeito simplesmente à nossa *trademark*: pode-se chamar de análise o que se dá fora da moldura, ou *setting*, fora do divã? Outra parte, todavia, é séria, muito séria. Se a interpretação vem do paciente, ou de um ato falho a dois, não será absurda uma interpretação psicanalítica da obra de arte – e este é um dos temas prediletos das teses universitárias –, serão válidas uma interpretação da cultura, de uma patologia social, do quotidiano? Sim, sim! Freud fazia tudo isso, não é verdade? Ousaríamos nós plagiar o episódio do *Grande Inquisidor* de Dostoiévski, condenando Freud à morte? Não, não!

Respondida retoricamente a questão, vamos agora ao que importa. O método de ruptura de campo, essência da Psicanálise, aplica-se igualmente à análise da psique em geral? Retirando os pontos de exclamação, a resposta será sim. E não. Não, se confundirmos interpretação com sentença interpretativa. Interpretações explicativas sempre acertam. Principalmente interpretações canônicas, quando aplicam um cânon teórico a algum fato concreto, que não tem voz para protestar. *Tant pis pour le fait*. Mas, a resposta é sim, se o que temos em mente é o método de ruptura de campo. Nessa acepção precisa, a interpretação psicanalítica apenas sublinha certos sentidos marginais, que a ação do campo mantinha em descrédito e isolamento, terminando por romper a barreira semântica de seu ostracismo. A descoberta freudiana da sexualidade infantil é um bom exemplo de ruptura do campo que mantinha as manifestações sexuais da criança à parte das demais. Qualquer uma de suas grandes interpretações culturais, como o "Mal-estar na cultura", ou das menores, como a "Descoberta do controle sobre o fogo", servem igualmente ao propósito de ilustração do método psicanalítico fora do tratamento. Mesmo o exemplo dado na aula anterior, acerca do *regime do atentado*, presta-se a mostrar, nas pegadas de Freud, como a ruptura do campo que isola patologia individual e organização política pode, em determinados setores e com extrema cautela, produzir a iluminação recíproca de problemas aparentemente desconexos.

Nos últimos anos, com a multiplicação das pesquisas acadêmicas dentro da Teoria dos Campos, essa argumentação de princípio recebeu a única comprovação convincente: a prova factual. Investigações pelo método psicanalítico têm estudado desde situações clínicas no hospital geral – especialmente no Hospital das Clínicas da Universidade de São Paulo –, passando pela análise de condições da sociedade, algumas já referidas na aula anterior, até questões de alta teoria, como a posição do sujeito na Psicanálise (a que chamamos de *Homem Psicanalítico*),[20] a dimensão temporal inerente à cura

---

20 O conceito de Homem Psicanalítico é tratado tanto no capítulo introdutório de *Andaimes do Real: O Método da Psicanálise*, op. cit., como no capítulo 2,

psicanalítica, os efeitos da condição traumática da *psique do real* introduzida pela ameaça de destruição da humanidade etc.

Na minha opinião, a descrição do método de ruptura de campo não corresponde a uma descoberta da Teoria dos Campos, sendo antes a recuperação de um patrimônio que esteve sempre à mão, implícito na atividade dos analistas, e quase explícito, apenas não explicitado, na invenção da Psicanálise por Freud. A psique transmitida pela obra freudiana possui a forma do método de ruptura de campo, na mesma medida em que o universo físico, como hoje o concebemos, espelha a forma do método da Física – o que responde, enfim, à questão delicada de saber se é ou não demasiado ambiciosa a afirmação de ser a Psicanálise uma ciência geral da psique. Enquanto *horizonte de vocação* de nosso conhecimento não o creio absurdo.

Psique não é sinônimo de comportamento observável, é interpretação por ruptura de campo. Nas ciências, como nas artes, a natureza do respectivo universo não é nada natural, é um pacto infernal entre coisa e método. *Aquaeronta movebo*, escolheu Freud. Pois bem, no caso da Psicanálise, o parentesco entre método e objeto é tão profundo, que costumo me valer da expressão *espessura ontológica do método*,[21] para designar essa endiabradamente malcomportada e ainda misteriosa confluência entre a Psicanálise e a psique humana, duas faces da mesma moeda. Ou, se preferirmos um símbolo freudiano, as duas metades do óbolo devido a Caronte...

"Uma teoria para a clínica", do livro *Clínica Psicanalítica: A Arte da Interpretação*, Casa do Psicólogo, op. cit. (L H)

21 Cf. Herrmann F. Introdução in *Andaimes do Real: O Método da Psicanálise*, op. cit., p. 30: "Devemos conceder ao método da Psicanálise um estatuto singular, híbrido, operação do analista, mas estrutura psíquica do paciente, dotado de certa espessura ontológica: é a operação que recupera a constituição psicológica que a originou". (L H)

2. O que é a Teoria dos Campos (Oslo, Tallin, 1999)

1. Método da Psicanálise

A Teoria dos Campos na Psicanálise

A criação da Psicanálise, por Freud, renovou a Psicologia e a Psiquiatria. Não tanto por haver incluído no conhecimento psicológico a dimensão do inconsciente e, na prática psiquiátrica, o tratamento eficaz das neuroses que conhecemos como *psicanálise*, aquisições magníficas, sem dúvida, porém, sobretudo, porque o método interpretativo que as possibilitou renovou também todo o saber sobre o homem. E, neste giro epistemológico, uma posição central foi oferecida às ciências e práticas do espírito concreto, encarnado: Psicologia, Psiquiatria e uma nova concepção antropológica sobre o quotidiano dos homens. Abriu-se, com o método psicanalítico, uma nova forma de diálogo entre os homens, que completa agora seu primeiro século de existência.

A propriedade essencial do método psicanalítico é a de criar inconscientes onde seja aplicado. Todo e qualquer sistema de relações humanas – e entendam-se por *relações* qualquer produto humano, desde uma ideia ou emoção singulares, desde relações intersubjetivas, até à realidade humana, a representação do real –, quando interpretado pelo método da Psicanálise, abre-se, por assim dizer, revelando seu inconsciente. Este inconsciente é constituído por um conjunto de regras que determinam, limitam, dão forma às relações, embora aqueles que delas participam sejam incapazes de se aperceber de sua existência. A superfície das relações humanas, ou seja, tudo aquilo que pensamos, lembramos, sonhamos, fazemos, é formado por representações. Suas regras determinantes não estão escondidas na profundidade do espírito, contudo, mas simplesmente no avesso das próprias representações, da mesma maneira que um campo de forças que organiza a distribuição de partículas não se oculta noutra parte, senão na forma do espaço ocupado por tais partículas. E como nosso método é um semeador de inconscientes relativos – inconscientes de relações as mais diversas –, parece preferível dizer que ele descobre *campos*, os campos das relações estudadas. Vem daí o nome de Teoria dos Campos que se aplica à nossa generalização do conceito freudiano de inconsciente.

Por que um novo nome e qual a necessidade dessa generalização? São três as razões mais importantes. Em primeiro lugar, apesar de haver sido seu método interpretativo a invenção fundamental de Freud, desde o próprio tempo do fundador este se tem recoberto de uma camada doutrinária. Como se os psicanalistas, não suportando a proliferação de inconscientes gerada pelo método, decidissem, a cada momento, que um certo inconsciente é o bastante, ou é a totalidade. Surgiram doutrinas, portanto; sendo a de Freud certamente a melhor, pois nela se encarnava em estado quase puro seu método interpretativo. Recuperar o poder criativo do método, resgatando-o da prisão doutrinária foi o ponto de partida da Teoria dos Campos. A segunda razão é de ordem prática. Como os analistas vivem de seus consultórios, sua prática terapêutica, a psicanálise, que grafo com inicial minúscula, ocupou-lhes toda a atenção. Ademais, com a multiplicação das escolas psicanalíticas, surgiram diferentes receitas técnicas de como analisar. Isto é: o método perdeu-se nas técnicas e nas doutrinas. No entanto, como o resultado obtido por essas doutrinas, com seus modelos diversos do psiquismo e fórmulas distintas de procedimento clínico, parece ser fundamentalmente parecido, ficou muito evidente para mim que um mesmo agente, o método, subjazia a todas. A terceira razão decorre desta última. É que a Psicanálise, com o tempo, converteu-se numa espécie de ciência da terapia analítica. Todavia, não é este o horizonte de sua vocação, mas o de criar uma ciência geral da psique, seja dos fenômenos ditos patológicos, seja, como Freud nunca cessou de mostrar, daqueles que se consideram normais. A Teoria dos Campos nasceu, por conseguinte, com o projeto de resgatar o método psicanalítico, oculto pelas doutrinas teóricas e embutido nas técnicas da clínica psicanalítica, a fim de contribuir para o desenvolvimento de uma possível ciência geral da psique humana – não é simplesmente uma escola a mais.

O primeiro texto da Teoria dos Campos, *O campo e a relação*, foi escrito em 1969, há exatos trinta anos.[1] Nele, propunha uma análise do método psicanalítico, a que logo a seguir chegaremos. Por muitos anos, todo meu esforço intelectual foi dedicado apenas ao aprofundamento da investigação metodológica ali iniciada. Com o tempo, porém, foi necessário aplicar os resultados dessa investigação a configurações da realidade (relações), para testar sua validade. Surgiu daí certo número de psicanálises do real,

---

1 Da data deste curso ministrado em Oslo e em Tallin – 1999. (L H)

especialmente do real quotidiano, também de mitos e de lendas, na esteira das análises freudianas da cultura, da estrutura de sentimentos negligenciados pela Psicanálise, e por fim de condições da psicopatologia. No fim dos anos 1980 e nesta década, minhas pesquisas se têm dirigido a dois objetivos principais: à análise da representação psíquica – em especial ao estudo da função que a sustenta, a *Crença*,[2] e, recentemente, à noção de *Eu* – e à constituição de uma prática clínica capaz de encarnar adequadamente as conclusões a que cheguei sobre o método psicanalítico.

Método psicanalítico

Como disse antes, surpreendia-me, desde muito cedo, a desproporção flagrante entre as postulações teóricas e técnicas das escolas psicanalíticas e o efeito mais ou menos parecido que as análises, conduzidas por preceitos tão distintos, acabavam por produzir. Minha hipótese de trabalho era forçosamente a de que certo operador comum havia de estar presente, às ocultas, em todas as formas de psicanálise e em parte das psicoterapias também. Descartei de imediato a alegação rotineira de que tudo depende da personalidade do analista. Não só as personalidades variam tanto ou mais que as doutrinas, como a própria atitude dos analistas, naquilo que têm em comum, derivam de seu método, não o contrário. Tentando encontrar alguma descrição essencial da operação analítica, deparei-me, porém, com uma zona estranhamente despovoada de trabalhos metodológicos: havia ensaios epistemológicos sobre a teoria psicanalítica, conselhos técnicos baseados nos modelos de psiquismo de cada doutrina, estudos sobre o funcionamento psí-

2 *O escudo de Aquiles*, um de meus primeiros trabalhos sobre a crença, foi apresentado ao Congresso de Montreal, em 1987. (Congresso Internacional de Psicanálise – IPA – L H.)

quico do analista. Sobre o método, debalde procurei e, não tendo outra saída, dispus-me a investigá-lo sem ajuda.

Minhas conclusões parecem-me razoáveis até hoje, embora não ouse dizer que sejam definitivas. Num certo momento da análise, cada paciente orbita em torno de algum tema psíquico que o aprisiona. Ele não o pode exprimir diretamente, pois este tema é inconsciente, mas todas as suas ideias, sentimentos e falas parecem indicar uma estrutura geradora que o psicanalista também desconhece, mas suspeita existir. A tal estrutura chamemos *campo*. Que busca fazer o analista? Romper esse campo, para que suas regras se mostrem. Todavia, ele não sabe o que deve romper e, pior, como este campo possui efeito transferencial, igualmente o aprisiona na sessão. O recurso usado por todos os analistas – e este é uma operação comum a todos, sem exceção – consiste em pôr em xeque a capacidade do campo, escutando seu paciente segundo registros diferentes daquele que intencionalmente lhe é proposto. Por exemplo, se o analisando conta uma experiência de vida, ele procura entendê-la como se fosse uma metáfora da situação partilhada no momento, se lhe narra um sonho, toma-o como ponto de partida para uma rede associativa etc. Ou seja, descentra-se da zona consensual do campo, mesmo sem saber de que campo inconsciente se trata ainda.

Este efeito de estranhamento sistemático produz resultados. Não que as representações propostas pelo analista sejam traduções corretas da estrutura ainda desconhecida. Como poderiam? Mas muitas delas produzem suficiente impacto afetivo para desestabilizar o campo, por serem marginais e estranhas, traduzindo aquilo que o analisando acredita ser elementos de realidade como produto do desejo, isto é, como representações identitárias. Depois de certo tempo desse jogo de tensões, onde a norma fundamental é operar com pequenos toques emocionais – dos grandes impactos, o campo sabe defender-se muito bem –, ocorre uma ruptura de campo. Isso significa que o paciente fica momentaneamente sem qualquer centro gravitacional eficaz, para manter nossa metáfora astronômica. Então é ele, o analisando, quem produz representações estranhas e marginais, muito mais eloquentes que as do analista. Setores inteiros da representação de realidade aparecem sob forma de identidade, há associações por paronímia ou por substrato emocional, fragmentos de sonho invadem a vida desperta e o próprio discurso, antes bem concatenado, assemelha-se à lógica onírica. A este fenômeno, chamo de *vórtice*, pois, como em qualquer outro turbilhão, os elementos que estavam separados entram em contato, misturam-se, revelando agora, ao vivo, quais regras os mantinham em posição, justamente por já não estar vigente sua estrutura.

Fenômenos de vórtice são constantes nas análises em progresso. Há os mais fortes ou mais fracos, mas sempre indicam a eficácia do processo interpretativo. Porém, atenção! É absolutamente costumeiro que os psicanalistas usem o termo *interpretação*[3] num sentido muito distinto daquele que estamos vendo. Para mim, interpretação é este processo cumulativo de pequenos toques emocionais, como que numa tentativa de tanger as cordas da alma alheia, e o sentido que ela põe à mostra é essencialmente produzido pelo paciente, não por seu analista. Aliás, esse estado de falta de estrutura representacional também atinge o analista: tanto um como o outro ficam em *expectativa de trânsito*, isto é, em meio ao trânsito de um campo inconsciente a outro, que ainda virá reorganizar a vivência emocional do par. A expectativa de trânsito é a matriz e origem da angústia específica da análise, conquanto seja vivida em forma diversa por analista e paciente, e com cores emo-

---

3 Ver nota 17, p. 159. (L H)

cionais bastante variáveis, segundo a personalidade de cada um e segundo o campo que se rompeu. O importante, portanto, é que um setor do inconsciente, um inconsciente relativo ou campo, se mostrou. Quando o analista consegue reunir parte das regras expostas numa explicação organizada, numa *sentença interpretativa*, ele pode ter a impressão, contra todas as evidências, que foi esta sentença que gerou a ruptura de campo; por isso chama-a de *interpretação*, sofrendo uma sorte de ilusão de óptica, que da consequência faz a causa. Sem dúvida é muito mais confortável descobrir o que já se sabe...

Tanto na montagem de uma sentença interpretativa, como no trabalho muito mais importante e penoso de construir a interpretação com o paciente, interfere um acervo vasto de ideias e conhecimentos, a que podemos chamar de *interpretante*. Em parte, o interpretante é constituído pelas teorias psicanalíticas caras ao analista, por sua própria análise, por valores culturais, pela experiência de outras análises conduzidas, mas sua fonte mais válida e essencial deve mesmo ser o próprio processo que está conduzindo com seu paciente. As regras inconscientes que se vão mostrando na sucessão de rupturas de campo e que apontam as sentenças interpretativas, acumulam-se ao longo do processo e vão sendo transformadas em teorias pelo analista; teorias personalizadas, sob medida, capazes de orientá-lo na psicanálise que empreende. Afinal, nossos pacientes pagam-nos o suficiente para ter o direito a uma teorização sob medida,[4] em lugar de um *prêt-à-porter*. E como tais teorias cumprem seu papel mais legítimo na condução

---

4 Esta é uma expressão cara a Herrmann. A "teoria feita sob medida" é a forma da teoria a ser produzida na clínica, segundo a Teoria dos Campos. Como na alta-costura, é a antítese do *prêt-à-porter*, do feito pronto para usar – roupa ou teoria. (L H)

à ruptura de campo, é fácil ver que elas mesmas entram, em certa medida, no vórtice e aí se legitimam de novo, ou se refutam.

A este conjunto – campo, ruptura de campo, expectativa de trânsito e vórtice, sentença interpretativa, interpretante e teorização, seguida de outra formação de campo –, a essa sequência operacional é que chamo de *método*.[5] Não à técnica, não às teorias nem ao processo analítico. O método, como se vê, é em si mesmo uma estrutura de ação, que se esconde na clínica, e que envolve analista e analisando. Contudo, se é verdade que a clínica é o lugar por excelência para sua descoberta, ele não se esgota na direção da cura analítica. Pelo contrário. Qualquer análise, seja de uma produção social, seja de um comportamento individual, sempre deve respeitar o mesmo movimento metodológico, apenas num âmbito diverso.

Duas conclusões gerais seguem-se naturalmente de meu ensaio de recuperação metodológica, que dizem respeito à Psicanálise como ciência da psique. Operando num campo, não temos acesso a todos os demais: nossas descobertas têm de ser constantemente referidas ao campo inconsciente de onde surgiram, sem generalizações apressadas. Acredito que Freud tenha sido extremamente convincente na demonstração de que há o inconsciente. Mas nunca, suponho, tentou provar que apenas haja um, ou melhor, que o conjunto de todas as psicanálises que levou a cabo, terapêuticas ou culturais, devam necessariamente pôr em evidência partes de um conjunto harmônico. Para tanto, haveria que se explorar cabalmente o inconsciente humano, caso contrário, simplesmente saltamos por cima das áreas desconhecidas. As psicanálises de Freud romperam campos e fizeram surgir regras inconscientes, algumas de larguíssimo alcance,

---

5 Esses conceitos constituem na Teoria dos Campos o conjunto dos conceitos metodológicos, trabalhados ao longo do livro *Andaimes do Real: O Método da Psicanálise*, op. cit. (L H)

como o complexo de Édipo; mas a validade metodológica de uma teoria psicanalítica só se comprova a cada nova ruptura de campo que promove. Certezas adquiridas, em nossa peculiar ciência são necessariamente frutos de doutrina, não do método. Conclui-se, assim, que, em primeiro lugar, a Psicanálise lida com uma infinidade de campos inconscientes e, em segundo, que todas as nossas teorias apenas possuem o valor metodológico de interpretantes, sua posição, muito nobre, é a de promover a descoberta de inconscientes, orientando rupturas de campo. A nossa é uma ciência heurística, não uma doutrina ou um sistema axiomático dedutivo.

Do método à clínica

Na Teoria dos Campos é tão estreita a conexão entre método e clínica que, ao tratar do primeiro, estamos sempre a nos referir a esta. Entretanto, note-se bem, por método não nos referimos ao método terapêutico, à psicanálise clínica, mas ao método como forma do conhecimento e forma de produção. Talvez, seja justamente esta precisão desejada que ponha ainda mais em relevo a própria clínica. Quando se pergunta exclusivamente pelo método terapêutico, surge, no espírito dos analistas, um modelo de como é o homem, em teoria; quando, ao contrário, inquire-se a estrutura operacional que gera nosso saber, é a própria clínica que salta à vista, o lugar onde o método está guardado, oculto, mas onde também pode ser recuperado. E isto foi exatamente o que estivemos fazendo agora.

Sobre a clínica da Teoria dos Campos haveria muito a ser dito, tanto que penso ser mais lógico apresentá-la em separado. Aqui, nesta apresentação geral, é preciso apenas esclarecer uns poucos pontos que servem para ilustrar a relação entre método e clínica.

O primeiro desses pontos diz respeito ao estilo de trabalho analítico que considero adequado ao método. Quando um analista tem de enfrentar o dia a dia da prática de consultório sem um guia preciso, é quase inevitável, salvo em casos raros, que não consiga dispensar a adesão a uma das teorias consagradas, tais como a kleiniana ou a lacaniana. Todavia, se ele alcança compreender com certo rigor a sequência das operações que se sucedem no processo analítico – ruptura de campo, vórtice etc. –, possui um esqueleto essencial, sobre o qual pode construir com muito mais liberdade artística a carne viva do ato interpretativo concreto. Considero que a superfície de nossa clínica é extremamente heterogênea. Com um paciente é adequado conversar, com outro o silêncio é mais proveitoso como base para nossos toques emocionais; deste podemos esperar que nos forneça uma rede associativa que dispensa qualquer imagem criada por nós, já para outro será preciso criar um enredo de histórias e exemplos, e com um terceiro talvez seja melhor jogar com suas representações, como se fôssemos participantes de uma cena; aqui a interpretação da relação mantida com o analista é útil, noutra circunstância ou com uma pessoa diferente o sentido da transferência a ser explorado com maior eficácia talvez seja a aura conotativa do discurso ou os jogos posicionais da vida quotidiana. Numa palavra, por termos um roteiro estrutural preciso, nossa intervenção concreta pode gozar de máxima liberdade.

O mesmo se passa com a produção teórica na clínica. Não a concebemos, na Teoria dos Campos, como a comprovação de hipóteses mais ou menos estabelecidas, senão como um processo criativo bastante livre. Com cada paciente, procuramos sempre a invenção teórica, vale dizer, transpor os produtos de sucessivas rupturas de campo para o registro teórico, em geral escrito, registrando as pequenas prototeorias que organizam nossa compreensão em teorias de maior hierarquia, até chegar a formulações bastante gerais. Estas corroborarão ou não as teorias conhecidas. Quero dizer com isso que o cotejo com os elementos de sistemas teóricos estabelecidos não se dá, para nós, entre material do paciente e teoria, mas entre teorias extraídas da análise e aquelas que os livros nos apresentam.

Por fim, a relação entre o método, tal como se utiliza na clínica, e seu uso na investigação psicanalítica da cultura, da sociedade, da arte, dos mitos etc., do mundo que cerca e invade o consultório, não se reduz a interpretar como se interpreta o paciente. A mesma estrutura operacional que usamos na clínica, é certo, nós a vamos reencontrar no estudo de qualquer configuração psíquica extraclínica. Ruptura de campo e vórtice comparecem a cada interpretação, mas diferem segundo a natureza do objeto, evidentemente. As regras do campo que se descobrem na análise de um texto, por exemplo, são equivalentes às que se encontram num trabalho terapêutico; porém, um texto não associa como um paciente, é o analista que o faz. Não obstante as diferenças, para nós ambas as atividades são essenciais e complementares. Por um lado, não há melhor mestre que a clínica para ensinar como e porque se deve psicanalisar uma condição cultural; por outro, a psicanálise da sociedade e da cultura situa o analista melhor em seu ato clínico, pois a fantasia de estar isento de influências do meio social, apenas redunda numa prática submetida a toda sorte de preconceitos e valores de empréstimo.

Mas, por enquanto, bastam essas poucas observações acerca da clínica da Teoria dos Campos, que noutra conferência poderemos desenvolver a contento.

2. Clínica psicanalítica

Da interpretação na prática clínica

Já se tornou um lugar comum afirmar que se conjugam, na análise, tratamento e investigação, pese à recente tendência, provavelmente sem grande futuro, a retornar à investigação de estilo estatístico positivista. Nossa clínica não é apenas o campo ideal para a investigação psicanalítica, mas põe em ação seu método interpretativo da forma mais pura. Porém, para que a interpretação seja confiável como instrumento de descoberta é preciso certo cuidado em evitar dois desvios estreitamente conjugados. O primeiro desvio consiste em cometer tautologias ao interpretar, o segundo em criar situações de pseudotransferência.

Tautologias ocorrem sempre que se interpreta a partir de um sistema interpretante fixo, pretendendo que a resposta do paciente possa sustentar a teoria de partida. Como se sabe, a situação analítica produz um constante influxo sugestivo e leva o analisando a viver quase qualquer enredo proposto pelo analista; a tais enredos chamamos de *pseudotransferência*. Quando, pois, um analista considera que certa vivência emocional do paciente parece confirmar a teoria fixa da qual partiu ao interpretar – porque, por exemplo, à interpretação de uma estrutura paranoide, o analisando respondeu com sentimentos persecutórios – há forte possibilidade de estar sendo vítima de uma sugestão teórica. Pseudotransferências não são difíceis de reconhecer na prática clínica: geralmente aparecem nos relatos de sessão como atribuições projetivas feitas pelo paciente ao analista e permitem que este interprete quase automaticamente, praticando uma espécie de tradução simultânea teórica; ao contrário das transferências, cujo sentido tem de ser descoberto com paciência e que nos prendem numa malha afetiva muito mais complexa, exigindo muitos passos de mediação antes que as relacionemos a teorias existentes. Ou seja, onde há um referencial predeterminado para a interpretação, costumam-se criar situações de pseudotransferência, fazendo com que a aparente confirmação da teoria seja perfeitamente tautológica: encontra-se no fim do processo apenas o que no começo já fora posto.

A solução que encontrei em minha prática clínica para evitar essa dupla armadilha e que, aos poucos, foi moldando o estilo de trabalho da Teoria dos Campos consiste em renunciar a qualquer roteiro teórico preestabelecido para a análise de cada paciente. Ao contrário, procuramos construir a interpretação gradualmente e numa direta colaboração com o analisando. Em termos práticos, essa atitude pode ser formulada com simplicidade como *deixar que surja*, para só então *tomar em consideração*.[6] Deixar que surja significa entregar-se sem restrição à receptividade um tanto passiva do fluxo associativo do paciente, já tão bem expressa pela fórmula freudiana de *atenção livremente flutuante*. Naturalmente, sem uma seleção teórica prévia, aquilo que surge de forma espontânea do paciente vai surpreender-nos e quase certamente não será de imediato compreensível. Logo, ao surgir uma representação potencialmente significativa, não estaremos em condições de fixar seu sentido, mas apenas a poderemos tomar em consideração, isto é, reter, jogar com ela, usá-la para estimular algum movimento afetivo que nos indique o caminho a seguir. Na vida quotidiana, nós, seres humanos, estamos em geral muito apressados para dar sentido ao que nos ocorre pensar ou sentir; senão, o esquecemos, como se esquecem os sonhos. O que proponho é, em primeiro lugar, não esquecer, e, em segundo, fazer com que isto que surgiu circule de diferentes maneiras pelo diálogo analítico, até que o sentido venha por si: então estaremos menos propensos a criar enredos emocionais para nosso paciente e a tentar provar hipóteses interpretativas tautológicas.

Tem-me sido frequentemente arguido por colegas que esta forma de prática que sugiro torna difícil formular interpretações. É exato. E a tal ponto que preferimos usar o termo *interpretação* para

---

6 *Deixar que surja e tomar em consideração* constituíram-se em dois princípios técnicos desse pensamento. Ver "Da técnica psicanalítica", in *Andaimes do Real: O Método da Psicanálise*, Casa do Psicólogo, op. cit., segunda parte, pp. 173-185. (L H)

o processo de pequenos toques emocionais que nos levam ao encontro do sentido inconsciente, num certo campo, do que às *sentenças interpretativas*, essas explicações do funcionamento psíquico que nós, analistas, damos aos pacientes de tempos em tempos, às vezes apressadamente. *Interpretação*, nesse sentido, é o processo de descoberta, que culmina numa ruptura de campo, e não seu resultado expresso por uma sentença do analista – a sentença interpretativa. O sentido, ou melhor, os muitos sentidos de um campo, determinados por suas regras inconscientes, levam muito tempo para se definirem. O que impulsiona o processo analítico é, por conseguinte, o trabalho interpretativo, como o que mantém voando um avião é seu motor; a sentença interpretativa é apenas o ponto de chegada, as escalas que faz em aeroportos até o destino final. São importantes também, mas não são responsáveis pelo voo: não é o aeroporto que move o avião...

Exemplo clínico

Talvez um exemplo seja aqui oportuno. Uma paciente luta para escrever sua tese de doutorado, que tem por tema a história do país de origem da família. Ela está casada com um homem muito mais velho, quase da idade que teria seu pai, se fosse vivo, e que lhe parece ser o grande obstáculo para escrever, pois lhe exige atenção constante, absorvente. Durante muito tempo, a imagem que tinha do pai era a de um homem severo, que a castigava duramente quando criança. Num certo momento, conta-me um sonho. O pai a perseguia, ela fugia apavorada. Encurralada num longo corredor, ela volta-se e vê seu pai triste e cabisbaixo; ameaça-o, gritando que não se aproxime, mas ele, à distância, ejacula e suja-lhe o vestido. Limpar o vestido é muito difícil. Sexo, castigo... Do marido, diz que castiga qualquer gesto espontâneo seu e, de certa forma, é indiferente a ela. Do pai, não sabe que dizer.

Passam-se vários meses, durante os quais, de vez em quando, algum material permite evocar partes do sonho ou a conexão entre pai e marido. Ela se queixa de sintomas que não hesitaria em qualificar de histéricos, em especial de ter o cérebro colado, não conseguindo produzir. No entanto, as lembranças do pai começam a ter outro colorido: o de um homem engraçado, animado, cheio de gosto pela vida. É quando surge uma lembrança. Voltando de uma viagem, o pai lhe deu um corte de tecido, do qual a mãe lhe mandou fazer um vestido. Presente? Bem, não exatamente. Parece que a mãe descobrira o corte de tecido escondido no armário e suspeitara, provavelmente com razão, que se destinava a "uma senhora", como refere a paciente, com quem teria um caso amoroso. A mãe obrigou-o a dar à filha o tecido suspeito. Não há como contestar: o vestido que usara por muito tempo, sem suspeitar de nada, estava manchado de sexo! Quando se juntam sonho e lembrança, ela recupera algo mais e o confessa. Quando o pai, com a idade, deixou de ter seus casos, ela juntou-se à mãe para castigá-lo, censurando-o constantemente, mostrando que não tinha valor, até que ele entrou em depressão e depois teve um câncer que o matou. Nesse ponto, inicia-se um processo de luto e recuperação da figura paterna. Um dos seus sintomas, uma anemia provocada em parte por menstruações excessivas, começa a regredir. Também o cérebro fica menos "colado" e ela pode avançar em sua tese.

Passam-se mais uns meses, chegamos a este ano, e a paciente conta-me outro sonho. Estava viajando com o marido, pelo exterior. O ônibus para numa estrada à noite e, saindo a passear, ela vê uma estrutura antiga, que associa a algum monumento histórico e relaciona com monumento desaparecido do país em que os pais nasceram. Na verdade, é mais como um torreão, dentro do qual há um estranho poste, muito alto, que se movimenta verticalmente sem parar. À volta, grande quantidade de palha, que começa a pegar fogo, com o calor gerado pelo atrito, ameaçando o monumento, que ela deseja, mas não consegue, salvar: o marido a impede. A conotação sexual do sonho, como representação de uma relação sexual, é facilmente aceita. Quando, porém, aponto-lhe o sentido de *fogo de palha*, que em português significa um interesse intenso, mas de curta duração, ela responde por uma intrigante associação com um escritor, um amigo de Borges, o célebre poeta e contista argentino. Ela quase lembra o nome e, estranhamente, eu quase o lembro igualmente, como uma dessas palavras que parecem chegar ao cérebro só para esconder-se, torturantemente. Quase ao fim da sessão, de súbito recordo uma parte do nome: Borges, Bó, Bói, Biói – num sonho anterior, da mesma noite, uma colega de pós-graduação dava a seguinte receita para se escrever uma tese: basta juntar Bói (com i aparecia escrito) com os conselhos do orientador..., para ter uma tese. E isto a destrava; ela completa, Biói Casares, acrescentando: "se casares com um homem da idade de teu pai...".

Na sessão seguinte, ela evoca a morte do pai, enfim. Chamada à cidade onde ele morava, ela selecionou um vestido que pudesse usar no enterro do pai agonizante. Era, porém, um vestido de lã, sendo a cidade, naquela época do ano, extremamente quente, não o poderia usar. O pai estava muito mal, não conseguia respirar deitado. Várias vezes ela tentou ajudá-lo, sentando na cama, de costas para ele, e o sustendo contra suas costas, para que ficasse sentado. Aí sim foi possível compreender o sentido ambivalente de sua posição em relação ao pai. Sustinha-o na memória, mas, ao mesmo tempo, dava-lhe as costas. Por fim, compreendemos também que o vestido de lã seria inteiramente apropriado para vestir no enterro, mas sob uma condição, a saber: que fosse ela, a paciente, a morta – mortos podem ser enterrados com roupas quentes no verão.

Como se deu o processo interpretativo? Em primeiro lugar, pelo trabalho feito com a própria transferência erótica da analisanda. Muitas vezes ela se sentia traindo o marido com a análise, que ele desprezava. Oh! É óbvio que eu vinha seguindo com cuidado os conselhos freudianos aos médicos, sobretudo no tocante a não acreditar que a atração da paciente se devesse a qualquer atrativo meu. Em segundo, com a própria tese, que pretendia recuperar e preservar a terra paterna, que ele abandonara ao fim da Segunda Guerra, vindo para o Brasil. O sonho da perseguição sexual nunca foi traduzido – como poderia? Como antecipar o sentido do vestido sujo, da cumplicidade com a mãe, das queixas que foram surgindo sobre as relações sexuais com o marido, que se interrompiam? O sonho, tomado em consideração todo o tempo, ressurgia aqui e ali como toque emocional, não como explicação. Quando o segundo sonho, o do monumento fálico, veio a complementar o primeiro, tanto tempo depois, minha sugestão, *fogo de palha*, desencadeou um estado de irrepresentabilidade transitória, que atingiu também o analista. Posso dizer, sem sombra de dúvidas, que um campo se rompeu, sobrevindo o vórtice representacional, marcado pela impossibilidade de recuperar o nome: Casares. Até aí, trata-se de interpretação, no sentido forte do termo, como o usamos na Teoria dos Campos. É claro que parte das coisas que registro aqui e do mais que os senhores não terão deixado de deduzir veio naturalmente à análise, sendo em parte dito por mim, como sentença interpretativa. Mas, a essa altura, o trabalho essencial já estava feito: a sentença interpretativa não leva à frente a análise, nem o aeroporto mantém voando o avião, mas é um momento de parada, de consciência, de reflexão.

Interpretação e sentença interpretativa[7]

A sentença interpretativa é útil por duas razões, de importância desigual. A primeira, e menos importante, é a de ser um teste teórico, vale dizer, o começo de uma teorização do caso, uma prototeoria. É fundamental que a teoria que norteia meu trabalho analítico nasça da própria análise de meu paciente; não é essencial, porém é útil,

7 Ver nota 17, p. 159. (L H)

que eu possa apresentar ao analisando, para partilharmos a compreensão alcançada. De qualquer maneira, creio que deve ter ficado evidente que o passo decisivo da sentença interpretativa, a recuperação de Casares e, sobretudo, de seu sentido edipiano ambivalente, foi dado pela paciente e não por mim, pelo que lhe fico grato. A razão decisiva para apresentar ao analisando o resultado de uma compreensão de seu processo psíquico é um tanto paradoxal, na aparência. É que, pondo meu cliente diante de uma consciência mais ampla do estado atual de sua análise, trago à tona todas as resistências contra a mesma. E o melhor guia para nosso trabalho interpretativo é, provavelmente, a intensidade variável de resistência que desperta. Uma imagem pode fixar tal ideia. Suponha-se que o analista imita aquele brinquedo infantil que consiste em passar de leve um lápis sobre o papel de seda que recobre uma moeda. A efígie aparece no papel, de acordo com o atrito diferencial que cada relevo da moeda impõe ao lápis. Na superfície da consciência, onde trabalhamos quase sempre, as resistências subjacentes vão, da mesma forma, reproduzindo o desenho do desejo de nosso paciente, invertido, mas discernível.[8] A teorização que assim surge é fiável: nem produz uma sugestão que nos cegue, nem se repete tautologicamente ao fim, corroborando aparentemente a hipótese, pois sempre está em estado nascente.

Não é difícil imaginar os enredos teóricos que diferentes escolas psicanalíticas proporiam para o material exposto. Neofreudianos veriam, com razão, os desdobramentos de um complexo de Édipo ainda longe de estar solucionado. Kleinianos não estariam errados em destacar as vicissitudes do instinto de morte nos sintomas da

---

8 Esta metáfora do jogo infantil de obter o desenho de uma moeda através do atrito de um lápis em folha de papel de seda sobre a moeda, como exemplificação dos pontos de resistência à interpretação, encontra-se no livro *Andaimes do Real: O Método da Psicanálise*, op. cit., pp. 220-221. (L H)

paciente e talvez avançassem a hipótese de uma relação de inveja com a mãe. Bionianos tenderiam a cogitar num ataque dirigido contra o próprio pensamento e contra o do analista, alvo de projeções eróticas. Lacanianos prefeririam destacar a circulação do significante paterno e talvez não se sentissem infelizes com o clímax interpretativo que opõe o Casares mortífero, tanático, a um Bioi, que, com alguma licença etimológica, poderia traduzir-se por *vida*. E assim por diante. O problema com tais modelos interpretativos não reside tanto nas "teorias" sugeridas, mas no fato de uma excluir a outra e de aprisionar o trabalho num esquema fixo, com as consequências já apontadas. Na Teoria dos Campos, não pensamos em misturar "teorias", nem é preciso dizer, mas em recriar o movimento original que produz teoria, a partir da experiência clínica, como caminho heurístico, nunca como uma tradução para um sistema conhecido.

Técnica na Teoria dos Campos

Do ponto de vista técnico, a contribuição da Teoria dos Campos consiste, antes de mais nada, em substituir a velha e difundida ideia de conselhos técnicos – que, de Freud, são bem-vindos – por uma investigação cuidadosa das propriedades intrínsecas do ato analítico, tal como realmente se dá, não como supostamente se deveria realizar, segundo cada receita teórica. A série metodológica – campo, ruptura de campo, expectativa de trânsito, vórtice, sentença interpretativa – já é, por si mesma, fundamento técnico suficiente, na medida que exprime o movimento concreto de qualquer análise. Deixar que surja e tomar em consideração são condições da atenção analítica indispensáveis para não pôr obstáculos a que esta série se desenrole eficazmente.

Dar-lhes-ei alguns exemplos mais de contribuições técnicas. Em cada situação analítica é preciso ter em mente qual densidade de atenção é requerida pelo campo em que se trabalha. No caso descrito, como os senhores terão notado, foi preciso manter uma leve, mas duradoura atenção voltada à representação *vestido manchado*, durante tempo considerável, mais de um ano pelas minhas contas. Não que eu ficasse o tempo todo à procura de seu sentido. Longe disso. Muitas outras peripécias e movimentos transferenciais ocuparam o dia a dia das sessões nesse tempo; mas o campo do *vestido manchado*, chamemo-lo assim, permaneceu constantemente como um dos panos de fundo de minha consideração psicanalítica da paciente. A essa variação de concentração, costumamos chamar de *densidade da atenção analítica*. Também é importante, tecnicamente falando, decidir qual o *ângulo de incidência*, por assim dizer, de nossas intervenções com respeito ao discurso e às emoções do analisando. Uma sentença interpretativa apressada produz geralmente um efeito semelhante ao do choque frontal de dois veículos: estanca o movimento e define o sentido antes de o podermos conhecer, além de ser traumática. Claro, nada dizer ou apenas mover-se na direção em que associa o paciente tem, no máximo, um efeito suportivo ou de apoio. Intervenções mais abertas e alusivas – embora dificilmente estejamos seguros de antemão a que aludem exatamente –, como *fogo de palha* ou *vestido manchado*, tocam a alma do paciente com seu valor conotativo e ele nos responde, cedo ou tarde, produzindo algum sentido mais preciso: dele, não nosso. Numa palavra, o ângulo de incidência apropriado gera efeito psicanalítico. Noções técnicas desse tipo são preocupação contínua em nossos estudos técnicos, em geral acompanhando a investigação da psicopatologia psicanalítica, para procurar a melhor forma de intervenção com tipos diversos de pacientes, a partir da experiência clínica.[9]

---

9 Cf. Herrmann, F. "Da técnica psicanalítica", in *Andaimes do Real: O Método da Psicanálise*, op. cit., capítulo VIII, Parte segunda, pp. 173-185. (L H)

Gostaria de finalizar esta exposição da clínica da Teoria dos Campos com um exemplo de desenvolvimento recente. Infelizmente, como espero que compreendam e perdoem, tratando-se de um campo em exploração, as certezas são poucas e a complexidade talvez excessiva, para o fim de uma palestra. Há já alguns anos tenho observado que toda ação intrapsíquica, revelada pelo processo analítico, leva necessariamente àquilo que chamei de uma *duplicação sub-reptícia do eu*[10] (ego). Freud já havia descrito o fenômeno em seus trabalhos da década de vinte, de uma forma mais restrita, como *Spaltung* defensiva. Melanie Klein não só se apoiou nessa ideia para sua teoria da cisão esquizoparanoide, como multiplicou quase indefinidamente as figuras internas do psiquismo, com a noção de objetos internos, mistos de eu e de outro, no interior da personalidade. Lacan, como se sabe, pôs radicalmente em questão a posição do eu, afirmando ser o eu "o sintoma humano por excelência". Clinicamente, temos verificado que cada movimento psíquico produz uma duplicação do eu, não uma indefinida multiplicação, sendo um eu o operador das funções classicamente a ele atribuídas – memória, ação, juízo etc. –, enquanto o segundo (ou deveria dizer o primeiro?) é o operador das regras do campo que sustenta tais relações funcionais e geralmente as direciona para fins nada inocentes. O problema teórico aí envolvido, como veem, não é simples. Passa por uma cuidadosa distinção entre eu e sujeito psíquico, sendo este último, o sujeito, um autêntico semeador de eus duplicados no psiquismo. Leva-nos também à séria dúvida sobre se a própria noção de eu não é, em verdade, pré-psicanalítica, tendo sobrado como uma espécie de inevitável contraponto positivo dos conceitos quase sempre negativos da Psicanálise – repressão, fragmentação, deslocamento etc.

---

10 Cf. "O eu no fígado da pedra", primeiro capítulo de *A Psique e o Eu*, op. cit., pp. 41-143. (L H)

Mas não é para o problema teórico que pretendo chamar sua atenção, e sim para sua contrapartida técnica. Refiro-me simplesmente à necessidade de um cuidadoso *endereçamento* das interpretações do analista. Quando um analista assinala a seu paciente que está em ação dentro dele uma parte infantil de sua personalidade, tende a expressar-se numa linguagem e com um grau de abstração que evocam de imediato um eu muito mais adulto que aquele que procurava pôr em relevo. Parece razoável trazer aspectos infantis à consideração adulta, mas não é eficaz, já que induz o eclipse instantâneo da estrutura referida, e tudo se passa como se analista e paciente estivessem conversando com seriedade sobre um terceiro ausente, o sujeito do campo. O que proponho não é substituir a análise por uma espécie de ludoterapia para adultos, evidentemente, mas dirigir (ou *endereçar*) nossos toques interpretativos a seu receptor privilegiado. Se, por exemplo, detenho-me a mostrar à paciente que lhes apresentei a possibilidade de suas abundantes menstruações representarem uma espécie de celebração do luto pelo pai, ela certamente partilhará com todo interesse minha hipótese... e nada vai acontecer. Todavia, se lhe digo que *chora lágrimas de sangue*, é muito mais provável, como de fato ocorreu, que sejamos recompensados por algum tipo de elaboração autêntica. No caso, a de que este sangue é o que efetivamente mantinha seu cérebro colado ao tentar escrever. Então se compreende. Escrever uma tese sobre a origem paterna, trabalho do sujeito intelectual, excita intensamente o sujeito do campo do *vestido manchado* que a paralisa. Não à toa, por conseguinte, minha paciente está hoje conseguindo redigir sua tese, mas ao preço de uma pequena correção no tema, que não é mais a história da terra de seus antepassados como tal, mas a função de narratividade, em especial as possibilidades narrativas da memória subjetiva da terra ancestral.

3. O Mundo em que vivemos[11]

Psicanálise do quotidiano

Pondo de parte as teorias ligadas diretamente à prática clínica, as demais explorações teóricas que tenho realizado seguem um curso bem preciso, que desemboca em dois caminhos principais: a investigação das condições concretas, quotidianas da vida psíquica e o desenvolvimento crítico de modelos do psiquismo.

O ponto de partida é um só. O método psicanalítico oferece-nos as linhas gerais de uma forma de conhecimento cujo correlato é um certo objeto, a que se pode chamar de *Homem Psicanalítico*. Isto é comum às demais ciências, aliás. Ao método da Física corresponde o universo físico, feito de energia, matéria e matemáticas; ao método histórico corresponde a história humana etc. À Psicanálise corresponde a psique humana, ou homem psicanalítico. Antes de mais nada, nós o reconhecemos em nossos consultórios como o paciente em análise. Porém, desde Freud, o homem psicanalítico tem sido estudado igualmente em condições que extrapolam os limites do tratamento psicanalítico. Como para a Física e a História, descrever o objeto da Psicanálise é o mesmo que desenvolver as propriedades do método, já agora objetivado.

Ao explorar psicanaliticamente o mundo humano, a Teoria dos Campos toma-o como um extenso sistema de campos produtores de relações, cujas regras são invisíveis quando estamos em cada um, mas que se podem mostrar por ruptura de campo. O campo mais amplo que nos concerne é, inequivocamente, o do

---

11 As ideias aqui expostas compõem a terceira parte do livro *Andaimes do Real: Psicanálise do Quotidiano*, op. cit. (L H)

real humano. Por real, entendemos o sistema de regras produtoras que criam o homem em qualquer condição imaginável de sua existência. Real é o mundo humano, a cultura, como conjunto de determinações inconscientes. Quando, porém, o homem destaca-se de seu mundo – seja na constituição de um indivíduo ou de qualquer outra configuração de sentido: um grupo, uma instituição, uma obra humana –, o real, por assim dizer, dobra-se sobre si mesmo, como o canto dobrado de uma folha de papel,[12] ficando uma pequena parte do real sequestrada do todo e defrontando-se com o resto. A esta porção do real, chamamos de *desejo*, e o entendemos como a matriz simbólica que dá forma às nossas emoções e ideias. Real e desejo não são em si mesmos representáveis; sua representação é mais seu produto que sua imagem verdadeira. À representação do real chama-se de *realidade*, à do desejo, *identidade*, por ser aquilo que faz de alguém (ou de algo humano) uma configuração característica, um ser identificável a seu desejo.

Pois bem, a realidade, enquanto matéria psicanalítica, tem-se revelado muito fértil, sobretudo nos seus aspectos mais comuns e inaparentes, que constituem o quotidiano. Desde o princípio de minhas pesquisas sobre o método, foi necessário testar a validade e sobretudo a vitalidade da recuperação metodológica, aplicando o método psicanalítico a diversas circunstâncias do quotidiano. Comecei com quotidianos bastante simples, ou seja, com mundos e homens psicanalíticos bem circunscritos. De início, estudei uma pequena série de apólogos bíblicos, procurando na descrição do mundo que propõem e na dos seres que o habitam as regras determinantes de sua relação. Daí, ainda experimentando o método,

---

12 Esta metáfora é usada nesse mesmo sentido em "O escudo de Aquiles. Sobre a função defensiva da representação" na versão publicada em *O Divã a Passeio: a procura da Psicanálise onde não parece estar*, op. cit., pp. 179-220. (L H)

passei a conjuntos fechados de histórias, em especial o mundo das fadas de Perrault, no começo da década de 1970. Prossegui, um pouco mais ambiciosamente, analisando o mundo da doença e da família, num grupo de atendimento hospitalar, depois o campo do processo autoritário – aproveitando como possível a desgraça de uma ditadura militar que vitimou meu país por uns bons 20 anos –, a construção da realidade sob diferentes sentimentos, como a saudade e a teimosia. Mais recentemente, seguindo-se à publicação da primeira versão de meu livro *Psicanálise do quotidiano*, em 1985,[13] tenho analisado quotidianos específicos, como o das dietas alimentares e o da paixão pelo disfarce.[14]

Na verdade, as primeiras análises tinham principalmente um caráter experimental e, para mim, de instrução: eu queria simplesmente saber se o processo que usava podia funcionar. O resultado foi no mínimo interessante. Surgiram alguns conceitos gerais, que serviram em seguida como interpretantes para outras análises, como o de *rotina*, a função opacificadora que cumpre o papel de naturalizar as diferenças entre campos, tornando aquele em que nos situamos aparentemente inevitável ou *natural*. Posteriormente, a noção de rotina ganharia um desenvolvimento

---

13 Sob o título de *Andaimes do Real: Psicanálise do Quotidiano* esse livro conhece uma segunda edição ampliada em meados de 1998, que, por efeitos editoriais, está datada de 1997. A 3ª edição com esse mesmo título aprece em 2001 pela Casa do Psicólogo. (L H)

14 Em 2004 Herrmann preparara um texto sobre o tema das dietas que só vem a público postumamente, em 2011, em artigo intitulado "Apesar dos pesares: breve contribuição ao estudo da obesidade", no livro *Distúrbios Alimentares. Uma Contribuição da Psicanálise*, Imago, org. Cassia Aparecida Nuevo Barreto Bruno. "A paixão do disfarce", em 1999, é publicada como o segundo capítulo do livro *A Psique e o Eu*, op. cit., pp. 145-220. (L H)

fundamental na teoria da crença, mas esta já se deve integrar ao conjunto das construções de modelos do psiquismo.[15]

Um balanço provisório das psicanálises do quotidiano que levei a cabo e daquelas que foram desenvolvidas por colegas dentro da Teoria dos Campos – sobre a rebeldia adolescente, sobre a compulsão à compra de objetos de marca etc. – leva-me a considerar que é um empreendimento recomendável sob vários aspectos. Efetivamente, leva a descobertas de interesse prático, em primeiro lugar. Mas, por outro lado, é uma forma valiosa de treinamento clínico: creio que nos torna melhores psicanalistas em nossa prática privada. Por fim, há uma constante e próxima colaboração dessa área de pesquisa com a construção de modelos do psiquismo. Muitos dos conceitos mais singulares ou abstratos, seja os ligados à estrutura do psiquismo, seja aos da psicopatologia, sobretudo nas psicoses delirantes, tiveram origem e inspiração em análises do quotidiano. Quando menos, o estudo da vida concreta dos homens impede que nossas teorias decolem, por falta de lastro, para os céus da pura conjectura abstrata.

Super-representação

A história da cultura ocidental pode ser assimilada ao desenvolvimento de um sistema de representações que tem a ambição de mimetizar o real: a tal sistema costumo chamar *realidade*. Seu equivalente intrassubjetivo, isto é, o sistema de representações que tenta mimetizar a interioridade do sujeito humano, recebe diferentes nomes, mas pode bem ser designado como *identidade*. Os homens têm desconfiado desde sempre da fidelidade desse projeto de representação geral, imaginando, não sem razão, que possa ser

---

15 Ver *Andaimes do Real: Psicanálise da Crença*, op. cit. (L H)

mentiroso, que apresente um simulacro falseador do real e do desejo. Já os gregos tinham uma palavra para isso, chamavam à falsa imagem *skiá*, e cuidavam de encontrar antídotos para seus equívocos e enganos. A Psicanálise, aliás, surge na esteira dessa longa história de crítica das ilusões e dos simulacros: é uma ciência da *desilusão*, em seu sentido forte. Não nos dedicamos a caçar os erros da representação; ao contrário, é por meio da ruptura dos campos geradores de sentidos fixos e, portanto, na amplificação do jogo das imagens alternativas que a interpretação psicanalítica busca um antídoto para o simulacro.

A prática da criação de imagens enganosas não é invenção recente, muito pelo contrário. A propaganda religiosa, por exemplo, tem sido praticada e aceita desde a antiguidade. O fenômeno embaraçoso que marca a segunda metade deste século[16] parece ser antes o desnudamento, ou ainda melhor, o escancaramento e a universalização dessa prática. Do jornal à televisão, a criação de simulacros não é mais executada encabuladamente, é declarada como sendo a única forma moderna viável de *informação*. A propaganda, enquanto instituição social, não se oculta: sabemos todos que nos estão a *vender imagens* – expressão magnífica do mais franco cinismo – e reagimos de acordo, ou seja, compramo-las. Por outro lado, a evolução técnica de instrumentos e de meios, suplantando de muito a capacidade do sujeito de acompanhá-la, contribui para uma crença suspeitosa na tecnologia. O excesso de informação que se reputa relevante, assim como a revolução tecnológica exigem especialistas que as interpretem para o cidadão comum; ele os aceita, deve crer neles por falta de escolha, mas sabe também que está sendo enganado, conquanto não possa dizer quando nem em quê.

---

16 Está aqui referido o século XX. (L H)

O resultado final é uma crise de crença na realidade, que mostra seu caráter de representação impotente do real: aos olhos do psicanalista de hoje, a realidade torna-se tão ou mais problemática que a identidade e oferece-se como campo preferencial de investigação, uma vez que o novo paciente a ser tratado é cada vez menos o indivíduo tradicional, debatendo-se entre impulso e repressão, e cada vez mais uma espécie de crise de irrealidade, ou farsa, onde ganha novo sentido o conflito pulsional.

A Psicanálise é uma *ciência da desilusão*, é um método de crítica das aparências, em tudo proporcional à época em que se dá, esta que sofre de proliferação de imagens e de falseamento sistemático. Também privilegia a Psicanálise o fato de estarmos lidando com uma realidade que se torna cada vez mais *psíquica*, isto é, cada vez mais evidentemente produzida por sentido humano, encarnado em instrumentos de modelagem do mundo natural e da sociedade. O analista deve, portanto, voltar sua atenção às condições do real e estudar sua construção humana.

Psicose de ação

A resposta suicida do espírito à farsa, quando o pensamento não consegue conceber minimamente seu mundo, consiste em fundir pensamento e ato, inventando uma forma de operação que se poderia descrever como *ato puro*. Isto é, o pensamento deixa de motivar o ato, mas coagula-se ele mesmo em ato solto, como uma bactéria em ambiente inóspito, que entra em latência sob a forma de cisto. O ato puro é uma forma de pensamento concentrado, que se desvirtuou completamente, perdendo os vínculos lógicos com o conjunto das ideias, bem como os vínculos veritativos com o mundo empírico. Dá-se em atos que constroem suas próprias razões e se autodemonstram. O homem comum, do primeiro, segundo, terceiro ou quarto mundos, discursa sobre o mundo, mas não consegue orientar-se com isso, pois seu discurso mimetiza os meios de comunicação, cujo critério de veracidade consiste em conseguir audiência. Paralelamente, realiza os atos do quotidiano de forma automática. À concentração em ato isolado, de todo o possível saber, pensamento ou crítica, de toda emoção e sentimento, de toda ação organizada, cabe chamar ato puro – uma nova forma de representação da realidade que rapidamente substitui o pensamento quotidiano sobre o mundo em que vivemos.

Excluído da zona de eficácia real, o indivíduo sobrevive quase apenas sob a forma de protesto contra sua condição. Assim, sua afirmação coincide com a manifestação da contrariedade; isto é, o ato – que é a afirmação fundamental do indivíduo – combina as tendências a realizar e a negar a individualidade. Por isso devemos conceber o ato puro como autodestrutivo, e a regra determinante da ação futura como uma psicose da ação. Se a ação é o selo e a função mesma do psiquismo, sua subversão exprime-se no ato-puro, autorrepresentativo, figura emblemática da *psicose de ação* que acomete nossa sociedade.

Socialmente, a psicose de ação consiste na prevalência absoluta dos meios sobre os fins – meios como instrumento para produzir mais e melhores meios de produzir novos meios. A automação, a informatização completa, os jogos de guerra intermináveis e a fragmentação social desenham um quadro irresistivelmente vitorioso, embora nem por isso desejável. Grupos marginais em luta contra uma ordem totalitária de dominação econômica, ideológica e policial do mundo inteiro, que cumpre o mandato da produção tecnológica irrefreável, aliando força bruta a um pervasivo sistema de propaganda – este quadro não constitui decerto o melhor augúrio para nosso tempo.

O paciente da psicose de ação[17]

Como se manifesta este mesmo quadro na psique individual? A psicose de ação é também uma doença, no sentido psiquiátrico comum, que afeta cada vez mais amplamente a clientela dos consultórios psicanalíticos. Cada época e lugar proporcionam seus próprios caminhos para os fatores constitucionais e histórico-pessoais que também determinam os distúrbios psíquicos. Não fugindo a esta regra, a condição social até aqui examinada oferece nova via para a constituição da patologia individual, que tanto decorre dela, como a reflete em ponto pequeno. Tomemos um caso paradigmático.

Nascido nalguma parte do oriente médio, Jorge foi educado num colégio de elite, em flagrante contradição com as limitadas posses dos seus. Dos seus? Isso mesmo parece-lhe duvidoso, pois sempre desejou ter por pai um velho amigo da família, chegado e generoso, cuja munificência provia-lhe o dinheiro do cinema e das balas. A mãe o escolhera para vencer na vida, intelectual e financeiramente; daí o colégio fino e a exigência de desempenho brilhante. De repente, a grande traição. Sem qualquer aviso prévio, o adolescente teve de seguir a família ao Brasil, onde, esquecidos colégio e futuro, houve que dar duro num modestíssimo emprego. E, afronta magnífica, no dia da despedida, o amigo da família que ele ambicionava ter por pai revelou dramaticamente ser seu pai verdadeiro – mas lá ficou.

Reagindo à traição, Jorge lançou-se ao trabalho e acabou por enriquecer. Sentia-se humilhado pela origem estrangeira, conseguiu uma esposa de sobrenome local sonoro. A pobreza o dimi-

---

17 Este relato, em versão ampliada, aparece no livro sobre psicanálise do quotidiano, já referido, desde sua segunda edição revista. (L H)

nuía, juntou dinheiro e poder. Sua educação era incompatível com as condições de vida, acumulou todos os símbolos disponíveis de *status*, do carro à lancha, da roupa fina ao melhor vinho. Por fim, em cada detalhe desse devaneio adolescente de vingança, ele construiu uma resposta. Quantos adolescentes não sonham vinganças redentoras? Jorge teve a sorte e o infortúnio de realizar a sua.

Realizado, ele pôde experimentar a contradição profunda que esta expressão vulgar carrega. Alcançara a imagem procurada: sábado, a mesa bem servida, a esposa sorrindo de um lado, de outro os filhos mimosos, mais ao fundo um aparelho de som desfilando música suave. Aí uma inquietação, um querer desencaminhado e urgente. Tentou satisfazê-lo numa aventura extraconjugal, separou-se, tentou explorar obcecado os limites da sexualidade, estabilizando-se por fim numa peculiar relação amorosa, que, daí por diante, em nada se havia de alterar. Consistia esta em ter duas mulheres: uma quase maternal, a outra perturbadora e aventurosa. Isso, ter duas mulheres, não constituiria, é claro, maior sintoma do que permanecer monogâmico, não fora a circunstância de não poder dedicar-se a outra coisa, senão a pensar no problema. Com esta ou com aquela? Ao decidir por uma, já começava a preparar a fuga: distante de uma, maquinava reaproximações.

Não foi sonho, embora tivesse a aparência de um – o que, aliás, testemunha a intensidade da ação constitutiva da realidade dessa regra relojoeira. Jorge tentou livrar-se do problema das duas mulheres, refugiando-se na solidão de um apartamento de hotel, que mantinha sempre alugado. Lá, acordou certa manhã para o ritual de pentear-se e fazer a barba. O rosto que o defrontava ao espelho era conhecido seu. Tentou falar-lhe. Mas aquela cara não acreditava em nada, sardônica. Falou-lhe em inglês – frequentara um colégio inglês –, a cara riu e respondeu: "É mentira". Tentou o francês da infância e depois a língua ancestral, com idêntico resultado. Ouviu mais dois desmentidos poliglotas e convincentes. Então, decidiu procurar um analista, imaginando-se doido.

A análise revelou uma configuração muito especial de pensamento. Jorge simplesmente não conseguia saber o que sentia. Para estar alegre, por exemplo, era preciso sentar-se numa mesa de bar – elegante, naturalmente – e segurar um copo de uísque. Entenda-se, ele não pedia o uísque porque estava alegre nem para ficar alegre às custas do álcool: o copo de bebida era a representação de sua alegria. Assim também a esposa do momento significava paz conjugal e a amante, vida e aventura, o dinheiro acumulado, poder e êxito. Numa palavra, a representação de estados emocionais havia sido expulsa da identidade para a realidade, como é característico da psicose, e do pensar e sentir para o agir, como em certas psicopatias. A combinação desses fenômenos é típica da psicose de ação. A representação materializa-se e só a repetição do ato a pode evocar.

Um pequeno mistério parece constituir o episódio de despersonalização ao espelho, que o levou à análise. Penso, porém, que não é difícil elucidá-lo em termos gerais. O paciente da psicose de ação vive efetivamente um delírio larvado. Jorge cancelou sua história de origem, por assim dizer, ante a grande traição sofrida. Sem pai e sem país, decidiu ser ao mesmo tempo um e outro para si próprio. Construiu uma vida nova com as próprias mãos, apressadamente, furiosamente, mas só soube criar, na verdade, um simulacro das coisas aparentemente conseguidas. Os casamentos e os adultérios multiplicavam-se e substituíam-se como ensaios de uma peça teatral, cuja estreia fosse sempre adiada. O trabalho, que tinha o sentido de uma vingança cósmica, também não era de verdade: era preciso ganhar desenfreadamente para acreditar que trabalhava. Não à toa o emblema convencional da identidade, o espelho matinal, foi então o agente de um desmentido rotundo. Esquecida e repudiada a linguagem dos sentimentos, língua alguma podia exprimir uma verdade cuja raiz perdera-se com a infância.

No indivíduo, a psicose de ação toma este caráter geral. A representação em ato acompanha-se de morte dos sentimentos, enquanto vivência interior. Desta, os pacientes alardeiam uma consciência orgulhosa. Consideram-se superiores por não experimentarem as fraquezas humanas, impróprias às exigências da *vida real*. Simultaneamente, desespera-os a ausência de veracidade que suspeitam ver nos sentimentos alheios. Julgam-se traídos, testam o amor conjugal à saciedade, desenganam-se enfim e forçam o abandono. Pois o amor só existe em ato igualmente, em ato sexual ou em ato serviçal.

Correlativamente à concreção afetiva, o regime do ato puro vitima seu homem de outro modo. É a vida mesma que se concretiza, assumindo a feição obrigada de um funcionamento maquinal. Ele a experimenta como se fora uma cadeia de etapas justapostas, uma espécie de carreira, em que cada conquista se resume a ser o instrumento da conquista seguinte. Conquistas grandes, promoções, riqueza, mulheres; ou conquistas miúdas, aguentar a manhã na oficina, correr dois quilômetros aos domingos. Escapa-lhe o encadeamento mesmo dos eventos. Este pertence à ordem lógica do delírio de ação, atos destacados e de elevada eficiência, subordinados ao plano global de geração de meios. Encara-se o sujeito como instrumento dessa operação, pensa-se na terceira pessoa do singular, vale-se de expedientes inusuais para controlar ou estimular a máquina de viver. Pequenos rituais obsessivos, esquisitices autodisciplinares, cronogramas fantásticos, drogas, por vezes – como no caso de Jorge, que se estimulava com cocaína, recriando sem parar a constrangedora experiência de sentir-se muito excitado, mas impotente. As drogas, bem se compreende, usam-se menos como adição do que como aditivos, como que para aumentar a potência do motor psíquico. Fumo e álcool, excitantes e calmantes, cocaína e maconha, ou, dada certa bizarria muito atual, iogurte e comida vegetariana. É que o paciente típico da psicose de ação se opera como a um instrumento. Trata-se como meio para alcançar seus próprios meios. Os meios que os meios exigem, entenda-se.

Posto que é uma máquina, seus sintomas são maquínicos. Não são berrantes, mas são característicos. Prevalece a ansiedade. Ansiedade noturna acompanhada de insônia e, logo em frequência, ansiedade matinal também. No trabalho, ela remite, agudiza-se nas férias e fins de semana. Ocorrem ideias hipocondríacas, suspeita de que a máquina orgânica esteja rateando, e fórmulas extravagantes para conservá-la em bom estado. São indivíduos de elevada impulsividade e contenção pelo menos equivalente. Vê-se-lhes cerrar os dentes e os punhos diante de qualquer resistência externa do outro, diante da imperfeição mecânica de algum instrumento, ou quando um lapso ou esquecimento demonstra a própria fragilidade. Talvez a contenção contribua para a constância notável de manifestações psicossomáticas, nesses casos.

Uma atividade delirante domina o quadro; não obstante, raramente tem de início caráter produtivo. A recorrência monotemática de fantasias de competição, perseguição, de êxito estrondoso e ruína deixam-na entrever. Perseguem apaixonadamente a segurança econômica e o *status*; alcançando a segurança, rebelam-se, arriscam-se em negócios obscuros ou em querelas improfícuas, maquinam atentados contra os superiores, que nem sempre fracassam ao executar. Delirante, nessa fase da doença, é a organização do ritmo vital. Devendo aumentar continuadamente a aceleração do avanço, deixam-se emular primeiro pelos colegas, depois pelos contemporâneos ou por heróis da profissão, medindo obcecadamente prazos e resultados, numa contabilidade furiosa, calculando o percentual de vida restante e as metas que lhes falta atingir. Posto que não é a velocidade, mas a aceleração que cumpre acrescer, e que as metas são meios só, ao cabo de certo tempo, quando a decadência física faz-se anunciar, o perseguidor verdadeiro despe a máscara. Não são os colegas nem são os postos hierárquicos que os acicatam: é a própria sombra das ações passadas que lhes corre atrás, e o rosto do inimigo é aquele que vêm ao espelho.

Diante do princípio de decadência, o quadro delirante manifesta-se de forma mais convencional. Só então o notam os circunstantes. Aguça-se a hipocondria, adquire tintas melancólicas e matizes paranoicos. O paciente passa à fase narrativa, como qualquer delirante convencional. Relata uma história estapafúrdia, de vitórias escapadas por um dedo ou por um fio de cabelo, perseguições descabidas, ideias extravagantes sobre a saúde, ciúmes, infidelidades; queixa-se de transformações corporais incompreensíveis. Oscila rapidamente de taciturno a loquaz, conta e reconta as mesmas histórias. E nenhum dos ouvintes, maldispostos, consegue discernir que a fábula ensandecida que repete não vem a ser outra coisa senão a história de sua vida.

Este quadro, tão coerente com a estrutura social que o sustenta, torna-se cada vez mais comum em nossos consultórios. É mais frequente em homens que em mulheres, e é encontradiço em profissões competitivas, entre os chamados *executivos*, por exemplo. Comumente, envolve alguma espécie de desarraigamento original – que Jorge exemplifica de forma um tanto exagerada, mas que pode ser muito menos notório, já que a falta de raiz numa realidade sólida é condição geral da grande cidade. O processo analítico é difícil por inúmeras razões, a principal é que, além do desprezo pela vida emocional e da competitividade exacerbada, estaremos tentando, com a psicanálise, reverter uma experiência de projeção da interioridade que, até o momento, era a única garantia identitária do paciente. Chama a atenção a frequência do suicídio na psicose de ação. Compreende-se: o suicídio é um excelente ato puro.

SEGUNDA PARTE

MEDITAÇÕES CLÍNICAS

A. Da clínica extensa à alta teoria

O mesmo acordo político que determinou os centros do poder psicanalítico convencionou a extensão permissível da clínica e, por tabela, o nível de sua teorização, definindo assim a clínica padrão e a teoria-padrão [...]
Herrmann, 2002

1. Primeira meditação: a história da Psicanálise como resistência à Psicanálise

1.1. Os dados da circunstância[1]

Une insinuation simple au silence
ou le mystère précipité
dans quelque proche tourbillon
d'hilarité et d'horreur
Mallarmé

Un coup de dès jamais n'abolira le hasard, o célebre poema de Mallarmé,[2] poderia servir de epígrafe a toda a literatura do século XX. Que seja ele, a tal título, nosso guia nesta meditação sobre "A história da psicanálise como resistência à Psicanálise", que há de

---

1 Publicado em Percurso, n. 29, 2002, com o título de "Da clínica extensa à alta teoria: a história da Psicanálise como resistência à Psicanálise", pp. 15-20. (L H)

2 Mallarmé, S. Um coup de dés jamais n'abolira le hasard. In *Mallarmé Poésies et autres textes*. Paris : Le Livre de Poche, 1998, pp. 251-278. (L H)

desembocar precisamente em sua estreita relação com a literatura – seu reino análogo, como ainda se explicitará.

Entenda-se aqui por guia, em primeiro lugar, a figura mesma de um guia, ou *Mestre* (*capitão*, num sentido antigo e desusado em português), de que trata o poema, aquele que conduz a travessia da incerteza, sem dispor de maiores garantias do destino, senão da forçosa ousadia de lançar os dados. Em segundo lugar, o próprio poema constitui um guia, pois seria preciso – ainda que inimaginável – alcançar sua lógica dramaticidade, caso quiséssemos exprimir com justiça a infinidade de lacunas, suspensões inconclusivas e dúvidas sobre o destino de nossa ciência artística, a Psicanálise, neste momento de naufrágio e de esperança. Chegará a se constituir como ciência da psique, *durando o que dura a cultura que a concebeu*, ou sucumbirá em poucas gerações, enquanto procedimento terapêutico datado?

J. Rancière assim resume a ambientação fundamental do poema: *o curso da nave poética no oceano da época.*[3] A nós interessa sobretudo o curso da nave psicanalítica, que não é, porém, tão diverso do outro a ponto de recusar o paralelo. Os incidentes, os gostos e preconceitos de nossa época são o que ela tem de atravessar; sendo a massa que seu casco desloca, eles a sustentam, tal como a resistência do campo a romper sustenta a interpretação, e a cada momento determinam as peripécias da nau. Contudo, para que seu curso se mantenha, é preciso vencê-los, mesmo ao risco de um naufrágio. O piloto deve estar firme ao leme até à exaustão e o capitão, completamente determinado, para que o acaso possa indeterminar o trajeto provisório, sem que se perca o rumo da realização futura, o horizonte de vocação. Recordemos que o poema, *Um lance de dados...*, compreende o naufrágio mais que como simples possibilidade. *JAMAIS /*

---

3 Rancière, J. *Mallarmé. La Politique et la sirène*, Hachette-Luvre, 1966, p. 98. (L H)

mesmo quando lançado em circunstâncias eternas / do fundo de um naufrágio... – assim começa Mallarmé.

Como naufraga a Psicanálise? Pelo catastrófico estreitamento de seu âmbito de direito, de seu horizonte de vocação.[4] De tal forma se impôs a clínica padrão de consultório, que os analistas a ela se limitaram depois de Freud, e em seguida a exalçaram como um dos mais elevados modos espirituais do homem, aquele que funde saber e sentir: o pensamento do desejo. Certos e errados a respeito. A Psicanálise é a lógica da paixão e pode vir a constituir a ciência da alma humana, com efeito, mas o discurso que louva a prática de consultório, uma dentre as muitas raízes do arbusto atual, procura antes de tudo elevar o analista a seus próprios olhos, há que o confessar. No processo de estreitamento, a clínica padrão soube criar uma teoria que só a ela diz respeito, e tal fórmula técnica subsumiu uma teoria do aparelho psíquico, feita nos moldes da clínica padrão e apenas exemplificada pela clínica padrão: o homem, uma projeção do divã, o único bípede a andar deitado. Em especial, a análise didática alcançou o êxito tocante de conseguir implantar nos candidatos a personalidade teórica de cada escola em que se realiza, tanto o aparelho psíquico propriamente dito, quanto sua peculiar teoria do desenvolvimento, convertida em história geral do homem e em receita interpretativa.[5] Essa forma de construção de teoria garantiu que apenas a clínica padrão se pudesse praticar, enquanto sua prática garantia a exclusividade teórica, feitas uma para a outra e ambas se provando

---

4 O horizonte da vocação psicanalítica é tornar-se ciência da psique. Argumento explorado em meu texto: "O Momento da Psicanálise". In *Andaimes do Real: Psicanálise do Quotidiano*. São Paulo: Casa do Psicólogo, op. cit., Parte Primeira, pp. 13-31.

5 Ver Herrmann, F. "Análise didática em tempos de penúria teórica". *Revista Brasileira de Psicanálise,* vol. 32, n. 4, pp. 679-709.

reciprocamente. Estava criado o fato clínico, como se diria: *um fait accompli*. A isso temos chamado de *circuito de realização*.[6]

O resultado concreto da criação recíproca de cada técnica por sua teoria e de cada teoria por sua técnica foi um reducionismo impressionante. O psiquismo reduziu-se a um aparelho interno, a ciência nascente, a uma terapia, e o movimento, a uma profissão. Não mais talvez que um terço da obra freudiana versará sobre pacientes e sobre como os atender na moldura analítica (*setting*), enquanto uns noventa por cento dos artigos publicados em nossas revistas especializadas resumem-se a essa aplicação, certamente nobre, do método psicanalítico – aplicação que, a propósito, nega sua qualidade de aplicação, relegando todas as demais operações do método a tal posição, que se reputa secundária. Por fim, a resistência que faz soçobrar nossa nave construiu-se com tanta sabedoria que foi minando até mesmo a linguagem em que seria possível expressar suas limitações. Se dizemos que no consultório se pratica psicoterapia, logo nos acusarão de impropriedade e má intenção, se dizemos que se pratica psicanálise, teremos de escutar: *e então, não é o que eu dizia?* Não havendo passagem para a nave psicanalítica entre Cila e Caríbdis, entre a clínica emoldurada e a teoria reificada, qualquer prudente Ulisses fará bem em tomar o rumo das rochas moventes do quotidiano, como Joyce o figura em seu romance.

Criou-se assim uma resistência dupla. A dos analistas praticantes contra a ruptura de campo inerente ao método, por lhes repugnar o gesto generoso que permite que rolem os dados da clínica futura, *usura*

---

6 O conceito de circuito de realização, ou também circuito realizador, foi introduzido no capítulo 3, "Acerca da mentira e do erro necessário", do livro *Andaimes do Real: Psicanálise do Quotidiano*, op. cit., que atribui realidade ao sujeito pelo consenso social ou aparente convergência de percepções distintas, como, apontado anteriormente, um *fait accompli*. (L H)

atávica do lance, acostumados *ancestralmente a não abrir mão* da moldura, da redução teórica (o chamado referencial), da crença no bem sabido Inconsciente, amigo velho, de cujas piadas, mesmo que sempre de mau gosto, já conhecemos o desfecho. De outro lado, a justificada resistência dos criadores de psicanálises possíveis, de Joyce a, digamos, Nabokov – ou, menos explicitamente críticos, de Klein, a Bion e a Lacan – contra ser engolidos pela boca desdentada desse mesmo Inconsciente, velho de guerra. O Inconsciente, *nossa doença infantil* – como diria Marx do Comunismo –, é a plena expressão de nossa resistência. Reduzindo-o a fato, roubou-o para si a clínica padrão, privou-o de futuro, sufocando no berço os demais inconscientes possíveis.

No poema de Mallarmé, é o Mestre quem conta com um momento derradeiro, tempo justo de lançar os dados, sem poder contar com o patrimônio de conhecimentos acumulados para garantir sua decisão, inúteis o astrolábio e o GPS, a moldura e o aparelho psíquico. Daí *le hasard*, o acaso. Ao contrário do capitão mercante – que, por convencional dever de ofício, afunda com seu navio, talvez para não ter de ressarcir a mercadoria perdida, e assim desdenha todo e qualquer compromisso com o futuro –, o Mestre mallarmeano alça-se impossivelmente do oceano, em sua intolerável lucidez, mas reconhece que toda e qualquer escolha valerá tão somente como oportunidade aberta ao acaso.

Ao criar a Psicanálise, Freud inventou diversas coisas: um aparelho psíquico, o motor dos instintos, uma história do indivíduo humano, cunhada no modelo da psicologia do desenvolvimento, as melhores fórmulas da cura analítica. Era o Mestre então, jogando seus dados. A história sexual do desenvolvimento, por exemplo, rompia com o cognitivismo pueril da psicologia de seu tempo, seu aparelho psíquico problematizava a soberania da consciência e a miopia da razão – *que nunca soube medir seus limites*, nas palavras de Bataille –, sem cair na cegueira do sentimento, o qual desconhece até o que significa medir.

Sua teoria vale, pois, como lance de dados, ou, em nossa expressão, como *ruptura de campo*. Nós a transformamos em doutrina, passando a acreditar piamente em sua *theoretische Fiktion*. Melanie Klein procurou estender as fronteiras da Psicanálise às brumas da infância primitiva, generalizou o emprego técnico da transferência, num lance magistral que, pode-se dizer, reinventou a clínica psicanalítica, e semeou o psiquismo com uma multidão de objetos internos – *eus* em disputa, na tradição aberta pelos trabalhos freudianos de 1924 a 1927. Nova ruptura de campo, em que, no entanto, fomos levados a pôr fé, não como superação de limites, mas como fato clínico. Lacan, o *mestre da falta*, tentou a desreificação mais radical de que se tem notícia, inventando o discurso psicanalítico metafórico, que domina hoje a Psicanálise – no qual, por exemplo, *a castração*, de ameaça horrenda em Freud, transvestiu-se em projeto sublime de aculturação –, mas fomos nós que o repetimos à saciedade, reificando em doutrina sua aposta genial. Bion, completando a série dos mestres daqui, apostou na recusa de todos os interpretantes canônicos ao mesmo tempo, mas seu trabalho de sapa converteu-se em cânon. *Em cada ruptura uma doutrina*, eis o lema dos náufragos alegres.

Haverá tempo ainda para salvar nossos Mestres de nós mesmos? Imagino que sim; sob a dura condição, entretanto, de repetir seu gesto fundamental de ruptura, partindo de sua aposta – do *Mestre*, o homem hábil em sua arte –, mais que da doutrina legada. *Legado em desaparecimento*, diz Mallarmé, legado agônico. No naufrágio sedimentar que converteu em rocha a clínica padrão e sua correspondente teoria – *faux manoir tout de suite évaporé en brumes* –, os dados que a mão crispada hesita ancestralmente em lançar, não são hoje senão o *homem sem nave*, o próprio método interpretativo. O atual naufrágio da clínica padrão, a que faltam os pacientes e escasseiam os postulantes, é também o *turbilhão de hilaridade e horror que volteia ao redor do abismo*, vale dizer, o *vórtice* da atual *expectativa de trânsito*. Nada mais, nada menos, que uma nova ruptura de campo, que não semearia o pavor, exceto por nossa visceral resistência ao método psicanalítico.[7]

Tratando do alexandrino, o qual suscita *um ouvido dotado de um contador factício, que se rejubila em discernir todas as combinações possíveis de doze timbres*, Mallarmé, em *Crise de vers*[8] – seu *testamento literário*, na batida expressão –, denuncia o abuso de sua *cadência nacional*, cujo uso, *como o da bandeira, deveria ser exceção*. Pois bem, nossa interpretação sucumbiu a seu próprio alexandrino. Tradução metafórica transferencial da relação entre paciente e analista, ao ser transposta a seu domínio de direito, à psique humana em geral, padece da mesma hilária impropriedade de pôr em decassílabos rimados – nossa cadência tradicional – a fala do índio brasileiro. Assim naufraga a interpretação psicanalítica: *antigamente ele empunhava a barra*, a barra divisória do alexandrino, a barra divisória da tradução transferencial, cuja *manobra perdeu-se com o tempo* – sílabas 6/12, frequência 3/4 vezes. O problema do poeta é semelhante ao do psicanalista, embora bem anterior: se desconstruímos, uma a uma, as propriedades acessórias do poema, como saber que ainda se trata de poesia, ou, mais grave, que nem tudo é poesia? O mesmo vale para a interpretação. Retirados os parâmetros secundários, temos de nos haver com o essencial, que é precisamente aquilo de que foge cada um: ser obrigado a declarar o que vem a ser uma interpretação psicanalítica. Despidas as vestes, onde fica o corpo?

---

7 Para as noções de método psicanalítico e conceitos metodológicos: campo, ruptura de campo, expectativa de trânsito e vórtice remeto a meu livro *Introdução à Teoria dos Campos*. São Paulo: Casa do Psicólogo, 2001, especialmente no capítulo 1, "Intenção", p. 13, e no capítulo 4, "O método da Psicanálise", p. 49. (Este livro teve uma segunda edição em 2004, pela mesma editora – L H.)

8 In Mallarmé, S. *Mallarmé Poésies et autres textes*, op. cit., p. 191. (L H)

Haverá recuperação possível? De novo, quero crer que sim. A condição mesma de seu naufrágio – hoje, quando a clínica padrão torna-se exceção, como a bandeira – indica o caminho aproximado: uma *clínica extensa*,[9] que contemple o homem em seu quotidiano e todas as produções da psique do real. Atenção, porém! De nada vale, e só apressa o desastre, acrescentar biblicamente vinho novo ao odre velho. Do analista formado pelo *circuito de realização* teórico-clínico espera-se uma *metanoia*, não uma mudança de ares ou flexibilização da prática. Pois as teorias escolásticas que lhe foram transmitidas ainda são capazes de sustentar sua clínica padrão, mas fracassam inapelavelmente frente às exigências da interpretação do mundo, coisa que, depois de Freud, raramente se fez e para a qual perdemos a mão.

Que se requer para dar azo ao acaso? *Hasard*, ou azar, do árabe *az-azhar*, como assinala Greer Cohn,[10] apenas quer dizer *jogo de dados*. Logo: *Nenhum lance de dados abolirá o jogo de dados*. A exatidão absoluta é a condição do acaso, Mallarmé o sabia. Em seu poema sobre o acaso, nada, nem o menor espaço em branco é casual. Sabiam-no os grandes enxadristas, que não se equivocavam ao reconhecer que só a mais racional das estratégias pode culminar no risco mágico da combinação, a *possibilidade impossível*, segundo Tartakower. O xadrez, diz-se às vezes, é um jogo de azar, porque o recusa com todas as forças. Também na

---

9 Este curso foi dedicado à clínica extensa e a explica, o desenvolvimento clínico com que Herrmann vinha trabalhando desde o final dos anos 1990. Em 2003, tema do III Encontro Psicanalítico da Teoria dos Campos, Herrmann dedicou a ele sua conferência de abertura. Ver "Clínica extensa", in Leda Maria Codeço Barone et al., *A Psicanálise e a Clínica Extensa*, Casa do Psicólogo, 2005, pp. 17-31. (L H)

10 Cohn, G. *L'Oeuvre de Mallarmé*: "Un coup des dés", Librairie Les Lettre, 1951. (L H)

Psicanálise não nos entregamos voluntariamente ao acaso nem cortejamos o desejo, nós os enfrentamos com lógica e rigor, reconhecendo que hão de surgir da derrota da razão, e os tomamos em consideração, já que, na derrota, lhe dão a rota. Por isso, invocamos Mallarmé. O rigor mais absoluto, levado ao extremo inimaginável, é tão somente a condição necessária para um lance de dados, para uma interpretação cuja verdade está no vórtice que sobrevém à ruptura – nem assim, porém, constitui uma sólida doutrina do homem psicanalítico, pois *um lance de dados jamais abolirá o jogo de dados*. O poema mais rigoroso de quantos se escreveram, a estratégia mais consequente, a interpretação mais precisa, criam apenas a condição: contam, sob tal aspecto, como o triplo agitar da mão antes de rolar os dados, garantia de imparcialidade, não previsão do resultado, se não há vício nos dados. E a teoria resultante não passa de condição do lance seguinte. Eis a imagem justa de nosso trabalho.

A clínica extensa, tal como Freud a criou e a realidade multiplicou, não é hoje um mérito, mas um fato. Mérito é preparar-se para ela e aceitá-la graciosamente. Hoje, a metamorfose já começou. Estendida a clínica, já não temos os pacientes habituais. Outras patologias impõem-se, outros suportes da psique, não necessariamente individuais, novas modalidades de prática no próprio consultório, algumas muito antigas. Voltar à sociedade, voltar à cultura, sobretudo, voltar à literatura, fonte de nossa ciência – operação que exige a ruptura do campo epistemológico daquilo que se entende por *ciência*. Apegados a este consultório – que também pratico e amo –, estávamos despreparados para sua extensão. Exatamente aqui incide a exigência da *alta teoria*, pois é preciso notar que a clínica extensa não vem da falta de pacientes, mas da quebra do já apontado círculo vicioso *doutrina reificada*, clínica padrão, pelo acúmulo de lentas e pequenas alterações da realidade social, da psicopatologia, do próprio movimento psicanalítico, daquilo a que se poderia chamar *ambiente epistemológico* etc.

Entendemos, por *alta teoria*, as linhas que medeiam entre o rigor absoluto do método psicanalítico – com seu repertório de conceitos elucidativos: campo, ruptura de campo, expectativa de trânsito, vórtice etc. – e as linhas ocupadas pelas hipóteses especulativas mais gerais a respeito da psique humana. Já não é invariável a alta teoria como o método interpretativo, nem tão circunstancial como o aparelho psíquico: é o método lançado em hipóteses gerativas de psicanálises possíveis. Ou, na crise presente, em cura do naufrágio.

A visão histórica da resistência ao método que aqui lhes apresento já se move no espaço da alta teoria. Talvez convenha dar um exemplo concreto. Retomemos a ideia exposta acima de um *discurso psicanalítico metafórico*, inspirado em Freud, mas inventado e popularizado por Lacan. Quando *a castração* – como se diz, com curiosa intimidade – é apresentada como projeto sublime, perdeu o gume, para ficar na metáfora grotesca. Empregando o mesmo procedimento interpretativo, digamos que o convite teórico a aceitar a castração não difere essencialmente daquela exigência que faz a mulher a seu marido: *você precisa conversar com seu filho, olhe o que ele fez...* O pai *castra* o filho, sob as ordens da mãe, que com isso o *castra* também. Se não o posso dominar, que aceite outra autoridade maior, que eu mesma invoco... Não há como duvidar de que uma teoria da cultura, fundada na aceitação da castração simbólica, cumpre o desiderato da histérica: *por meu amor cederás tua potência, até que já não me possas possuir, vingada eu e para sempre infeliz...*

Numa palavra, a alta teoria, enquanto perspectiva histórica da Psicanálise, recomenda utilizar os procedimentos próprios a cada etapa do seu desenvolvimento, a fim de desnudar as implicações respectivas. Como em qualquer outra interpretação psicanalítica, a eficácia da ruptura decorre em grande parte da evocação por mimetismo, o qual não se deve limitar ao estilo do argumento, mas abarcar o estilo da linguagem. O campo que se rompe, nesse caso, não é só o da teoria imobilizada em doutrina, mas o do procedimento interpretativo da época, que, ao ser reaplicado a si próprio, evidencia suas contradições. Naturalmente, o mesmo processo pode ser repetido com qualquer outra teoria e, quantas vezes se desejar, aos resultados de uma aplicação anterior. Como diria Freud: "interpretação não é argumento". Trata-se, por conseguinte, de identificar a região em que se formam as teorias, semeá-la e pô-la em produção, para que, demonstrado inúmeras vezes o processo gerativo, perca-se de uma vez por todas a ingênua fé nas reificações teóricas. O que, como é óbvio, no fundo ninguém deseja, sendo essa a mão fechada da usura.

Lê-se em Mallarmé: *UNE CONSTELLATION / froide d'oubli et de désuétude / veillant doutant roulant brillant et méditant*. Que são constelações? São pontos de vista do céu, estrelas afastadíssimas no espaço e no tempo da emissão de luz, mas que nos servem de guia. O Mestre de Mallarmé é aquele que abre mão de si e deixa-se rolar em dados. Na poesia, o *Número* resultante indicava a Ursa Maior. A qual constelação corresponderá hoje o resultado para a Psicanálise? Talvez o Cinturão de Órion, quem sabe as Três Marias? Quando a nau está desarvorada, no naufrágio, quando caem a vela e a pena, ninguém, abaixo ou acima de qualquer equador teórico, pode arvorar em rumo seu ponto de vista, sem antes fazê-lo rolar, descobrir o *Número* e a que elevada conjunção pode corresponder. Porém, como os dados que se lançam são a própria vida, segue-se que, num momento dado, o Mestre de Mallarmé é *Ninguém*.[11]

Quanto a nós, continuaremos a meditar sobre a clínica extensa e a alta teoria. *Toute Pensée émet un Coup de Dés*: interpretação alguma abolirá o método interpretativo.

1.2. Psicanálise na Universidade

A Universidade não depende dos acordos internacionais acerca da clínica padrão ou dos *standards* da formação, mas sofre seus efeitos gravitacionais, por assim dizer. Imagino às vezes se a Universidade não respeita mais o movimento psicanalítico internacional, do que este mesmo se respeita. Por muito tempo, por tempo demasiado, a Psicanálise tentou a Universidade, sem se entregar a ela. Com isso, criou-se uma *atração de legitimidade*. Os trabalhos acadêmicos tendiam a versar sobre a Psicanálise, não a ser Psicanálise. Mesmo quando eram psicanálises, no sentido próprio do termo, restava um certo escrúpulo dos autores em o declarar, como se temessem ser acusados de charlatanismo. *Não sou psicanalista, não fiz formação, não me analisei* – eram frases que se ouviam a todo momento. Excelentes psicanálises da literatura, por exemplo, acompanhavam-se sempre dessa *mea culpa*.

A chegada da psicanálise lacaniana à Universidade brasileira modificaria um pouco a situação. Em parte, pela alegação de que *o analista se autoriza por si*, em parte, pelo fato de os grupos lacanianos já chegarem multiplicados e divididos, em parte, porque se rompera o monopólio *e onde há dois, há mil*. Ao montarem base

---

11 Esta noção de *ninguém* exploro no capítulo "A paixão do Disfarce" de meu livro *A Psique e o Eu*, op. cit., especialmente a parte 2, pp. 150-158.

na Universidade, como estratégia natural de inserção, os analistas lacanianos, ao contrário dos da IPA,[12] podiam dedicar mais tempo e mais empenho à atividade acadêmica. Sua vitória foi arrasadora e imediata, na maioria dos casos.

Depois, a situação viria a complicar-se, pois, aos poucos, foi-se formando um estilo universitário, fortemente influenciado pelo discurso lacaniano, porém fora de seus quadros. Esse estilo *à la française*, mais culto que o da IPA, mais freudiano, mais chegado à literatura que ao relato de sessão, por vezes tão metafórico e barroco que não se consegue distinguir assunto de retórica, outras, bastante rigoroso, é hoje dominante. Mesmo os trabalhos de outra origem, quando apresentados à Universidade, mostram sempre sinais de sua influência.

Do ponto de vista temático, o estilo universitário apresenta uma curiosa peculiaridade. É difícil julgar se ela se deve à influência dos lacanianos, pois historicamente os antecede. Talvez, constitua um caso de influência circular: a psicanálise francesa foi influenciada pelo estilo universitário e o propagou em seguida, inclusive para a Universidade. Refiro-me à *postura filosófica*, que toma a obra de Freud pela Psicanálise, *pars pro toto*, e trata a obra freudiana como um sistema conceitual dedutivo, cujas bases clínicas supõe constantemente, mas não se anima a investigar. Lendo teses e demais trabalhos acadêmicos, tem-se a impressão de que ainda espiam a Psicanálise de fora, não mais por interdição, mas por hábito. Em princípio, esta peculiaridade não é um defeito. A Psicanálise necessita também de seus *scholars*. O problema só apareceu porque o número de teses aumentou exponen-

12 Sigla em inglês pela qual é referida, entre nós, a Associação Psicanalítica Internacional. (L H)

cialmente, ao longo das duas últimas décadas.[13] Precisamos de *scholars*, mas não de tantos, e, desconfio, começa a faltar Freud para tanta tese. Alguns temas repetem-se à saciedade, outros parecem microscopia da poeira estelar, esmiuçando conceitos que mal existem, ou discutindo tênues parentescos conceituais, decididamente por capricho.

Acredito que se possa rastrear a causa desse fenômeno, reconhecendo, de início, que a história anteriormente esboçada contribui para ele. A outra vertente causal pode ser descrita como *análise de fotogramas*. Os conceitos psicanalíticos, os de Freud, assim como os de todos os demais autores, só adquirem pleno sentido quando em movimento, como os fotogramas que compõem um filme. Fazem sentido no curso de uma psicanálise, seja esta clínica padrão ou extensa, literária, cultural etc. – por simplicidade, prefiro reunir todas essas variantes sob o título de *clínica extensa*, já que a aplicação do método interpretativo sempre tem uma dimensão de cura, mesmo quando não diz respeito a doença alguma. Digamos que o método psicanalítico é tanto a câmera que filmou, quanto o projetor que exibe o filme. No meio, há um trabalho teórico, equivalente ao do diretor que seleciona as cenas, que corta o copião e o monta. Esta é uma operação propriamente teórica, porque redunda num efeito concreto. Já, a análise de um conjunto de fotogramas imóveis dificilmente pode formar uma *Gestalt* significativa. Discutir os conceitos da Psicanálise, em estado teórico, o oposto a *estado nascente*, pode levar rigorosamente a qualquer conclusão, pois estes não se derivam um do outro, nem se relacionam diretamente entre si. Só em movimento, como *interpretantes* de uma psicanálise, mesmo que de uma psicanálise ficcional,

---

13 Os anos 1980 e 1990. (L H)

hipotética ou quase conjetural, entram de fato em relação as diversas redes conceituais da Psicanálise. A Psicanálise é o método interpretativo em ação, não uma teoria.

O espaço heurístico que se abre entre a clínica padrão e a discussão teórica exerce um forte poder de atração. É de esperar que o emprego do método psicanalítico de investigação na Universidade, como propõe a Teoria dos Campos, ajude a equilibrar a tendência ao comentário sobre as teorias, que constitui, ao mesmo tempo, o mérito e o problema de nossa produção acadêmica atual.

1.3. Associação Internacional, Sociedade de São Paulo

Conta-se que certa feita o sábio decidiu arrasar o ignorante e,
tendo isso em vista, escreveu um livro,
absolutamente definitivo, que o reduzia a cinzas.
Sabem o que fez o ignorante? Não leu.

MORAL:
A pena é mais forte que a espada.
A pena de morte, claro.

Aqui, ao contrário (da Universidade), o problema foi a organização da Psicanálise segundo os moldes de uma corporação medieval. A transmissão do ofício, de mestre a aprendiz, deixaria marcas internas, tão logo o número de analistas cresceu acima da capacidade do sistema de transmissão pessoal: a *emolduração* dos candidatos ao ideal de mediania competente e o *circuito de realização teórica*, garantido pela convergência entre análise didática, supervisão e ensino teórico, cumpridos dentro da mesma corrente. Como nas corporações de ofício, temia-se mais o desvirtuamento que a paralisia, incentivava-se a fidelidade à forma, bem acima do que se prezava a invenção, sendo possível, por intermédio da relação de aprendizado, perpetuar os padrões do trabalho artesão (*clinical standards*), contornando o óbice de explicar sua evidente arbitrariedade.

Certas marcas externas à formação decorreriam igualmente do espírito de corporação. Quando foi preciso incluir novo polo de poder, o norte-americano, a IPA assumiu um aspecto vagamente comparável talvez ao da Liga Hanseática. O centro teórico europeu era preservado, às custas, porém, de conceder relativa independência prática ao parceiro, ou para o dizer sem rodeios, de fazer vistas grossas ao que se passava no outro lado do oceano, uma vez que a delegação americana pusera Jones contra a parede: ou nos deixam fazer do nosso jeito, ou paramos de pagar. A Psicanálise apenas se internacionalizaria, portanto, no sentido rigoroso de expansão colonizadora, quando do descobrimento psicanalítico da América Latina e, muito depois, do *resto do mundo*. Então, aproximou-se um tanto o modelo ao das Companhias das Índias, empreendimento mais ambicioso de exploração comercial do além-mar. Somente agora, surgiriam os *residentes* – aos europeus era conveniente fixar residência nos EUA e, sempre que possível, naturalizar-se, por força da Segunda Guerra Mundial. Em seguida, aos *residentes* estrangeiros, se vieram juntar os *representantes* locais, na geração seguinte, formados nas matrizes europeias, ou que para lá viajavam a fim de receber treinamento complementar e para serem investidos na função. Chegamos, com esta última modernização, quase ao nível das empresas de desenvolvimento e colonização, como as *companhias bananeiras*, não sendo possível atingir esse estágio, todavia, por falta de capital circulante – a IPA sempre contou com recursos extremamente modestos – e pela prevalência, mesmo nos centros metropolitanos mais avançados, do sistema de guildas[14] na organização interna. Ademais, como extrativismo e mão de obra barata não chegavam a fazer sentido nesse processo colonizador pouco lucrativo, sobressaiu largamente a dimensão religiosa, secundária nos empreendimentos congêneres, ou seja, as *missões*, mais empenhadas em conseguir vocações e áreas de prestígio para cada escola, que em obter lucro direto. Testemunho do caráter sobretudo religioso da propagação da psicanálise europeia às regiões dependentes é dado pela instituição de uma terceira figura, responsável pelo controle dos próprios *residentes* – quando se deixavam seduzir pelas facilidades da vida na colônia, cometendo desmandos inescusáveis – e daqueles *representantes* que passavam às vezes a abusar da investidura em vantagem própria: criaram-se os *visitadores*. Os relatórios das comissões de visitadores (*visiting committees*) e os autos dos processos instaurados a partir deles ofereceriam peças altamente instrutivas na reconstituição da história missionária da IPA, não fora, como sempre constituiu praxe em semelhantes procedimentos, seu caráter sigiloso.

O desafio francês à hegemonia inglesa, que parecia inicialmente ameaçar a preponderância das metrópoles psicanalíticas, deu novo alento à disputa de mercado no último quarto do século XX e, por consequência, acirrou a polêmica teórica. Se cada grupo mantinha internamente o sistema corporativo, a luta pela supremacia na difusão criou um espaço um pouco mais parecido ao do capitalismo clássico. Neste, a questão de qualidade já se manifestava, e deveria manter-se viva e ativa, por interesse recíproco. Qual a melhor psicanálise? A discussão entre os parti-

---

14 Corporação de artesãos, negociantes, artistas em associações em países europeus na Idade Média e visava proporcionar assistência e proteção aos seus membros. Cf. *Dicionário Houaiss da língua portuguesa.* (L H)

dários de cada etnia, com suas diferenças e matizes na região de origem, era conduzida pelos residentes, logo pelos representantes e, nalguns casos, por intérpretes locais mais ou menos independentes, embora sempre dirigidos de alguma maneira pela matriz correspondente. O fundamental, ao que parece, era manter acesa a disputa, não apenas para impedir as veleidades de criação autônoma local, como principalmente a interferência de outros missionários comerciais. Não convém esquecer a ameaça constante de expansão da psicanálise norte-americana, que se fez sentir em diversos países, chegando a dominar, por exemplo, o México – até quase o fim da década de 1980, era costume que o Presidente da Associação Norte Americana realizasse um giro de conferências pela América Latina, sendo abandonada de imediato a prática quando os latino-americanos sugeriram a conveniência da reciprocidade de tais visitas.

Conquanto decorrência da necessidade de manutenção da disputa entre o inglês e o francês, como parte de um processo monopolista a dois, se assim se pode dizer – o termo *oligopólio* seria impróprio, por implicar certa abertura potencial –, a presença de um estilo freudo-lacaniano só muito tardiamente se faria sentir na Sociedade de São Paulo, por razões locais sobejamente conhecidas, bem depois de se ter implantado em Buenos Aires e Caracas, por exemplo, e mesmo depois do Rio de Janeiro. Surgiu de início como um simples discurso ideológico. Parecia mais moderno e definitivamente mais internacional praticar uma psicanálise inglesa com sotaque francês, incorporando o discurso metafórico popularizado por Lacan ao *setting* e à técnica kleinianos.

Em pouco tempo, não obstante, o que era uma concessão ao galicismo da fala e, mais raramente, da escrita, abriria o espaço para uma autêntica, embora incipiente, discussão de princípios teóricos e de orientação da clínica de consultório. Valorizou-se o estudo de Freud, o que constituiu um avanço objetivo, mesmo que lutando contra intensa oposição, representada principalmente pela leitura de superfície. Outro aspecto positivo, este devido mais ao discurso ideológico de modernização, foi a incorporação dos chamados *autores contemporâneos*, ingleses e franceses – mas até norte-americanos e de outros países europeus –, mesmo que regularmente descartados após um uso breve e entusiástico.

Em anos recentes, começamos a presenciar uma verdadeira disputa, ainda que desproporcional, entre ingleses e franceses na Sociedade de São Paulo. Sem prejuízo de cumprir a função essencial de manutenção do *statu quo* internacional, estabelecido a partir dos anos 1960, a reedição em solo paulista dessa querela poderá vir a trazer novo alento a uma vida societária, seria exagero dizer científica, que parecia condenada ao esmorecimento terminal. Nota-se, entre os candidatos principalmente, certa exigência no que respeita ao ensino da obra freudiana, exigência a que, de alguma maneira, a Instituição terá que responder. Que a nascente disputa reedite muito do que se passou nos centros de exportação, durante as décadas 1960 e 1970, só de leve pode empanar o brilho de modernidade de que se reveste o ideal de eterno retorno a Freud – ademais, absolutamente necessário entre nós. Mas, como porventura já se começa a notar, dificilmente ultrapassará a dimensão de um dos inevitáveis desdobramentos de nosso crônico *torcicolo cultural* – no dizer de R. Schwarz, em *As ideias fora de lugar*[15] –, presente em acirrados debates, deslocados no espaço e no tempo, de onde regularmente os *incompatíveis saem de mãos dadas*.

---

15 Schawarz, R. As ideias fora de lugar. In *Ao Vencedor as Batatas*, Editora 34, 2001, 5ª ed., pp. 9-31. (L H)

É evidente que a questão mais contemporânea, e na realidade dominante em todo o mundo psicanalítico, no desenvolvido ou no dependente, reside no naufrágio da clínica padrão. Mesmo a disputa anglo-francesa pela supremacia refere-se em essência à psicanálise de consultório conduzida segundo os *standards* técnicos dominantes e, mais especificamente, ao recrutamento e formação de analistas nela especializados. Vem daí certo desânimo que se generaliza, pois, se é possível manter por certo tempo os escalões mais altos da psicanálise à custa da formação e do clientelismo estrangeiro, uma seca prolongada pode pôr a nave a pique – contradição tão somente metafórica.

Esta problemática tem sido maquiada entre nós, porém, e só será aqui absorvida quando a pressão econômica obrigar a admiti-la – então, espera-se, já haverá algum respeitável modelo europeu a importar, ou quem sabe norte-americano, perpetuando o atraso crônico que nos identifica como amarelada carteira de identidade. Tradição, como se sabe, é o que tem quem acredita que tem tradição. Mas nós somos tão apegados ao *complexo de vira-lata*, como batizou Nelson Rodrigues nossa mais autêntica ideologia – esta que, diz ele, leva a reagir às próprias conquistas *com uma gratidão amarga e quase ressentida* –, a ponto de ser altamente duvidoso que venhamos a fazer algo com uma eventual consciência do problema. Ao confluírem, a resistência à Psicanálise e a paixão pela dependência colonial inviabilizaram a criação da psicanálise brasileira, que despontava como tênue possibilidade nos anos 1980.

De momento, assistimos a uma reação ainda moderada de pânico claustrofóbico. Uma corrida ao mundo exterior, seja na procura de inserção universitária, seja na forma de apelos à consciência social, seja, por fim, numa tentativa de garantir participação no movimento internacional – estes dois últimos objetivos sendo plenamente justificáveis em tese, algo extemporâneos, entretanto.

A conclamação a integrar-se na comunidade, conduzida com recursos escolásticos, pode contribuir para maior descrédito dos psicanalistas, que a ela transportariam seu discurso um tanto gasto, caso vingue o molde pelo qual se implanta hoje o *terceiro setor.*[16] Quanto à conquista de espaço na IPA, não servindo a sustentar ou expandir ideia alguma nascida em nosso meio, sempre consagrou o princípio neodarwiniano de sobrevivência do mais dócil. Não há maneira alguma de entrar na disputa internacional atualmente. *O subdesenvolvido faz um imperialismo às avessas. Vai ao estrangeiro e, em vez de conquistá-lo, ele se declara colônia*, como assinala nosso sábio Nelson Rodrigues.

Por outro lado, a prática consistente e refletida de uma clínica extensa dar-se-á, quase com certeza, fora da Instituição; enquanto a alta teoria que necessariamente lhe corresponde deverá ser desenvolvida, também parece provável, em âmbitos muito restritos e, nas circunstâncias atuais, fora da própria Associação Internacional ou de sua congênere lacaniana. Este é um quadro de difícil reversão, salvo alguma intervenção providencial do acaso.

*1.4. **Hórkos** ou "pelos charutos de Freud"*[17]

A história da Psicanálise, segmento da história das ideias, adoece do mesmo mal de orgulho do resto da parentela. Consiste ele em que as correntes do saber não reconhecem a supremacia de

---

16 No início da década de 2000 a SBPSP organizou um setor de atividades dirigido a ação na sociedade ampla, o "Terceiro Setor"!, que no final dessa década foi estatutariamente transformado em Diretoria de Atendimento à Comunidade. (L H)

17 Publicado no *Folhetim, Folha de São Paulo* 12/06/1983, pp. 8-9. (Reproduzido em Herrmann, L. "A Questão da Psicanálise em Fabio Herrmann. Crise em crise?", publicado na *Revista Brasileira de Psicanálise*, vol. 43 n. 3, 2009, pp. 81-91 – L H.)

um juízo externo – com boa razão –, mas, ao se avaliarem por critérios próprios, não conseguem abarcar criticamente sua própria totalidade: miram-se no espelho de peculiaridades circunstanciais. Em nosso caso, história confunde-se às vezes com o prolongamento da autoanálise de Freud, empreendida pelos seguidores sem a presença do paciente ilustre, às vezes com o desenvolvimento das ideias que conduzem ao ponto ômega, à escola a que se filia o historiador. Ora, conquanto compreensível, tal história, construída sob o signo do biografismo inconsciente e da gratuita predileção, falha lamentavelmente, de um lado, por não saber apropriar-se da essência do método psicanalítico, único juiz do desenvolvimento, de outro, por praticar uma autêntica carnagem das grandes e médias figuras irreconciliadas que construíram a Psicanálise ao longo deste século. Reunir seletivamente todas as contribuições é difícil, além de antipático aos próprios interesses; promover a exegese do método psicanalítico, em meio à confusão entre essência da disciplina e técnica de consultório, é dificílimo; contudo, partir do método essencial e organizar o cipoal de trabalhos teóricos de desigual valor é urgente, indispensável e, hoje, impossível. Trata-se apenas de um programa para a terceira geração de psicanalistas, ou seja, para nós mesmos.[18]

---

18 Esta questão de gerações de psicanalistas foi posteriormente abordada por Herrmann em trabalho que apresentou em Mesa Redonda do XVI Congresso Latino Americano de Psicanálise, México, 1986, "Convergências das várias teorias psicanalíticas", e que foi publicado na *Revista Brasileira de Psicanálise*, vol. 20, n. 4, 1986, pp. 553-567. Posteriormente, essa ideia foi retrabalhada e volta a parecer na "Introdução" das edições ampliadas de *Andaimes do Real: O Método da Psicanálise* (1991 e 2001 op. cit.) inaugurando a expressão *assassinato metonímico da Psicanálise* para a característica, mais adiante tratada no presente texto, que encontra na segunda geração, a das escolas, que toma uma parte da obra de Freud desenvolvendo-a como se fora o todo do projeto freudiano. (L H)

A primeira geração psicanalítica foi a de Freud; ou melhor, foi Freud... e colaboradores. Não só a superioridade de Freud é flagrante – o que ninguém discute –, como também o princípio de superioridade e prestígio funda, no período clássico da Psicanálise, o critério veritativo mais conspícuo, embora o menos elogiável, de nossa disciplina. Como não seria possível equipará-la às outras ciências, por sua gritante singularidade, Freud, de caso pensado, optou por sobrepujá-las radicalmente, para o que lhe serviu magnificamente o movimento psicanalítico recém-instituído. Vitória confundiu-se um pouco com verdade, seja a vitória da Psicanálise sobre a psicologia clássica, a de Freud sobre os discípulos e dissidentes, ou a vitória de uma teoria sobre as demais. Até no estilo do texto freudiano esta preocupação ressalta. É ele montado na vitória contínua sobre o leitor, que Freud convida a refutá-lo com argumentos sensatíssimos, para que estes, desancados sem dó nem piedade, produzam o efeito de convicção necessário a uma teoria revoltantemente íntima. Uma retórica da superioridade criou-se assim. O mestre, porém, conhecia as próprias manhas, e se arrasava uma teoria para valorizar outra, guardava-se bem de acreditar nesse recurso fácil e mantinha as duas com frequência. (Leia-se, a propósito, a bela tese de Monzani[19] acerca da relação complexa entre as teorias "vitoriosas" e "superadas" de Freud: a teoria da sedução, a primeira tópica etc.)

Anteriormente, referindo-me à psicanálise freudiana, empreguei a expressão "período clássico", que de nenhum modo é gratuita. Como no classicismo arquitetônico ou pictórico, trata-se de estágio onde a forma geral das teorias reflete, sem qualquer esforço,

---

19 Monzani, Luís Roberto. *Freud, o movimento de um pensamento*, tese de doutoramento apresentada à FFLCH da USP, 1982. (Posteriormente publicada em livro com o meso título pela Editora UNICAMP, 1989 – L H.)

o método essencial da Psicanálise e comparece, por igual, em quaisquer produções concretas, teóricas ou clínicas. Não faz falta o esforço de recuperação – ou ao menos pouquíssimo esforço, consistente em separar o que é produção legítima e central de umas quantas intrusões circunstanciais. Desde o "Projeto" e a "Interpretação dos sonhos", até a "Análise interminável", o método psicanalítico encarna-se constantemente com a naturalidade que reveste um templo grego ou uma igreja mineira de barroco classicismo. Lá está e pronto.

Vem, no entanto, a segunda geração ou período das escolas, e o clássico se torna de chofre amaneirado. Uma análise do fenômeno seria longa; todavia, em duas pinceladas podemos debuxá-lo. O critério veritativo de superioridade permanece implícito e atuante; daí, não sendo factível continuar, cada escola tem de começar de novo. Os kleinianos, ou a psicologia do ego, lacanianos, bionianos, ou adeptos de escolas mais locais sofrem o efeito do ritmo violento e breve da produção de suas escolas, o viço dos mestres e o rápido declínio dos seguidores. Demais, o critério de superioridade é implacável. Só uma forma pode sobreviver, pois o que não vence já era falso desde o início. A dificuldade em usar lidimamente o método psicanalítico (como o método dialético, por exemplo) impede que se ponha tijolo sobre tijolo na construção das teorias: cada mestre e cada grupo para dispor de alguma verdade, no regime veritativo da superioridade, deve imitar a Freud – no sentido em que se fala de "Imitação de Cristo", por exemplo. Isto é, há de ser um com Freud, ou sê-lo pura e simplesmente, pois a verdade é como a túnica, inconsútil. Assim, cada escola psicanalítica passa a ser a Psicanálise toda, fazendo com que a obsessão freudiana de unidade (lembrem dos dogmas fundamentais e o comitê secreto) dê nascedouro, por herança direta, ao esfacelamento presente.

Como se vê, há lógica e justiça irretorquíveis em tal sequência. Se a fonte de validação das escolas psicanalíticas é a herança freudiana – e não o método, que em si independe de sua pessoa –, nada mais natural que todas elas mimetizem o fundador; vale dizer: criem de novo a Psicanálise, ainda que só metonimicamente, *pars pro toto*, já que a disciplina não se pode inaugurar uma segunda vez. É claro que nenhuma escola o admite. Ao contrário, proclamam todas sincera ortodoxia, sem perceber que ortodoxia, em nosso caso, significa exatamente isto: a opinião justa consiste em reproduzir o ato essencial do fundador, a fundação autóctone da psicanálise.

Como fica, pois, a relação com as origens? Será a psicanálise uma hóstia, que, dividida, mantém em cada parte a totalidade do corpo divino? De certo modo. Existe, com efeito, um vínculo sólido entre cada escola e a obra matriz. Há em grego uma palavra que o designa bem: *hórkos*. *Hórkos* significa o objeto pelo qual se jura. Informa-nos Hesíodo[20] que, quando os deuses entram em litígio, Zeus envia a lesta Íris a colher um pouco da água sagrada do Estige, que corre nas escuras paragens do mundo infernal. Proferindo um juramento enquanto a bebem, os deuses não devem mentir, do contrário este *hórkos* os punirá exemplarmente: um ano estará o faltoso imortal como morto, em letargia cataléptica, depois mais nove anos proscrito do Olimpo, privado dos banquetes de néctar e ambrósia. Dura e temida pena! Pois não menos dura e temida será a sentença imaginária que pesa sobre os desviantes psicanalíticos, uma vez que a mais forte conexão com a obra de Freud não é a mera continuidade, passível de correção e aprimoramento, mas uma espécie de relação entre totalidades, uma validação em

20 Hesíodo, Teogonia, in *Hesiod and Theogonis*. Trad. D. Wender, Penguin Classics, 1979.

bloco ou juramento, da qual aquela é o *hórkos*, a garantia. Destarte, cada corrente se beneficia da inteira herança freudiana, apesar de contradizer suas coirmãs, igualmente garantidas. Como, porém, a obra freudiana é densa e penumbrosos são seus pressupostos profundos, não é de se estranhar que, de vez em quando se confunda a apressada Íris, que a essas missões vai algo contrafeita, e colha a água no outro rio infernal, no Letes, ou rio do esquecimento. Então, feito o juramento, a natureza exata da concepção freudiana é olvidada, mas, como a escola inteira bebeu da mesma água, isso não importa demais: o juramento permanece seja pelo *hórkos* das águas estígias ou pelo *hórkos* do rio Letes.

Enfim, os mestres fundadores das escolas psicanalíticas parecem compartir a visão trágica de Freud acerca da natureza humana. A inveja primitiva de Melanie Klein, a lei de Lacan, as preconcepções de Bion ecoam a inexorabilidade do conflito entre Eros e Tânatos, a primazia do fator quantitativo e a ditadura de Ananke. Há, por outra parte, certo ceticismo ou pessimismo com respeito à ação, uma crença vaga na inelutabilidade do destino inconsciente. Diz Nietzsche, no *Nascimento da Tragédia*:[21] "Apreenderam a essência das coisas com um olhar lúcido; viram o que é e desde então aborrecem a ação; porque sua atividade em nada pode mudar o ser eterno das coisas" [...] "O conhecimento mata a ação". Ora, o que os grandes viram, os pequenos entenderam ver também, imitando os discípulos o grande letargo dionisíaco dos mestres. Nós, porém, já somos o começo da terceira geração psicanalítica e podemos constatar um fato assaz curioso. A saber: cada um dos olhares que os mestres das escolas lançaram ao fundo do homem e à essência das coisas, percucientes, tocou fundo a essência, pondo no entanto à mostra elementos bastante diferentes. Pode ser que fosse um me-

---

21 Nietzche, *La Naissance de la Tragedie*. Trad. G. Branquis, Gallimard, 1976.

lhor vidente do que o outro, ou talvez tenha o homem vários fundos e as coisas essências múltiplas – inclino-me pessoalmente pela segunda hipótese –, o certo é que, para a Psicanálise, seria preciso emendar a fórmula nietzschiana, passando a falar no eterno retorno de vários mesmos a lugares diversos...

Por causa disso, da consciência que se impõe, a terceira geração dos psicanalistas nasce sob o signo zodiacal da crítica. O período clássico é naturalmente sistemático, suas conclusões conduzem a uma visão trágica do homem; já as escolas partem dessa visão e se fazem aforísticas: "nada sabemos", "o homem sempre será o mesmo", "o pensar é raro" etc. Reconhecendo o imenso valor da produção escolástica, devemos entretanto cotejá-la, selecionar e cruzar as formulações, submetê-las ao crivo que nos proporcionará a recuperação do método essencial, borrado pelo maneirismo prevalente no período das escolas. Afinal, é muito mais radical e impressionante admitir que sabemos alguma coisa, portanto que reconhecemos a infinitude do ignorado, que aderir a uma ignorância empasteladora e difusa. Que o homem seja sempre o mesmo é possível. Mas que homem e que mesmo? Além disso, só pode concluir que o pensar é raro quem se tiver esforçado a vida inteira por pensar, constatando ao fim o pouco que conseguiu: tais palavras sábias se devem reservar para o posfácio da vida intelectual, soam pretensiosas no prólogo e embaraçosas no miolo.

Nascem, dessas considerações históricas, algumas diretrizes programáticas para a terceira geração psicanalítica, esta que sucede o período das escolas.

1. Em primeiríssimo lugar, urge isolar o método psicanalítico, a partir da confusão entre método e técnica de consultório – não se trata de recuperar o classicismo freudiano, mas de adquirir um instrumento crítico confiável.

2. O caráter critico, único que o tempo atual permite, há de expressar-se menos na superação negativa das escolas, do que no reaproveitamento comparativo de sua produção. Sem sermos dogmáticos ou enturmados, é preciso que evitemos também o vício simétrico, o ecletismo, novo e tolerante nome da ignorância. Como, porém, a produção concentrada, mas de rápida curva descensional, que caracterizou as escolas, é praticamente incomunicável entre elas (que são, na expressão feliz do grupo psicanalítico uruguaio,[22] "incomensuráveis"), somente a generalização correta, metodologicamente correta, de nossas teorias é capaz de gerar um sistema racional e crítico para aquilatar suas discrepâncias reais. Um exemplo de generalização necessária, sem entrar no problema de sua factibilidade, seria a operacionalização do conceito de inconsciente, que presentemente oscila entre a formalização metafísica e uma ontologia reificada.

3. Sob o prisma terapêutico, creio que é hora de calar a inócua discussão sobre a finalidade psicoterápica ou não da análise, assim como as querelas com as terapias diversas, e passar a estudá-las, em busca da essência da função terapêutica que compartilham todas. As terapias, compreendidas aí a psicanálise e todas suas linhas, fazem da moldura ou *setting* um rito e da técnica um fetiche: acreditam que são esses componentes os responsáveis pelo efeito geral que proporcionam aos pacientes. Mas serão? Como se explicam as semelhanças notáveis da ação de terapias tão diversas? Não residirá o efeito numa ação comum insuspeitada, na

---

22 O grupo de psicanalistas de Montevidéu estudou a possibilidade de cruzar as contribuições de diferentes escolas, concluindo que estas não admitem medida comum, sendo, pois, incomensuráveis. Esse trabalho foi apresentado no Congresso Latino Americano de Psicanálise de Buenos Aires, 1982.

"função terapêutica"? Se assim for, há que tomar seriamente o conjunto das terapias como objeto de estudo psicanalítico, talvez para elucidar a presença do campo transferencial oculto, porém eficiente, em cada uma delas.

4. Por fim, quanto ao objeto mesmo da Psicanálise, uma generalização crítica fica sugerida. Toda contradição mal aceita gera fintas. O analista, sabemos e aceitemos, está hoje preso a seu consultório por sólidos laços econômicos. Daí provém, quem sabe, sua aversão contra a psiquiatria, pois exerce uma função que se poderia chamar "psiquiatria da normalidade". Nega em tese a patologia, mas a atribui, na prática, como forma de justificação do próprio trabalho – embora sob eufemismos, tais como falta de desenvolvimento mental, desadaptação, má relação de objeto etc. (Da universalização da neurose freudiana à atribuição local e atual de incapacidade generalizada de pensar, há margem para um interessante estudo de história da banalização.) Se, contudo, fosse a Psicanálise, enquanto disciplina, reorientada para o estudo da psique do real, vale dizer, das condições concretas supraindividuais do universo do sentido, é provável que tanto a teoria recuperasse seu campo de direito, como a clínica, por força de melhor consciência, deixasse de se definir por oposição à psiquiatria: quem sabe como, quando e por que usa alguma coisa não necessita negar o emprego.

A contrapartida desse esboço de proposta teórica consiste em alguns princípios de política científica:

1. O psicanalista da terceira geração não se pode furtar a ser teórico. Se rejeita a filiação às escolas disponíveis e não pretende fazer a sua, tem de assumir os fardos da crítica e da modesta, mas constante, produção pessoal; recusando também a importação indiscriminada de produtos e utensílios teóricos estrangeiros, cujo prestígio os isenta da taxa-

ção alfandegária intelectual. Em particular, o analista que vive num país subdesenvolvido tem duplicado o dever e o ônus de cumpri-lo: no máximo é preciso teorizar responsavelmente e com coragem, no mínimo ser um divulgador crítico das criações escolásticas importadas. O psicanalista da terceira geração será um teórico crítico por necessidade, mas o latino-americano o será também por dever social.

2. Opondo-se ao deperecido critério veritativo da superioridade, cujo enfraquecimento progressivo as discordâncias entre as escolas incumbem-se de denunciar, a terceira geração analítica terá por norma a produção e o convívio das diferenças. O critério da superioridade teórica pragmatizou-se, com o tempo, em superioridade institucional. Pois bem, recusá-lo significa assumir os títulos das instituições psicanalíticas ou aboli-los, tendo-os, em qualquer dos casos, como meros epifenômenos dispensáveis da produção teórico-clínica, que se vaze em obra pública, publicada e livremente discutida: é urgente voltar a escrever.

3. E como o analista da terceira geração há de ser leitor, autor e experimentador clínico em próprio nome, sua formação não pode depender exclusivamente das instituições especializadas – que, no entanto, mantêm sua validade –, mas da fermentação a céu aberto das ideias mais discrepantes, da complementação através do juízo crítico acerca de obras publicadas. O poder das escolas, sustentáculo do princípio veritativo da superioridade, manifesta-se pelo caminho da transferência institucional, hoje tão discutida. Mas esta só prolifera em ambiente anaeróbio; a obra pública é seu melhor antídoto: vale dizer, institui o sadio princípio do "vale quem tem", seja através de livro ou artigo, seja através de supervisão, seminário ou análise livremente oferecidos.

4. Por último, o temperamento trágico da Psicanálise deve ser revisto. As grandes afirmações sobre o cerne do homem são no mínimo passíveis de um reparo. Trágico, por direito, é o pensador que se alça a sê-lo, por um laborioso trabalho de superfície. Os aforismos a respeito da essência da natureza humana coadunam-se mal com a confusa obscuridade do ser contemporâneo; demais, quem parte deles e neles fica, como oráculo do inconsciente, tende a escamotear a crítica e refugiar-se na impostura. Freud ganhou o direito de ser o trágico do "Mais além do Principio do Prazer...", pela via da "Interpretação dos Sonhos", pelos "Três ensaios", pela "Metapsicologia", pelos "Historiais Clínicos". Melanie Klein ou Lacan são talvez dignos aspirantes ao ingresso na tragédia, nós, se os imitamos, escorregaremos inexoravelmente para a pantomima.

Portanto, é indispensável ganhar o direito a ser psicanalista por um labor minucioso na superfície da vida mental, que não busque apressadamente enxergar o fundo, furando a especificidade manifesta. É preciso ler e reler a teoria, corrigir pacientemente a prática clínica, escrever e publicar, criticar e ser criticado, sintetizar as escolas sob o crivo do método essencial, aproximar-se das disciplinas correlatas, conhecê-las e fazer-se conhecido. Nisso consistirá a validação da Psicanálise praticada pela terceira geração, ao recusar a submeter-se à autoridade das escolas. Jurar por Freud ainda é possível, desde que não se apoie nisso a confiança de nossa prática teórica, mas que seja tão somente sinal de referência e reverência que o primeiro e melhor dos psicanalistas nos merece. Todavia, há que fazê-lo com crítica e uma pitada de humor. Que meu *hórkos* seja Freud, aceito; mas não jurarei por suas teorias ou pelo seu divã, pois divãs devem ser móveis e teorias idem: jurarei antes minha produção psicanalítica pelos charutos de Freud, que o ajudaram a pensar e desfizeram-se em fumaça.

1.5. Psicanálise brasileira: necrológio da juventude

A psicanálise que conheci na juventude não oferecia um panorama muito distinto do atual. Era formada por um conjunto de teorias, distribuídas em níveis bastante heterogêneos – mais rigorosamente escolásticas então que hoje –, porém versando no geral sobre o mesmo tema, uma prática clínica *standard*, ou padrão, e um movimento organizado que formava analistas. O ensino determinava tanto a prática, quanto o tipo de teoria que se podiam considerar psicanalíticos. Parecia-me uma oportunidade desperdiçada de criar algo maior. Por que não se explorava o extenso conjunto de práticas, de que a clínica padrão era apenas um bom exemplo? Por que a ciência geral, para a qual as teorias particulares apontavam, não era desenvolvida? Imaginei que a causa fosse o movimento profissional, mas não fazia ideia de sua força obstrutiva.

Sendo jovem e um pouco tolo, fui tomado pela fantasia de trabalhar na generalização daquela psicanálise. Tinha tempo, não chegara sequer aos 25 anos. Logo percebi que a prática clínica, a dos meus professores e até a minha, era melhor que as teorias em que se dizia apoiar. Mesmo restrita a um setor pequeno das questões humanas, mesmo prisioneira de um círculo de giz riscado por um *setting* arbitrário e um pouco supersticioso, a psicanálise clínica parecia-me conter um formidável potencial mal explorado, capaz de sustentar uma ciência do espírito concreto, muito além da terapia padrão. Como estudante de Freud, via em sua obra sinais indicativos de que assim devia pensar também. Uma prática terapêutica, supunha eu, não duraria mais que algumas gerações, enquanto uma ciência dura o que dura a cultura em que se criou. O modelo de ciência que me ocorria então, inspirado nas psicanálises de Freud, haveria de combinar arte e lógica, uma espécie de convergência entre literatura, filosofia e ciências humanas, com uma pitada do rigor experimental das ciências da natureza. Como veem, uma direção que a teoria do conhecimento abandonara, lá pela época do Renascimento. O método de tal ciência imaginada deveria provir, esta era a ideia, da prática interpretativa, por uma depuração de seus cacoetes, rituais de *setting* e doutrinas. Lembro-me vagamente de pensar numa peneira e usar, talvez só para mim mesmo, o galicismo *tamisação*.

Meu sentimento a respeito das teorias psicanalíticas que ia aprendendo era um tanto ambíguo. Eu as tinha em alta conta, naturalmente, imaginava que deveriam conter uma verdade que me escapava por falta de experiência; porém, não deixava de desconfiar de seu aspecto. Uma parte das teorias de Freud e a maior parte das teorias das demais escolas que me ensinavam pareciam opiniões pessoais dos autores. Como havia tantos seguidores, talvez se baseassem na experiência clínica, mas esta última, como logo verifiquei, se baseava nas mesmas teorias que pretendiam demonstrar. Por outro lado, era impossível deixar de notar que a forma de enunciação mais frequente tinha o contorno e a medida exatos para impedir qualquer verificação, independente do processo terapêutico. Isso não se afigurava um pecado grave, mesmo porque as demais teorias psicológicas que estudava naqueles anos não me convenciam em absoluto. Pensei então que, se as teorias tinham a medida e a forma da interpretação, se não se podiam discutir abstrata nem empiricamente fora da interpretação, elas só poderiam possuir um valor interpretativo, só tinham o sentido de *interpretantes* – termo que conservei, mesmo depois de haver descoberto que, por ignorância, havia plagiado uma expressão de Peirce.[23] Tinha em mente, portanto, uma ciência da psique, ali-

---

23 "177. [A minha definição de signo é]: signo é um Cognoscível, que, de um lado, é assim determinado (isto é, especializado, *bestimmt*) por algo *diverso* dele, chamado o seu Objeto, enquanto, por outro lado, ele próprio determina uma Mente existente ou potencial, determinação essa que denomino o Interpretante criado pelo Signo, e onde essa Mente Interpretante se acha assim

cerçada num método, que outra coisa não seria senão a essência do trabalho quotidiano de qualquer analista.

Aliás, examinando o mundo de fora do consultório, não conseguia entender por que esta já não fora desenvolvida, uma vez que o rumo dos acontecimentos políticos, sociais e da própria cultura, parecia pedir o olhar que tal ciência possível deveria ter, parecia pedir uma interpretação geral da sua psique. O mundo era como um paciente que não quer ver a encrenca em que se está metendo – sendo que, como é evidente, meus pacientes e eu mesmo éramos lídimos representantes do mundo em que vivíamos.

O modo pelo qual esse programa se foi transformando na Teoria dos Campos não tem maior interesse para nossas discussões. O curioso é que ninguém me desaconselhou de o levar adiante. É verdade que não o ficava exibindo à toa, mas o máximo que me disseram aqueles poucos a quem confidenciei meu projeto foi que, como eu tinha a intenção de entrar para o Instituto de Psicanálise, era melhor mesmo não o alardear precocemente. O que era óbvio. Durante a formação, um dos meus mestres foi mais claro. Fez-me ver que, se eu insistisse em mostrar que a clínica continha um método que proibia a aplicação de teorias, todos aqueles que usavam teorias para interpretar, mas achavam que eram puros clínicos, diriam que eu era muito teórico e, portanto, mau clínico. Confesso que fiquei um pouco tonto com a rebuscada dialética, mas uns anos depois descobri que ele tinha toda a razão. Foi o que aconteceu quando comecei a publicar, terminada a formação. Claro, não era preciso ouvir de ninguém que a proposta de uma psicanálise crítica desagradaria por igual a gregos e troianos, ou,

---

determinada mediatamente pelo Objeto." Peirce, C. S. Resenhas. Capítulo X, Lady Welby, What is meaning?, in *Os Pensadores*, vol. XXXVI, trad. Luís Henrique dos Santos, Abril Cultural, 1974, pp.137-141. (L H) no caso, à escola inglesa, na versão kleiniana e na bioniana, e à escola francesa, na versão lacaniana clássica ou na pós-lacaniana. Aquilo com que não contava, acredite quem quiser, é que conseguiria perfeita unanimidade contra, ao fazer a análise crítica de algumas teorias de Freud. Podia criticar o que quisesse, menos a fonte e o fundamento. Devia estar cego, ou, mesmo chegando aos trinta, ainda era jovem e tolo, pois essa condenação decorria do mesmo raciocínio de meu professor, sobre a clínica. Todos os que não fazem com Freud o mesmo que Freud fez com a psiquiatria de seu tempo, e apesar disso se consideram freudianos, acham que alguém que faz como Freud, mas tomando-o por objeto, não é sequer psicanalista. Na mesma linha dialética, vim a descobrir com o tempo – mas aí já estava escolado – que os analistas acreditam que as pessoas *têm* inconsciente e que pensam saber o que os outros *têm* no inconsciente, até mesmo os colegas. Em mais da metade dos casos, o complexo de Édipo.

Esses foram contratempos da juventude. Uma surpresa a mais me esperava mais tarde, todavia. Com o transcorrer dos anos, fui descobrindo que ninguém parecia entender o argumento metodológico, nem se preocupar em refutá-lo. Porém, no fundo, era natural. Quem não se faz uma pergunta, nunca identifica a resposta. A ideia implícita de Freud de constituir uma ciência da psique, tão respeitável quanto outra qualquer da natureza, jamais foi tomada ao pé da letra pela massa dos analistas. Alguns devem ter alimentado a mesma fantasia a que dediquei minha vida, porém, foram expulsos, esquecidos ou reabsorvidos. Sendo o Movimento Psicanalítico uma associação profissional, mais que uma associação científica, fazia tanto sentido propor-lhe a Teoria dos Campos, como se Einstein houvesse decidido apresentar a Teoria da Relatividade ao instituto de engenharia. Uma profissão tenta manter-se até a próxima geração. Lembro-me que, no lançamento de meu primeiro livro, um dos fundadores da Sociedade de São Paulo escreveu: *parece que o autor vê uma crise na psicanálise*. Com efeito, embora meus dons proféticos sejam medíocres, tanto via eu, em 1981, que o regime do atentado tomaria o mundo, nuns vinte ou trinta anos, como era evidente, em 1979, que, caso a psicanálise não criasse a Psicanálise, entraria em colapso prático em menos de cinquenta anos, como o marxismo militante acabaria por entrar. Que isto já esteja começando hoje, é algo que não poderia prever naquele tempo, com certeza. Porém, não se tratava de profetizar fosse o que fosse, e sim de reconhecer um campo, mesmo quando suas relações ainda eram relativamente modestas, o que é o dia a dia do sistema campo/relação. Marx não desaparecerá da História, nem Freud desaparecerá, mas suas ciências em potencial dificilmente durarão *o que dura uma cultura*. A perda não será tão grande para nós, os epígonos, mas será gravíssima para a ciência do futuro, que não contará com sua cura social e psíquica. Darwin talvez tivesse razão, nem todas as espécies sobrevivem. Só as mais aptas.

Decorridos já dois terços de minha vida intelectual, foi preciso levar a Teoria dos Campos a outra parte. O consolo que traz a idade é colocar em proporção nossos erros. Talvez, haver tentado criá-la dentro da Sociedade de Psicanálise de São Paulo não tenha sido um dos meus maiores enganos, afinal. Mesmo neste necrológio da juventude, pelo visto, conservo ainda certas ilusões retrospectivas. Acredito que a tentativa de criar uma psicanálise brasileira, e ao mesmo tempo empurrá-la para a Psicanálise, poderia ter dado certo, se tivesse sido conduzida por uma pessoa menos tola e menos jovem. Ainda acho que a ideia não era má.

1.6. Resistência

Ao fim desta *Meditação* que trata declaradamente a história da Psicanálise como resistência não nos podemos furtar à questão mais geral: não será toda história resistência contra sua ideia?

A resposta poderia ser um sim retórico. De fato, o processo de implantação concreta de qualquer ideia forte, como o é um novo método de pensamento, acompanha-se necessariamente de um vasto repertório de simplificações, reificações, mal-entendidos. Tais equívocos invitáveis constituem portanto uma espécie de acompanhamento musical, ou mais precisamente um arranjo, como aquele que transforma uma peça erudita na sua versão cinematográfica. Ainda se identifica a melodia, mas perdeu-se a essência da composição. Numa palavra, dada alguma possibilidade de equívoco, a lei de Murphy entra em ação e fatalmente ele é cometido. No caso da Psicanálise, esta forma mais primária de resistência aparece, por exemplo, na atitude dos analistas com respeito à obra de Freud. Metade deles, mais ou menos, encaram-na como ponto de partida, superada pelos avanços posteriores; a outra metade, como sinônimo da Psicanálise. O belo ensaio de Lacan, *Função e campo da palavra*, denuncia o primeiro gênero de equívoco, enquanto exemplifica o segundo, decorridos pouco menos de quinze anos da morte de Freud. Implacavelmente preciso e irônico ao descrever a transformação dos conceitos freudianos em instrumental adaptativo e de reforço do ego, esse texto fundamental de nossa história adapta-os, por seu lado, a uma filosofia do homem e a um conjunto de desenvolvimentos científicos com certeza valiosos para a Psicanálise, mas no mínimo arbitrários em sua atribuição à obra de Freud, pela via da sinonímia. Daí procedeu uma corrente que, em sua versão menos criativa, opera releituras infindáveis, como só é de praxe fazer com os filósofos, terminando por intimidar o analista com a seguinte alternativa: ou você aceita que a correta leitura de Freud contém a Psicanálise inteira (freudismo), ou você dá força à traição e ao esquecimento escolástico do mestre. Nem é preciso insistir na identidade de fundo entre as duas resistências; a primeira, por reduzir a obra a uma caricatura facilmente superável, a segunda, por impor-lhe algum sentido transcendente, segundo o gosto de cada época.

Num sentido um pouco mais profundo, a história é resistência essencial. Na imagem do navio que avança, a água é tanto aquilo que o segura, como o que o faz flutuar. Assim também, na história das ideias, o embate com as condições concretas do mundo, aí incluídas as posições antagônicas, são ao mesmo tempo obstáculo e flutuação. No caso da Psicanálise, a resistência do senso comum, assim como, no registro culto, oposições como a da interpretação marxista, da lógica formal, da linguística etc. – não tanto a do pragmatismo neopositivista, ou a das neurociências –, cumprem tal papel ambíguo. Criam atrito, ameaçam desviar, deter ou mesmo afundar o barco, mas fornecem-lhe empuxo, na medida em que as enfrenta o psicanalista. Esta resistência de caráter essencial pode ser reconhecida em qualquer modalidade de pensamento científico, filosófico ou político.

Há, porém, uma terceira forma de resistência histórica, esta perfeitamente ubíqua, que decorre da simples colocação em prática da ideia. Em nosso caso, trata-se da clínica. Sem a clínica, a Psicanálise seria tão só uma entre tantas concepções do homem, destinada ao mero debate acadêmico. No entanto, a clínica tende constantemente reduzir o método de conhecimento às técnicas de tratamento e o saber, à profissão. E mais, faz isso parecer uma virtude, recusa da intelectualização que não se distingue facilmente da simples recusa ao intelecto. Esta última forma de resistência não é privilégio nosso. O mesmo paradoxo pode encontrar-se na política, por exemplo, onde a democracia não passaria de retórica acadêmica, caso não existissem os Estados contemporâneos que se intitulam democráticos, os mesmos que primam em inibir qualquer experimento de democracia diferente e mais profunda. O que justifica plenamente o cínico lugar comum atribuído a Churchill: *a pior forma de governo com exceção das outras* – que deveria assim ser complementado: *porque qualquer outra melhor nós nos incumbiremos pessoalmente de destruir*.

2. Segunda meditação: o análogo[1]

2.1. O tédio epistemológico

Para começo de conversa, existe a teoria psicanalítica? A resposta pode ser um enfático sim, um desconsolado não, ou um cauteloso depende. Tal pergunta, quando feita entre analistas, costuma arguir apenas a unidade de nossa disciplina. Confundindo teoria com correntes doutrinárias, pergunta se as escolas são ou não são a mesma psicanálise. Serão *incomensuráveis* as diferentes *teorias psicanalíticas*, na curiosa e levemente pedante ex-

---

1 Os itens A e C desta Segunda Meditação conheceram duas publicações em versão reduzida pela *Revista Educação*, Segmento, em 2006 e 2008 nos respectivos números especiais "Freud pensa a educação" (pp. 74-83, em ambos), sob o título "O análogo". Em 2008, em versão menos reduzida, apareceram na edição especial da revista *Língua Portuguesa*, "Psicanálise e Linguagem", Ed. Segmento, como dois artigos: "A fragmentação dos discursos psicanalíticos", para "O tédio epistemológico", pp. 38-44, e "O atrito do papel", para "O pensamento de Fred e a Psicanálise: O atrito do papel", pp. 46-53. (L H)

pressão cunhada por nossos vizinhos uruguaios?[2] Como faziam uso da concepção kuhniana, incluindo as noções de paradigma, ciência normal e revolução científica – em si mesma discutível, mas que, por razões de difícil compreensão, fez um arrasador sucesso na psicologia –, a resposta só pode ser: nenhuma das anteriores. Se tantos paradigmas se tivessem sucedido, quantas foram as correntes psicanalíticas, no exíguo século de existência de nossa disciplina, não se trataria de revoluções, mas de *pronunciamientos*, como nas boas e velhas *Repúblicas de Bananas*. Para nós agora, a questão é outra, teorias são setores do nosso conhecimento, como *teoria da angústia*, *teoria da transferência*, *teoria do trauma*, *teoria dos instintos* etc., e não demarcações de propriedade territorial. O que desejamos saber com a pergunta inicial é se aquilo que se costuma chamar de teoria, na Psicanálise, o é de fato e sob que condições.

Vamos ao sim. Por simplicidade, perpetremos a simplificação já habitual de identificar Psicanálise e Freud; para os fins desta aproximação, nada de grave resultará. Há dois tipos irrecusáveis de teoria na Psicanálise, se bem que envolvendo toda sorte de combinações intermediárias, onde comparecem em proporção diversa.

O primeiro, tipo A, respeita o modelo aproximado da inferência observacional-indutiva. É o caso, por exemplo, da psicopatologia psicanalítica e de sua variante, a psicopatologia da vida quotidiana. Os fenômenos em questão podem ser, em tese, observados por qualquer um; estão aí, por assim dizer, e sua generalização indutiva não oferece problemas epistemológicos de monta.

Que a meticulosidade do obsessivo é tão caridosa, quanto cruel, eis um fato geral e indiscutível. Um paciente admite o in-

---

2 Ver nota 22, p. 230. (L H)

fundado das objeções que se armavam em seu espírito contra uma pequena sugestão interpretativa que lhe fizera. Servem, diz ele, para não experimentar uma emoção penosa, são uma espécie de dilação. Porém, insiste em me contar pormenorizadamente cada um dos passos da resistência e de sua superação; o arrependimento pelo *intervalo que isola representação de afeto* toma uns bons dez minutos da sessão... Experiência semelhante, por outro lado, pode dar-se a qualquer momento e em qualquer lugar, bastando observar como um obsessivo está obrigado a narrar incessantemente a série dos atos que deve cumprir, em voz baixa ou em voz alta. Até os movimentos preparatórios para a execução do saque, no tênis, o cuidado em ver se o adversário já está preparado, se o pegador de bola está na posição correta etc. permitem acertar o diagnóstico antes mesmo que a devolução do serviço.

Pelo ângulo da fase fálica, a observação sobre a menina alimentar fantasias urinárias onipotentes é algo que, para ser reconhecido, nem sequer exige o psicanalista de plantão que há em todos nós. Freud menciona a historieta ilustrada da menina que sonha emitir um dilúvio de urina ao largo da rua, por onde passa ao fim um transatlântico. A não ser pelo transatlântico, espécime em extinção, sua observação pode ser refeita a qualquer momento. Até mesmo aqui, no deserto, onde escrevo.[3] A guia havia severamente prevenido nosso grupo de que, em caso de urgência vesical, seria preciso evitar as eflorescências salinas, mais por razões de estética e de sigilo que por motivos ecológicos, pois, como é sabido, tomam elas uma cor amarelada muito denunciadora e persistente. Ainda estava a segredar-lhe baixinho que não desse ideias aos jovens, quando a menininha, de uns dez anos, perguntou bem séria e espantada: *se a gente faz xixi aqui fica tudo*

---

3 Trata-se do deserto do Atacama, no norte do Chile. (L H)

amarelo? Tudo, no caso, sendo o *Salar de Atacama*, uma planície de uns bons mil quilômetros quadrados! Porá alguém em dúvida a confluência das observações? Em linhas gerais, esse gênero de observação admite um processo de indução quase imediato, tão respeitável quanto o que realiza em sua área o sociólogo, o antropólogo, até mesmo a etologia. Sim, portanto, e com plena ênfase, a teoria psicanalítica existe.

O segundo caso favorável, tipo B, é o das teorias hipotético-dedutivas, reunidas por Freud sob o nome de *metapsicologia*. Aparelho psíquico, instintos etc. compõem um modelo conjectural da alma humana, tão irrefutável, em princípio, quanto a teoria da alma de Platão. Trata-se de um sólido modelo conceitual que tem sido submetido ao escrutínio implacável de filósofos e epistemólogos, sem que pudessem eles demonstrar alguma inconsistência grave. Com efeito, o homem pode ser assim como diz a Psicanálise, nada obsta, *imprimatur*. Naturalmente, não ocorreria a filósofo algum perguntar se existem de verdade o pré-consciente ou o instinto de morte, não mais, ao menos, que lhe ocorreria exigir provas da teoria platônica da reencarnação. Essas são coisas que simplesmente não se perguntam a um sistema conjectural do gênero, por senso elementar de boa educação epistemológica. Exige-se coerência sim, rigor na dedução, um apurado sentido arquitetônico na construção do sistema, e sobretudo uma espécie de impressão geral de propriedade e harmonia que nos faculta dizer: *para Freud, o homem é assim.*

O *não* desconsolado só começa a dar as caras quando se pretende argumentar a favor de B – ou, a propósito, contra B –, usando os critérios de A. Simplesmente não funciona. Não há conjunto algum de observações psicológicas ou psicopatológicas que possa acrescentar ou furtar um til à metapsicologia, enquanto sistema conjectural; qualquer fenômeno discrepante pode ser reinterpretado dentro do sistema e domesticado de pronto. Como seria a demonstração empírica de Eros ou da estrutura do sistema inconsciente? Como seria a demonstração empírica da metempsicose platônica?

Bem, não é inimaginável, mas é fantástica. Uma história engenhosa o exemplifica. Por voltas da metade do século XX, um cálculo, bastante disputável suponho, avaliava que a população da Terra se estaria igualando à totalidade dos seres humanos que já haviam vivido em todas as gerações anteriores. Até aí, não é conto, é conta. A história começa assim. O velho obstetra hindu, em seu último dia de trabalho numa clínica de Londres, assiste o parto de uma criança que não apresenta sinais de vida anímica. Tempos depois, passando seus últimos anos na Índia, como pedinte e Santo Homem, é procurado por um colega de certa agência científica internacional especializada no prolongamento da vida humana, o mesmo médico que o havia ajudado a examinar o bebê. Ele lhe pede opinião sobre uma epidemia de idiotia congênita, completa e inexplicável, que se alastra pelo mundo em proporção alarmante, justamente quando pareciam haver sido eliminadas todas as causas principais de morte natural e assegurada aos homens uma imortalidade relativa. O velho sábio mostra-se infenso a responder e começa a arrumar seus poucos pertences para partir. O colega insiste desesperado. O Santo Homem enfim se decide: *eu sei que você não vai acreditar numa palavra, mas minha hipótese é que esgotamos o estoque das almas disponíveis para a reencarnação*. O cientista está realmente em desespero, tanto que admite considerar a hipótese: *e, se for assim, que fazemos? Vocês, não sei, eu vou subir às neves do Himalaia para morrer*. Esta seria uma demonstração observacional, seguida de um razoável *probabiliter* indutivo. As guerras não provam o instinto de morte, é lógico, mas se ocorresse uma epidemia de afogamentos voluntários, tema de *Conversa* com um *lêmingue*, poderíamos aventar uma das duas hipóteses demonstrativas: ou aquela do último psicanalista a beira-mar, a da vitória final do instinto de morte, ou a do próprio lêmingue,[4] sobre a humanidade ter enfim caído em si.

Salvo esses descalabros, não há caminho algum que permita o trânsito demonstrativo direto entre observação particular e conjectura universal na Psicanálise, ou ao menos nunca vim a saber de um. Contudo, para minorar nosso desconsolo, há uma possibilidade diferente, apresso-me a esclarecer, antes que nos sobrevenha o infortúnio há pouco mencionado. Escuta-se sempre que tanto as observações psicanalíticas, quanto, e acima de tudo, as conjecturas, são derivadas da clínica. O que não se esclarece – de novo, em meu conhecimento bastante limitado, sobretudo da bibliografia recente – é de que forma se derivam. Este é o ponto para o qual gostaria de convocar a atenção de vocês a partir de agora. Entretanto, para fixar o ponto a que chegamos nesta meditação – que parece distanciar-se da clínica, razão pela qual intitulei-a *tediosa* –, cumpre reconhecer que acabamos de percorrer o argumento fundamental dos que se opõem à Psicanálise, reconhecendo que têm razão em argumentar e em se queixar de que lhes prestamos ouvidos moucos. Apertado contra a parede, o analista prefere contestar que não tem nada a ver com ciência – que Freud o perdoe –, ou que os críticos não entendem de clínica, o que é só meia verdade, quando

---

4 Consultando o Google não foi possível encontrar referência para a novela citada, mas segundo a Wikipédia, também oferecida por esse portal, lêmingues "são pequenos roedores, encontrados geralmente no bioma ártico da tundra. São animais solitários por natureza, encontrando outros da espécie apenas para reprodução e depois levando suas vidas separadas [...] Apresentam uma altíssima taxa de crescimento populacional, especialmente quando a comida é abundante [...] Movidos por urgências biológicas de sobrevivência, algumas espécies de lêmingues migram em grandes grupos, sempre que a densidade populacional se torna insustentável [...] Os lêmingues não nadam, mas isso não os impedem de se atirarem ao mar, cometendo '*suicídio coletivo*'. (L H)

faria melhor papel se respondesse: isto que você chama de ciência é apenas parte da ciência e, para enxergar a outra parte, precisamos levar à frente a discussão, exatamente porque, parando aqui, você teria razão, o que contradiz a evidência clínica de que a Psicanálise funciona. Vamos em frente, pois.

Nossa clínica padrão oferece amplas oportunidades para a observação psicológica e psicopatológica, como é notório. Para a generalização indutiva, no entanto, ela talvez nem seja a condição ideal, posto que os exemplos que propicia procedem de um ambiente artificial. Mas este não é o cerne do problema. A verdadeira questão, no que diz respeito ao procedimento observacional-indutivo, é sua inespecificidade. Não só uma clínica extensa pode proporcionar a observação de tais fenômenos, mas até a clínica psiquiátrica, ou, para tudo dizer numa palavra, esse gênero de observação pode realizar-se sem clínica alguma. Na prática psicanalítica corrente, a diferença mais nítida que se nota com relação à observação fora da moldura conta precisamente contra nós: nosso processo de observação está fortemente influenciado por conjecturas mais gerais. Estas últimas selecionam os fatos que privilegiaremos e os aprisionam em sua órbita: num consultório, quem ousaria observar a história da menininha no deserto do Atacama sem a ligar de imediato a complexo de Édipo, castração e inveja do pênis? Logo, as teorias produzidas pelo puro procedimento observacional-indutivo revelam-se, para nosso espanto, serem teorias bem sustentáveis, porém não necessariamente psicanalíticas. No outro extremo, as teorias hipotético-dedutivas, sendo organizadores da clínica padrão, não podem ser dela deduzidas, sem que se caia sob a pesada acusação de estar cometendo a mais vulgar das tautologias. Ficam, pois, à margem da clínica ambas as modalidades habituais de teoria, ao que parece, a primeira, pela inespecificidade, a segunda, por petição de princípio. Em suma, não há derivação direta da clínica à teoria.

Senão, vejamos alguns exemplos microscópicos e de escassa importância retirados da primeira das *Novas conferências introdutórias* (1933) sobre a *Teoria dos Sonhos*. Um casaco (*Mantel*), sonhado por uma mulher, significa *homem*, aquele que cobre. Tratar-se-ia de uma generalização indutiva pura, fruto de observações clínicas recorrentes da época e do lugar? Não exatamente. Em apoio à indução, Freud argui com uma antiga cerimônia beduína, em que o noivo cobre sua eleita com uma capa especial, chamada *Aba*, pronunciando ritualmente o voto de ser o único a cobri-la, dali em diante.[5] Está sendo invocada, portanto, a concepção geral, especulativa, dos símbolos culturais, muito popular na época. Pelo mesmo caminho, poderíamos quem sabe aduzir igualmente o sentido *pai*, do aramaico *abba*; mas não estou seguro de haver encontrado o símbolo *casaco* em minhas pacientes, ultimamente. Por outro lado, ao referir-se à *solução de problemas* durante o sonho, observação que poderia infirmar ou corrigir a hipótese do processo primário, Freud é taxativo em afirmar que o fenômeno não existe, sendo uma ilusão retrospectiva, em decorrência de operações realizadas na vigília. Já a conhecida sugestão de Freud sobre a separação e a ordem narrativas, que pressupõe a unidade dos sonhos, que poderia ser confrontada aos resultados experimentais com a fase REM, evocaria hoje a justificada reação, *se despertamos o paciente, psicanaliticamente não se trata da mesma noite* – talvez antes mesmo de saber se os achados contam a nosso favor ou contra nós. Entretanto, o aspecto mais significativo, e comovente, é o empenho de Freud, já aos 76 anos, em garantir que é a energia do instinto que busca satisfação a responsável pelo trabalho do sonho e sua admissão que este pode ser apenas uma "*tentativa* de realização de um desejo". A avaliação do dispêndio de energia instintiva pode soar duvidosa numa época acostumada, pela física moder-

---

5 Ver nota 14, p. 148. (L H)

na e até pela computação, a conformar-se com a indecidibilidade quantitativa entre alternativas complexas. Mas o ponto não é este, e sim o argumento empírico, de que "Apenas duas dificuldades sérias surgiram contra a teoria da realização de desejo no sonho" (*St. Edition*, vol. 22, XXIX Revision of dream-theory, p. 28), sonhos de angústia e neurose traumática. Ao refutá-las, convence o leitor, mas talvez não a si próprio, pois sabe que está argumentando em prol de seu sistema e dentro de seu sistema. Daí que a questão ainda o torture quase tanto quanto o câncer.

Teremos conseguido a proeza de encurralar-nos no canto da sala, como o distraído aplicador de sinteco? Não é bem assim. O fato é que raramente um analista realiza observações puras ou puras conjecturas. Nas origens da Psicanálise, Freud fez algumas, mas, na maioria de seus escritos, como na quase totalidade dos nossos, intervém um instrumento diferente que, ao mesmo tempo, aniquila a pretensão à veracidade empírica e à construção de conjecturas. Esse instrumento é, evidentemente, a interpretação. Um cientista observacional que admitisse o uso de interpretações poderia a todo momento encontrar fatos novos e extremamente significativos, pelo simples direito a atribuir sentidos que a interpretação concede. Apenas, não convenceria ninguém. Por outro lado, interpretando a partir de um sistema doutrinário conjectural, podemos a nosso gosto produzir variações do cânon, mas não o provamos ou refutamos jamais. A interpretação psicanalítica não pode sustentar teoria alguma no sentido tradicional do termo; mas, não desesperemos, a interpretação psicanalítica também não é um instrumento convencional.

Na verdade, é um instrumento muito peculiar. Quando o analista atribui um sentido, na clínica padrão ou na clínica extensa, ele está apostando, lançando dados. Se é verdade que a negativa do paciente, ou a explícita recusa de um objeto cultural qualquer, não invalidam a atribuição, é verdade também que sua admissão não apenas falha em convencê-lo, como o põe de sobreaviso: *se não desperto resistência, devo ter-me enganando.* Em suma, o enunciado de uma interpretação não é um processo demonstrativo, a não ser na mais cega das práticas escolásticas – mas estas não precisam demonstrar o que já pensam saber –, e sim um expediente *provocativo.* A atribuição de sentido deve ser calculada meticulosamente, não para enunciar uma verdade objetiva, mas para despertar reações. Essas reações é que constituem sua verdade. Portanto, a fala interpretativa exige a mais rigorosa das seleções – justamente para que seus equívocos possam vir à tona.

Como daí se chega à teoria? De novo, por um caminho pouco convencional, por isso quase incompreensível para a *epistemologia padrão* – permitam-me conceder ao despeito esta pequena vingança. Nosso objetivo é descrevê-lo, porém é forçoso introduzir uma última correção. Se a atribuição de sentido enunciada em nosso discurso não visa a restabelecer diretamente a verdade, mas a criar condições para que esta surja, é justo reservar a expressão *interpretação psicanalítica*, para o conjunto de provocações e efeito psíquico: por *interpretação*, não mais entenderemos, na clínica, o enunciado pela fala do analista, mas a produção de uma ruptura do sistema representacional, a *ruptura de campo*. Sucessivas rupturas de campo permitem que se produzam generalizações muito parecidas ao procedimento observacional-indutivo, porém não idênticas, assim como conjecturas de vocação dedutiva, sem que de fato o sejam. Mais comumente, desembocam numa singular combinação de conjectura e indução. E com isso podemos encerrar essas considerações epistemológicas convencionais, que reconheço de bom grado serem um tanto rebarbativas, contudo necessárias, pois levam ao cauteloso *depende...*

Por que necessárias? Porque nós, analistas, esquecemos constantemente a essência mesma de nosso método interpretativo e caímos na reificação, afirmando teorias como se estas descrevessem fatos psíquicos observados ou deduções de universais. Tentando responder ao desafio epistemológico convencional, caímos na reificação e caímos na armadilha da questão fora de propósito: experimentem pedir a um matemático provas empíricas de seu teorema, a um pintor, alguma justificativa doutrinária de seu quadro, ou a um filósofo, o protocolo das observações em que se baseou. Se ele não os atirar pela janela – cuidado em especial com o matemático, o mais irritável, o pintor é só temperamental e o filósofo, intangível – e, depois de fartas demonstrações de desprezo pela estreiteza de espírito, dignar-se a responder, dirá que sua questão não é apenas despropositada, porém desonesta, pois exige dele a apresentação do passaporte de um país que não é o seu. Acontece que matemáticos, pintores e filósofos, oficiantes de velhos ritos, já têm delimitado o território a que pertencem, enquanto nós, recém-chegados, não o temos. Só temos a clínica padrão, em crise, e o ambicioso horizonte de vocação legado por Freud, o de criar uma ciência capaz de revolucionar as ciências.

E por que o *depende*? Bem, a resposta é quase evidente. Se nossas teorias procedem de rupturas de campo, seu critério de verdade não pode ser outro senão a capacidade de as vir a produzir: rupturas no sistema representacional do paciente, nos sentidos fixados de certo recorte da psique social, nas próprias teorias antes utilizadas, no sentido geral de ciência etc. Ou, para dizê-lo com simplicidade, nossas ilações apenas se alçam em teorias legítimas, na medida em que podem operar como eixos do processo interpretativo, vale dizer, como *interpretantes*. É esta a forma pela qual se derivam da clínica. Enfim chegamos a um porto. Vêm das rupturas de campo, surgindo no vórtice – supondo que não hajam esquecido os velhos fundamentos da Teoria dos Campos –, são processadas noutro lugar, que em seguida visitaremos, mas só ganham existência e estatuto teórico no momento evanescente em que se reaplicam a nova ruptura de campo.

E no meio, que são? A primeira e melhor resposta seria nada: um nada organizado e um vazio organizador, pura estruturação da clínica, da clínica extensa ou da clínica padrão. Tal como o inconsciente. Tal como o método. Duas faces da mesma moeda que se popularizou sob o esdrúxulo nome de *espessura ontológica do método*.[6]

Outra resposta, menos precisa, porém talvez mais útil, consiste em tomar em consideração o lugar e a forma de seu processamento. Ao teorizar sua clínica, o analista retira-se a um lugar reservado, não tão diferente da clínica e jamais indiferente à clínica, a um *lugar análogo*. Tão estranho é nosso saber que sua construção é exatamente aquela de que nos acusam os críticos positivistas, sem saber exatamente do que estão falando: a ficção, mais precisamente a ficção literária. Como podem ver, estou tomando ao pé da letra a sentença de Freud que identifica sua metapsicologia à bruxaria e o aparelho psíquico a uma *ficção teórica*. A ficção, nosso reino análogo, inventa representações do mundo que, empiricamente, seriam tão falsas como as peripécias de um romance, admitamos, mas que, como estas, possuem o dom de pôr a mostra a verdade oculta do mundo. Quando lidas, num caso, noutro, enquanto interpretantes. O *depende*, com que qualificamos a existência da teoria psicanalítica, reside, com efeito, em seu caráter ficcional, em serem construídas num análogo (à realidade da clínica), e a só ganharem valor de teoria como interpretantes de uma interpretação. Caso mal usadas, quando são tomadas por descrições de fatos mentais, ainda que por aproximação, quando pre-

---

6 Ver nota 21, p. 164. (L H)

tendem descrever a organização intrínseca do psiquismo, quando delas se deduzem consequências, que em seguida se aplicam para as demonstrar interpretativamente, como se fossem hipóteses comuns, as teorias deixam literalmente o analista na mão. De mãos vazias e na contramão. Mais ou menos no cômico papel de quem tentasse desdobrar o abrupto capítulo final da *Cartuxa de Parma* (Stendhal) num novo volume, ou das infinitas discussões sobre se Capitu traiu ou não Bentinho (em *Dom Casmurro*, Machado de Assis), passando ao largo de as personagens não serem gente de fato. Ou, a propósito de ficção, daquele que exigisse de Freud provas documentais de que Moisés era mesmo egípcio. Aqui, outra vez, é preciso que a razão meça racionalmente seus limites. Discutir a coerência da metapsicologia freudiana, ou rearranjá-la dedutivamente noutros desenhos, lança-nos na armadilha platônica da coerência pura. Colecionar *fatos clínicos*, na armadilha positivista, já que a clínica não está feita de fatos, mas de possíveis: do efeito de representações, oferecidas como possibilidades, sobre a possibilidade representacional do sujeito.

Freud inventou a Psicanálise escrevendo. Inventou o psicanalista como personagem e inventou uma prática ficcional: seus pacientes são histórias muito bem contadas, com cara de gente, não de análise. Inventou o movimento psicanalítico como quem cria um enredo, este de discutível qualidade. E inventou Freud. Lacan reinventou Freud, como outro personagem – enquanto *Dirac descobria o elétron positivo*, censura Castoriadis com certa razão. Desde que se respeitem os limites do análogo, seu caráter ficcional, que só se torna teórico na operação interpretativa, temos teoria. Quando se acredita no enredo de um romance, perdem-se o romance e seu valor teórico. Tudo depende, por conseguinte. Nisso dá sermos uma ciência tão pouco convencional quanto o é a literatura.

A esta altura, talvez vocês se sintam satisfeitos, talvez frustrados. Não estou propriamente afirmando que as teorias psicanalíticas são o mesmo que contos ou romances, mas que este é o contrapeso justo para equilibrar o peso da reificação. Estou procurando estabelecer o parentesco profundo entre o sentido da teoria psicanalítica e a literatura de ficção, não sua completa identidade. Não estou negando valor científico a nosso conhecimento, apenas assinalando que a Psicanálise só chegará a ser uma ciência, se assumir plenamente tal parentesco e conseguir, por essa via, criar uma teoria das ciências onde venha a caber, sendo o que é, e não uma reprodução infiel das *hard sciences*. Uma ruptura de campo epistemológica, pode-se dizer. Porém, não se espere um final feliz para esta história, do tipo: nossas teorias estão salvas, todos já estivemos sempre praticando alta teoria *avant la lettre*, nossa clínica já é a clínica extensa, nada precisa mudar, senão detalhes microscópicos de *setting* e a terminologia teórica. Creio que estaria ofendendo sua inteligência, caso lhes propusesse semelhante banalidade. O circuito pelo análogo ficcional é, ao contrário, uma proposta de rigor e cheia de graves repercussões práticas, como devem haver notado. A coisa mais prática que existe é a teoria, e a alta teoria deve ser altamente prática, para que justifique o nome. É a própria ruptura de campo, em estado positivo – portanto, menos geral e menos axial que nosso método, pois já é o método aplicado à teoria.

Permitam-me dar-lhes um exemplo de sua abrangência e, ao mesmo tempo, fazer avançar nossa discussão epistemológica. Apontei há pouco para a rebeldia de nosso sistema teórico contra as convenções científicas. É preciso aqui corrigir-me num aspecto importante. Todas as outras ciências trafegam também pelo desvio que, abandonando momentaneamente a própria empiria, cruza o território do análogo. Quando o físico põe de lado seus instrumentos, para tomar o exemplo talvez mais chocante, e por isto, espero, convincente, refugia-se numa outra forma de contar a história do universo, onde, como na ficção literária, é possível levar ao extremo as premissas de que a observação o proveu: passa ao território da matemática. Aliás, quando é preciso expor os resultados especulativos de suas hipóteses a um público leigo, sem preparo para acompanhar o desenvolvimento de equações diferenciais, de tensores e de atratores, deve apelar para o mais próximo equivalente da linguagem matemática, a metáfora literária, não raro de elevado sentido poético.

Numa noite escura, pessoas, carregando lanternas vão de uma vila a outra. Passam por uma montanha, em cujo cimo luz um farol. Vista a cena de um balão, a procissão que contorna a montanha a certa altura, para encurtar o caminho, poderá parecer que está sendo atraída pelo farol. Raia o dia, porém, e a realidade se mostra por si. Não era atração, mas só o caminho natural. E, assim termina o autor desta inspirada analogia: "*o farol corresponde ao sol, as lanternas, aos planetas, o caminho, a suas órbitas, enquanto o chegar do dia corresponde ao chegar de Einstein*".

Em que pesem o valor estético e a clareza desta imagem, ela é apenas um reflexo distante da poesia que concentram as equações correspondentes, as quais infelizmente não alcançamos compreender, como não cessam de nos lembrar os matemáticos. Nós, analistas, o podemos intuir por aproximação, ao comparar a concisa eficácia estética de uma experiência de ruptura de campo, com o mais inspirado dos relatos que a tentam capturar. Aliás, para criar uma boa metáfora é preciso que se domine o referente: o autor da passagem anterior é nada menos que Sir Bertrand Russell.

O historiador, o cientista político, o antropólogo valem-se da literatura, como processo análogo de pensamento, e da filosofia, essa outra vertente da literatura, como instrumento de formulação de hipóteses. E por aí poderíamos seguir, mostrando como o trânsito pelo análogo é muito mais generalizado do que se poderia imaginar de início. A mesma operação de alta teoria que ameaçava isolar o psicanalista num deserto epistemológico, pode promover uma ruptura do atual imaginário científico, levando-nos a recuperar a fraternidade das ciências, noutro plano. Todavia, mais interessante para nosso argumento são as incidências deslavadas da ficção no pensamento teórico. Em larga medida, cada teoria de peso subsume a história do conhecimento como pano de fundo, reinventa-a, no futuro, ou mesmo no passado. As *histórias do conhecimento* implícitas no conhecimento constituem ficções perfeitamente análogas, no sentido comum e no da alta teoria, às manobras ficcionais da Psicanálise.

Para não sairmos das referências utilizadas, tomemos o exemplo ilustre de Platão. Do ponto de vista da alta teoria, a reencarnação, precedida por um bom trago da água de Letes, a fonte do esquecimento, cai sob o mesmo óbice da pura teoria conjectural, seja a do inconsciente substancial, seja a do éter. Há que reduzi-la a algum sentido operacional, caso contrário será *indiferente*. É concebível, no caso da reencarnação platônica, abandonar o terreno da discussão erudita de sua coerência interna, e, rompendo o campo de sua formulação explícita, afirmar, por exemplo, que do esquecimento algo se salva: os conteúdos da experiência perdem sua representação, como nos inconscientes relativos, mas resta uma disposição formal que facilita a recuperação de certas estruturas. No caso de Platão, a reencarnação seria uma forma ficcional de propor a preeminência da idealidade, enquanto conjunto de estruturas de conhecimento, sobre a mera experiência, cujas representações se perdem na confusão da existência, fonte de Letes nada metafórica. O escravo que *recorda* a demonstração pitagórica figura com toda a exatidão a eficácia do mito da reencarnação, o sentido operacional recoberto pela hipótese conjectural, da mesma forma que a experiência do vórtice interpretativo exprime o sentido operacional da ficção teórica freudiana. E há mais. Como toda teoria forte reinventa a história, a forma literária criada por Platão, nos *Diálogos*, não é só *a elegia de um amor perdido*, como já se disse, mas a efetiva invenção de um mito, o de Sócrates, que serve de suporte para a invenção de um saber, a filosofia, tal como hoje a conhecemos. Considerando a desproporção entre os diálogos platônicos e as demais fontes de informação sobre o *Mestre*, Freud poderia ter escrito um ensaio intitulado: *E se Sócrates fosse um pré-socrático?* Nosso Sócrates é Platão, o Freud mais difundido é Lacan, enquanto Freud talvez quisesse ter sido Moisés – e mais ou menos o conseguiu. A reencarnação em Platão de um Sócrates pré-socrático, esquecido do conteúdo representacional de suas inquirições originais sobre a constituição do mundo, teria dado então no que deu, na questão sobre como se constitui o conhecimento... Logo, Platão é o Sócrates que Platão inventou. Como é evidente. Como queríamos demonstrar. Ou seja, Lacan é o Freud que Lacan inventou, Melanie Klein é a continuadora do Freud que ela selecionou, Bion é o Lacan de Klein, por abstração de todos os demais kleinianos. Ou ainda, voltando a Osíris e ao *Eu no fígado da pedra*: parece mesmo que são precisos dois eus, um morto, o do campo, outro vivo, o da relação, para que o eu se estabeleça a cada momento, no sujeito individual ou no sujeito do conhecimento (*A Psique e o Eu*).[7] Ou, por outra, para que possa ele ser reconhecido, o que dá no mesmo, porquanto o eu individual é a representação aceita pelos eus da duplicação intrapsíquica e o eu do conhecimento, a representação aceita por uma comunidade de eus prestigiados academicamente. Mas tudo isso é apenas ficção – ou seja, é a alta teoria do análogo.

Gostaria de terminar esta parte inicial da segunda meditação clínica, enumerando brevemente alguns dos resultados de nossa reflexão sobre o análogo, aos quais juntarei comentários mínimos.

---

7 Herrmann, F. Op. cit. (L H)

1. O análogo é alta teoria. Significa isto que apenas evidencia um dos modos de produção da clínica psicanalítica extensa, no caso, a teoria, sem constituir em si mesmo uma teoria particular.

2. Como todas as questões de alta teoria, sendo uma concretização operacional do método de ruptura de campo, estipula condições metodológicas para que seu objeto se legitime. A teoria psicanalítica legitima-se pelo seu emprego estrito como interpretante, sem qualquer atribuição de substância, quando em estado teórico.

3. O reino análogo da Psicanálise é a ficção, sendo pois nossas teorias quase ficções literárias – como a física, por exemplo, é quase matemática. Se a metáfora poética essencial da física dá-se em suas equações, nossa metáfora poética essencial realiza-se na ruptura interpretante da teoria.

4. Quanto ao estado teórico, na Psicanálise. Ele proíbe: que se adaptem as teorias, que estas se cruzem ou se componham, que se operem derivações dedutivas, que se empreguem metaforicamente ou por aproximação, que sejam referidas fora da terminologia estrita ou sem rigor. Tais proscrições decorrem simplesmente da imobilidade estrutural da teoria psicanalítica em estado teórico.

5. Quanto ao estado clínico operacional das teorias psicanalíticas. Nesse estado, podem ser provadas, porém tão só por ruptura do sistema conjectural de que fazem parte. N. B. O estado clínico das teorias não guarda qualquer parentesco com a aplicação de teorias para dirigir o processo interpretativo, uso que é impugnado pelo método, não sendo, por consequência, sequer objeto da alta teoria. Dito de outro modo: se uma teoria sai da interpretação como entrou, algo vai muito mal.

6. Toda prática analítica é clínica. Logo, clínica não se faz só no consultório. Sua extensão excede e, em casos especiais, antecede a Psicanálise. Temos aqui uma pista sobre a extensão legítima da clínica.

2.2. Quem? Hoje, Joyce[8]

El hecho es que cada escritor crea a sus precursores.
J. L. Borges

Na aula passada, procuramos responder a questão crucial que coloca para a alta teoria o modo de produção das teorias psicanalíticas e sua relação com a clínica extensa. Dedicamos especial atenção às condições ditadas pelo processo de produção, que se cumpre num circuito ficcional análogo ao da clínica, para o emprego e a validação de nossas teorias, bem como para os destinos do que se poderia chamar de sua vida extrauterina. Tivemos que admitir que, em estado clínico, elas fulguram por instantes e logo se desfazem na ruptura de campo, deixando entrever, no vórtice, seus componentes e suas potencialidades inexploradas. Quando a teoria é utilizada ao modo de uma ferramenta interpretante, como deve ser, ela está em permanente criação.

Uma questão menos relevante, mas que constantemente vem à baila, é a de quem pode e quem não pode teorizar, ou do patamar a partir do qual alguém pode dar-se ao luxo de não ser escolástico. Apresenta-se às vezes como uma espécie de moderação de uma (suposta) exigência descabida: antes de poder teorizar, um candi-

---

8 Este item da Segunda Meditação foi publicado com acréscimo de introdução sobre o análogo, mais resumo e notas por Leda Herrmann, por isso em coautoria, na revista *IDE*, n. 53, 2012, pp. 109-122. (L H)

dato (ou analista) tem de conhecer bem uma *teoria*, ou seja, filiar-se a uma das correntes psicanalíticas. A versão mais drástica e mais franca, devo-a a uma conversa com Moisés – não o egípcio, mas o colega peruano Moisés Lemlij –, que, num bate-papo, a pôs nestes termos: *uns poucos fazem teoria, 99% dos analistas só são aplicadores*. É fato, temos de o reconhecer. Mas também é falso, como costumam ser os fatos. O caminho de todo e qualquer analista pela clínica atravessa necessariamente o reino análogo, mesmo que sua produção nunca ultrapasse o estado de prototeorias a propósito de ocorrências particulares. Não existe aplicação legítima da teoria, senso estrito. A aplicação de teorias psicanalíticas – ao contrário de sua redescoberta na interpretação: ruptura de campo e vórtice – configura os momentos não psicanalíticos da clínica. Podem ser maioria em certos casos, mas alguma hora o analista engana-se de referência, deixa de aplicar e teoriza sua clínica, mesmo que a contragosto. Então, descobre que começa a entender o que se passa, vê que assim funciona bem melhor e toma gosto pelo ofício.

A que se deve a falsidade desse fato? É que se pensa geralmente que teorias são os grandes sistemas conjecturais que a tradição consagrou e enrijeceu em doutrinas, em lugar do processo constante de condensação, precipitação e evaporação que nutre o trabalho clínico. Mas, sabemos que as doutrinas perdem seu poder interpretante, existindo tão somente em estado teórico – como se poderia dizer em estado gasoso –, ou em estado sólido de aplicação – algo assim como o granizo. Já, no dia a dia da clínica, a experiência vai atravessando o análogo, quando se escreve, quando se reflete, e condensa-se em formas teóricas provisórias, que interagem com aquelas mais tradicionais. O resultado é uma sorte de precipitação pluvial, que fertiliza a clínica – como interpretante, já se sabe –, moldando formas interpretativas de certa estabilidade, ainda que sua incidência seja descontínua ou mesmo eventual. Ao ocorrer o efeito psicanalítico, a ruptura de campo, evapora-se outra vez a teoria, mas não se perde. Nova condensação no análogo preserva seus aspectos mais úteis, reestrutura-os, e assim segue o processo analítico, a teoria em estado clínico. A falta de sentido de se contrapor a grande teoria conjectural à prática clínica miúda revela aqui sua magnitude, porquanto o sistema teórico só existe, agora o podemos compreender, na medida em que percorre este circuito dialético. Creio que, definida dessa maneira a teorização, não será difícil admitir que a porcentagem de psicanalistas que criam teorias deve ultrapassar aquele magro 1%.

Ao discutir origem e destino da teoria, na aula anterior, devem ter notado que praticamente não mencionamos a *aplicação*. É que este não é um de seus destinos legítimos, senão um acidente de percurso, durante certas fases do processo de formação analítica, ou uma calamidade natural, como a tempestade de granizo que destrói uma lavoura – devida, esta última eventualidade, à forma de organização escolástica do mundo psicanalítico. O fato mesmo de não o ter sequer enumerado para lhe condenar o uso, senão numa nota final, explica-se sem dificuldade: aqueles de vocês que têm seguido este curso até aqui não são e não se consideram aplicadores de teorias, ou partidários religiosos de alguma das correntes psicanalíticas. Caso contrário, por que dar-se-iam o trabalho de acompanhar estas meditações clínicas?

O que ocorre é algo de natureza bem diferente da opção: criador ou aplicador. Todos nós desejamos acreditar nalguma coisa e, em certos momentos de desespero, agarramo-nos instintivamente até àquilo em que não acreditamos. À minha frente, na encosta da montanha nevada, posso ver alguns esquiadores principiantes fora de controle, que se agarram com toda a força aos bastões e os sacodem pelo ar, como se estivessem eles ancorados nalgum invisível apoio. Num naufrágio, ouvi dizer, haverá quem se agarre à âncora do navio, na falta de coisa melhor. Agarrar-se a uma certeza teórica, quando o barco psicanalítico parece afundar, ou quando se perde o equilíbrio diante de uma situação clínica escorregadia, constitui uma reação perfeitamente natural, que se alterna com períodos de prática teórica em estado clínico. Não é nada fácil abrir a mão.

Freud mesmo teve sua escolha. Poderia ter decidido crer na realidade ou crer na religião, na psiquiatria de seu tempo ou na consciência racional. Nesse caso, não teria inventado a Psicanálise, mas não teria perdido noites de sono escrevendo uma obra monumental, poderia ter sido crédulo à propaganda e talvez, pela idade, nem sequer houvesse sido enviado a um campo de extermínio. Klein poderia ter decidido acreditar no freudismo, ao invés de freudianamente investigar a primeira infância e inovar a interpretação transferencial. Bion poderia haver-se contentado em ser kleiniano saturado. Lacan, em seguir a receita freudiana corrente.

A maneira pela qual o impasse do apetite de crença foi solucionado por cada um de nossos mestres, entre tantos outros aos quais faltou apenas a sagração, não deixa de ser um tanto irônica e fantástica, porém muito eficiente. Na verdade, como já vimos, foi Platão quem deu o exemplo, ao criar seu Sócrates. Lacan propôs o retorno a um Freud diferente, de sua própria lavra, que no fundo é Lacan. Bion inicia a exposição de quase qualquer ideia atribuindo-a a certa observação de Klein; por vezes, é tomado ao pé da letra, e ensina-se a obra kleiniana sem memória da mesma. Klein, ela mesma, foi mais discreta, porém jura sempre por Freud, um Freud por ela selecionado, do qual discordariam certamente *Fräulein* Anna e o próprio Lacan. Vale dizer que cada um criou-se a si mesmo, por meio de uma ilusão necessária, tanto para si, como para seus discípulos, a de dar o nome de um predecessor estimado ao sujeito do campo teórico, enquanto figurava mais modestamente como operador das novas relações descobertas. Cada Hórus com seu Osíris. E Freud? Charcot, Breuer, Fliess, o Moisés egípcio, Aníbal, nem mesmo Goethe, poderiam nomear o sujeito do seu campo teórico. Sem escolha por esse lado, Freud, que inventou literariamente tantas coisas, para não ficar em miudezas já mencionadas, inventou Freud – e a alma humana como hoje a concebemos. Não o do campo, Osíris, que já era, mas seu filho Hórus, o herói da relação.[9] Escreveu um roteiro ilustre e o interpretou à perfeição, fez figura de profeta bíblico, de desbravador, de arqueólogo do espírito – metáfora poderosa, cujo cenário consumiu boa parte de seu pecúlio –, de cientista natural etc. Talvez por querer mostrar que o sabia, frente ao risco de ser mal interpretado por sua descendência, é que tenha decidido denunciar-se preventivamente, aludindo a si mesmo como *mestre do disfarce*.

Vista por este ângulo, a história da criação teórica na Psicanálise pode causar a falsa impressão de uma sucessão de imposturas. Mas é exatamente o oposto. As sucessivas recriações não equivalem a *falsos selves*, mas a personagens, no sentido forte do termo. Um dos instrumentos mais poderosos com que contamos em nosso trabalho clínico, no consultório ou fora dele, é saber que o que se diz ou se faz tem o sentido que lhe dá o jogo transferencial do diálogo, não o que tínhamos em mente transmitir. Por isso, em vez de nos explicarmos infinitamente, de rechear nossa comunicação de *você não me entendeu*, procuramos influir sobre os rumos da conversa de outra maneira. Tomamos o resultado provisório como

9 Há aqui um jogo metafórico em que a referência é o panteão egípcio. Osíris é o rei funerário que reina no mundo dos mortos. Quando faraó vivo, Osíris é traído pelo irmão Set que o assassina e toma seu trono. O corpo de Osíris é atirado no Nilo em um esquife. Depois de recuperado por sua mulher Ísis, é novamente tomado por Set que o retalha em 14 pedaços. Mesmo assim, Ísis e Osíris geram Hórus, enquanto transformados em pássaros. Hórus vinga o pai e toma o lugar de rei vivo, a que cada faraó sucede. Esses dois reinos da mitologia egípcia, o dos mortos e o dos vivos, são aqui usados por Herrmann como metáfora do *sistema campo/relação* que criou para pensar os fundamentos da Psicanálise. (L H)

verdadeiro, mesmo sendo muito diferente do que pretendíamos alcançar, e o provocamos até que revele seus pressupostos, de dentro para fora. No processo concreto, isso inclui aceitar o papel que o paciente – o grupo, os recortes culturais etc. – nos impõe, transformando-nos em personagens parciais de nós mesmos, para conhecer melhor qual personagem o outro criou para si. Ou melhor, para fazê-lo revelar-se naturalmente, por meio de sua interpretação. Como sabem, e agora talvez tenha ficado claro, minha ideia de interpretação psicanalítica não é muito distinta da de interpretação teatral. A pequena e definitiva diferença está em que, como nosso papel não está claro desde o início, nem nossa intenção é repeti-lo a cada sessão, não o interpretamos direito, porém com certa obliquidade, e só com uma parte de nós. A isto se chama: *emprestar uma parte da alma ao paciente, permanecendo a outra vigilante*. A outra, a vigilante, cumpre a função teórica na clínica.

O valor provocativo, não assertivo, da teoria psicanalítica em estado clínico – isto é, interpretativo, como interpretante – fica manifesto quando consideramos a dimensão dialogal da interpretação: esta não é o que o analista diz, como estamos vendo, mas o sentido criado por reciprocidade contextual. Tomemos um exemplo magno: *dai a César o que é de César* é uma sentença contraditória, se descontamos os interlocutores da passagem bíblica. Se já é de César a moeda, não é preciso dar-lha. Intencionalmente, joga Jesus, em português, com o duplo sentido da preposição *de*, ser uma propriedade *de* e ser *de* sua propriedade. Cristo poderia haver denunciado aos gritos os sacerdotes que o tentavam, explicado economia política, negado resposta, ou mentido redondamente. O jogo de palavras é mais sutil: impostos estão no campo de César, o espírito, no de Deus, mas, como os dois campos confluem na má intenção dos *que o querem perder*, ele faz com que se rompam, pelo simples recurso de interpretar um pouco mais o papel daquele que tem a palavra. Na mesma fonte de clínica extensa (Lucas, 20, 1 a 8), podemos encontrar a teoria da técnica. Os Mestres da Lei arguem Jesus: *Com que autoridade ensinas?* Este responde com outra pergunta: *Quando João batizava, era a mandado de Deus ou dos homens?* Comentam entre si os doutores: *se dizemos que de Deus, perguntará logo: e por que não creem? Se dizemos que dos homens, o povo nos apedreja...* Por isso, *disseram que não sabiam* – resposta humilhante e absurda, vinda de um doutor. Respondeu Jesus: *Eu tampouco lhes direi com que direito faço estas coisas.* A isso se pode chamar de interpretação. E mais, de interpretação transferencial. Que ruptura de campo! Esta foi na mosca, meus amigos![10]

Como se conclui dessas duas passagens do *Evangelho de Lucas*, no curto prazo, um bando de teóricos bem escolados não é páreo para um só pensador clínico. No longo prazo, eles se acabam aliando ao braço secular, e o pensador costumeiramente é morto. O que não chega a ser uma derrota, pois, no longo prazo, todos vamos morrer de algum jeito. Nossa questão, porém, é o médio prazo, que é quando intervém a teoria em estado clínico.[11] A criação de uma personagem para garantir a transmissão teórica é um recurso interpretativo, de que se utilizaram magistralmente nossos mestres, uns mais que outros: Lacan roçou o ilusionismo intelectual, Melanie Klein, a prestidigitação prática. Por que então mostrar o truque? Ora, porque o analista é, por vocação, um *desilusionista*.

---

10 Podemos tomar estes trechos como exemplos de demonstração intuitivo-compreensiva do processo interpretativo, embora seus ares, na escrita, aparentem-se à demonstração de estilo matemático. (L H)

11 *Teoria em estado clínico*, ou seja, a clínica que produz conhecimento seja em que escala for, toma, neste texto, o lugar de ponto ômega da teoria do análogo da Teoria dos Campos. Como o é o *umbigo do sonho* para a concepção freudiana de inconsciente. (L H)

Em cada caso, assistimos à ação da resistência justificada contra o fetichismo teórico. Quando alguém está criando uma psicanálise, ou seja, pondo a funcionar o método com força total, é impossível aceitar a letra de uma doutrina, o fetiche material, e ao mesmo tempo rompê-la, para salvar seu espírito. Joyce, segundo Ítalo Svevo, só teve contato com a Psicanálise em Zurique, quando o plano do *Ulisses* já estava completo – o escritor italiano frisa isto, para que não se diga que Joyce plagiou Freud, pois devia suspeitar que as semelhanças eram preocupantes. A versão que lhe foi apresentada não o agradou em absoluto. Deve tê-la considerado uma grosseira explicação de tudo e mais um pouco, a partir de umas quantas trivialidades sexuais generalizadas. Svevo, o autor de *A consciência de Zeno* – ou, o que o teria levado a tornar-se um *best-seller*, *De como deixei de fumar graças à psicanálise* –, obra que ilustra a contento certos paradoxos da cura, e reverente amigo de Joyce, convida os psicanalistas a dedicar sua atenção ao *Ulisses*, que a merece mais *que aquela pobre Gradiva*. O quanto vai de ironia no convite nunca saberemos ao certo; o tom de Svevo parece perfeitamente sério. *Ulisses* ficou conhecido como *o romance para acabar com todos os romances*, quem sabe também conosco. Fico imaginando o efeito de uma interpretação edipiana da relação de Stephen com a mãe morta, ao estilo da análise do *Hamlet* por Jones. Talvez concluísse pela suposição de certa ambivalência com relação à figura materna.

Mas, pelo próprio absurdo que representa aplicar a doutrina psicanalítica a uma obra que é o vórtice de todas as interpretações, nosso interesse começa a ser despertado. *Credo quia absurdum*. Em primeiro lugar, por ser a literatura o reino análogo da Psicanálise, em segundo, porque a teoria psicanalítica, como penso haver mostrado, só se dá em sua ruptura. Nossa tese é simples: Joyce, ao negar a Psicanálise, poderia a estar afirmando, uma vez que a *Psicanálise é sempre a crise de sua representação.*

Não desconheço que sentenças como esta última costumam ser o primeiro torvelinho de uma corredeira de paradoxos inconsequentes. Melhor explicá-la, para que se saiba de que extensão da clínica estamos falando. A ideia psicanalítica, o método, nasce do útero indiferenciado e fértil da palavra, na transição de fala à escrita. É um trânsito de dupla mão, como sabemos, sendo o estado clínico da teoria o caminho de volta à fala. Poderíamos começar por Sócrates ou por Cristo, já que mesmo a palavra divina se consolida apenas nas *Escrituras* – ou melhor, a cena dos doutores está tão bem montada, até com o registro de suas confabulações *sotto voce*, que, ou se trata de ficção humana, ou se trata de ficção divina, em qualquer caso, de se tirar o chapéu. Entretanto, é preciso começar muito antes, ou melhor, num estado mais fundamental e de difícil datação. Do vai e vem entre fala e escrita, nasce em primeiro lugar a poesia. No que se fixa sua forma, é forçoso rompê-la, para que continue a ser poesia, recomeço e não fórmula rimada: o alexandrino, o decassílabo, o soneto. Escrita e fala têm como paralelo, espírito e carne, cabeça e corpo. Ora estão em harmonia produtiva, ora em desarmonia paralisante. Quando a lâmina do carrasco talha cerce o pescoço de João Batista, ouve-se de sua cabeça *vigia solitária, em voo triunfal*, o seguinte cântico:

Comme rupture franche
Plutôt refoule ou tranche
Les anciens désaccords
Avec le corps[12]

Consiste a literatura, de modo geral, nesse movimento de báscula entre consolidação e ruptura. O produto não se perde,

---

12 "Como franca ruptura; Assim calca ou fatia; Os antigos desacordos; Com o corpo." Mallarmé, *Cantique de saint Jean*, , op. cit., p. 108 (tradução livre de Leda Herrmann).

mantém-se dentro dela, após alguns trânsitos cortantes, como gêneros literários, ou numa especialização que parece amputar também a ligação com a literatura mãe, como escrita religiosa, como história etc. Se se distanciam, virando ciência, esses novos *gêneros* guardam, porém, memória da relação de origem, naquilo que apelidamos de *circuito pelo análogo*. A Psicanálise é um dos ramos mais recentes desse tronco, ainda mal diferenciado, evidentemente. Talvez seja esta a razão de, entre nós, o antigo *desacordo entre cabeça e corpo* ser tão drástico, com partidários ferrenhos dos extremos – que se intitulam *clínicos versus teóricos*, na linguagem do corpo, *freudianos versus intuitivos*, na linguagem da cabeça. Com efeito, no processo de constituição de qualquer gênero literário ou ciência, a representação pode pecar por falta ou por excesso, fica indefinida e dilui-se, num extremo, congela-se em doutrina, no outro.

Joyce, ao romper triunfalmente a forma *romance*, estava provavelmente alerta a este problema, tanto que o tematiza na oposição entre Shen e Shaun, no *Finnegan's Wake*. A escrita, enquanto instrumento auxiliar da memória, remete à sua invenção egípcia por Toth.[13] Será boa ou má? O rei-deus, a quem Toth apresenta sua invenção, duvida da utilidade, pois pode fazer os homens preguiçosos e incapazes de lembrar. Todavia, como salienta H. Cixous, tal é o ponto de vista de um deus, para quem tudo está sempre presente. O homem necessita do auxiliar de Mnemósine, o texto, mas a tensão deve ser mantida entre fala e escrita, as negações dialéticas jamais deverão cessar, senão a um preço muito alto. Clínica e teoria reproduzem exatamente estas posições.

---

13 Deus da sabedoria no panteão egípcio. Era o deus-arquivista dos outros deuses, o que propôs a escrita como registro da memória. (L H)

Não tem cabimento querer resumir o *Ulisses*. O romance é um exagero em todos os sentidos, é demasiado grande e demasiado conciso, é um dia na vida de gente comum e é um compêndio do conhecimento humano, ainda melhor que *Bouvard et Pécuchet*,[14] no juízo de E. Pound – claro, não satisfeito, Joyce ainda faria melhor no *Finnegan's Wake*, algo assim como um *haikai* de 1.000 páginas, cifrado por um charadista. Concentremo-nos no momento crucial do *Ulisses*, em que se dá o encontro, no bordel, entre Bloom e Stephen, seu filho no espírito, uma vez que o da carne está morto. Esse capítulo corresponde, em Homero, ao episódio de *Circe*. É uma cena delirante, escrita em estilo cinematográfico – é bom não esquecer que o único empreendimento hipoteticamente rentável de Joyce, que, no entanto, também fracassou, nasceu de seu interesse pelo cinema. Stephen Dedalus, o *artista enquanto jovem*, pedante, radical, contraditório, já bebeu todas e vê-se embalado num porre homérico, como não poderia deixar de ser, vivendo a um tempo em Dublin e na *Odisseia*. A prova de que Cristo era irlandês – recordam a piada? – é, mesmo na cruz, ter pedido um *drink*. Bloom, o homem prático, o simpático judeu – e de tantas outras religiões –, nada bebera, a não ser um copo de vinho ao almoço, do qual já mostrou arrependimento. Bloom oferece-se para guardar o dinheiro do salário de professor de Stephen, antes que suma, e o protege como pode da rapina das putas e de si mesmo. Paternal.

Surge o espectro da mãe de Stephen, em trajes nupciais carcomidos, como Ofélia, ao som da ladainha: *Jubilantium te virginum...* No topo de uma torre, Buck Mulligan, o amigo médico, vestido

---

14 De certa forma pode se pensar, a partir da correspondência entre Pound e Joyce, que em *Ulisses e Finnegans Wake* Joyce resgata o enciclopedismo flaubertiano de *Bouvard et Pécuchet* do irônico lócus em que fora colocado. (L H)

de bufão shakespeariano, comenta: *está animalmente morta*. Num momento, Stephen dirige vitupérios à mãe morta (*Que farsa de espectro...*). Logo depois, sufocado de terror e remorso, defende-se: *Dizem que te matei*. Ele (Mulligan) *ofendeu tua memória. O câncer foi que o fez, não eu. Destino*. Buck Mulligan, o bufão, põe lenha na fogueira, referindo-se ao fato de Stephen haver-lhe recusado o último desejo, ajoelhar-se e rezar por ela, e termina recordando Homero: *Nossa grande mãe! Epi oinopa ponton*. A mãe exige arrependimento, submissão a Deus, quarenta dias de penitência e que peça à irmã para preparar-lhe *aquele arroz cosido toda noite*. As prostitutas comentam: *Olha! Ele está branco*. O espectro aproxima-se, triste e vingativo, ameaça-o com o fogo do inferno, até que Stephen lança o brado do anjo rebelde: *Non serviam*! Apostrofa a mãe, *Necrófaga! Hiena!*, empunha sua bengala e quebra a manga do lustre a gás, clamando: *Nothung*! (O jato de gás comenta: *Pfungue*!) Bloom tenta contê-lo, enquanto as putas se agitam apavoradas, mas Stephen escapa para a rua. A dona do bordel exige de Bloom dez xelins para pagar o prejuízo: *Sem conversa. Isto não é um bordel. É uma casa de a dez xelins*. Bloom, apressado, ainda regateia, deixa um xelim, e corre ao encalço de Stephen, antes que cometa outros desatinos. Nesse momento, o livro inteiro sai atrás dele, todas as personagens marginais e os figurantes dublinenses, como num filme de Carlitos, aos gritos de: *É o Bloom! Pega o Bloom! Pegaladrão!*

Oh sim, é uma cena edipiana, não concordam? Stephen repudia o pai alcoólatra, Simon, enquanto se identifica com ele na bebida. Encontra novo pai, Bloom, mas nunca o chega a aceitar. Parece mais que moderadamente ambivalente em relação à mãe. E ainda, é uma cena hamletiana, tanto no cenário, quanto no protagonista, o intelectual hesitante frente à ação. Nosso Jones poderia ficar satisfeito.

Mas, esperem, Stephen é Telêmaco, *O que combate de longe*. E Bloom é Ulisses, estando eles na ilha de Circe. Logo, o interpretante deveria ser a *Odisseia, sobre o mar cor de vinho, nossa grande mãe*. Uma poção faz com que o caráter dos homens se manifeste em forma carnal e os companheiros de Ulisses viram porcos. O porco de Gadarene, no qual Jesus exorcizou os demônios dos dois possessos, é um dos figurantes dessa cena. Ora, da poção, *Guiness, the sacred pint*, Stephen, Mulligan e todos os demais, salvo Bloom, se haviam enchido o dia todo. Por outro lado, Penélope, Molly Bloom, espera no lar, assediada pelos pretendentes. Mas não está tecendo e destecendo uma tapeçaria; tece fantasias e, o que é pior, atos sexuais. Mas não será hamletiana essa *Fleisch der stets bejaht* (*a carne que sempre diz sim*), como a classifica o próprio Joyce, fazendo um paralelo ao *Espírito que sempre diz não*, de Goethe, não será Molly também a mãe de Hamlet? *Frailty thy name is woman*!

Logo, Shakespeare, outra vez. Porém, esse Hamlet não deixa cair a arma molemente como o outro, investe contra a lâmpada bradando... *Nothung*!? Mas essa é a espada mágica de Siegfried, com a qual liquida Fafner, não é mesmo? Wagner, agora. E também o rito cristão, e também... Este jogo de gato e rato, onde, meus caros, somos nós o rato, não teria fim. Qualquer interpretante sucumbe de imediato ao vórtice do *Ulisses*. Basta notar que na acusação, *Hiena*!, segundo Thornton, está citado esse distante Brunetto Latini, *de Il tesore*: *A hiena é um animal que às vezes é macho e às vezes é fêmea... e desenterra os mortos para os comer* – justificando ser mulher o espectro hamletiano.

Que faz Joyce? Num romance, de hábito, o autor insere delicadamente alguma referência às obras-mãe. Joyce também, só que todas ao mesmo tempo, toda a literatura. Com isso, a credibilidade do processo literário convencional entra em crise, mostrando que todas as histórias são uma história só, dependendo de como se opera, e, por sinal, não a de Édipo, mas a história da criação literária e, mais amplamente, a do pensamento humano. Ora, este *interpretante* é mera banalidade, a menos que tenha surgido em carne viva, não como aplicação de uma ideia prévia, mas como uma denúncia que o texto promove. *Ulisses* é o interpretante de todas as obras, não o contrário. O que ele produz na obra literária? Uma ruptura de campo. Uma tentativa de cura. Para nós, uma introdução à estética da interpretação.

E no leitor? O delírio alcoólico é um porre, mas todos entendem. Trata-se de uma *convenção apaziguadora*. Quando se trata de contar uma história que foge ao normal, o narrador está bêbado, louco, sonhando etc. O leitor aceita, como aceitamos nós os sentimentos do paciente, desde que sejam só transferência. É um parêntese, um itálico, um quase isto. Quem é o delirante aqui? Stephen, é claro. Todavia, melhor pensando, não é claro. E a correria de pantomima atrás de Bloom, quando Stephen já está na rua, mas a *câmera* não o acompanhou? Não pode ser imaginação de Stephen. Ao longo do capítulo, de mais de 150 páginas, a maior parte do delírio parece ser de Bloom, uma nova transformação do *monólogo interior*. Mas se é Bloom quem imagina, como pode haver recriado o drama de consciência de Stephen, que mal conhece. Buck Mulligan conhece. Ele é o bufão o tempo todo. O delírio de Stephen, em Circe, reprisa o que foi contado na Telemaquia, umas 600 páginas atrás, na tradução de Houaiss, umas 500, na edição original em inglês – a parisiense, de mil exemplares. Lá, no começo, Mulligan explica comicamente a Haines, o visitante inglês da *Martello Tower*, que Stephen tem uma nova teoria sobre Shakespeare, o esporte da moda: *Ele prova algebricamente que o neto de Hamlet é o avô de Shakespeare e que ele é o espírito do próprio pai*. É lá também que ficamos sabendo do drama de consciência de Stephen, que se recusa a rezar pela mãe moribunda, porque perdeu a fé, porém não perdeu, segundo Mulligan, *esse maldito sangue jesuíta, correndo ao contrário*. E que Stephen se ofende com Mulligan por ter dito que sua mãe estava *beastly dead*, não por respeito à sua memória, mas por dignidade pessoal: *ofensa a mim*, explica. Logo, de certa maneira, o delírio é de Mulligan, mas não por estar imaginando, e sim por estar orquestrando a cena e regendo os instrumentos. A repetição faz parte da forma sonata, ideada por Joyce. A verdade, quem a diz são os bufões: *ridente castigant mores*. Mulligan só aparece de quando em quando no livro, mas seu espírito, *Mercurial Malachi*, está por toda parte. A comicidade não é apenas o sintoma essencial do drama humano desnudado, é também a forma de o desnudar, não é o avesso do drama, mas o drama virado do avesso, as entranhas da alma à mostra: *Ulisses* inventou a psicanálise cômica por excelência. *Psicanálise*, no sentido de clínica extensa, como a alta teoria a concebe. A que, antes de ser, já era.

Isso não explica quem é o sujeito do delírio, mas apenas que Buck Mulligan é mais uma das encarnações de Joyce, o satírico – à exceção do *Satíricon*, de Petronius, *arbiter elegantiarum*, não me recordo de outro grande texto literário que se concedesse o direito de descrever o processo excretor humano, como o faz *Ulisses* – como também o deve ser Bloom, o *pater familias* fantasioso, nenhum sendo Joyce, *ele mesmo*. Porém, estamos sendo talvez enganados pelo hábito de nossas teorias: eles não estão num bordel, mesmo de *dez xelins*, estão num livro. Isto, que se pode quase sempre esquecer, neste caso vai se destacando, corrosivamente. Como já procurei mostrar a respeito de Gogol,[15] aqui também, mas numa escala fantasticamente superior, é o livro que delira, não a obra, nem muito

15 Cf. Herrmann, F. 43 de abril ou o drama ridículo de Aksenti Ivanovitch, in *O Divã a Passeio: À procura da Psicanálise onde não parece estar*. Op. cit., pp. 223-260. Trata-se do estudo sobre as condições de instalação do delírio – o limiar delirante – evidenciadas na análise do conto de Gogol, "O diário de um louco". O desenvolvimento do argumento vai mostrando que o delírio está na própria forma narrativa de Gogol – é o conto que delira na transcrição do diário de Aksenti Ivanovitch – ou seja, é o conto uma poética para o delírio psiquiátrico. (L H)

menos o autor, mas a narrativa – não caberia dizer o narrador. Em Gogol, é o *Diário* que adquire uma espessura ontológica indevida, aqui, no *Ulisses*, desaparece completamente o pretexto e só fica o texto, produzido segundo o torturado método joyceano. O delírio às avessas de Joyce, seu método de escrita, o *delírio lúcido*, restabelece a forma concreta da experiência humana, uma composição de possíveis, dispostos em camadas, uma torta mil-folhas da alma. Geralmente, na segunda parte do *Ulisses*, predomina o monólogo interior de Bloom, suas fantasias, memórias, seu ponto de vista. Aqui, bem ao fim, rompe-se uma vez mais o campo da tradução automática, para mostrar que numa situação coletiva – como, aliás, já antes acontecera várias vezes, em *Éolo*, por exemplo – não é uma cabeça que delira, mas a realidade mesma.

Como poderia Joyce apreciar a interpretação redutora da psicanálise que lhe foi apresentada, se estava criando outra muito melhor?[16]

2.3. O pensamento de Freud e a Psicanálise: o atrito do papel[17]

Este título parece sugerir um tema muito frequentado pelos debates psicanalíticos, a saber: a relação entre a psicanálise freudiana

---

16 Bibliografia consultada sobre Joyce: BUTOR, M. e outros, *Joyce e o romance moderno*, Documentos, 1969. CAMPOS, A. e H., *Panorama do Finnegan´s Wake*, Perspectiva, 1986. ELLMAN, R., Ulysses, A short history, in Joyce, *Ulysses*, Penguin Books, 1977. GILBERT, S., *James Joyce a study*, Faber & Faber Limited, 1960. JOHNSON J., Introduction, in J. Joyce, *Ulysses*, the 1922 text, Oxford University Press, 1993. JOYCE, J., *Ulisses*, tradução de Antônio Houaiss, Civilização Brasileira, 2000. JOYCE, J., *A James Joyce reader*, Penguin Books, 1993. JOYCE, J., *Finnegans Wake*, Penguin Books, 1988. POUND / JOYCE, *The letters of Ezra Pound to James Joyce*, New Directions Book, 1970.

17 Publicado pela revista *IDE*, com notas e resumos de Leda Herrmann, no n. 48, 2009, pp. 61-73. (L H)

e a das escolas. A tendência dos *scholars* é identificar Psicanálise e doutrina freudiana, a dos analistas praticantes, distingui-las, às vezes excessivamente, ocasiões em que somente se substitui sua doutrina por outra. Na minha opinião, seria preferível manter viva uma certa tensão: as muitas psicanálises, atendimentos, intervenções sociais, investigações da cultura, teorias especiais e sistemas gerais, as psicanálises que se vão criando devem reconhecer sua diferença, sem adaptar a si a obra freudiana. Com isso, poderão reconhecer também os graus diferentes de dependência que têm com certos setores da doutrina original, mais que com outros, com a primeira, não com a segunda tópica, ou vice-versa, com a psicopatologia ou com a técnica, com o Freud das conjecturas ou com o das fases do desenvolvimento. Destacar-se, para pôr em destaque a tensão elástica que as vincula à origem.

Esse não é, porém, o tema que desejo explorar na presente aula. O que me interessa é algo que, tanto quanto sei, simplesmente não se costuma discutir: a relação entre o pensamento de Freud e a Psicanálise, a ciência que inventou. Não será difícil admitir que a Psicanálise é mais que o pensamento freudiano, como estamos vendo, mas a recíproca pode ser verdadeira: talvez o pensamento de Freud seja mais que a Psicanálise. Dito de outra maneira, a psicanálise que nos transmitiu é parte da Psicanálise, do universo de aplicação do método por ele próprio criado; todavia, nem tudo que Freud pensou é psicanálise e sua obra escrita, mesmo tendo sido um típico *pensador por escrito*, tampouco há de coincidir completamente com seu pensamento.

Acredito que todos vocês já tenham tido a experiência de olhar uma página escrita e concluir: não era bem isso que eu queria dizer. Aquilo que exatamente eu queria dizer era... Ora, se pudesse pôr em palavras claras, você o teria escrito. Quem escreve quase todos os dias, como eu, sabe que a questão não é simplesmente da incompletude, inevitável no escrever e no falar, nem sequer de qualidade. Acontece às vezes de se escrever – principalmente, mas em certas ocasiões até de falar – algo melhor e mais completo que se havia pensado. Porém, não o mesmo. Empregando uma expressão mais apropriada a outros tempos mais substanciais, digamos que há um *atrito do papel* a modificar o pensamento. Em certas ocasiões, a composição de forças entre o pensamento quase puro e o atrito do papel produz um resultado inesperadamente claro, mais conciso, mais elegante, talvez mais preciso e até mais completo que nossa intenção íntima. É parecido com o esqui: a qualidade da neve e a inclinação da pendente podem obrigar-nos a apurar o traçado de nossas voltas, transformando-nos, numa baixada, em esquiadores melhores do que realmente somos. E como há um atrito do papel, onde um tanto se perde, mas com a prática, algo também se ganha, existe um atrito da palavra, que é mais geral, estende-se à fala, até ao gesto que a acompanha. O esquiador bem dotado e tecnicamente capaz tenta reter, tanto quanto possível, a sensação muscular da *volta melhor que a sua própria*, que acabou de realizar, para utilizá-la em condições diversas de pista; o escritor procura aprender de seu escrito, para convertê-lo em escrita, em estilo.

Quando já se escreveu muito e se teve a felicidade de encontrar leitores, a esse fenômeno vem juntar-se um outro, menos evidente. É que as ideias que se propõem nos escritos moldam-se em formas mais ou menos estáveis, independentemente da intenção do autor. Dois fatores contribuem para isso. De um lado, o menos importante, porém o mais fácil de compreender, como as ideias transmitidas oferecem dificuldade desigual à leitura, seja por sua intrínseca complexidade, seja por se harmonizarem umas mais que outras ao gosto da época, a interpretação que faz a comunidade de leitores de uma obra é como um traçado que ligasse os pontos mais bem aceitos, desrespeitando a intenção do autor. Falando psicanaliticamente, as zonas de resistência aparecem decalcadas ao revés na leitura estabelecida de uma obra, ficando o pensamento essencial como exato traçado lacunar. O segundo fator, de mais difícil intuição, consiste em ser o pensamento aquilo que faz pensar, que transmite, heideggerianamente, o *dom de pensar*, sendo, por conseguinte, o que há de *grave* numa obra. Ora, isto que transmitimos ao escrever, o pensamento com o qual capacitamos nosso leitor, não é, senão muito aproximadamente, o instrumento de que nos valemos nós mesmos ao pensar. É e não é. Todo autor luta a vida inteira contra a *incompreensão* dos leitores – na realidade, contra sua compreensão, eivada de resistências –, mas luta também contra a própria obra, tentando transmitir sua capacidade de pensar. Não a magnitude, grande ou pequena, mas sua máquina, seu processo, sua forma ativa.

E perde. Inexoravelmente. O atrito com a palavra, com o papel, com as resistências e com a tendência de as ferramentas de comunicação tomarem o lugar da máquina de pensar e se organizarem espontaneamente como um sistema de pensamento, acabam invariavelmente por criar um *autor-personagem*, não intencional – um pensador, como se diria *um narrador*, caso se tratasse de romance –, que é mais propriedade da obra e de sua leitura, que do homem que escreveu. Bem avisados disso, os pensadores psicanalíticos, Freud à frente de todos, cônscios ademais dos efeitos de transferência de sua figura e de sua obra, procuram antecipar-se ao inevitável, criando eles próprios a personagem mais apropriada à transmissão de seu pensamento e variantes internas da própria obra capazes de transmitir um *aparelho suficiente de pensar* que, mesmo não sendo com precisão aquele de que se valem, é o bastante, no mínimo, para impedir que seu pensamento seja radicalmente deturpado, e, na melhor das hipóteses, para garantir o que se poderia chamar de uma *continuidade heurística*.

Então, começa a luta do leitor com a obra e contra a obra. Que deseja o leitor? Entender. Mas o que significa entender? Depende do gênero de obra e do espírito do tempo. A intelecção de um poema é só a condição primeira para seu desfrute estético, por isso a palavra intelecção, embora justificável, soa algo forçada aqui. Já a intelecção de uma teoria científica, de um teorema da geometria, de um texto de história ou de filosofia, sendo também o umbral do gozo estético, é, e quase sempre o foi, condição de uso. Acrescento algo a mim, aproprio-me. Este segundo sentido, a posse e o poder de utilizar, sempre esteve presente na leitura. A leitura e interpretação dos livros sagrados, por exemplo, outorgou sempre a condição de assenhorear-se de algum poder sobre o outro, trazendo em resposta a tentativa de leitura pessoal, revoltosa, associada regularmente a uma loucura, interpretação demasiado particular do mundo. Nalgum momento do século XIX, o imperativo da *utilização* do conhecimento começou a suplantar as demais funções. Hoje, talvez nos pareça um pouco ridículo imaginar que noutros tempos o conhecimento fosse outra coisa, senão uma utilidade, mas já foi assim e, creio, não estamos muito distantes de nova virada, quando o conhecimento pessoal deixará talvez de ser utilizável. Para que se dê a apropriação e utilização do conhecimento, porém, é preciso primeiro *objetivá-lo*: é isto que significa tal texto, agora sou dono dele, posso combiná-lo com este outro a meu gosto, sou seu senhor, sendo seu escravo, por consequência. E aí está o começo da guerra com a obra: entender é objetivar.

Este *mandato de devoração* das obras, a propósito, pode haver sido uma das alavancas consideradas por Joyce. Ele escreveu livros impossíveis de objetivar e incorporar como propriedade, de usar e recombinar com alguma garantia. *Ulisses* parece desafiar-nos com o desafio da Esfinge – decifra-me ou devoro-te –, mas, de onde vem seu poder de nos devorar, uma vez que decifrá-lo é mesmo impossível? Simples, de nosso mandato interior. É duvidoso, aliás, que a Esfinge fosse mesmo capaz de devorar alguém, não se citam muitos casos em que isso ocorresse, pelo menos. Em todo caso, o *Ulisses* não tem como comer ninguém, mas o despeito de não o conseguir objetivar sim. *Devora-me, ou morda-se de raiva* seria mais apropriado ao caso. Numa época de utilização, em que o crítico literário e o *scholar* universitário têm de objetivar rapidamente tudo o que lhes cai na mão, e em que o leitor já recebe previamente a lista do que ler e o sentido a encontrar, um livro não objetivável pode ser um dos poucos estímulos eficazes, algo assim como um instante de silêncio numa discoteca. Lacan, leitor de Joyce, talvez tenha aprendido algo com ele a respeito do poder de atração do inabarcável...

Freud é um pouco anterior à "Declaração Universal dos Direitos da Guerra"; mesmo quando seu primeiro ensaio se realizou, na Grande Guerra, beirava os sessenta anos de idade. Sua obra, no entanto, já mostra indícios fortes de que desconfiava das intenções dos leitores. Como grande escritor, não desconhecia o atrativo do enigma, embora não sentisse necessidade de utilizá-lo como instrumento fundamental. Reconhecia e respeitava o torturante atrito do papel e não ignorava que seus leitores, que devia transformar em seguidores do caminho aberto por ele, para garantir alguma continuidade heurística, desejariam antes de tudo objetivá-lo e apropriar-se dos despojos. Assim, sua obra, sem ser *inabarcável*, envolve diferentes graus de dificuldade e, sobretudo, circunscreve variantes teóricas e constelações parciais de conceitos, de forma a propiciar atos progressivos de intelecção, cada qual levando a uma apropriação gradual por parte do leitor e o tentando a nova empreitada. Destarte, a luta contra a obra pode converter-se, pela intensidade gradual da resistência que acompanha cada tentativa de apropriação, numa luta com a obra, junto com a obra, que produz adesão, mas não sacia completamente o desejo de posse. É a fórmula aproximada de qualquer adição, do tabaco à cocaína, do xadrez à literatura, da teoria à clínica.

Comecemos pelo mais simples e evidente. Encontram-se grupos de *disposições* na obra freudiana. A mais óbvia é de que é preciso aceitar tais ou quais teorias para ser analista: a sexualidade infantil, o inconsciente, a transferência, num exemplo, descarado por excelência. Ou, que não é forçoso aceitar o instinto de morte, o que faz saltar aos olhos que tudo o mais tem de ser aceito. Ou que o analista deve abster-se de relações amorosas com seus pacientes. Ou que se deve submeter à análise. Quase se pode escutar o leitor de Freud replicando, com toda a justiça: quem é você para ordenar o que posso e o que não posso fazer? Quem diz que eu quero ser analista, essa profissão ainda inexistente, para fins práticos, estatísticos e pecuniários? Porém, se me proíbe, vou ser assim mesmo, e desobedecendo-o, se quer saber. Esta pode haver sido a primeira batalha da resistência e a vitória, por nocaute, foi de Freud, evidentemente. Uma profissão imaginária ganhou um adepto rebelde. A rebeldia virá a ser domesticada a seu tempo, coisa de somenos, mas a adição já se estabeleceu. Funciona até hoje, quando a profissão já existe. As pessoas chegam à prática analítica, na maioria dos casos, por algum caminho lateral, que combina adesão com rebeldia, uma terapia mais flexível, uma formação menos exigente. Num grau maior de complexidade, a invenção do complicadíssimo e verdadeiramente inacreditável *movimento psicanalítico* entra também na categoria de disposições da obra de Freud. Parte dessa rocambolesca ficção, com mais peripécias que enredo, e mais ritos que razões, foi inventada depois, ou à margem da obra freudiana, mas, é bom frisar, sob sua inspiração. Freud, ele mesmo, como diria Fernando Pessoa, não parecia disposto a criar Institutos de Formação, pelo menos de início. Mas deve ter percebido que certo espírito ritualístico de sua ficção fora melhor compreendida pelos berlinenses que por ele próprio.

No que tange à prática, à formação, a certos pontos da técnica e até à criação do movimento psicanalítico, Freud empregou o recurso nada sutil da *disposição*. Na disposição, diz-se diretamente o que se quer que os outros façam. A questão é ser obedecido, lógico. Há dois tipos de disposição que se acata. A disposição testamentária e a disposição legal. Neste ponto exato, começa nossa inquirição sobre o Freud fora da Psicanálise. Ele criou duas ficções exemplares e altamente convincentes de seu direito a dispor. A primeira é a do *pai da horda primitiva*. O pai morto tem todo o direito de exigir obediência a seus últimos desejos. Quando se aduz que os filhos o mataram e devoraram, a obrigação transforma-se em imperativo. E, se o acordo entre os irmãos é o início da cultura, então as disposições que legou, em parte arbitrárias, e sua regulamentação posterior, inteiramente arbitrária, confundem-se com a condição essencial do humano. Esse conto sobre a origem da cultura estava tão fundamente entranhado na vida do autor, que ele sempre deu mostras de estar morrendo, mesmo antes de os médicos o desenganarem por engano; a premonição de uma idade fatal, certo tom de testamento em diversos escritos, uma espécie de solenidade de que se parecia cercar. O pai da horda, este foi um papel bem integrado na vida de Freud, como em sua obra. No entanto, se o grande pai legou a lei, não chegou a legislar. O outro, o de legislador, fica evidente na obra sobre que esteve sempre a meditar, sem ânimo de publicação, como é inteiramente compreensível num homem que está a inventar uma ciência e não a quer ver confundida com ficção: *Moisés e o monoteísmo*. Freud encarna Moisés, reclamando para si o direito de mando, de outorga de leis. A figura do profeta irado com os desvios de seu povo, que ama, mas deve proteger contra o pecado da idolatria com regras estritas, reforça a do pai morto, sacrificado. Suas disposições, a legislação da prática analítica, da formação, da organização do movimento, mercê desse peculiar circuito de Freud pelo análogo, ganham foros de fundamento antropológico e de revelação profética, ao mesmo tempo. E, além do mais, um poderoso efeito de sugestão emocional, que, para alguns, chega a confundir-se com *transferência*.

É preciso agora refletir um instante sobre a matéria, objeto das disposições. Não se trata aqui de apontar os absurdos do movimento psicanalítico, a transformação de certos hábitos em rituais, do ritual em *setting* (moldura) e do *setting* em parâmetros e *standards*. A conjunção das duas ficções, a que outras se poderiam juntar, institui uma fonte de asseguração e garantia para o bom, como para o mau, para o arbitrário, como para o justificado, e não nos interessa no momento desviar nossa atenção para tal gênero de juízo de valor. O legado, disposto e assegurado, é a psicanálise que existe e praticamos, no modo da formação, no do movimento e no da clínica. Não resta dúvida de que Freud queria passar adiante alguma coisa, que foi tomando a forma atual. A questão é: praticava Freud exatamente isto? Não parece, pelo que se sabe, mas também não se sabe com certeza. Seus historiais clínicos não têm a forma de relatórios, mas de relatos bem urdidos, em que a descrição de sessões cumpre o papel de decifrar para o leitor o sentido dos sintomas; é difícil dizer se Freud, mesmo quando diz estar falando com o paciente, não está escrevendo para nós, antes de mais nada. Este é um recurso literário extremamente usual, a narrativa indireta por meio de diálogos, e o reverso, a narrativa que subsume e sugere uma interlocução. Como instrumento de comunicação clínica, não surgiu depois nada melhor. A impressão que tenho, mas que não passa de impressão, é que o atendimento dos casos não deveria estar muito distante de uma longa anamnese associativa, combinada com tentativas graduais de construção teórica hipotético-sugestiva. O trânsito pelo análogo, através de tais construções – que correspondiam com certeza à criação das próprias teorias originais –, deveriam ser muito mais frequentes que o são hoje e a procura de sinais de confirmação ou refutação mais ativa. Pode ser, pode não ser, mas não se consegue reconhecer uma diferença essencial com aquela transmitida. O indiscutível, porém, é que a clínica de Freud constituía, em essência, a própria descoberta da psicanálise. Freud nunca integrou, aliás, o movimento psicanalítico, senão como fundador, nunca fez formação, não foi analisado. Há um detalhe comum às duas ficções, a da *Horda primitiva* e a de *Moisés*, que não lhes deve haver passado despercebido: o Grande Pai não fazia parte da horda fraterna e Moisés era egípcio. Se, por definição, psicanalista é quem pratica a psicanálise, Freud nunca foi psicanalista, ele era a invenção da psicanálise. Freud era a Psicanálise.

A psicanálise é o produto objetivado do pensamento freudiano. Tal produto, para empregar um termo bem em moda, constitui a interface de dois processos de objetivação. O pensador por escrito esforça-se por transmitir seu pensamento, sua máquina criativa. Para tanto, necessita invariavelmente objetivá-lo em exemplos, conceitos, estruturas gerais. Não há como passar adiante uma forma sem conteúdos circunstanciais. Decorre dessa injunção que chamemos *pensamento*, por simplicidade, não à máquina produtora, mas ao conjunto de seus produtos. O leitor, no afã de o entender, objetiva-o por seu lado. Seleciona os produtos que lhe parecem mais significativos e deles deduz certas formas gerais, tentando abstrair o secundário e reter o essencial. O leitor de Freud, porém, é uma comunidade em trabalho de formação. Certos precipitados consagram-se e já não podemos deles escapar. Defensivamente, como já frisei, o autor apresenta constelações parciais de conceitos, no interior da obra, para não dar margem a uma compreensão totalmente arbitrária. Numa palavra, ele escolhe certas formas que privilegia e as dispõe, segundo graus diferentes de complexidade, umas dentro das outras. A tradição opta por algumas delas e relega as demais. O autor objetiva, a leitura objetiva, desse duplo atrito do papel – que ler é mais ou menos como escrever sob este aspecto – cria-se um simulacro, o mais nobre dos simulacros, o mais terrível dos simulacros: *a doutrina*.

A doutrina freudiana é a psicanálise (mas não a Psicanálise).[18] Reúne certas constelações que, claramente, foram escolhidas por Freud, e exclui outras que também foram escolhidas. A psicanálise inclui a prática psicanalítica padrão, mas exclui, por exemplo, a psicanálise do pequeno Hans e a de Schreber. Inclui o movimento psicanalítico e a formação analítica, mas exclui a autoanálise e as ficções freudianas. Inclui a *Traumdeutung*, mas exclui a interpretação dos sonhos: qual foi a última vez que vocês viram algum analista publicar uma série de sonhos próprios, interpretados pelo procedimento associativo freudiano, para corroborar ou infirmar a existência dos processos oníricos, ou para sugerir um procedimento interpretativo melhor? Freud, o intérprete dos sonhos, está à margem da psicanálise estabelecida, onde só ficou o produto objetivado. Na realidade, praticamente todo o ato freudiano foi excluído da psicanálise, que guardou avaramente apenas o produto objetivado do ato. Se Freud é a Psicanálise, a psicanálise, de certo modo, é o contrário da Psicanálise. Por outro lado, é tudo o que temos, o mais nobre, o mais terrível dos simulacros.

Para prosseguir nossa investigação sobre a operação do análogo em Freud, constatada sua exclusão da psicanálise – exclusão da qual as superexclusões de Freud, peculiares a certas escolas, Sociedades

---

18 Ver nota 1, p. 18. (L H)

ou grupos, não constituem senão desdobramentos episódicos –, pode ser útil voltar nossa atenção ao *Moisés e o monoteísmo*. A hesitação em publicá-lo e a dificuldade para o escrever não solicitam uma interpretação selvagem do inconsciente de Freud. Parte da luta do leitor psicanalítico contra a obra freudiana consiste precisamente em lhe atribuir inconsciente. Não falo apenas da interpretação caricatural, caso do biografismo inconsciente a partir da obra e de seu anedotário, o que suponho já tenha caído em desuso, mas também das tentativas, às vezes pueris, às vezes argutas, de nela encontrar um sentido desconhecido pelo autor. Como escritor, sei muito bem que as obras têm dezenas de camadas superpostas, e mesmo a dedução mais sutil de um sentido inconsciente, seja um *motivo inconsciente*, verbo horrendo, seja um plano de sentido desconhecido, na maioria das vezes só desemboca numa das estruturas arquitetônicas mais ou menos disfarçadas pelo autor. É relativamente fácil descobrir o *inconsciente* de uma história em quadrinhos ou *daquela pobre* Gradiva, mas impossível encontrá-lo em Dostoiévski, em Joyce, ou em Freud.

A questão suscitada pelo *Moisés*, nada tem de inconsciente, mas de prudência. Freud deixa claro que temia mostrar-se um ficcionista, vale dizer, de ser excluído do reino científico, é claro, mas, sobretudo, de expor em demasia seu *processo de criação*. (Aí sim está um conflito de todo pensador, porém raramente inconsciente, ele quer que seu processo de criação seja incorporado, mas detestaria vê-lo objetivado de mau jeito: isso, que é o mais íntimo de si.) E como é este processo? Ele propõe uma sugestão criativa, uma hipótese que não pode ser decidida, logo, uma pseudo-hipótese. Argumenta com habilidade a seu favor, levanta objeções e as contesta, parecendo estar entrando a sério no terreno da ciência em questão – no caso, a história. Não consegue provar sua proposta, é lógico, porém, no vai e vem do processo argumentativo – que, este é um de seus méritos, é levado adiante com o máximo rigor –, fica aparente que sua sugestão é tão plausível como a que se consagrou, a de ser Moisés um judeu, abalando o edifício inteiro da crença. Deus já não é um, mas uma combinação de Deus com um deus vulcânico, nem é um o povo eleito – eleito por quem? Descaradamente, se me permitem aplicar tão baixa expressão a tão elevado autor, Freud vincula a raiz do judaísmo a um dos poucos períodos da história egípcia que são de domínio público, o reinado de Akenaton, mais famoso talvez pela descoberta da incompleta, porém rica tumba de seu sucessor, Tutankamon. Esta é uma oferenda interpretativa, uma representação oferecida tentativamente, tentadoramente, como uma tentação: se vocês perdem a herança divina, ganham a herança do mais sábio dos faraós e a da mais bela das rainhas, Nefertiti. Balança a crença de seu povo, balança até a noção vulgar de história, como conjunto de fatos, pois esta hipótese, que não é uma hipótese, mas uma interpretação, reinstaura, diabolicamente, a possibilidade, onde havia certeza gratuita. O Moisés egípcio, como interpretante, tem de ser tão possível quanto o Moisés do campo da religião e tem de ser sustentado com o mesmo vigor com o qual se sustentaria qualquer outra fala interpretativa. Sua *verdade*, porém, consiste no *efeito produzido*, não nos fatos; este, o parentesco com a ficção. Costumo chamar a este processo de *ruptura de campo*, como sabem.

Seria igualmente possível, para Freud, escrever um artigo mostrando a falta de fundamento histórico da lenda de Moisés. Poderia lembrar que Moisés, como a maior parte das figuras bíblicas, pode ou não ter existido, que os egípcios, dada a exiguidade da terra, jamais submetiam povo algum ao cativeiro, mas costumavam apenas tomar como reféns alguns herdeiros de alta estirpe, a fim de garantir o bom comportamento dos adversários, poderia até argumentar que os prodígios que acompanham a lenda de Moisés, ainda que reduzidos a proporções mais modestas, não deixariam de constar dos detalhadíssimos registros egípcios já traduzidos e disponíveis, no seu tempo. O efeito de tal argumentação seria irrelevante, como podem avaliar, comparável ao que teria sobre um neurótico a discussão sensata de seus sintomas.

Freud criou vários tipos de ficção como essa, vários exemplos objetivados de sua forma de pensar. Os graus de veracidade são variáveis, naturalmente; mas o efeito geral parece, em essência, semelhante. Sua hipótese sobre a sexualidade infantil transtorna um tanto a ideia que se tinha da infância; porém, põe de pernas para o ar a noção que se tinha de sexualidade. Este foi o campo rompido, o verdadeiro alvo da interpretação. A teoria das neuroses serviu ao tratamento, certo, mas seu efeito devastador, em nossa cultura, foi a de estilhaçar a distinção cortante entre normalidade e neurose. A teoria geral de aparelho psíquico, a metapsicologia, propôs um modelo das funções mentais bem superior aos demais, de que foi tão fértil sua época, verdade; seu efeito interpretativo, contudo, fez-se sentir sobre a crença sedimentada na unidade e transparência do sujeito. O complexo de Édipo, mais que postular o antagonismo ambivalente de filhos e pais, serviu para romper o isolamento teórico entre indivíduo e cultura. Decerto, a noção de transferência serve muito bem à cura analítica, mas, acima de tudo, rompe o campo tradicional do sentido da palavra.

Para que funcione como interpretante, cada uma dessas teorias deve ser plausível, ter coerência interna, apoiar-se nalguns fatos e ser sustentada a sério. Para que funcione como interpretante, cada qual exige do psicanalista — da pessoa, do movimento, da escrita psicanalítica – a mesma sublime ambiguidade heurística que se usa com o paciente, ao propor uma interpretação. Nossa fala é apenas uma sugestão – cujo poder sugestivo jamais deve ser desconsiderado, aliás –, que não se converte em interpretação ao ser aceita ou rejeitada, senão por seu efeito sobre as associações. Sempre que se procura provar que uma sugestão interpretativa é verdadeira, não ocorre a interpretação. Qualquer tentativa de provar, fora do estrito âmbito interpretativo, essas hipóteses, que tampouco são exatamente hipóteses, leva a contradições insustentáveis, que se podem facilmente observar no contorcionismo dialético praticado por alguns dos sucessores de Freud, quando tentam explicar que, se o sentido explícito de uma de suas teorias não é verificável, isso decorre da estreiteza do leitor, que não soube reconhecer sua amplitude metafórica. Afinal, na Psicanálise ou fora dela, egípcio é simplesmente alguém que nasceu no Egito...

Como foi que as ficções freudianas perderam a gravidade heideggeriana, o *grave que dá que pensar*, e se tornaram meramente sérias? Pela repetição. Napoleão teria dito que a única figura de retórica séria é a repetição, e estava certo, mais certo do que podia então imaginar. Não só é séria a repetição, como repetitiva, a seriedade. Se cada vez que dissesse *Édipo* ou *Metapsicologia* o analista tivesse de pagar *royalties*, o fundo de pensão dos pensadores anônimos estaria garantido, sem reforma da previdência. O complexo de Édipo pode ser entendido como um gracioso convite interpretativo a que se usem os milhares de personagens, das centenas de mitologias, para reinventar o homem, esse ser que se objetiva e reifica a cada *volta do parafuso teórico* – o novo esmagador de polegares. A metapsicologia comporta uma pilhéria deliciosa com *a Metafísica* de Aristóteles, assim conhecida por vir depois do livro da *Física*, mas que já é evidentemente ciência do espírito; ou seja, *metafísica = psicologia*. Em consequência, o título *metapsicologia* poderia ser traduzido como *meta-metafísica*, enquanto seu conteúdo, por dupla negação, aproxima-se ao de uma física da psique: quantidades, forças, estruturas, movimento – um aparelho. A Metapsicologia é, portanto, um jogo de armar, que permite todas as recombinações internas imagináveis, além de ser um convite a que se criem outros jogos semelhantes. Essa é uma atividade perfeitamente legítima, desde que se reconheça que seu objeto é imaginário, a máquina da alma. E que, por favor, se evite chamar também às montagens próprias de *metapsicologias*, o que, convenhamos, seria de um mau gosto atroz. Convertidas as teorias em moda, prestam-se ao pedantismo denunciado por Mallarmé em *Poesia para todos*, onde qualquer um pode dizer: para mim, o importante é o *après-coup*, para mim, toda interpretação é edipiana, ou metapsicológica, ou transferencial, para mim...

Desde pelo menos *As nuvens*, de Aristófanes, desde o *Satiricon*, de Petrônio, o espírito humano nunca deixou de apor o carimbo de seu risinho irônico sobre a seriedade descabida com que as novidades do pensamento se esparramam, como um selo de garantia da possibilidade de pensar – só um sorriso separa o joio da moda, do trigo com que se fabrica o pão do conhecimento. Molière ainda nos faz rir da solenidade médica, que só um honesto hipocondríaco consegue apreciar. Flaubert tentou arrolar num dicionário as *idées reçues* de seu tempo, que idolatrava qualquer coisa que tivesse aparência científica. As trapalhadas de Bouvard e Pécuchet, os modernos enciclopedistas, impregnados até o tutano de crença no método científico, retratam o ideal da clareza positiva ao alcance de todos. Joyce, numa época em que as interpretações já começavam a suplantar em popularidade as teorias científicas, fez a tradição irônica escalar a montanha da vida quotidiana até o topo. Falta à psicanálise, porventura, o que não faltava ao pensamento freudiano, um Mulligan, o *dâimon* irônico de Stephen Dedalus, ou melhor, seu *therapon*, a insuflar as contradições entre sentimentos e intelecto e a levar ao ridículo a pretensiosa certeza das referências teóricas. Hoje, talvez não seja ainda demasiado tarde para transformar a ironia em método entre nós analistas, a meia voz, enquanto a oficialidade séria se distrai a brincar de *Titanic* na banheira.

Concluindo. Esta dimensão da máquina de pensar de Freud, a ironia em método – modelo de objeto imaginário que aqui só se mostrou fugazmente, quando interpretamos suas constelações teóricas usando o *Moisés* como interpretante – integra-se perfeitamente à Psicanálise, mas fica quase sempre de fora das psicanálises, mesmo daquela que nos legou.

3. Terceira meditação: o tempo, o sujeito e a cura

3.1. Horizonte de vocação

Tenho escutado muitas vezes, nos últimos 20 anos ou 30 anos: por que você insiste em que a Psicanálise seja uma ciência?

Costumo dar dois tipos de resposta. A primeira é: quem insiste não sou eu, é Freud, ele que sempre escrevia, nossa ciência. Transformar-se numa ciência (artística, interpretativa, em contraposição flagrante à epistemologia dominante) faz parte do *horizonte de vocação da Psicanálise.*

A segunda resposta é: porque temos vocação clínica, compromisso com a cura, e é evidente que o conhecimento científico adoeceu. Ele se foi arranjando de tal maneira, que praticamente expulsou o homem de dentro de si. Afirmando-se como ciência da psique, com toda sua carga de saber ficcional, a Psicanálise pode vir a ter um efeito terapêutico sobre a ciência futura, promovendo uma ruptura de campo epistemológica.

Temos aí a extensão extrema da clínica e a maior elevação da teoria. O sujeito em questão é a ciência, o tempo de ação, um futuro indefinido – embora talvez não tão longo como desejaríamos que fosse –, e a cura, a do conhecimento. Talvez achem que estou levando o tema deste curso excessivamente ao pé da letra. Este exemplo extremo é perfeitamente exequível, tanto que sua etapa mais difícil já se cumpriu, a criação da Psicanálise. Nossa resistência ao método a retarda e talvez a inviabilize, é certo, mas, como sabem, nem toda cura se completa.

A cura da ciência, mesmo que só como exemplo, não deixa de ser elucidativa de três maneiras. Em primeiro lugar, mostra a amplitude real das expressões: *clínica extensa* e *alta teoria*. Em segundo, que, do atendimento individual, à posição geral da Psicanálise no mundo, há um *continuum*, sem cortes essenciais, no que concerne à clínica, cuja consciência deve estar constantemente alimentando qualquer ato analítico. Terceiro, que tempo, sujeito e cura, em nossa perspectiva psicanalítica, só fazem sentido em conjunto solidário. Em separado, poderiam ser respectivamente assunto da filosofia, da psicologia e da medicina. Clinicamente, são referências de um conhecimento em função terapêutica.

Daqui por diante, sempre que falar em psicanálise, peço-lhes que pensem nesse *continuum*, para simplificar nossa comunicação.

3.2. Qual o tempo?

Todos nós temos a noção de um *tempo interior*, de uma duração. O tempo da angústia e o da felicidade, o tempo da dor de cotovelo, em que o carrilhão soa sempre doze badaladas, o tempo de uma sessão e o de um sonho etc. O que lhe outorga certa objetividade, para nós analistas, é fundamentalmente a experiência intersubjetiva, a interferência dos tempos na ação clínica.

Certa ocasião, fui procurado pela Diretora da Divisão de Psicologia de um hospital, pedindo que atendesse a enfermagem de certa clínica, onde se tratavam pacientes com prognóstico fechado. As enfermeiras e atendentes também adoeciam com frequência, geralmente estavam deprimidas, e os psicólogos enviados para as assistir não suportavam a tarefa. Tampouco havia tempo a perder; assim, convidei uma colega para me acompanhar na intervenção, e fomos conversar com o grupo.

Estavam reunidas numa sala, formamos um círculo, como reza a tradição, e apresentaram sua queixa e duração. Não tanto por sermos médicos, a colega e eu, mas por serem elas enfermeiras. *Aqui é assim, tudo tem que ser pra ontem!* Entendemos que os casos atendidos são gravíssimos. Transplantados de medula, com má evolução, que entram para a internação em condições razoáveis, mas, num prazo de poucos meses, quase se desmancham, antes de morrer. Os médicos exigem perfeição e rapidez, pondo a culpa do inevitável em qualquer deslize mínimo da enfermagem. Contam de um paciente que se arrastava, em roupa hospitalar, como um branco e silencioso fantasma, pedindo mais analgésicos – no fundo, implorando eutanásia. *Fantasma, percebe professor, acabamos rindo, Deus nos perdoe a falta de respeito!* Rimo-nos todos, pois ele já era o que viria fatalmente a ser em breve, rimos um riso de compaixão por nossa comum humanidade, que haveria a seu tempo de o encontrar no riso divino. Elas precisam de alguém que lhes perdoe, na falta de Deus, o próprio tempo de estarmos juntos e vivos. Algo lhes digo nesse sentido.

Voltam-se a queixar-se dos médicos e das condições de trabalho. *Tudo pra ontem!* – é o bordão que se repete a cada rodada da conversa. Uma das enfermeiras, a mais gorda, diz que come o que pode, preventivamente. *Se ficar doente como eles, não vou poder mais comer.* Aproxima-se o fim do tempo combinado para a sessão.

Premidas pelo tempo, decidem-se a contar a história de fundo. Há não muito tempo, fora internada uma moça, com casamento marcado. A família insistia em saber se estaria boa para casar. Os médicos furtavam-se, elas, as enfermeiras, contemporizavam: se Deus quiser... Arrastava-se a internação, a paciente piorava a olhos vistos, menos para a família e para o noivo, à espera do milagre. O casamento continuava marcado. Para um sábado. Na sexta, ela *obituou*.

Foi possível compreender então o sentido do estribilho fatídico: *tudo pra ontem*. Se aquela que se vai casar no sábado, morre na sexta, tudo deve ser feito pra ontem, é evidente. Este absurdo regime do tempo marca a impossibilidade da ação, fadada de antemão ao fracasso. A véspera de agora é o tempo em que nossa intervenção terapêutica transcorre. Há, porém, esse estranho verbo – *obituar* –, parte do jargão de hospital. Diz morte, sem proferir o nome, disfarçando-o em termo técnico inexistente. É uma forma de conviver com a morte, mas que resulta em *con/mortar* a vida, se entendem. Obituar, descobrimos, combina *habituar* com *óbito*, aparentemente *habituar-se ao óbito*, procedimento defensivo que, todavia, reduz a vida a um hábito de morte, a uma mortalha. O tempo pertinente a *obituar-se* é o da impossível ação retroativa: *tudo pra ontem*. O sujeito em cura, constituído no encontro terapêutico, terá de vir a existir hoje, vale dizer, no dia seguinte ao do presente *obitual*, que a depressão coletiva representa, por meio do riso que se perdoa a si mesmo.

O trânsito do presente impossível ao futuro do pretérito, o tempo verbal dos possíveis – também chamado condicional –, cuja objetividade é, neste caso, produto da instauração terapêutica de um sujeito coletivo, de um *Homem Psicanalítico*, talvez lhes recorde alguma coisa. É esse o tempo da cura, em qualquer caso, tempo que recebe igualmente o nome de *transferência*. Entendem o espírito altamente teórico da clínica extensa?

3.3. O sujeito no tempo da cura

Nossos pacientes, quando ficam, ficam por amor. Este é um aspecto marginal, mas não irrelevante, da transferência. Um dos primeiros a ser descoberto. Gostam tanto de nós, que nos perdoam não enxergar qualquer avanço na análise. *Como você não vê?* – perco às vezes a paciência – *Não vê isso e mais aquilo? Bem, agora que você falou, é verdade. E por que não via antes? Não sei...*

Se ele não sabe e nós ficamos desconcertados, desconfiamos que este é um problema teórico. Mas, se a teoria comum da transferência e do sintoma só responde com evasivas – ataque ao analista ou à percepção, desejo de dependência, medo à mudança, compulsão a repetir, fixação etc. –, então se torna um caso para a alta teoria. Não que ela vá criar uma teoria melhor, porém talvez mostre a condição essencial que escapa à teorização. A obrigação da teoria é fornecer um modelo de compreensão geral, aproximado, a da alta teoria é ir ao ponto e acertar no alvo, mesmo que num nível muito elevado de abstração. O fato é que eu, pessoalmente, tenho a certeza que meus pacientes falam a verdade, sei muito bem quando é resistência, má vontade, ou simples *Wiederholungszwang.*[1] Os que não veem, não veem mesmo.

Sei que vocês não estão habituados a pensar no sistema campo/relação, e este curso não tem a intenção de o ensinar. Não dá tempo. Aceitem, portanto, que os pacientes não podem ver a evolução da análise e que isto não ocorre por resistência pessoal inconsciente, mas por uma impossibilidade posicional. Explico. Quando ocorre uma interpretação – isto é, quando uma série de pequenas falas despretensiosas, pontilhando o material associativo, leva à ruptura do campo –, o efeito faz-se sentir no passado interior, na espessura

1 Compulsão à repetição. (L H)

da memória, a que se chama, como, aliás, a muitas outras coisas, o *inconsciente*. O fato passado é fato, ou seja, foi; foi traumático, deu forma ao desejo, e não vai mudar. Mas, sua eficácia sintomática cumpre-se na espessura da memória, na *recordação*, constituindo um campo imobilizador. Quando este se rompe, numa interpretação situada no ponto zero, o presente do processo analítico, o efeito é a modificação do passado relativo, digamos, mas a verificação do efeito só se dará nos próximos movimentos analíticos, talvez nas próximas sessões. Porém, ao se dar a verificação, ao se constatar a mudança de raiz da estrutura representacional, aquele presente, o da interpretação, já é, na verdade, o futuro de um novo pretérito. Do ponto de vista do analisando – e às vezes, o que já é grave, também do analista – rigorosamente nada aconteceu. A não ser uma espécie de mal-estar retrospectivo em relação a certos comportamentos que agora parecem esquisitos, alheios, de outra forma de ser. *Passa a ter sido sempre assim*, assim como ficou depois da ruptura de campo.

Isto é o melhor que consigo fazer sem utilizar explicitamente o sistema campo/relação. Costumo, nesses casos, lembrar uma história de Fritz Leiber. Uma equipe de investigação transtemporal (coisa de ficção científica, como a clínica psicanalítica) parte, de alguma data no futuro, para o período plistocênico, ou coisa parecida. Período muito remoto, claro. Com todos os cuidados de praxe, para não alterar a história. Vão e vêm, vão e vêm. Tudo parece em ordem, não ocorrem paradoxos temporais, ninguém mata o próprio tataravô. A certa altura, entretanto, começa-se a perceber que a novela foi mal escrita, pois o autor confunde, vez que outra, o nome das personagens, o sexo, suas relações de amizade e de trabalho. Depois, o próprio inglês do texto original vai-se tornando incompreensível, até que a história termina num balbucio incompreensível. Então recordamos o título: *A história era outra*. O trânsito que faz com que o livro se contamine da história que narra, que o infiltra de uma indevida espessura ontológica, chama-se *transferência*. No sistema campo/relação, grafamos o tempo do campo transferencial com o sinal ∞, o cruzamento central sendo o momento da ruptura de campo, e as duas laçadas: a da esquerda, o efeito suposto, o passado relativo, e a da direita, a verificação, o futuro relativo. Por isso, o presente psicanalítico não é propriamente o aqui e agora, sendo antes um condicional, um futuro do pretérito.

A Psicanálise não desacredita a consciência, ao contrário do que se diz, apenas a posiciona. O sujeito, no tempo da cura, está posicionalmente impossibilitado de a acompanhar par e passo. Isto decorre da essência do processo transferencial. Por sorte, a dimensão relacional da transferência garante que o paciente nos perdoe a falta de cura, enquanto se cura.

3.4. Jogo de posições

Uma das confusões teóricas que mais seriamente repercute na clínica, ao menos na clínica de boa qualidade, é a superposição entre sujeito e, nem sei bem como dizer, psiquismo talvez. O termo *psiquismo* sugere um ser composto de partes, de funções, dotado de anatomia e de fisiologia espirituais – nossa questão agora não é o juízo a respeito do acerto dessas metáforas e se correspondem a algo demonstrável. O sujeito é pontual e caracteriza-se por sua posição; não há como falar de algo dentro do sujeito.

No item anterior, pudemos entender que o sujeito é uma incidência da temporalidade, no processo clínico. Como se modificou o passado relativo, um novo sujeito sobreveio, posicionado de outra maneira. Não vejo qualquer problema no uso de expressões como *sujeito psíquico*, ou o *psiquismo do sujeito*, dependendo do tema tratado, mas, em certos casos, a imprecisão pode levar a estranhos paradoxos. No exemplo anterior, acabaríamos por dizer que os sujeitos se substituem dentro do sujeito, o que cria respeitável confusão. Porém, do ponto de vista clínico, a *história é outra* realmente; como meu interlocutor é sempre um dos sujeitos *dentro do sujeito*, um certo movimento da história, a persistência formal de alguma experiência infantil no adulto, é com essa incidência temporal que estou falando, não à totalidade imaginária do psiquismo. Não é raro, em minha experiência de supervisor, ver excelentes analistas querendo que o sujeito olhe para dentro de si, convocando, por engano, a consciência adulta a considerar seu estoque padrão de memórias e racionalizações, mas, com isso, afastando do diálogo exatamente o interlocutor privilegiado. Nós o chamamos, mas o dispensamos de imediato, preferindo uma conversa de homem para homem...

Ora, talvez me queiram perguntar, e o inconsciente? Se não fica dentro do sujeito, onde fica ele? A resposta não é fácil nem intuitiva, embora, uma vez alcançada, possa parecer, quem sabe, um mero ovo de Colombo. O inconsciente, ou melhor, cada inconsciente relativo a uma ruptura de campo, *não fica*, não existe senão posicionalmente, não é uma peça anatômica a dissecar dentro do sujeito, caso contrário, que sentido teria a expressão, tantas vezes repetida por Lacan, *sujeito do inconsciente*? O inconsciente, enquanto posição percorrida pelo sujeito, é uma espécie de tensão entre níveis irreconciliáveis de experiência – por isso, prefiro a expressão *há o inconsciente*, evitando a tentação de lhe dar existência humana.

Creio que um exemplo da tensão entre irreconciliáveis pode cair bem, a esta altura. Tomemos um exemplo singelo, mas eficaz. Estava observando uma criança manhosa jogar damas com a babá. Já pudera constatar noutras ocasiões, no salão do hotel, nem os pais, nem muito menos a babá conseguiam que obedecesse a qualquer norma medianamente civilizada, sem provocar gritos e esperneio. A partida seguia um pouco turbulenta, mesmo porque estavam a praticar o jogo à maneira infantil, valendo *soprar*. De repente, elevam-se um pouco as vozes. Diz a babá: não vale *soprar*, porque da outra vez você não me deixou. Então vou voltar. Não vai, não. Só se quiser começar de novo. Tô ganhando, não quero. Então, só no outro lance você pode soprar. Tá bom, tá bom, vamos começar de novo. As peças voltaram às casas de saída e o meninninho não berrou!

Claro, como qualquer analista experiente, primeiro considerei a hipótese educacional, a do psicólogo da Sears; mas, não, a babá não estava esmagando o pé da criança. Em seguida, contemplei a hipótese psicológica vulgar; talvez o garoto se recusasse a obedecer a uma autoridade, porém cedesse a um parceiro, de comportamento simétrico, infantil. Pode, não pode. Acontece que a babá sempre se comportava dessa maneira noutros brinquedos, e o resultado era ruidoso. Pensei então: é algo do jogo. Acredito haver posto o ovo em pé, dessa vez. Se não for verdade de um ponto de vista ontológico, serve de exemplo. Ademais, quem disse que um pirralho de sete anos tem ontologia? Nem cabe dentro dele.

Minha suposição é um bocadinho mais sutil. Precisaria consultar Wittgenstein e os outros lógicos para saber se concordam. A ideia, em síntese, é esta. Eles estavam discutindo, no mesmo nível, os lances e as regras do jogo! Segundo os tratados de lógica do século XX, isto constitui uma impossibilidade radical. Ou se joga, ou se estabelecem regras, pois as regras são o campo do jogo. O pormenor que escapou aos lógicos, entretanto, é que as pessoas não se utilizam da linguagem L, nem operam com tabelas veritativas. Porém, e isso descobriu a Psicanálise, não estão imunes ao efeito dos paradoxos. Há uma zona de contradição entre lance e regra. Numa partida magistral de xadrez, ela é rara e vagamente referida, apenas em casos tais, como o de se ter de arrumar uma peça mal colocada na casa, por exemplo. É preciso, segundo a regra, que se diga em francês, *j'adoube*, arrumando-a em seguida. O Grande Mestre Internacional, Liubojevitch, tendo iniciado um lance ruinoso, voltou a peça à posição original. O adversário, em pé perto da mesa, protestou; mas ele retrucou que havia dito *j'adoube*, e o outro não escutara. O juiz do torneio teve que aceitar a explicação, o que não impediu que o mestre tenha ficado conhecido, daí para a frente, como Sr. Jadoubovitch. No jogo que eu presenciava, não havendo juiz nem regras precisas, pude assistir ao nascimento da distinção dos planos e de sua força imperativa. *Não pode* vale como um *não* kantiano, categorial, irresistível.

Porém, há mais. Não foi preciso explicar-lhe o imperativo da regra. Na realidade, e aqui é onde nosso interesse é despertado, o trânsito aparentemente impossível entre os dois níveis, regra e lance, foi habitado de passagem, negociado, pode-se dizer. Imagino que a criança houvesse protestado contra a regra arbitrária e, com certeza, contra o lance da babá; o que funcionou foi a insustentável tensão entre campo e relação. Quando o campo começa a ser incluído na relação que sustenta, a impossibilidade lógica (a que os filósofos preferem negar a possibilidade impossível) gera efeitos emocionais de monta. Ameaçado de ruptura, o campo exige seus direitos, ou rompe-se de vez.

A posição exata do inconsciente, tal como o método interpretativo de Freud evidenciou – ainda quando sua teorização peque às vezes por reificá-lo, dando-lhe unidade substancial –, equivale à tensão entre jogar o jogo e criar as regras. Não podem ocorrer simultaneamente, mas esta não é uma impossibilidade, senão para a lógica tradicional. A *lógica de concepção*,[2] peculiar à Psicanálise, admite sua

---

2 O conceito de lógica de concepção aparece ao longo dos "Quatro cursos", central que é ao sistema campo/relação. Na obra de Herrmann também é onipresente.

incidência fulgurante e breve, na interpretação: no jogo, joga-se a regra, fugidiamente. O campo inconsciente reafirma-se, excluindo as representações denunciadoras das regras, ou rompe-se, dando lugar a um estado de vórtice. Ao se romper, o que pelo visto não aconteceu no caso observado, dá ensejo a que as regras inconscientes possam emergir em representações vertiginosas e instáveis. Disto se vale o analista, que está sempre tentando seu paciente a *quase-representar* o campo, sabendo muito bem que um êxito aproximado já é o bastante para desencadear o processo essencial da cura, a ruptura de campo. O inconsciente, por conseguinte, não está dentro do sujeito, nem está fora dele, mas na espessura paradoxal, representada pela tensão entre as relações e seu campo. Ou, expressando-o em termos temporais, no rearranjo da história de uma vida, quando o passado se faz presente, no modo condicional, no tempo dos possíveis. O inconsciente é a circunscrição dos possíveis, seu lugar, um espaço inexistente entre dois níveis de experiência: *aí, há*. A interação entre babá e garoto teve algo de psicanalítico, desconfio. Por isso, funcionou.

3.5. *Quanto tempo dura o tempo?*

Logo ao fim da Segunda Guerra, Jacques Lacan publicou um artigo de grande interesse e muito conhecido, que trata de um problema em forma de jogo, o dos três prisioneiros e os cinco discos. Se vocês se lembram de *O tempo lógico e a asserção de certeza antecipada*, ganha a liberdade o primeiro a descobrir, por meios lógicos, a cor do disco que tem às costas. Lacan propunha-se a criar uma lógica do coletivo.

É discutido inicialmente em seu artigo "Homem Psicanalítico: identidade e crença", publicado na *Revista Brasileira de Psicanálise*, 1983, vol. 17, n. 4, como produtor de representações que se oculta no avesso de seus produtos. (L H)

Haveria muita coisa a dizer sobre a solução que defende e sobre como esta revela algumas peculiaridades de seu pensamento. Para nós, basta agora considerar que sua solução envolve os problemas conjugados do tempo e do sujeito, em direção à cura – os prisioneiros, sendo *três brancos*, dão uns passos, estacam, partem de novo, estacam, então correm ao mesmo tempo para a porta, ou seja, como diz ele, há duas escansões necessárias para que, do tempo para refletir, chegue-se ao instante de concluir. O que se pode arguir dessa proposta, e imagino que muitos já o tenham feito, é como cada um deles fica sabendo que é hora de mover-se (ou não), uma vez que depende do movimento dos outros para se informar acerca do que pensam. Eles se olham, vendo nos demais o que para cada um está oculto, e ao cabo de certo tempo, o tempo para refletir, tomam sua decisão. Se um se move, porém, pensando que os outros dois já refletiram, enquanto ainda o estão a fazer, o resultado será não conclusivo. Ou, dito de outro modo: quanto tempo dura o tempo?

Parece uma questão sem resposta, à primeira vista. A dificuldade do raciocínio é igual para os três, mas se são três homens diferentes, um pode ser muito mais lento que os outros, ou pode estar blefando, ou talvez se tenha distraído. Como se trata de um jogo, porém, embora a aposta seja a própria liberdade – há uma filosofia da liberdade em questão, há o existencialismo, acabara a ocupação nazista –, uma solução simples para o problema do tempo de imediato nos ocorre: sendo um *lance*, ele pode ser marcado por algum sinal, uma campainha, por exemplo, já que estamos às voltas com uma prisão. Nesse caso, o tempo pode durar nada ou quase nada, e ser administrado em simultaneidade. Mas, se formos julgar pelo tempo que nos leva compreender o problema e a solução, talvez devesse ser um tempo muito longo. Lacan dá uma pista: a pressa em sair antes que o outro o faça.

Aqui, porém, é preciso parar outra vez. Se os prisioneiros fossem pessoas de carne, osso e psicologia (ou psicopatologia), a solução de Lacan iria de pronto para o espaço. Imaginem um paranoico entre os três. Ele se estaria perguntando: por acaso vou confiar nesses criminosos que me querem apunhalar, por acaso confio na palavra de um Diretor de prisão, que me faz fuzilar pelas costas, alegando para a imprensa uma tentativa de fuga? E seu vizinho, esquizofrênico, de olhar perdido no canto da sala, onde um mundo alucinatório se desenrola. O terceiro, um obsessivo, por exemplo, pensou e descobriu a solução, mas a está ainda revisando. Enfim, dois dos prisioneiros, delinquentes insidiosos, pérfidos e contumazes, poderiam, através do olhar, combinar, ou dar a falsa impressão de estarem combinando um complô contra o terceiro; mas, este, deficiente mental profundo, *nem tava aí pro problema*. Não, com gente de verdade não dá certo, em que pese a insinuação de Lacan de haver experimentado.

Ora, estamos cometendo o mesmo equívoco com o sujeito, que com o tempo. Sendo um problema de almanaque, como os do velho Malba Tahan, os três sujeitos não padecem das deficiências humanas comuns, são, digamos, como *pontos materiais*, na física. Não traem nem se distraem, porque não têm emoções, nenhum *lado de dentro*. Três computadores com pernas, imaginaríamos hoje, robôs cibernéticos. Com o sistema de lance substituindo o tempo, e o de computadores substituindo as pessoas, sujeitos lógicos, tudo parece resolvido, embora o interesse psicanalítico do problema fique algo prejudicado. Mas não. A solução de Lacan baseia-se no que se costuma chamar de uma *árvore de possibilidades*. Ou sou branco ou sou preto, se sou preto, e vejo dois brancos, eles estarão vendo um preto e dois brancos etc. Nossos três computadores – ou os três sujeitos de almanaque, para não cometer um anacronismo – não levariam decerto mais que um milionésimo de segundo para resolvê-la; todavia, frente aos dados do problema, desistiriam de imediato, porque *ao primeiro a sair se concede a liberdade*, nada se menciona a respeito de premiação *ex aequo*, em caso de empate, e os três reconhecem instantaneamente que chegariam à porta ao mesmo tempo e com a mesma resposta.

Refutamos a solução de Lacan? Sim. Ou não, pois feitas nossas duas *escansões* pessoais, é chegado o instante de concluir. Ou melhor, de começar. Da forma como o problema é apresentado e resolvido por Lacan, que, embora propondo uma lógica do coletivo, o discute em termos individuais, as contradições parecem insuperáveis. Porém, pensando sobre Lacan, como Lacan pensa sobre Freud, surge uma possibilidade distinta. É concebível pelo menos – conquanto, para ser honesto, duvide um pouco que Lacan concordaria – utilizar o problema dos três prisioneiros para formular a questão reversa: que *sujeito* e que *tempo* poderiam transformar seu sofisma, na acepção corrente, num *sofisma* no sentido clássico, como o chama Lacan, ou seja, numa espécie de modelo ou paradigma?

Tal sujeito não poderia ter uma interioridade emocional, mas também não poderia ser um mero operador lógico, vimos. Teria de ser definido tão somente por sua posição em relação aos iguais e como sintoma da incidência do tempo. O tempo, por sua vez, não deveria ser o tempo psicológico interior, duração variável, mas também não o tempo-lance, sem duração, senão um tempo lógico, igual para todos, cuja duração não fosse mais que o de uma *progressão lógica*, em suas palavras. Soa conhecido? Claro. São o tempo e o sujeito que estamos considerando nesta meditação clínica.

Este sujeito não tem um mundo interior, não é uma pessoa, mas se dá no mundo interior das pessoas, e não somente um, mas sempre dois ao menos, por efeito da *duplicação sub-reptícia do eu no processo intrapsíquico*. Ou diversos, se preferirmos o modelo da interioridade kleiniana – um tanto adaptado, decerto. De qualquer modo, este sujeito lógico, não pode ser o da lógica formal, nem o do almanaque de quebra-cabeças; um sujeito lógico, porém da lógica emocional (ou *lógica de concepção*), para que possa *ter pressa*. Ele não possui um *aparelho psíquico*, sendo antes uma *posição* de qualquer *aparelho psíquico* concebível. Mas, não deixa de ter qualidades. Podemos imaginar um sujeito da histeria ou um sujeito da neurose obsessiva, por exemplo, cada qual com seu grito de guerra: o histérico gritando *quero já*!, o obsessivo gritando *espera um pouco...* São, portanto, tempos diversos. O sujeito imaginado por Lacan, ou que nós imaginamos que seu texto exija, é algo assim como o ponto zero das qualidades diferenciais, nem histérico, nem obsessivo, mas o sujeito da pressa, *da pressa existencial de se provar humano antes que o outro prove o contrário* – a imagem do mundo que isso cria, com certo travo hegeliano variante, bem como outras reflexões que nos inspire, podem ficar para diferente ocasião. Ele, o sujeito, é o agente da ação, admitamos, mas é também o *subjectu*, o que está *posto debaixo* da ação alheia, é um eu submetido à ação de outro eu, *sujeitado*, mesmo que num jogo intrapsíquico, constituindo-se ambos por reciprocidade e operando por *lógica coletiva*, numa progressão do tempo lógico, cLqd., *como Lacan queria demonstrar*.

E o inconsciente? Estaria de fora da reflexão lacaniana? Não o podemos crer. Possivelmente, o jogo problemático seja o próprio jogo do inconsciente. Ficariam assim as coisas. Ao fazer um lance, não se pensa nas regras do jogo, justamente porque as regras são o instrumento de pensar o lance. Se movo o bispo, no xadrez, seu movimento diagonal não é objeto de reflexão, mas instrumento de cálculo. Nesse sentido, a regra não é desconhecida, mas é inconsciente, posicionalmente inconsciente. Para o ato de consciência, os instrumentos emocionais e mesmo os *cognitivos*, para manter essa artificialíssima distinção, são estofo, são operadores, são instrumento, jamais comparecem como convidados de honra, para participar da conversa. Tudo o que determina minha consciência, ou a do prisioneiro, está irremediavelmente fora de seu foco, num campo dado. Constitui sua estrutura, não seu objeto. A consciência dos prisioneiros é puramente constituída pelas regras do jogo, onde se inclui a pressa, como premissa oculta. Quem sabe, Lacan, nesse texto ao menos, estivesse, como nós, tentando mostrar que *inconsciente* não é apenas aquilo que não pode ser objeto da consciência de um indivíduo, em qualquer tempo ou condição, que não pode entrar por ser repugnante, proibido, antissocial, destrutivo etc., mas sim aquilo que, por estruturar um ato de consciência, não pode, ao mesmo tempo e no mesmo campo, constar (ser objeto) do mesmo ato de consciência.

Cada lance da consciência aposta seu inconsciente, mas não o abole. A decisão de cada prisioneiro não elimina o jogo, nem o pode conceber em sua totalidade. Lance algum muda as regras do jogo. *Um lance de dados jamais abolirá o azar.*

3.6. Quem faz o que é feito?

A exceção, a pequena e raríssima exceção ao princípio anterior, o lance que incide ligeiramente sobre suas regras, a condição quase patológica da consciência que a faz tropeçar em seu inconsciente relativo, ou campo,[3] é a aberração do diálogo humano a que se chama *interpretação psicanalítica.* Os parceiros, geralmente dois – mas podendo, em condições muito especiais ser um ou serem vários, na autoanálise ou em certos experimentos psicanalíticos de clínica extensa –, tentam o absurdo, procuram representações tangentes

3 Ver nota 4, p. 135. (L H)

ao campo das condições de representação do próprio campo em que se encontram, beiram a contaminação, o *contágio* com a lógica de concepção. Como era de se esperar, o campo os põe no lugar no mais das vezes, sendo este o processo a que essencialmente se chama *resistência*, do qual, as resistências psicológicas, como emoções desprazerosas ou ataques ao analista, são encarnações secundárias. Porém, o inconsciente relativo possui uma estrutura complexa, cujas ligações comportam-se vagamente à maneira das estruturas gramaticais, no modelo lacaniano, ou das forças estruturais do átomo, num modelo físico; uma vez rompida uma ligação, o risco de o conjunto inteiro desfazer-se numa reação em cadeia é considerável. Pode-se pensar também em termos políticos, um grupo organizado parece inexpugnável, mas se entra em crise algum de seus supostos básicos, falando à maneira de Bion, num instante voltamos ao estado de massa amorfa.

Internamente, na esfera intrapsíquica, os sujeitos também se relacionam sobre este fundo incerto, mas de sólida aparência. Quando, nos movimentos intrapsíquicos, a lógica de concepção da duplicação dos eus é tangenciada pelo diálogo interior, o mesmo fenômeno de ruptura de campo e vórtice pode suceder, e às vezes sucede, mesmo no homem normal: são *momentos psicóticos*. Contudo, as forças estruturais, produto das posições relativas e não de uma caldeira instintiva, seja no psiquismo individual, seja na psique coletiva, são autorregenerativas, e sabem circunscrever essas perturbações do sistema àquilo a que temos chamado de *zona das exceções* (da superfície representacional). O ato falho, por exemplo, é uma típica exceção, mostra o que não se pode ver, mas o coloca à parte, fora do processo regular. Pode-se aduzir hipoteticamente que uma zona de exceções esteja sempre em funcionamento, para dar conta dos escapes periódicos de lógica de concepção.

Esta pequena ficção substancial da psique – circuito pelo análogo – serve a diversos propósitos. Exemplifica o sentido ficcional de nossas teorias, combinando estilos diversos de teorização, num conjunto que me parece coerente. Situa o parentesco fundamental entre interpretação psicanalítica e processo psíquico, pondo à mostra a tendência à reversibilidade entre método interpretativo e inconsciente relativo. Permite compreender o estatuto teórico de um modelo metapsicológico. O nosso poderia ser, com efeito, o princípio de uma variante da metapsicologia freudiana, ou das construções parecidas de outros autores. Bastaria substituirmos o modelo de reservas de energia pulsional, pelo de forças de posição e trocarmos a ideia de acesso à consciência (permitido ou negado como o acesso a um auditório, segundo Freud), pela de atos de consciência, com impedimentos posicionais. Ajuda também a compreender a constante e insuperável resistência contra a crítica da teoria freudiana, já que Freud ocupa a posição de sujeito do campo, sendo cada analista um eu da relação, ameaçado de ruptura de campo. Evidencia a íntima relação entre ato falho e interpretação psicanalítica, pois a cooperação entre analista e analisando, enquanto lógica de concepção interpessoal, aproxima-se mais à produção de um ato falho a dois,[4] que a uma progressão por etapas. E igualmente esclarece, por consequência, o desamparo da razão que leva o analista a reagir à iminência do aparecimento da lógica de concepção, moldando suas falas numa forma verbal, que seria a última a recomendar-se: a explicação. Por fim, o que para nós é aqui o essencial, introduz o problema do sujeito da ação realizada, de *quem faz o que é feito*?

No problema dos prisioneiros, em que Lacan procura desvencilhar-se da lógica tradicional, quem faz progredir o raciocínio

---

4 Ver nota 16, p. 159. (L H)

em forma de ação é uma espécie de tensão entre os sujeitos, o conhecimento da impossibilidade do conhecimento alheio. Nos termos da lógica de concepção, a ideia é parecida, apenas generalizada. Em vez de sujeitos discretos e iguais, temos uma constante criação do sujeito pelo ato realizado. Os sujeitos, em ação recíproca, criam uma tensão que passa a comandar a feitura do que se faz. Na análise, não é o analista ou o paciente quem faz a interpretação, mas seu ato falho realizado, seu *falho feito*. Nas histórias de *A infância de Adão*,[5] que a esta altura já espero que conheçam, a torturante e improfícua, mas inevitável busca de quem é o autor do conto – que tampouco é aquele que figura no livro, mas seu protótipo ficcional – conduz à suspeita de que seja o sujeito do campo. Como no processo analítico, temos de agir como detetives, mesmo sabendo que a revelação do autor virá pela superação da ideia de autoria, em *A recompensa merecida*. Em *O escorpião e a tartaruga*, o mesmo processo de reciprocidade cria seu sujeito e o pune. Em *Morphée*, o progresso lógico e a dedução teórica do inconsciente na psicanálise expõem sua falácia, mesmo porque se trata de uma história detetivesca. Em *Amaurosis*, em *Fortuna*, em *O xadrez é um esporte violento*, bem como nos episódios pseudoteológicos inseridos na história que dá título ao livro, *A infância de Adão*, explicitam-se diferentes aspectos da constituição do sujeito da ação e dos descaminhos pelos quais se chega ao feito. Por fim, a autoria do próprio livro pode ser objeto de questionamento. Nisto, não vai qualquer tentativa de criar um paradoxo; mas, em se tratando de ficção, que é teoria psicanalítica, e mais, teoria em estado clínico de interpretação, em qual penosa posição a obra coloca o autor? A de falso analista, a de literato sem a arte de narrar, ou simplesmente a de uma personagem a mais da psicanálise em-

---

5 Herrmann, F. *A Infância de Adão e outras ficções freudianas*, Casa do Psicólogo, 2002. (L H)

preendida em suas histórias? Consola-me um pouco a constatação de que, ao analisar, somos todos personagens transferenciais cambiantes da própria análise.

Em cada um desses exemplos de clínica extensa, aproximamo-nos do mistério essencial, a única qualificação razoável do inconsciente. Quem faz o que é feito, na Psicanálise, aproxima-se, de forma preocupante, das antigas superstições acerca do destino. A diferença é que não há moira nem deus algum, nem o *Único e verdadeiro*,[6] que se possam culpar pelo feito falho revelador, mas somente a reciprocidade entre os sujeitos, seu *inconsciente recíproco*.[7]

Compreende-se assim por que a alta teoria é tão acerbamente crítica a toda postulação de conhecimento estável sobre o inconsciente. Karl Popper, cujo centenário de nascimento cumpre-se neste ano de 2002, ficou muito popular entre os bionianos de nossa sociedade, por alguma razão dificilmente compreensível para mim. Talvez Bion o apreciasse, pois, muito sadiamente, queria pôr em tela de juízo as teorias transformadas em interpretação dogmática. O princípio de *falseabilidade* de Popper, aplicado à Psicanálise, apenas refuta a doutrina, não o método interpretativo. Não é senão o começo de uma crítica que se possa reverter em produção,

---

6 "O único e verdadeiro Deus" é um dos itens do conto "A infância de Adão" do livro de mesmo nome já referido. (L H)

7 A reciprocidade entre os sujeitos, o *inconsciente recíproco*, é tema do livro de Herrmann, *Andaimes do Real: Psicanálise da Crença*, op. cit., em sua segunda parte, "A crença no sistema campo relação", itens 6 e 7. Seu argumento, resumidamente, é o seguinte: a crença, função que sustenta as representações, ao garantir a representação do real em realidade e do desejo em identidade, possibilita que o que sobra da discrepância entre real e realidade, entre identidade e desejo seja debitado em bloco na conta do destino. É, portanto, um excedente do desejo ainda confundido com sua origem no real, dai sua condição de reciprocidade. (L H)

pois o autor de *Sociedade Aberta* acreditava no poder do diálogo entre os indivíduos, mas parecia ignorar *quem faz o que é feito*. Porém, mesmo como começo, a crítica é um excelente princípio. Podemos concordar com Popper em que *não deveríamos assegurar que sabemos, quando não sabemos*. Nossa alta teoria também começa por aí. Como teoria do conhecimento, a nossa é uma *teoria do desconhecimento*.

3.7. Campo de batalha

Ao terminar esta terceira meditação clínica, parece-me apropriado voltarmos nossa atenção para o problema da ética da cura. Não desconheço o efeito intimidador da palavra *ética* sobre nós, analistas. *Ética do desejo*, *Ética da psicanálise*, *Ética profissional* são expressões que, por alguma razão, sempre escuto com maiúscula. São argumentos *fortíssimos*, mesmo antes de sabermos exatamente em que consistem. Dos desmandos de nosso tortuoso mundo, boa parte se faz em nome da *Ética* – e não me refiro apenas à Psicanálise, embora seja ela que nos interessa aqui. É preciso que se diga a verdade ao paciente, é preciso que se respeite sua liberdade, é preciso que se escute seu desejo – tudo isso já ouvimos alguma vez, e ficamos intimidados, e ficamos confusos, pois não conhecemos a verdade a dizer, nem de que sujeito há que respeitar a liberdade e, quanto ao desejo, deste só sabemos que, como o veraz Proteu, *O Velho do Mar*, embora nunca minta, ele só se manifesta em falsas aparências e, ainda assim, sob coação.[8] Descendo à caricatura, já

8 No capítulo 6, "Arte da interpretação", do livro *Clínica Psicanalítica: A Arte da Interpretação*, op. cit., Herrmann refere o episódio da quarta rapsódia da Odisseia em que Menelau conta de seu difícil encontro com o veraz Proteu, na busca de ajuda para encontrar o caminho de casa. Proteu não mente, mas não gosta de ser interrogado, disfarçando-se para não ter que responder a

ouvi falar da redação de *códigos de ética psicanalítica*, embora esteja quase certo de que nenhum de vocês seria capaz de recordar uma só das proibições que contêm. Certa vez, quando perguntaram minha opinião, creio haver dito que, na Psicanálise, qualquer lista de regras, por mais bem intencionada que seja, deve-se presumir antiética, por natureza.

A ética da cura que tenho em mente discutir com vocês não dá conta de todos os casos; na realidade, nem sequer dá conta de um só. É que a clínica envolve manobras sutis, arapucas de todo tipo, alçapões disfarçados em degraus, passagens interdimensionais ocultas por emoções, pequenos jogos de posição que só poderíamos discutir no contexto de uma hipotética quarta meditação, que versasse sobre a *intimidade da clínica*. Em quase todas essas manobras, artifícios, acidentes e feitos falhos, existe uma dimensão ética a considerar, com certeza, mas ela não pode ser legislada nem formulada em termos gerais e convincentes. Presta-se à construção de jogos interpretativos sutis, embutidos no íntimo de uma sessão, muito mais que de princípio universal apodítico, e nunca jamais a substituto da técnica.

A participação da ética, na prática analítica, ou é uma trivialidade, ou tem forma e posição muito especiais. Na vida quotidiana, costuma-se dizer que a camada mais superficial da consciência é racional. Na verdade, suponho que com isso se queira dizer *racionalizada*. Neste plano, é cabível falar de princípios éticos, como honestidade, respeito, sigilo etc. – que são tão importantes na psicanálise como em qualquer outra atividade humana, mas são inespecíficos e, sob esse aspecto, triviais. Uma segunda camada po-

---

Menelau, que só consegue a resposta desejada por vencer Proteu pelo cansaço, agarrando-se a todos os disfarces em que ele se apresentava. (L H) deria ser descrita como constituída por *sentimentos irracionais*, pelas paixões, cuja representação está sempre escapando ao sujeito, sendo por isso confundida, por alguns analistas, com o inconsciente – o que soa um pouco estranho, pois o sentimento é experimentado. Aqui, dificilmente se encontraria a ética, porém parte do que se conhece como superego. A terceira camada da consciência (numa análise bem simplista, pois reconheço que *camadas de consciência* não é o melhor dos modelos, sugerindo uma espécie de bolo de aniversário) estaria constituída por sistemas de determinação ainda acessíveis à compreensão – o inconsciente é incompreensível, e apenas interpretável, ou é um equívoco teórico, dá-se, mas não pode ser descrito. Tal camada está muito próxima daquilo a que costumo chamar de *zona intermediária*, os grandes temas do psiquismo, aqueles, por exemplo, com que se delira na psicose: perseguição, política, sorte/azar, ruína etc.[9] Uma das formas reconhecíveis neste nível de determinação é a *ética*; mais precisamente, a eficácia da ética no psiquismo.

Este último sentido da ética interessa à Psicanálise. Ele alimenta o sonho lúcido da filosofia, que não cabe ao analista julgar, evidentemente, pois nem sempre é capaz de sequer o compreender, mas só interpretar, de vez em quando. Suponhamos que o espírito humano reconhece em si próprio certa determinação, que o obriga imperativamente a fazer ou pensar certas coisas e proíbe outras, determinação cuja natureza procura esclarecer. Grosso modo, as respostas repartem-se em três planos, cuja intersecção dá que pensar.

A primeira delas é a suspeita de ter o homem algum tipo de coisa agindo dentro de si, que só se pode exprimir por oposição

---

9 Cf. Herrmann. "Zona intermediária", in *Introdução à Teoria dos Campos*, op. cit., cap. 2. (L H)

às coisas do mundo, logo análoga a elas, ainda que por analogia contraditória. Mesmo atirando-a dez mil vezes para o alto, não se imprime a uma pedra, que por natureza cai, o hábito de subir, ensina Aristóteles na *Ética a Nicômaco* (20 a 25). O hábito, *έθος*, meio termo entre duas paixões opostas, participa pelo avesso de sua natureza, como da natureza das coisas. Aflora nossa mente, portanto, a suspeita de que, no interior do homem, certa filosofia postule uma *paixão racional substantiva*.

O segundo plano de operação procura elucidar a composição dessa substância, ou, mais precisamente, a composição lógica do seu efeito emocional. A demonstração geométrica das afecções da alma, em Espinosa, cumpre à perfeição os requisitos de uma dinâmica psíquica. Se, por exemplo, a inveja (*Prop. XXIII*) é o ódio, enquanto tristeza com a alegria do outro; mas alegria é aumento de perfeição; e tristeza, sua diminuição; segue-se que o equilíbrio do sistema se mantém. Ou *(Prop. XIV): se a alma for afetada por duas afecções ao mesmo tempo, afetada depois por uma delas, será afetada também pela segunda*. De novo, um clássico enunciado psicodinâmico substantivo: *res cogitans* e *potentia*.

O terceiro plano vai pôr o sistema em ação: no modo verbal imperativo. *Age de tal modo que a máxima de tua vontade possa sempre valer como legislação universal* – esta é a lei universal da razão pura prática, de Kant. No exemplo corrente: quem promete, sabendo que não poderá cumprir (por melhores que forem suas razões), deve perguntar o que sucederia se todos fizessem o mesmo, estatuindo putativamente que promessas não precisam ser cumpridas. Naturalmente, ninguém mais aceitaria promessas, promessas deixariam de o ser, e não mais teria sentido cumpri-las ou não. A refutação, portanto, não consiste na positividade moral (*quem promete deve cumprir*), mas na autocontradição lógico-prática da lei universalizada, que transforma em imperativo seu contrário. *Imperativo é uma regra designada por um deve ser (Ein Sollen) que exprime a compulsão (Nötigung)...* (de modo que) *se a razão determinasse totalmente a vontade, a ação decorreria indefectivelmente segundo essa regra.*

Freud, como se sabe, duvidava um bocado desse tipo de dedução. Talvez injustamente. É que ele reconhecia, com sensatez, que os homens não se comportam em geral de acordo a leis racionais. Parecia-lhe, e só podemos concordar com isso, que a ética descreve com precisão o comportamento de uma espécie inexistente. O curioso foi haver interpretado tais projetos lógicos apenas como racionalizações, e não como sintomas. A ética racionalista, essa bela e fantástica hipótese acerca dos mecanismos lógicos que compelem a ação, pode ser encarada como sintoma da suspeita sobre um tipo de eficácia inconsciente, da qual o superego é um pálido reflexo individual. Não uma racionalização, portanto, mas algo mais primitivo e brutal: a própria razão. A razão é, sob certo aspecto, uma máquina de concluir, como o mostram desde uma simples tabela veritativa até um computador. A máquina racional dita os movimentos de engrenagens lógicas, quer se refiram ao mundo físico ou ao mundo anímico, os *hábitos* das pedras e das pessoas. Mas há uma diferença. No caso da ética, a máquina da razão é a própria alma afetada, e a conclusão não se diferencia do ato. Caso verdadeira, essa inexorável fantasia filosófica resultaria – imagine-se o resultado tremendo – num inconsciente racional...

Existem histórias que não são mais que exercícios desse inconsciente racional. Não é um gênero valioso, antes esquemático e caricatural. Na cura analítica, todavia, incidem enredos desse tipo, razão bastante para lhe darmos atenção. Acompanhem-me ao circuito do análogo literário, que lhes contarei um conto, uma história passada noutro tempo, quando os homens ainda tentavam, em vão, aprender a ser humanos. Talvez já a tenham escutado, quase com certeza conhecem fragmentos dessa história, que, pelo menos desde Heródoto, os historiadores se têm esmerado em descrever. Porém, decerto, nunca acreditaram numa palavra. Houve um tempo, asseveram eles, em que os homens se matavam uns aos outros coletivamente, vendo nisso uma expressão da necessidade, bem como uma oportunidade estética. E ainda mais, uma contingência ética. Essa ocupação infame, se algures existiu, era chamada *guerra*...

Quem percorre o estreito caminho da Cornija, vencendo o trecho que se espreme entre um paredão e um precipício, chega logo à beira da Grande Duna, por onde se pode descer, quase sem esforço, saltando em câmera lenta, ao deserto de areias vermelhas e às vastas planícies de sal. Aí, à margem da senda, foi arrastada uma pedra bruta, onde se pode ler a seguinte inscrição: *AO MELHOR DOS DESTINOS*. Mais embaixo, em letras pequenas e irregulares, meio apagadas por séculos de vento e areia, alguém acrescentou: *aqui jaz a guerra*. Todos os dias, mesmo durante os aguaceiros de verão, vêm algumas crianças em procissão, depositar uma flor no monumento improvisado. Hoje, não se considera aquele um acontecimento glorioso, mas uma improvável e linda fábula.

Ao terminar a emissão, os conselheiros entreolharam-se desanimados. O discurso do Presidente Crísio, da nação vizinha, não deixava lugar a dúvidas. A invasão estava próxima. Era questão de semanas, de um mês quem sabe. O Secretário do Conselho não encontrando o que dizer, apressou-se em dar a palavra ao marechal Tellus, que fora especialmente convidado para a reunião.

— O Marechal decidiu ajudar-nos. Parece que tem um plano.

O velho alisou os bigodes brancos, num gesto pensativo, e começou a ponderar:

— O nosso é um país pequeno e pacífico, Senhores. É verdade que nunca precisamos de grandes exércitos para nos defender. - Murmúrios de aprovação. Agora, porém, se queremos manter nosso modo de viver, talvez necessitemos de um exército. De um exército imenso, diria eu.

— Com que armas, Marechal? — interrompeu-o um conselheiro.

— Este é o problema. Armas convencionais não possuímos, nem temos como as fabricar, nem as saberíamos usar. Talvez seja preciso pensar numa guerra não convencional, algum tipo de vírus...

Os conselheiros encararam-no com horror.

— O senhor está propondo lançar uma guerra biológica? - inquiriu sombriamente o Secretário.

— Nem todos os vírus são biológicos... Alguns são piores. - respondeu o marechal, sorrindo vagamente. - De qualquer modo, nossa causa justifica medidas extremas. Claro, será preciso um grande esforço de guerra, mas, com alguma sorte, pode ser o último. E as baixas não seriam excessivas, se considerarmos o efeito provável. Mobilização geral! - concluiu enfaticamente.

Não se pode dizer que o conselho de Solônia estivesse muito seguro acerca do que ouvia, mas, entre um fio de esperança e o mais negro dos cenários, não havia como hesitar.

— Deixem-me explicar. Há certas condições humanas que se articulam por reciprocidade. E não podemos esquecer o fator K. do imperativo que impõe universalizar a máxima da ação. Ora, se a imagem prova a semelhança radical dos oponentes, enquanto a máxima do ato tende intrinsecamente à universalidade, na falta do recíproco...

Os conselheiros ouviam-no consternados; mas, ao fim, aprovaram a estratégia radical.

Os soldados do exército invasor tiveram todo o tempo do mundo para se preparar, mas, ainda assim, estavam inquietos na madrugada do combate. O comandante Jones, à frente da força de conquista, procurava tranquilizar seus oficiais, mas ele mesmo não se sentia seguro. Os serviços de inteligência já lhe haviam garantido vezes sem conta que o armamento do exército defensor nunca seria páreo para as armas poderosas de que dispunha, nem a preparação do adversário era de temer. Corria, porém, o boato, soprado de boca a ouvido, de que o velho marechal Tellus saíra de sua aposentadoria voluntária de quase vinte anos, deixando o chalé de montanha e se oferecera para organizar a defesa de seu país. E, ainda que fosse verdade? Que poderia fazer de útil um estrategista de quase oitenta anos, convertido em escritor recluso, sem um exército adestrado e sem equipamento moderno? Haveria de contar, é certo, com a confiança ilimitada do povo, mas não estaria ele próprio enferrujado demais para enfrentar os rigores de uma campanha?

Nada a temer, claro.

No entanto, quando pensava que o velho marechal o estava esperando, o comandante Jones sentia um calafrio subir pela espinha até a cabeça, onde se ramificava em imagens dos desastres a evitar. Para cada qual, contava com dez opções vitoriosas. E – dizia-se – mesmo na pior das hipóteses... Então, era preciso gritar interiormente que não existia a pior das hipóteses, que estava combatendo contra si mesmo uma guerra imaginária, que não passava de ociosa inutilidade sua obcecada revisão das estratégias postas em prática pelo marechal, estratégias em que nunca se conseguia discernir ao certo se havia ou não vencido, pois o embate direto era sempre adiado e, em última instância, jamais acontecia. Mas, acima de tudo, precisava repetir para si mesmo que não haveria marechal algum a esperá-lo, porém só uma vitória fácil e rápida, sem oportunidades de heroísmo nem emoção. É quando se sentia quase decepcionado, como quem se preparara longamente para uma conversa embaraçosa, com a pessoa que faltou ao encontro marcado.

Ao raiar da aurora, a tropa invasora avançou de rastos até a última posição entrincheirada no deserto da fronteira. Acima das dunas, já na borda da cornija rochosa, o comandante Jones avistou as tropas inimigas, contra o fulgor rosado da aurora, que acentuava dramaticamente o vermelho das formações de areia. Centenas de soldados, em posição de sentido, empertigados e imóveis como numa parada, os uniformes azuis oferecendo o alvo mais perfeito com que se pudesse sonhar. Desconcertado, enviou batedores às ravinas laterais, cavadas pelas tempestades de fevereiro, que se afunilavam em direção ao planalto, formando um grande V. Seria uma cilada infantil o movimento em pinça, mas era preciso certificar-se. Estavam desertas, como todo o deserto que atravessara. Ainda desconfiado, conferenciou com seu estado-maior, que foi unânime em recomendar a investida. Esperar mais seria uma demonstração de fraqueza, talvez esta fosse a estratégia ideada por Tellus: minar a confiança dos invasores. Diabos! – pensou – Já estou quase acreditando que o velho de fato está aí. E ordenou o ataque.

Avançaram em ordem, escalando a imensa duna de areia, os pés afundando a cada passo, lentos como num sonho, e parecia que o próprio deserto queria adiar o momento do confronto. Os soldados suavam na manhã gelada, do esforço, da ansiedade, talvez de um vago medo supersticioso. Pois o inimigo permanecia imóvel, sem parecer dar-se conta do perigo. Trezentos, duzentos metros, e nada. Bem no centro da formação adversária, uma bandeira parecia assinalar a posição do comando inimigo. Como se os idiotas fizessem questão de indicar o alvo.

— Pelo amor de Deus, façam alguma coisa, agachem-se pelo menos – murmurou o comandante Jones, hesitando em dar ordem de fogo.

Como para atender à sua prece muda, todos os soldados defensores levantaram, a um tempo, pequenos retângulos brilhantes, que dispararam um ofuscante clarão. Ele nem chegou a ordenar. Sem que se saiba quem começou ou onde, seus soldados dispararam suas metralhadoras e obuses, em fogo cerrado, lançaram até granadas de mão totalmente fora de alcance, que nada faziam senão levantar nuvens de areia à frente, cegando-os e ocultando o adversário.

A última centena de metros, o pelotão avançado do comandante Jones venceu-o aos saltos e gritos de guerra, atirando sem parar, até tomarem a entrada da cornija. Então, detiveram-se estupefatos. Ofegante, o comandante Jones chegou à beira do planalto, exatamente onde a bandeira ainda tremulava. Toda a linha defensiva estava morta ou agonizante. Bem a seus pés, o velho marechal, o estômago varado por duas balas, deixara cair o espelho, que também ele havia levantado, e contorcia-se no chão. Seu ordenança estava morto ao lado, a boca aberta e cheia de areia, o espelhinho partido por um tiro. A devastação fora completa.

O fumo e a areia levantada pelas explosões iam-se dissipando, abrindo à vista do comandante Jones a imensidão do planalto rochoso, banhado de sol. Por um instante, o experimentado Jones sentiu-se como um garoto acanhado diante do garbo das milhares, talvez dezenas de milhares de linhas cerradas de uniformes azuis, que se sucediam a cada exatos cem metros até o horizonte, imóveis, empunhando seus espelhinhos retangulares. Como entre os mortos a seus pés, lá se misturavam homens e mulheres, crianças e velhos, todo o povo inimigo quem sabe.

Só então, ele despertou para a extensão implacável de sua derrota. A seus pés, o marechal Tellus ainda agonizava, mas de olhos bem abertos, olhos que o miravam em cheio, com o que se lhe afigurava agora um brilho irônico. Os vastos bigodes, famosos em todo tratado militar, estavam sujos de areia, da mesma areia que cobria o mundo, que entrava nas botas, no colarinho, no nariz e na alma. O comandante Jones reconheceu instantaneamente o que sempre soubera, aquilo que recheara seus pesadelos às vésperas da batalha, aquilo que nunca deixara de escorrer fininho, como areia na ampulheta, marcando o tempo de sua angústia. Ele sempre soubera que não teria a mínima chance de vitória, ao enfrentar o maior estrategista de seu tempo. E, por honestidade, também teve de admitir que quase desejara esta derrota reveladora, às mãos do mestre de sua profissão. Só não tinha como antecipar em qual cilada iria cair. Agora sabia. Era autocontraditório ordenar o ataque contra um povo da mesma humanidade. Logicamente impossível ficar ali, onde massacrara centenas de pessoas desarmadas. Por fim, não havia sequer como bater em retirada diante de um indefeso exército, que nem o era.

Curioso, o comandante Jones estudou seu reflexo no espelho partido, depois, os olhos do marechal, e ambos lhe devolviam a mesma imagem, a imagem da agonia final de sua profissão. Com esforço, o velho marechal acenou levemente, para incentivá-lo à ação necessária. Os dois concordavam quanto ao que havia a ser feito, pelo visto. De todas as estratégias sutis que Tellus já ideara, esta fora com certeza a mais infame, porém a mais definitiva. A cilada kantiana.

O comandante Jones sacou a pistola – exigindo de si, entretanto, clareza sobre se agia por vingança, por despeito, por misericórdia, ou simplesmente, como concluiu, para cumprir, com o respeito devido, a última salva de honra militar da história – e disparou dois tiros na cabeça do marechal. Em seguida, com cuidado e determinação, antes que alguma racionalização turvasse seu imperativo categórico, apoiou a pistola na têmpora e se matou. Seus auxiliares imediatos entenderam também a armadilha em que haviam caído e seguiram seu exemplo. A maior parte dos soldados os imitou. As linhas defensoras mantinham firmes a posição e seus espelhos. Sobre as rochas, sem outra vegetação que os corpos da espécie em extinção, a bandeira do marechal ainda tremulava com sua orgulhosa e ridícula divisa, emprestada de algum ancestral contraditório da estirpe militar: *morrer, se necessário; matar, jamais.*

O resto do exército invasor debandou em desordem. Alguns, chegando ao sopé das dunas, puderam refletir e usaram as armas para suicidar-se. Que é afinal um soldado? Aquele que veste um uniforme e deve empregar sua arma para matar aquele que está de uniforme, antes que aquele que está de uniforme use sua arma para o matar. Claro, recíproco, rotineiro. Mas, se o particular se universaliza, quando todos os demais estão de uniforme e desarmados, a máxima da ação exige matar os que estão de uniforme e armados. Insofismável. Vê-se ao espelho.

Outros infelizes, porém, o espírito turvado por racionalizações pueris, buscaram livrar-se do destino, alegando falta de provas e de instrumento, e cometeram o erro estúpido de arrojar ao solo suas armas, guardando só o uniforme e o sofisma. Mas, o imperativo seguiu-os, como erínia, uivando do fundo de cada greta, do alto de cada rocha, do estofo de cada consciência. Não podendo voltar às casas, perdida a condição humana, enfurnaram-se em covas e perderam-se em brenhas, tentando passar por animais. Depois, porém, tiveram de matar-se de maneira menos limpa, enforcando-se nos cordões das botas, que facilmente se rompiam, atirando-se em precipícios, ou por meios tão sórdidos que me recuso a descrever...

B. A intimidade da clínica

1. Quarta meditação: intimidade da clínica

1.1. Panorama da Psicanálise

"O inconsciente não tem desejos, a consciência os sente."
Freud a Blanton

Se alguém arguir que consciente não é a consciência, será degolado com a Navalha de Occam.
Herrmann, 2003

Método

Já se escreveu demais sobre a Psicanálise. Eu mesmo sou responsável por uma pequena fração desse excesso de páginas, culpa da qual espero me redimir com este *Panorama*. Está na hora de resumir o essencial, com toda a clareza e simplicidade possíveis, mesmo não ignorando que o assunto que é preciso tratar de forma clara é nada menos que a penumbra da alma humana, e que o instrumento para a iluminar, o método psicanalítico, quando encarado em sua intrínseca simplicidade, pode ser dificílimo de compreender e quase impossível de empregar na clínica com o devido rigor. O jeito complicado com que nós, os psicanalistas, temos falado da Psicanálise deve-se, pelo menos em parte, ao constrangimento em reconhecer que não compreendemos direito nosso próprio método de conhecimento e procedimento de cura.

Para os fins deste curso, a Psicanálise pode ser assim resumida, meus amigos. Em primeiro lugar, é um método para descobrir a verdade psíquica. Esta, a verdade, está sempre aí, porém disfarçada por camadas e camadas de seus próprios produtos. Tais produtos, as representações mentais, não são mentirosos, em princípio. São apenas parciais e rotineiros, dão a impressão de serem apenas aquilo que mostram – meu mundo e eu vivendo nele, junto a meus semelhantes. Para isso existe a rotina,[1] afinal. Para fazer crer que as coisas são como parecem ser, que só há uma maneira de realizar as tarefas do dia a dia e de gozar os intervalos de prazer. A rotina serve justamente para criar a ilusão de que há só um mundo e de que, nele, somos todos semelhantes.

Freud criou um método de interpretação que, aplicado à análise da cultura ou à análise de indivíduos neuróticos, até mesmo à análise de pessoas mais ou menos normais, é capaz de romper o campo da rotina. O que aparece então é estranho, muito estranho. A gente percebe, de início, que vive na confluência de mundos subjetivos não coincidentes, mas, sem embargo, *conviventes*, se assim

---

1 O conceito de rotina vem sendo usado ao longo deste livro desde seu "Preâmbulo". Como função psíquica responsável pela comunidade de sentidos e disfarce para o absurdo ou lógica de concepção é central no pensamento de Herrmann e explorado principalmente no livro *Andaimes do Real: Psicanálise do Quotidiano*, op. cit., em seus vários capítulos. Ver também nota 6, p. 140. (L H)

se pode dizer. O mundo de meu amigo não é o meu nem o de vocês que me ouvem hoje; mas esses mundos subjetivos convivem, interagem, ajustam-se quase sem deixar vestígios de estranheza, por efeito da rotina do convívio.

Em seguida, com um grau a mais de ruptura, sou obrigado a admitir que nem mesmo meu próprio mundo subjetivo é um só. Ao passar de sentimento a sentimento, são mundos diversos que experimento; para falar com exatidão, cada sentimento – felicidade, tristeza, admiração, ressentimento etc. – nada mais é senão um certo mundo, muito especial, que o espelha. Só se pode descrever acertadamente um sentimento, descrevendo-se o mundo que ele cria. Em sonhos, vivo também mundos que não se equivalem uns aos outros, nem sequer aos da vigília. Ao contrário, é como se os sonhos, antes de serem sonhados durante o sono, já estivessem ativos, criando, ou no mínimo colorindo, as realidades do quotidiano. A realidade, um sonho desperto! E não me dou conta disso. Ademais, minha experiência de existir quase não sofre solavancos: o sonho fica restrito aparentemente ao sono, as fantasias não parecem influir na realidade, os sentimentos, mesmo quando intensos, são racionalizados e atribuídos às circunstâncias.

Um novo giro desse limpador de para-brisas que é o método psicanalítico, e devo reconhecer que tampouco este eu que agora se dirige a vocês é tão autônomo e singular quanto habitualmente se crê. Sou, como todos, um sujeito composto por minha cultura, por meus semelhantes, tão dessemelhantes entre si aliás, por contradições internas e externas. Sou, eu mesmo, a compressão de um sujeito coletivo, uma espécie de nó praticado nos muitos fios das determinações sociais, históricas e culturais que me constituem e me dirigem. As ideologias é que me pensam, quase sempre; crer que já morreram, que não existem mais, é só um outro efeito ideológico. Não criei minha língua nem minhas ideias, mas uma das propriedades daquela é possuir a regência verbal da primeira pessoa do singular do verbo ser (*eu sou*) e uma das ideias de minha cultura é a autonomia do sujeito.

Por fim, essa verdade psíquica que está sempre aí, bem à frente de meu nariz, revela-se maldosamente fugidia, caso nova ruptura do campo da rotina ocorra. Porque não se encontra propriamente à minha frente, mas no íntimo do sujeito que pensa e diz o que digo. Infelizmente, não é ela, a verdade psíquica, um fato surpreendente que desconheço, porém a *lógica de concepção* (emocional) que gera meus sentimentos, meus pensamentos e meus atos. Por isso, quando a quero apanhar no pulo, estou posicionalmente no lado errado da proposição e em péssimas condições filosóficas, pois o pensamento que a tenta flagrar em ação é um produto dela mesma: pula junto. Apanhar a lógica geradora de meu pensar seria como me virar do avesso, proeza que, reconheçamos, requer dotes inusuais de contorcionismo topológico. Freud, como disse, inventou um operador para descobrir a verdade psíquica, o método psicanalítico, que torna factível, mas nunca fácil, virar do avesso a consciência. Ao avesso da consciência – lugar onde opera a lógica emocional geradora dos sentidos psíquicos (*fantasias*), sentidos que a rotina busca constantemente reduzir ao mínimo que o consenso aceita – chamou ele de *inconsciente. Unbewußte*. Bela ideia, belo nome.

A primeira imagem que se tem do inconsciente é, portanto, a de uma região de absurdos. Isso é fundamentalmente correto, contudo requer uma pequena precisão. A aplicação do método psicanalítico, ao romper os campos rotineiros, mostra, com efeito, uma extensa coleção de absurdos e disparates, com respeito às crenças que sustentam nosso pensamento comum. Além desses anteriormente mencionados, o método evidencia, por exemplo, o papel desempenhado pela sexualidade na produção de ideias e sentimentos que, com sexo, nada parecem ter que ver... à primeira vista. E, mais assustador, de uma sexualidade esquecida, reprimida, da sexualidade infantil, que gira em torno do célebre *complexo de Édipo*. Outro resultado da ruptura metodológica da rotina é que o eu, o sujeito que experimentamos intuitivamente como unidade e razão, fragmenta-se e multiplica-se em pares de posições psíquicas conflitantes, numa duplicação sub-reptícia infindável que ocorre a cada ato psíquico: sempre sou dois, em contradição interior. Por outro lado, o método desfaz a cuidadosa distinção entre razão e emoção, ao ponto de já não ser possível dizer que a emoção atrapalha ou perturba a razão, uma vez que ambas surgem, a nossos olhos espantados, não como as duas faces da mesma moeda, mas como a partitura e a melodia de uma música: duas maneiras de haver o mesmo. E assim por diante, a consciência ao avesso vai deixando ver seus impensáveis disparates.

A correção requerida pela concepção de inconsciente, como lugar das coisas absurdas, desdobra-se em dois pequenos itens. O primeiro é a noção popularizada de que o inconsciente é um lugar à parte, algo assim como a exceção da consciência ou como um tropeço da razão. Já vimos que ele é a própria consciência virada do avesso, tendo, por conseguinte, exatamente a mesma extensão da consciência – *coextensividade da lógica produtiva e da consciência* é o nome técnico, na Teoria dos Campos. Juízo racional, atos meditados, sentimentos razoáveis, o inconsciente é tudo isso, só que visto ao revés, ou seja, visto como processo de produção, não como produto final. (Freud mesmo fornece algumas pistas nesse sentido, como quando diz que: o pensamento é na sua origem inconsciente.) Não é fácil admitir, mas tudo o que há em nós, por mais sensato que pareça, compartilha da mesma *lógica absurda de produção*,[2] e não somente os sonhos, os sintomas neuróticos, os

---

2 Em Herrmann *lógica de produção* é outro nome para *lógica de concepção*. Ver nota 2, p. 300. (L H)

atos falhos. O sentido comum, frente ao qual se poderia com justiça qualificar de absurdos os escorregões sintomáticos que todos experimentamos de vez em quando, simplesmente não existe, é uma ilusão decorrente da rotina – ilusão preciosa embora, por ser a raiz de nossa crença na possibilidade de plena comunicação, que acaba sempre por criar alguma. A rotina opera no indivíduo sob forma de repressão, racionalização, negação, recusa de sentimentos etc.

O outro reparo a fazer é muito parecido. Imaginamos que esse absurdo iluminado pelo método interpretativo da Psicanálise exista apenas numa região escondida e sepultada no fundo de nossas mentes, na privacidade de um mundo interno. Não é assim. A psicanálise da cultura e da sociedade mostra psiquismo por toda parte e com as mesmas propriedades lógicas. Isso é quase óbvio, já que a sociedade (ou qualquer parte dela) é um sujeito psíquico em ação. A psique não é em si mesma individual ou social, designando essas duas categorias apenas o assentamento ou encarnação que estamos estudando. Tomemos um exemplo banal, mas ilustrativo. Quando certos costumes se vão depurando e fixando em regras precisas, ganham a forma explícita que conhecemos como *lei*. Então, a lei é aplicada a partir de sua forma final, em seguida implantada noutras sociedades e repetida por tempo indefinido. E algo estranho sucede. A lei, que foi o produto consolidado do costume, começa a contrariar frontalmente os costumes, é preciso reinterpretá-la, regulamentá-la, inventar um complicadíssimo instituto legal para a contemplar devidamente; ou seja, para a burlar sem a destruir. Que houve? Simples, a lei, o costume sedimentado que se regulou, foi transplantada para lugares, tempos e condições onde não é costume, em absoluto. Mesmo a melhor das leis, quando instituída no lugar onde não nasceu, carece da mediação indispensável dos hábitos sociais lentamente depurados e torna-se pura e simplesmente uma arbitrariedade indecifrável, como uma espécie de Papai Noel de longas barbas e casaco de lã sob o sol dos trópicos, por exemplo. Ou, melhor talvez, um sintoma do absurdo cultural, em tudo semelhante ao absurdo individual conhecido como *superego*. Como vocês podem aquilatar, a rotina também tem um árduo trabalho psíquico a cumprir na vida social, por meio de mecanismos que têm sido menos estudados pela Psicanálise.

O método interpretativo criado por Freud, ao pôr a descoberto a verdade psíquica, funciona como um semeador de inconscientes relativos, evidenciando absurdos no indivíduo, na coletividade, no desenvolvimento da cultura. O que os filósofos sonharam conseguir com seus sistemas, expor as entranhas do pensar, Freud obteve com seu método interpretativo – claro, depois criou também um sistema. O resultado foi terrível para algumas filosofias, porém, pois mostrou que a psique é inexoravelmente lógica, porém que lógica não é razão. E, ainda mais. Seria consolador, mas falso, acreditar que psique só há no indivíduo, e guardado lá bem no fundo, de onde só dá as caras em condições muito especiais, no sonho, na neurose, na psicose, na análise. A lógica de concepção está onde está o homem, no mundo concreto, na sociedade, na cultura. Homem e mundo padecem de lógica de concepção.

Teoria

Para melhor fixar suas operações inaugurais com o método interpretativo, Freud criou uma série de modelos teóricos do funcionamento da psique. Sendo a psique extraindividual, e não psicológica, escolheu um nome consoante à ideia, chamou-os de *metapsicologia*. O nome soa curioso e vetusto, pois sugere um paralelo com a velha metafísica, mas, se recordarmos que ele não estava batizando o conjunto da verdade psíquica que o método conjura – conjunto que ainda hoje está longe de ser conhecido –, mas tão somente a primeira série de operações interpretativas e alguns de seus resultados provisórios mais essenciais, o termo não parece de todo injustificado. *Para lá da psicologia*. Talvez escandaloso, mas não descabido.

Senão, vejamos. É provável que Freud desconfiasse que a resistência geral contra a qual lutava, que aqui denominamos simplesmente *rotina*, infiltrar-se-ia na própria compreensão de seu método interpretativo; que iria fazer-nos crer que a psique que nos habita – essa é a maneira justa de o dizer – é um fenômeno individual e que o avesso da consciência, exposto pela interpretação, é uma espécie de organismo mental funcionalista, como a psicologia sempre havia postulado – a psicologia de Auguste Comte, por exemplo, contava com 18 funções subjetivas. E procurou proteger-se, e a nós, desse equívoco, de várias maneiras. Deixou-nos inúmeros textos sobre a psique cultural, algumas fábulas de estilo mítico sobre sua origem em tempos remotos da coletividade humana – lembram-se da horda primitiva? E, ao escrever sobre o psiquismo e a doença do indivíduo, talvez nos tenha querido prevenir contra a banalidade de se pensar a alma humana como um corpo abstrato, que só existe para a psicologia. Situou-o para lá da psicologia. *Metá*. Metafísica, metapsicologia. Ninguém *tem* em si as coisas da metafísica – ente, ser, nada, quididade etc. – , porque não são coisas, mas interpretações transcendentais. Ninguém *tem* as coisas da metapsicologia – instintos, instâncias psíquicas, mecanismos de defesa etc. –, que também não são coisas, mas interpretações psicanalíticas.

As teorias freudianas, chamadas *metapsicológicas*, compreendem uma descrição geral do *aparelho psíquico*, metáfora que empregava para facilitar a intuição da lógica de produção de nossas ideias e sentimentos, aparelho que às vezes chamava ele mesmo de *ficção*. Ego, id e superego; consciente, inconsciente e pré-consciente; processo primário (o dos sonhos, o do inconsciente) e processo secundário (da consciência); as *pulsões*: instinto de vida (Eros) e instinto de morte (Tânatos), ou libido e instintos do ego; a vasta coleção dos mecanismos de defesa, de que a repressão é o paradigma geral; eis alguns elementos teóricos que hoje fazem parte já da linguagem comum. Há muitas outras teorias na obra de Freud, porém. A teoria do desenvolvimento psicossexual, com suas fases: oral, anal, fálica, genital. As teorias sobre os fenômenos de massa, sobre as religiões, sobre a origem da civilização. A psicopatologia psicanalítica etc.

O modelo do funcionamento psíquico proposto por Freud é complexo e difícil de compreender, se for tomado como uma planta geral da máquina do espírito, em que cada uma de suas análises teóricas constituísse parte de um conjunto fechado, peças da engrenagem. Para continuar com esta analogia aproximada, conquanto inexata e um pouco forçada, diria que seu modelo guarda certo parentesco ao de uma máquina, talvez a máquina a vapor, modelo tão prestigioso naquele tempo. Haveria uma fonte de energia (libido), sistemas de controle (princípios) e de direcionamento (funções), relés (censura, mecanismos de defesa) e um trabalho final, o rendimento psíquico, normal ou patológico. Na realidade, a ideia de máquina ou aparelho dominava a imaginação de médicos e fisiologistas de sua época, que interpretaram também o corpo como uma série de aparelhos, dependentes de um fluxo energético. O corpo biológico regula-o e realiza tarefas. Mesmo a interpretação econômica e sociológica do mundo não escapou a esse modelo: recursos, interesses, meios, trabalho a realizar. O curioso, como se pode notar, é que essa noção geral de uma máquina do mundo, sendo responsável pela invenção e desenvolvimento das máquinas industriais, tenha encontrado na tecnologia, então emergente, um modelo metafórico para pensar quase qualquer coisa, até mesmo a psique humana. Digamos que foi um caso de *metáfora reversa*: uma forma de pensar, característica da virada do século XIX para o XX, cria sua representação concreta, a máquina, mas logo acredita que tal produto deva ser o modelo do original. E concebe o espírito que inventou o aparelho, como sendo ele mesmo um aparelho. Parece tão doido quanto olhar-se ao espelho e perguntar como ele nos vê. E é alienado, é doido mesmo. Tanto, que um dos melhores psiquiatras da Sociedade Industrial (que é ainda a nossa), Karl Marx, não conseguia parar de rir da doida história da alienação. Nunca se esqueçam da psique do real,[3] ela nos pensa, ela nos faz.

Contudo, Freud foi muito além da ideia de máquina ou aparelho psíquico. Por *talento e sorte*, porque um aparelho psíquico constitui uma queda de estatuto brutal face à delicada decifração do sentido humano – como mostra a *Crítica dos fundamentos da psicologia.*[4] Em sucessivas interpretações desse sentido humano, construiu, para cada qual delas, modelos especiais, como o de sadismo e masoquismo, de angústia sinal, de cisão do eu etc. O aspecto um tanto barroco da teoria psicanalítica, que parece repleta de explicações auxiliares e de construções *ad hoc*, deve-se apenas à tentativa, algo canhestra, de reunir todas as formas de interpretações freudianas num sistema geral; quando, de direito, pertencem a planos muito diferentes. Quando se pensa no inconsciente, deve-se, ao contrário, imaginar os mapas de um território ainda quase desconhecido, em que os registros de certo explorador podem ou não se relacionar com a do cartógrafo da expedição anterior. Sobrepondo todos, uns em cima dos outros, chegaríamos a um mapa

---

3 Também *psique do real* já encontramos muitas vezes neste livro. É na quinta parte de *Andaimes do Real: Psicanálise do Quotidiano*, op. cit, que é trabalhada conceitualmente. No pequeno livro de Herrmann de divulgação da Psicanálise e da Teoria dos Campos, *O que é Psicanálise, para iniciantes ou não...*, Blucher, 2015, 14. ed., o conceito é tratado didaticamente no capítulo "Psique do real", a ele dedicado. (L H)

4 Politzer, G. *Crítica dos Fundamentos da Psicologia*, Presença/Martins Fontes, s.d. (L H)

fantástico, onde (como se encontra em Eurípedes) *os rios correm de volta para as montanhas*. Logo, para fins práticos, é mais correto falar de inconscientes relativos, que de um sistema inconsciente *totalizante*. A justaposição de todas as interpretações freudianas num único aparelho só se poderia fazer por meio de hipóteses conjecturais, é óbvio. Mas, como vocês sabem muito bem, juntar conjectura a interpretação é o meio mais seguro de provar seja lá o que for – ou de explodir a mistura teórica, como aprendi no ginásio, ao derramar água numa solução concentrada de ácido sulfúrico. Se os fatos não se adaptam à minha conjectura teórica, interpreto-os à minha maneira e mostro que os fatos apenas *pensam* que não se adaptam. Por pura resistência. *Tant pis pour les faits* – não foi Freud que o disse, foi Marx.

As teorias freudianas e as demais, que se foram acumulando ao longo do tempo, formam a segunda parte de nosso patrimônio, nem de longe comparável à riqueza potencial do método psicanalítico. Porém, precisamente por isso, de importância extrema, porquanto constituem, no fundo, exemplos de aplicação feliz de nosso método interpretativo. Ou, o que também é precioso, exemplos menos felizes – do tipo: *azar dos fatos* –, que ilustram os escorregões mais comuns da razão interpretativa, *razão impura* por excelência. Freud estava a par disso. Como epígrafe desta aula, selecionei um fragmento do *Diário de minha análise com Sigmund Freud*, de um psiquiatra americano chamado Smiley Blanton.[5] Sugiro que passem os olhos no livrinho. Cada vez que o Dr. Blanton tenta fazer alguma aplicação ao pé da letra das teorias freudianas, ele desaconselha, diz que não concorda, ou faz um silêncio de quem comeu e não gostou. Freud conhecia suas teorias, sabia que algumas eram datadas (recomenda que ao ler um artigo, veja-se a data) e que

5 Publicado pela Editora Nacional em 1975, este livro está esgotado. (L H)

seus *conceitos são fluidos, como é próprio de uma ciência incipiente... o público é que exige exatidão, senão pensa que não sabemos do que estamos falando*" (sessão de 6 de março de 1930).

Dito de outro modo, a teoria psicanalítica, ao tentar descrever, do jeito que pôde, o funcionamento psíquico do homem, não encerra em si a verdade humana. Esta só emerge por rupturas, que literalmente nos viram do avesso quando acontecem. Todavia, mesmo *rotinizando* o absurdo e inventando reificações, a teoria constitui de fato uma rica demonstração de operações interpretativas de longo alcance. Ou seja, a teoria psicanalítica é um modelo interpretativo, um compêndio de exercícios estratégicos com a interpretação, mesmo que não valha como modelo em escala do espírito humano.

Clínica

Se esta, a teoria, é o segundo tópico de nosso brevíssimo resumo da Psicanálise, há um terceiro, ainda mais popular, constituído pela clínica. A clínica psicanalítica nasceu como um tratamento para pessoas neuróticas. Mas não ficou nisso. Foi cobrindo também certas psicoses, para as quais é um tratamento eficaz. Diversas outras patologias vieram a se beneficiar da cura psicanalítica, à medida que evoluía, mas sobretudo os pequenos distúrbios da quase normalidade de todos nós. Mesmo os fatos culturais e as instituições da sociedade são objeto do trabalho clínico psicanalítico. Como é natural, em cada caso, individual ou coletivo, de pessoas ou de organizações culturais, a ação do analista procura uma forma clínica adequada ao objeto e às suas condições. Na transmissão da Psicanálise – por *Psicanálise*, entendemos a ciência e seu método geral, por *psicanálise*, qualquer aplicação particular, como o tratamento –, consagrou-se uma psicanálise especial, conhecida como *análise didática*, em que o futuro analista pode experimentar o influxo do método do outro lado, do lado do divã. Esta última modelou uma espécie de padrão para a clínica, a clínica padrão, que, não sendo necessariamente melhor ou pior que as demais, serve de referência comparativa. Tem uma moldura mais ou menos fixa: consultório, divã, 3 ou 4 sessões semanais, duração longa de anos etc. É um dos emblemas da Psicanálise esta forma de análise, algo assim como um logotipo: o divã.

Este curso trata da clínica psicanalítica, não só da clínica padrão, mas daquilo que é comum a todas; vale dizer, trata da *clínica extensa*. Por aí começou a aventura freudiana, por aí seguirá a nossa.

Movimento psicanalítico

Mas este elenco básico do patrimônio psicanalítico não estaria completo se não fizesse menção a um quarto tópico, com certeza menos relevante que os anteriores, porém mais notório e bastante conspícuo. Refiro-me, como vocês já devem haver adivinhado, ao movimento psicanalítico, também criado por Freud. Dados os caminhos e os descaminhos que nossa ciência seguiu depois dela, o movimento psicanalítico passou a ser confundido com as disputas entre as escolas. Escolas aparecem, suponho que já tenham notado, quando se quer afirmar o que não se conhece, ou o que nem mesmo é possível conhecer. A escolástica medieval, que a Psicanálise desenterrou para seu uso próprio, disputava detalhes metafísicos do gênero: se posso pensar em *algo* que reúne todas as perfeições possíveis, e se uma das perfeições é existir, logo esse algo existe, porque o penso. A que outro respondia: posso pensar nas Ilhas Afortunadas, onde se encontram todas as perfeições, mas como não existem, não passam por isso a existir. Nossas escolas discutem se a disposição à inveja nasce ou não com o homem, se há ou não um instinto de morte, se todas as patologias filiam-se não a umas quantas estruturas, se é melhor ser mais *intelectual* ou mais *emocional*. Em suma, tendo certeza de que o homem é de certo jeito, como o mestre disse que é, quer-se provar que *algo* o fez precisamente desse jeito. Mas, como não sabemos exatamente o que seja *perfeição*, nem temos uma ideia passavelmente clara de como é a psique humana, fica difícil decidir quem leva a palma e quem, a férula – ficaria melhor dizer a palma ou a palmada, mas estaríamos abaixo da dignidade escolástica.

Historicamente, as escolas servem também a dar um cunho nacional e colonialista ao poder psicanalítico. O grupo vienense, que com a morte de Freud e a II Guerra logo desapareceria, a escola inglesa e a francesa, provisoriamente dominantes, as tentativas norte-americana e argentina, por exemplo. Não devemos ser demasiado rigorosos com nossa história. Uma ciência em que o fator Ig. (Ig. de ignorância) é tão notório, que se tentássemos reunir nosso conhecimento numa visão unitária, o mapa da alma, assim cartografado, incluiria *rios que correm de volta para as montanhas* – como se lê na *Medeia*, de Eurípedes –, não poderia estar imune às veleidades nacionais e pessoais de dominação, inversão da natureza ética da Psicanálise que vai de par com a de sua natureza geográfica. Essa foi a segunda geração dos analistas,[6] seguinte à primeira, a de Freud e seus discípulos, mas hoje, pelas minhas contas, já deveríamos estar na terceira geração, a que pode teorizar em nome próprio. Ou, se não hoje, amanhã, quem sabe depois.

---

6 Para o tema de gerações de psicanalistas como a das escolas, no sentido de escolástica, ver nota 18, p. 224. (L H)

Tais disputas ocorreram e ainda estão em vigor, não há como o negar; mas não constituem, creio, um aspecto essencial do movimento. Tanto é assim, que atualmente as lutas se dão principalmente na periferia do mundo psicanalítico, no curso básico das faculdades de psicologia, nos pequenos grupos de formação, nas regiões geográficas recém colonizadas pela Psicanálise ou que recusam sua independência. E, mesmo ali, parece que os espectadores não se engajam em qualquer dos lados, nem se dão ao trabalho de apostar no resultado. O movimento psicanalítico é, antes de tudo, investigação, e, secundariamente, transmissão. Constituído pelos analistas praticantes, filiados ou não a organizações maiores, sua essência reside, tudo leva a crer, na própria atividade clínica (de *clínica extensa*) e na escrita que a comunica. É, em primeiro lugar, investigação e teorização constantes, em segundo, ensino, supervisão, formação de novos analistas. Suas instituições nem sempre cumprem as disposições do legado freudiano, mas tampouco são inteiramente dispensáveis, pois de algum modo é preciso que a Psicanálise se organize e se reproduza. A visão que temos hoje do movimento psicanalítico é menos monolítica que aquela de vinte ou trinta anos atrás. Um sistema de pesquisa e formação, razoavelmente poroso, compreendendo Universidade, Sociedades de Psicanálise, clínicas, hospitais e consultórios, congressos e encontros, institutos de pesquisa e analistas supervisores, ligados ou não às sociedades oficiais. Em suma, um grande, mas difuso, empreendimento científico, cuja missão é levar adiante a aventura freudiana. O que não é de todo impossível que venha a acontecer, mesmo com o movimento oficial, a IPA, desde que ela tenha algum juízo. Vale dizer, suficiente juízo platônico para impedir que os burocratas tomem o poder da *República*, mas que o deixem aos pensadores – não por serem estes mais sensatos ou competentes, mas por serem muito, muito menos perigosos...

Este panorama não faz jus à Psicanálise. Não resume os 24 volumes da obra de Freud, muito menos os milhares escritos depois. Só serve de limpa-trilhos para a locomotiva da clínica. Vocês decerto compreenderam que é esta a intenção e a serventia da aula de hoje.

1.2. Sobre a verdade como tensão entre invenção e descoberta (I//V//D)[7]

A parábola do sertanista imantado, do índio e do laptop

Por falar na aventura freudiana, deixem-me contar por onde começou a minha – se o posso dizer assim, sem criar a falsa impressão de haver arriscado mais que a existência intelectual. Como tantos outros, imagino, não demorei a perceber que havia um descompasso interior na Psicanálise. O método psicanalítico, aplicado clinicamente, parecia funcionar às maravilhas, mesmo nas mãos, ou melhor, nas orelhas e boca inexperientes que o praticavam, as minhas. Já a teoria, nem tanto. O aparelho psíquico freudiano, tal como me era ensinado, com tantas emendas e correções, dava a impressão de ser complicado demais para poder funcionar; para explicar os efeitos da interpretação, em primeiro lugar, mas igualmente para fazer funcionar o homem. Como é natural com todos, pensei de início que não o estava entendendo direito. Voltava, vezes sem conta, aos textos básicos, esquematizava quadros sinóticos, tentava criar diagramas gerais, mas não conseguia tirar da cabeça a imagem de uma dessas engenhocas, que aparecem nas revistas em quadrinhos e nos desenhos animados, construídas com peças reunidas de eletrodomésticos des-

---

7 Este item da Quarta meditação, com introdução e resumo de Leda Herrmann, foi publicado na *Revista Brasileira de Psicanálise*, vol. 46, n. 3, 2012, pp. 65-77. (L H)

montados – de criança, eu mesmo já tentara criar algumas, sem grande sucesso. O diabo é que, em separado, vários desses componentes funcionavam bem, como, aliás, os aparelhos íntegros, antes de minhas experiências amadorísticas.

Aos poucos, uma dúvida mais precisa me tomou de assalto. Como se sabe que é assim, como se faz para provar que a psique só pode ser assim? Via meus colegas – éramos todos ridiculamente jovens, então – dispersando-se em várias direções. Alguns trocavam a psicanálise por outras correntes de psicoterapia. A maioria ficou optando, porém, por simplificar o problema teórico, e aderiu a uma das escolas psicanalíticas, que, pelo menos, oferecia uma receita clínica simples, ou, como se dizia, por eufemismo, um esquema referencial. Os poucos que se mantiveram freudianos pareciam fazer uma escolha interna ao sistema; diziam: *no meu trabalho, privilegio este ou aquele grupo de conceitos*, ou *não se pode tomar tudo ao pé da letra*. Por azar, não conseguia fazer o mesmo. É lógico que o sistema kleiniano ou o de Bion eram imensamente mais simples, e que mesmo o de Lacan, com toda a complicação da linguagem dos *Escritos*, oferecia quando menos um operador unificado para a clínica. Mas a questão central persistia: como se prova que o homem é assim? Como se prova que o bebê tem mesmo tais mecanismos esquizoparanoides ou que o inconsciente possui exatamente essas formações? Nunca encontrei uma resposta convincente.

Hoje, passadas algumas décadas em que a aventura teve de conviver com a desventura, já não espero mais a resposta. Em compensação, aprendi a perguntar melhor. Para começo de conversa, a maior parte dos analistas, é duro admitir, aceita uma teoria como a gente acata uma opinião abalizada: *Freud diz que é assim, eu me dou por satisfeito com ter chegado a entender*. No máximo, aduz o conhecido argumento clínico – *minha clínica o demonstra* – sem parar para ponderar que, se os interpretantes de uma clínica são freudianos (ou se são kleinianos, por exemplo), eles naturalmente vão apontar para o lugar de origem. Como o homem que sai à floresta guiado por sua bússola, mas carregando um ímã no bolso da calça.[8] Bem, minha clínica prova que é assim, mas a de meu vizinho, de outra escola, deve provar que é assado. Como ficamos?

Não, meus caros, àqueles de vocês que estão agora se aproximando da selva da Psicanálise, posso garantir que por aí só ficarão dando voltas. Nem adianta perguntar aos que já incorporaram uma corrente autodemonstrável, tendo a bússola no cérebro e o ímã no estômago.

Imaginem o índio que se cansa do movimento de tanta gente a dar voltas no mato e sai da choça a inquirir vários grupos de sertanistas perdidos, cada qual com ímã e bússola. Depois de umas quantas tentativas, nosso índio daria de ombros e voltaria para casa, mais convencido que nunca de que esses brancos são mesmo uns neuróticos – ele era leitor do Asterix. No caminho da taba, é provável que encontrasse diversos objetos abandonados pelos caminhantes fatigados. Entre estes, quase certamente, um *laptop*. Sendo um índio com espírito científico, como o são os índios que ainda não aprenderam que teoria se compra pronta,

---

8 Em "Há o inconsciente (à guisa de conclusão)", o último capítulo da quarta parte de *Andaimes do Real: O Método da Psicanálise*, p. 326, op. cit., Herrmann usa essa metáfora como ilustração da situação aprisionadora de se usar teorias como um *a priori* na escuta analítica. A bússola é o método interpretativo, mas se sua agulha (a escuta analítica) não puder girar livremente devido à imantação de teorias produzidas em situações anteriores de descoberta, o resultado é o andar viciado em círculos que leva sempre ao mesmo lugar. A bússola perde seu poder de precisão de indicar o norte, para indicar o ímã no bolso, ou a teoria que o analista carrega na cabeça. (L H)

talvez o quisesse compreender. Depois de algumas tentativas vãs, teria anotado suas conclusões. Não se enganem, os índios de hoje já não são mais os de antigamente. 1) *Ctrl + B serve para gravar.* 2) *C\: dir fornece a lista dos arquivos de um diretório.* 3) *Ctrl + Alt + Del dá um boot seco e perde as informações.* 4) *Os circuitos digitais funcionam no sistema binário.* Por fim: 5) *a bateria esgota-se com o uso.*

> — *Por Tupã!* – exclamaria, desapontado – *onde encontro uma tomada de 110 nestes cafundós!* A essa altura, talvez chegasse a simpatizar com os expedicionários perdidos. Tinha experimentado o que faz bem pra tosse.

Minha suspeita, já nos meus tempos de índio, sempre foi de que os elementos que compõem a teoria psicanalítica não são apenas esparsos, mas dizem respeito a planos irreconciliavelmente distintos do ser psíquico. No caso do computador, a primeira observação anotada por nosso *analista selvagem* refere-se ao *Office*, um aplicativo entre outros. A segunda, ao *DOS*, o sistema operacional. A terceira é uma ordem geral de *software*. A quarta é propriedade da linguagem de máquina. A quinta, o fluxo energético, um requisito do *hardware*. Medindo só o dispêndio de energia, é improvável que se possa decidir se um usuário está operando com o DOS ou com o Windows, por exemplo. Os *softwares* relacionam-se entre si e com o *hardware*, mas a análise dos rendimentos de um aplicativo informam muito pouco sobre o sistema operacional e, menos ainda, sobre o estado da máquina, somente se está funcionando ou não.[9] Se você está pensando que me

---

9 Este texto foi escrito no início de 2003 quando o Windows, sistema operacional criado pela Microsoft, embora dominante para os usuários de computadores, não nos havia apagado da lembrança o sistema operacional que o precedeu, o DOS que, exigia passos para que acessássemos um arquivo de texto, por

refiro às relações entre pulsões (*hardware*), processo primário ou secundário (*linguagem de máquina*), angústia (*software I/O*), mecanismos de defesa (*sistema operacional*) e representação (*aplicativo*), acertou na mosca e pode ser promovido a pajé didata. Descobrir alguns indícios do funcionamento de planos distintos é uma proeza considerável. Nosso erro, dos índios da psique e sertanistas da clínica, foi o de vincular apressadamente aquilo que, muito vagamente, se supõe ocorrer num certo plano, com alguns detalhes esparsos, descobertos noutro, noutro e noutro ainda; quando seria indispensável descobrir a *totalidade de cada nível de organização*, antes de inferir a relação entre os mesmos, se me faço entender. Do contrário, a teoria psicanalítica da clínica vai assemelhar-se a um artigo recentemente publicado no *IJP* (*The International Jungle's Pc-user*), que aconselhava ao explorador perdido com sua bússola e seu ímã: *se não encontrar o caminho da tomada, salve o que puder, antes que a onça o delete.*

---

exemplo. O arquivo não se apresentava em uma janela na tela imediatamente, precisávamos entrar pelo disco C, digitando na tela preta inicial todo caminho de sua localização que se iniciava por "C:\dir". Na hierarquia da linguagem dessa máquina que não mais podemos dispensar, o fluxo energético é o que a desperta – quando acaba a bateria ou a energia elétrica ficamos desesperados pela impotência de não podermos nos conectar. Ele está na base da hierarquia dessa linguagem de dois dígitos, isto é, o computador usa as combinações da linguagem binária para "tomar suas decisões" – ou é 0 ou é 1. O sistema operacional – DOS, Windows, Mac –, o *hardware*, é o nível seguinte que nos permite acesso por clique ao programa que queremos usar, ou seja, ao *software*. Este, por sua vez, está alocado em um aplicativo, que o controla – por exemplo, o Word, que permite que se escreva na tela, pertence ao aplicativo *Office* que, por sua vez, controla este e outros *softwares*, como o *PowerPoint*. Herrmann usa os níveis da linguagem de computador como metáfora para a identificação de níveis na construção teórica da Psicanálise que só se mostram se a considerarmos nessa perspectiva. (L H)

Psicanálise, teoria, ciência

A Psicanálise é uma ciência, mas uma ciência futura. Por ora e por muitos anos, é de se supor, teorias complicadas, com muitas partes e muitos adendos, são e serão indecidíveis. A verdadeira aventura freudiana foi a de haver criado um método que fez por nós uma coisa que a filosofia vinha buscando durante milênios: mostrar que o senso comum, resultante da ação da rotina,[10] muito embora seja essencial para a vida quotidiana, não exprime a verdade psíquica. Os filósofos criaram hipóteses alternativas perfeitamente lúcidas, mas sem qualquer poder de convicção sobre o homem comum. O método psicanalítico, mesmo não sendo uma filosofia, ou talvez exatamente por isso, permite vencer momentaneamente a poderosa resistência contra experimentar o universo dos possíveis, a quase ilimitada variedade das possibilidades de experiência de que é dotada a proteica alma humana. Nisso consiste, diga-se de passagem, a verdade última do psiquismo, do ponto de vista da clínica: a verdade dos possíveis. Este é o caminho da cura analítica, a ruptura de cada campo aprisionador da experiência de ser.

E a teoria, então? Como ficamos? Se você é iniciante, ou se, mesmo experiente, conseguiu até aqui contornar a força de atração de um grupo escolástico, meu conselho é que estude Freud com cuidado. Procure entender de que assunto e em que nível de *software* ele está falando em cada texto – o que não é sempre fácil, cem anos depois –, e repare como seus esforços para juntar os diferentes planos de sua investigação, em teorias mais amplas, levam a produtivos questionamentos recíprocos, mas nunca se fecham num sistema geral.

---

10 Ver nota 6, p. 140 e nota 1, p. 324. (L H)

Mesmo que, no afã de organizar sua vasta produção, ele às vezes sugira que sim. Note como logo depois se desdiz.

Veja a noção de inconsciente, a coisa mais parecida com $E=mc^2$, em nosso ramo de conhecimento. Ela denuncia a autonomia da consciência racional com relação à sua lógica produtiva (irracional), com a mesma elegância com que Einstein denunciou a separação radical entre matéria e energia.[11] Descobrir que afetos, através da síntese emocional, convertem-se em ideias não é pouca coisa evidentemente. Nem que a expulsão, no plano instintivo, funda o juízo intelectual de negação. Freud junta o que o senso comum separa, corpo e alma, razão e emoção, cultura e indivíduo, num trânsito suave que, quando a gente mal se deu conta, já está rompido o campo das distinções consensuais mais arraigadas na humanidade. O *haver inconsciente* abre as portas para uma relativização tão eficaz de nossas ideias, crenças e princípios morais, que, se o nome já não tivesse dono, a Psicanálise poderia reivindicar o subtítulo de *teoria da relatividade*.[12] Não estou brincando. Investigue com afinco os textos que tratam da demonstração do inconsciente, como *A interpretação dos sonhos*. Mas é prudente nunca perder de vista que a noção de inconsciente pode rapidamente se transformar num pretenso saber positivo sobre *aquilo que há no inconsciente*, como ele é composto, qual sua origem, quais os complexos de ideias que contém etc.

A atitude que lhe proponho seguir é de um *ceticismo tolerante*, como aquele que Freud esperava de seu interlocutor ima-

---

11 Pela equação $E=mc^2$ – energia é igual a massa vezes velocidade ao quadrado. (L H)

12 A noção freudiana de inconsciente é revisitada na quarta parte, "Há o inconsciente", do livro *Andaimes do Real: O Método da Psicanálise*, op. cit., retirando-lhe a carga de um saber positivo e conteudístico. (L H)

ginário. Se você já pratica a clínica psicanalítica, mas doutrina alguma ainda o convenceu, lembre-se dos equívocos do *software* e da armadilha do ímã, e sustente seu ceticismo, tanto quanto aguentar. Pelo menos, até o fim do curso. Se foi convencido por alguma doutrina, ou deve fidelidade a algum grupo de formação, talvez ele seja dispensável, afinal de contas. Mas, se ainda assim continuar, suportando as pressões escolásticas e meu mau hábito de exigir que os alunos pensem junto, é porque seu potencial cético ainda não foi soterrado e que você tem boas chances como psicanalista, profissão para *desilusionistas*.

Pensemos em Picasso, um gênio, como Freud. Quando pintou a *Mulher sentada*, hoje exposto na Pinacoteca dos Modernos, em Munique, não tinha provavelmente a intenção de provar que, para ser linda, uma mulher tem que ter três olhos. Nem que os objetos só existem de fato na dimensão cubista. Nem, muito menos, que todos os seus amigos deveriam pintar a seu modo. O que Picasso demonstra com extrema felicidade é que, redimensionada num perfil frontal, que lhe concede a possibilidade de um olho a mais, a pintura da modelo não deixa de ser esplendidamente uma mulher, desafiando nossa visão do feminino, da beleza e da pintura. Ao mesmo tempo, o espaço, que a arte da perspectiva pictórica esforçou-se durante séculos para tornar verídico e inconspícuo, retorna à tela gloriosamente (e às nossas consciências), com uma verdade superior à veracidade e com uma beleza intrínseca só comparável, talvez fosse esta a razão do quadro, à sobranceira beleza da *Mulher sentada*. Picasso nem sempre via a mulher assim, nesse espaço cubista, a crer em sua galante reputação; mas via a mulher assim, nesse espaço, a crer em sua obra. Freud, creio eu, como Picasso, não estava primordialmente interessado em mostrar que a razão consciente é, na verdade, um produto da repressão do complexo de Édipo. Ele amava a razão, tanto quanto Picasso, as mulheres. Seu interesse, expresso na obra escrita, parece tender a demonstrar que a consciência pode ser vista em diversas dimensões, sem contradição aparente. Que exprime a atração de complexos inconscientes desconhecidos, possivelmente de três olhos ou mais, mesmo quando pretende resolver equações – ou as está criando, como no caso de Einstein. Ou seja, que a consciência racional faz parte de uma operação cuja lógica ainda está para ser compreendida. Numa palavra, Freud – como Picasso, como Einstein – inaugura um espaço de relativização, potencialmente multidimensional, não cria uma doutrina. A doutrina vai por nossa conta, dos leitores pós-freudianos.

Relatividade relativa e seu absoluto

Neste curso sobre *A intimidade da clínica*, pretendo deixar que a clínica fale por si mesma. Não significa este propósito a negação ou o rebaixamento do valor da teoria psicanalítica, mas o reconhecimento de dois fatos. Que parte considerável da teoria psicanalítica pode não ser verdadeira, no mínimo indemonstrável, exprimindo com frequência apenas a opinião de analistas competentes, que perseguem o projeto de justificar sua forma de trabalho por meio de construções hipotéticas, que as poderiam com efeito justificar, se comprovadas, mas que não se podem deduzir com certeza dos seus resultados clínicos. E, em segundo lugar, que o conjunto formado pelos sistemas psicanalíticos reúne componentes muito desiguais, mesmo o freudiano, no tocante a sua probabilidade de correção. Alguns, como a psicopatologia psicanalítica, apresentando fortes indícios de validade; outros, como a teoria geral dos instintos, sendo fruto, admitidamente, de uma especulação quase filosófica. Não é possível acreditar por igual na teoria psicanalítica. Fiel a esse espírito crítico, não querendo partir senão do que é razoavelmente certo, nossa aventura pela verdade psíquica, meta da clínica, vai guiar-se constantemente pelo princípio de que esta, a verdade psíquica, nada mais é senão o *despertar dos possíveis*: Onde existe uma representação de si que ata o desejo humano a um sentido fixo nodal, desatar o nó, para que as diferentes possibilidades do sujeito entrem em choque, despertando a relatividade essencial da identidade e da realidade. Tal processo recebe o nome de *ruptura de campo* e constitui, a meu ver, o eixo do método interpretativo inventado por Freud. O sentido último de cada inconsciente descoberto é a restauração da relatividade da consciência de que ele é o avesso.

Ora, essa história de relatividade presta-se a toda sorte de enganos. O mais comum é o de sacudir a cabeça e pensar com seus botões: *isso eu já sabia, tudo é relativo*... Está errado, nada é relativo até que se o demonstre de forma absoluta. Em face de um sólido e inegável absoluto é que os demais valores de verdade se relativizam. Relativo significa: *relativo a*. Para Picasso, a verdade da expressão artística é o absoluto frente ao qual a realidade perceptual se deve curvar. Einstein demonstrou a relatividade de tempo e espaço físicos, por ter levado às últimas consequências a observação anterior de ser a velocidade da luz o limite universal absoluto. Só quando fixamos o eixo de nosso pensamento num absoluto e o acatamos resolutamente, é que, por consequência, os outros parâmetros se tornam relativos.

Minha relativização da teoria psicanalítica, vocês já terão suspeitado, não envolve menosprezo, mas decorre de haver estatuído o método psicanalítico como fonte absoluta de todo e qualquer conhecimento possível na Psicanálise, dispondo-me a levar também às últimas consequências esta constatação. Ao considerar a Psicanálise uma ciência, a ciência geral da psique, já não posso admitir em seu corpo teórico senão aquilo que seu método demonstre. Não cabe numa ciência nada daquilo que eu possa escolher por gosto, por comodidade, por respeito à autoridade de um mestre, ou porque casa bem com minha prática clínica costumeira. Ver para crer é um princípio razoável, porém a maioria das doutrinas psicanalíticas invertem-no, ao sustentar suas teorias. Nesses casos: *só crendo para ver*. A nossa é, portanto, uma proposta de rigor.

Para torná-la mais clara, avancemos um pouco mais nestas considerações a propósito da verdade psíquica. Freud *criou* a Psicanálise. Ao fazê-lo, *inventou* um método geral de investigação interpretativa, do qual a clínica é um caso particular de aplicação, exemplar e, sem margem a dúvidas, o mais decisivo.[13] Valendo-se do método, *descobriu* a psique, pode-se dizer sem exagero, pois a moderna concepção de psique só faz sentido à luz da noção de inconsciente. Temos aqui três verbos inter-relacionados: *criar, inventar, descobrir*. Qualquer avanço decisivo numa área de conhecimento envolve *criação* e, como se sabe, a manutenção do rumo, *repetição*. A criação científica é uma delicada composição de invenção com descoberta. Ideologias, movimentos partidários, religiões são invenção sem descoberta. Por outro lado, ao descobrir a nascente de um rio ou uma nova estrela, ao telescópio, temos descoberta sem invenção. O que é inventado não existia antes, senão como possibilidade, e pode-se, em boa fé, duvidar de seu valor, até que mostre o que é capaz de produzir. Aquilo que se descobre já existia, só podemos duvidar do acerto da descoberta, pondo em dúvida o instrumento utilizado pelo cientista ou sua integridade profissional. Isso é válido, porém, para o curso normal da prática científica, não para os momentos de criação. Nesses, a invenção vai

---

13 Uma discussão aprofundada do método psicanalítico pode ser buscada em *Andaimes do Real: o método da Psicanálise*. Em *Introdução à Teoria dos Campos*, pode-se encontrar uma visão panorâmica do método em sua relação com as teorias da Psicanálise. À frente, de qualquer modo, o método será exemplificado exaustivamente em sua aplicação clínica.

de par com a descoberta. Aquilo que se inventa, um método geral ou algum procedimento particular, logo descobre diversas coisas que simplesmente não existiam para o conhecimento, pois foi criado um novo campo de saber ou uma nova maneira de ver dentro de algum domínio já estabelecido. Com isso, surgem objetos de conhecimento que *sempre estiveram bem aí*, como se poderia dizer depois, mas que, antes, não existiam em absoluto para fins práticos. Como veremos, a *verdade psíquica* é um desses campos.

Enfim, I//V//D

Para chegar a ela, tomemos agora um exemplo notável da química, ciência calcada na experimentação e avessa a construções teóricas especulativas. Todos já ouviram falar da tabela periódica dos elementos, criada por Mendeleiev.[14] A ideia da regularidade progressiva do número atômico dos elementos foi tipicamente uma invenção. Várias casas da tabela estavam em branco, assinalando o lugar de elementos desconhecidos que, pouco a pouco, foram sendo descobertos. Na realidade, porém, quando a tabela inventada se foi provando eficaz, os elementos ainda faltantes já se podiam considerar meio descobertos. O de número atômico 98, por exemplo, antecipado pela tabela, resultou ser um elemento artificial, chamado Califórnio. Artificial? Claro, não encontrado na observação direta da natureza, mas produzido em laboratório. A magia da tabela periódica consiste, por conseguinte, em criar um novo reino natural, a série periódica, cujos componentes foram acrescentados à natureza, nalguns casos. Na expressão simplista dos manuais científicos, a descoberta do Califórnio corrobora a

---

14 Foi no livro *Princípios de Química*, de 1869, que Mendeleiev publicou sua tabela periódica dos elementos. (L H)

intuição de Mendeleiv. Todavia, este elemento já fora descoberto, chamava-se 98 e não ainda Califórnio, e tinha algumas propriedades, não todas as que depois se constataram.

Tudo se passa como se, entre invenção e descoberta, existisse uma lacuna, uma brecha, lugar da verdade que se institui. No caso da tabela de Mendeleiev, essa verdade heurística tem o caráter de antecipação: os elementos vão sendo descobertos, ou "criados", porque *passaram a ter de existir*. Vale dizer que se inventaram diversos instrumentos físico-químicos, como os aceleradores de partículas, que serviriam para descobrir empiricamente aquilo que já fora *descoberto por antecipação heurística*.

A rigor, a zona de eficácia veritativa no processo de criação não se encontra exatamente em I, na invenção, nem em D, na descoberta, mas no meio dos dois: I//$\underline{V}$//D. *Verdade* ($\underline{V}$), nesse sentido, não se confunde com confirmação, é promessa de nova produção de saber, possibilidade antecipada. O sentido de verdade, extremamente variável mesmo nas ciências, durante os períodos criativos equivale a uma promissória epistemológica. Nossa eterna ilusão retrospectiva, o julgamento *a posteriori*, afirma mediocremente que, saldada a promissória pela comprovação, a ideia revelou-se então verdadeira. Não é assim. Ela era *antecipatoriamente* verdadeira desde o início, portadora de uma verdade diversa daquela do fato. Na pura descoberta, a balança inclina-se para o polo da comprovação; na invenção pura, para o lado da probabilidade; mas, na criação científica, o sentido de verdade decorre da tensão dialética entre invenção e descoberta ($\underline{V}$). Se é verdade que certas invenções não descobrem nada, é também constatável que certas descobertas matam a invenção que as originou, destruindo suas demais potencialidades, por exemplo. Para compreender o momento criativo, e para preservá-lo, é necessário manter a tensão dialética entre I e D, ou seja I//$\underline{V}$//D.

No caso da Psicanálise, por comparação ao da tabela periódica, devemos reconhecer semelhanças e diferenças. A química já existia ao tempo de Mendeleiev, a febre de descoberta de novos elementos já estava acesa. Talvez se possa dizer que a química ficou um pouco diferente depois; mas nada disso se compara com a revolução psicanalítica. Em nosso caso, fundou-se um ramo de conhecimento. Que digo? Uma nova árvore do conhecimento, uma ciência nova, que ainda está em formação. Também não se trata para nós de antecipar descobertas, que, na química, se realizariam ou não, segundo uma rotina já bem estabelecida – muito embora, alguns elementos tenham sido "descobertos", por meio de procedimentos antes inexistentes, cuja criação se deveu, em grande parte, ao afã de os descobrir. Dizendo de outro modo, não existe uma ciência junto a qual se deva resgatar nossa promissória, como a química, para a tabela periódica. A comprovação das descobertas psicanalíticas só se pode dar dentro da própria Psicanálise. Assim sendo, não há como abreviar legitimamente a tensão dialética entre I e D: mesmo os critérios de comprovação de D dependem do perfeito esclarecimento de I, do método heurístico da Psicanálise.

A Psicanálise já descobriu uma vasta quantidade de coisas perfeitamente novas e bastante sustentáveis. Todavia, estando ainda em processo de criação como ciência – com meros cem anos de vida –, ainda vigora para ela o espaço heurístico da codeterminação entre invenção e descoberta. Pelo menos até que seu método seja esclarecido por completo. Não contamos com uma rotina estabelecida de investigação universalmente aceita, por exemplo. O que, por um lado, é bom, pois o período de criação é mais rico que o de confirmação/repetição.

Como nas demais ciências, porém, os tempos não se decidem por decreto nem há linhas demarcatórias claras entre eles. Ao mesmo tempo em que os criadores da ciência psicanalítica, como Freud, como Lacan, mergulham de cabeça no problema da verdade heurística, uma legião de analistas deseja praticar a clínica sem perturbações epistemológicas ou dores de cabeça dialéticas. Isso não só é possível, como desejável, pois, sem o acervo das experiências menores, a Psicanálise estaria prisioneira da torre de marfim da especulação epistemológica. O único problema grave dessa antecipação prática da comprovação e consequente aplicação, segundo creio, reside na exigência de segurança antecipada, que exigem os praticantes. Não lhes parece confortável, e com toda a razão, que se lhes diga que devem preservar a tensão dialética entre I e D, como forma de V. Eles querem saber se a teoria instintiva de Freud é uma invenção ou se é uma descoberta, se os sentimentos primários dos bebês são mesmo como postula Melanie Klein. E, *in dubio pro reo*, que parece ser traduzido barbaramente: na *dúvida para o reles*. Optam, portanto, pelo D, pelas estruturas pulsionais, e se tornam freudianos, ou pelas posições, e se tornam kleinianos. É natural. No entanto, quando chegarmos a ter instrumentos psicanalíticos verdadeiramente confiáveis para a investigação da estrutura instintiva ou dos primórdios do pensamento, é quase certo que instintos e mecanismos originais se mostrarão radicalmente diferentes daquilo que as escolas propõem e os clínicos adotam. Talvez – há leves indícios nessa direção – instintos ou pulsões acabem por serem concebidos como sistemas energéticos de agregação estrutural, como a estabilidade de forma e a energia de posição, e não como combustível do trabalho psíquico; enquanto as primeiras experiências emocionais talvez venham a ser traduzidas em termos de engramas formais, de conteúdo evanescente. Quando isso acontecer, e caso a Psicanálise consolide-se como ciência da psique, será talvez possível render uma justa homenagem aos criadores, Freud e Melanie Klein no caso, reconhecendo a perspicácia com que avançaram hipóteses fecundas, mesmo sem contar com instrumentos interpretativos precisos. Hoje, há o risco de que "o reles D", a assunção apressada de valor factual de descoberta para certas hipóteses demasiado gerais e simplistas, venha a paralisar o polo I, a investigação metodológica das condições de verdade dos conceitos psicanalíticos. Há outro ditado jurídico parecido, que é prudente jamais esquecer: *in dubiis abstine, na dúvida, abstém-te.*

Nem sempre a descoberta mata a invenção, todavia. Mesmo descobertas que não o são podem favorecer a quitação da verdade promissória de uma ciência em construção. Como a tabela periódica, a invenção da teoria da evolução das espécies, por Darwin, provocou uma corrida, não mais aos elementos, mas ao elo perdido entre o macaco e o homem, como assim se pensava. A "descoberta" do homem de Piltdown, na Inglaterra, uma notória e escandalosa impostura científica – tratava-se de um crânio de primata cuja mandíbula fora, inventivamente, forjada por algum dentista – parece haver estimulado decisivamente a procura de outros restos que testemunhassem o acerto da hipótese de Darwin. Crendo saber que um deles já fora encontrado, a determinação dos pesquisadores sentiu-se fortalecida, e rapidamente vieram à luz achados arqueológicos definitivos, que demonstraram e corrigiram a invenção darwiniana. Não se tratava do elo entre macaco e homem, e daí? O fato é que, quando vergonhosamente a impostura teve de ser confessada, décadas depois, o evolucionismo, de fantasiosa hipótese blasfema, se havia convertido em verdade científica.[15]

A verdade na clínica e a ética do método

Para a clínica, que é o que nos interessa neste curso, o estatuto de verdade está fortemente alicerçado em I//V//D. Descobertas

15 Em "O escorpião e a tartaruga", do livro *A Infância de Adão e outras ficções freudiana*, op. cit., Herrmann refere essa farsa científica criando um conto heurístico para abordar as entranhas da produção de descobertas na construção de conhecimentos. (L H)

fundamentais na clínica rompem o campo de certos pressupostos teórico-técnicos, tidos como imutáveis, desobstruindo o caminho para a especificação completa do método psicanalítico. Mas, como é inevitável durante o período criativo, gera dissensões e desconfiança, pois sempre se está propenso a segurar qualquer verdade aparente, quando nos encontramos numa zona de instabilidade científica. Dou-lhe um pequeno exemplo pessoal. O conceito de ruptura de campo leva forçosamente, como ainda veremos melhor, a pôr em dúvida que o *efeito psicanalítico geral* dependa em essência de o analista acertar em cheio um "conteúdo inconsciente" do analisando – existem também *efeitos especiais* da direção teórico-técnica a que se filia o analista, mas essa é uma outra história. Como ainda veremos, através de exemplos concretos, o desencadeamento de um efeito interpretativo costuma advir de certa confluência paradoxal entre falas do analista e do paciente, de mal-entendidos aparentes, de pequenos equívocos sobre o tema em pauta, de distorções de memória etc. Numa palavra, a interpretação eficaz tem a forma geral de um ato falho a dois.[16] Creio ser esta uma descoberta de certa importância, em especial porque esclarece decisivamente a invenção freudiana do método interpretativo da Psicanálise. Tem as características de uma verdade psíquica, ou seja, I//V̲//D. Entretanto, ela se choca frontalmente, como vocês percebem, com a ideia estabelecida de que a interpretação deve apontar para um dos problemas inconscientes do analisando, a fim de tirá-los do inconsciente, um a um. A reação geral dos colegas à noção de interpretação como ato falho parece ser, ainda hoje, quase unânime: *você não está dizendo isso a sério, está*?

Sejamos otimistas, porém. É possível que a Psicanálise rompa o campo do dogmatismo – que afirma a verdade, sem perguntar

---

16 Ver nota 16, p. 159. (L H)

qual seu estatuto peculiar em cada caso – e complete-se como ciência, no futuro. Caso contrário, não apenas deixará de ter maior interesse, pois técnicas terapêuticas vão como vem, mas sua prática atual terá levantado um problema ético de monta. A aplicação de um conhecimento em construção só pode ser justificado eticamente pelo avanço em direção a completá-lo – movimento para o qual sua aplicação, no período construtivo, fornece um dos motores principais. Imagine-se o caso do atendimento de pacientes hospitalares, por interesse científico, se por desgraça chegássemos a constatar que não há qualquer pesquisa em andamento.

Mas talvez vocês se estejam perguntando: *não será possível praticar a clínica sem ser obrigado antes a tomar o partido de um conjunto teórico ainda não demonstrado*? É óbvio! Eticamente, aliás, isso é quase uma obrigação. Se nosso compromisso é com a verdade psíquica, a primeira coisa a fazer é não lhe dar um caráter falso. Verdade psíquica não é sinônimo de fortes emoções, como na novela das oito, nem de um conjunto arbitrário de regras de comportamento, como no manual de boas maneiras. Ela é, no momento, o regime de criação: I//V//D. Nosso V, tensão entre I e D, é o movimento em que as propriedades da invenção, ou seja, do método interpretativo, se vão esclarecendo à medida que seus derivados teóricos são arriscados em novas descobertas, e são refutados ou corrigidos por elas.

Permitam-me uma sentença de peso, no fim da aula: a verdade psíquica é o próprio método que a descobre. O método que, como vimos na aula passada, lhe tira a *cobertura formada por seus produtos*. O parentesco profundo entre método interpretativo e psique, aquilo que denominei *espessura ontológica do método*,[17]

17 Ver nota 21, p. 164. (L H)

é uma propriedade fundamental dos períodos criativos das ciências: pode ser encontrado sempre que um avanço decisivo, ou a criação de novo campo científico (nosso caso), gera uma nova região de objetos de conhecimento. Esta nova região aparece, de início pelo menos, com as características mesmas do processo (I) de descoberta (D) – sua natureza é inexoravelmente híbrida de método e objeto, que vem a ser nossa situação atual, em que os fatos partejados ainda estão úmidos do líquido amniótico do útero metodológico que os gerou. Ao cumprir seu papel anônimo, mas fundamental, nesta aventura em busca da verdade, o clínico pode e deve manter-se em sua prática com as poucas verdades até agora alcançadas, mas sobretudo dentro do regime de verdade que nesta aula acabamos de analisar com o rigor possível.

1.3. A intimidade da clínica

Uma palavra

De que é feita a clínica? Vou mostrar-lhes, numa palavra, o mais íntimo da clínica. Depois, meus amigos, passaremos o resto do curso, como poderíamos passar o resto de nossas vida, a explorar os desdobramentos dessa palavra.

Certa paciente percorre, como de hábito nessa fase da análise, assuntos variados.[18] Põe empenho em não os ligar com qualquer fio. Espera que eu o faça. É ela paciente, sou seu analista: *e associação livre não vale*? Ligo-os desta vez, frisando laconicamente e sem brilho algum o termo comum às diversas situações referidas: *Mu-*

---

18 De forma bem mais resumida este exemplo clínico foi usado no item 2 do curso de New Orleans 2004. (L H)

lheres em dificuldade... Não parece ter gostado. Contesta-me em inglês: *So...* (*e daí...*). Repito, *So*, mas procurando acertar a média exata entre os dois sons tão próximos: *So*, em inglês, e *Sou*, em português. Acrescento apenas: *sim, você é*. Ela, espantada: *sou o quê? Mulher* – completo – *você não disse sou*?

Esta apresentação do material clínico é demasiado prolixa. Tentarei abreviá-la. Uma paciente diz *So* e depois Sou. No meio, o analista diz... como grafar? Ah, sim. No meio, o analista diz: /So/

A clínica psicanalítica é feita de palavras. Palavras, comecemos pelo começo, pertencem a idiomas. *So* e *Sou* constituem parônimos transidiomáticos, inglês, português. /So/ não faz parte de qualquer das duas línguas. É como que uma indecisão linguística, evocando, por isso mesmo, a presença dos idiomas. Para usar de rigor, não foi dito em português ou inglês, mas em *método psicanalítico*. O lugar do método é entre. No caso, entre dois idiomas dicionarizados; sempre, porém, entre o idioma-analista e o idioma-paciente. Isto é importante. Não está no analista nem está com o analista. Este é levado pelo método, não o possui. Se pensarmos em possessão, é o método então que o possui, possui o analista como um demônio, como um *Dâimon* socrático de bom porte. Inspirado ou possuído, o analista procura o termo médio entre o que diz a paciente e o que entendeu, pois está fora de dúvidas que dois eus em mim entraram em conflito, um ouvindo *Sou* e o outro *So*. Saindo logo da ambiguidade, decidi que ela dissera *So*, e que *Sou* fora minha equivocada tradução. Sob o império da rotina, não hesitaria em corrigir-me interiormente e não diria nada. Metodologicamente, suspendo a correção, acato o equívoco que é próprio da essência da palavra humana concreta. Fala-se uma coisa, mas dizem-se muitas ao mesmo tempo. Emito o som que fica em suspensão entre o dito e sua compreensão: /So/ Esta abertura para a equivocidade dos sentidos, que é a origem da Psicanálise, renova-se em cada um de nós, que estamos sempre a adormecer no leito seco do rio do costume, aceitando a palavra morta pela rotina. Desperto em /So/ – e a água do método corre outra vez.

Corpo da palavra, sentimento

Palavras têm corpo. De vários modos. São som, vêm do corpo. Nossa respiração transparece nas palavras, exprimindo tensão, angústia, confiança, resolução imprudente, arrependimento, hesitação, compaixão. Os sentimentos colorem as palavras. Há ritmo no falar, da urgência ao acalanto. A pronúncia trai um idioma, o tom trai um sentimento. Sentimentos doem no estômago, sobem à cabeça, saem pelos buracos do corpo, entram pelos buracos do ouvido, reverberam. Na vida mental não há médias entre os sentimentos, só o método psicanalítico sabe traçar-lhes a bissetriz.

Minha paciente praticava um jogo. Dizia coisas disparatadas, sem o planejar decerto, para ver como eu me saía ao tentar compreender. A um tempo, estava excitando minha curiosidade, atraindo minha atenção, provocando (este é o termo) minha potência psicanalítica (este não é o termo, mas o hábito consagrou-o), eroticamente me provocando a macheza de intérprete (este é o termo), mas, por outro lado, dissecando o analista em mim, como a querer conhecer as entranhas da interpretação de um analista e aquilo de que é feito um homem. Tudo isso reunido na fala quase aleatória, mas tão de leve que ficava entre a delicadeza e a cócega. Dá para entender? Duvido um pouco, mas tentem imaginar. Pois era como uma tentação incerta, tentado a entender, tentado a mais, a algo impronunciável, entre o nexo e o sexo. Um palpar-me com antenas de borboleta, deixando um teco de pólen, doce e alérgeno. Amante provocadora e provocante mãe, ou vice-versa. Se traduzo e explico, provocou a ereção psicanalítica, mas provocou também um feito do filho médico, para o qual pode sorrir, dizendo: *achou*... Meu sentimento oscilava entre carinho curioso e um leve enfado, que são como cócegas na pele da alma.

Isso, os analistas costumam batizar de contratransferência. Não me parece inteiramente correto. Posso compreender a ideia tão bem quanto vocês. São sentimentos "do analista". A ideologia subjacente prescreve um analista neutro; mas, este ainda está para nascer, e esperemos que nasça morto, pois uma análise com tal criatura logo se tornaria a pororoca de dois solilóquios concomitantes. É com os sentimentos que percebemos o outro, não com o inconsciente, a que falta órgão de intuição. Quanto é meu, quanto é dela, não posso dizer antes que a luz da interpretação se faça e rompa-se o campo estabelecido. Por isso, prefiro chamar aos efeitos afetivos de *campo transferencial* – reservando o termo contratransferência à condições emocionais duradouras e claramente impregnadas no analista, como a incapacidade crônica de simpatia com certo tipo de neurose, por exemplo. Um campo transferencial envolve transferências "do paciente" e "do analista", porém indiferenciadas, como o fluxo de um campo magnético, ainda sem discriminação de sujeitos individuais[19] – tanto é verdade que, mostra-me a experiência de supervisor, as ondas de tais sentimentos costumam propagar-se à supervisão, sentimo-las na carne. Que é na carne que se experimenta a transferência, lá onde ainda não estamos como pensar, mas está nosso corpo.

---

19 Campo transferencial é um tema presente nos escritos clínicos de Fabio Herrmann, embora nunca tenha composto um capítulo de seus livros. Vem referido e explicado no capítulo de introdução ao livro *Andaimes do Real: O Método da Psicanálise*, op. cit. Ver também meu artigo "Campo transferencial (nos rastros de uma teoria para a clínica)", publicado na revista *Percurso*, n. 38, 2007, pp. 23-30. (L H)

Não é tanto que experimentemos emoções na análise, o que é óbvio; o essencial é que, na transferência, experimentamos emocionalmente o analisando. Devo estar completamente permeável ao carinho e enfado que afetam meu corpo psíquico, senão estarei boiando na superfície da sessão. De nada vale pensar que não é comigo, mas com uma figura do passado ou com um objeto interno que a paciente se está relacionando. É comigo, sendo eu a intersecção de inúmeras figuras. *Não é comigo* é impreciso. É com este que eu sou, mas ainda não sei quem é.

O ponto técnico é não me entregar completamente à emoção: experimentá-la, afastar-me um pouco e integrá-la numa reação composta, onde compareça a emoção despertada, temperada porém por outra mais forte, a paixão pelo método interpretativo, pela paciente enquanto enigma e sofrimento. Não há médias na vida mental, mas usualmente oscilação. O método, porém, está entre. /So/ saiu-me a método, suponho, suficientemente preciso entre enfadado, carinhoso e interpretativo. Disse-o no campo transferencial vigente, mas deslocado, lá por suas bordas. *Sim, você é*, frase tão mais fraca, uma espécie de locução adverbial explicativa de /So/, um tostão acusatória, outro tostão vingativa (*entenda você, agora*), carinhosa sem enfado. Porque a pergunta fundamental – *que é ser mulher*? – já despontava no horizonte dos possíveis da sessão, fazendo *pendant* à outra, dela, que vem a ser um homem? Como veem vocês, mais que puro sentimento, a transferência é o alvorecer de um sentido ainda não formado, de uma possibilidade de sentido diverso daqueles que já se podem entender, ainda guardado no equívoco das palavras, a colorir as nuvens emocionais com tons anunciadores.

Não há porque apressar a questão. Nem há pressa em a formular explicitamente, em termos gerais. O que está aí não fugirá. Tampouco é possível apressá-la. Eu não consigo estar em análise como analista e simultaneamente pensá-la em abstrato. Ainda não sei de que se trata exatamente. Tenho que deixar resolver-se a tensão do campo em ruptura, apenas registrando o que surge, *Mulheres em dificuldade*, para que se imponha à nossa consideração. O ser mulher, cuja questão está a nascer, é vivido e não cogitado, e também não se diferencia da provocação e da dissecção do analista homem. Que é uma mulher para um homem? – o campo interroga – quando esta mulher está só, em dificuldades, sendo mulher para uma mulher, ou seja, consigo mesma. As mulheres a que se referia estavam sós; ela mesma acabara de se separar, na realidade. A tensão atinge o ápice com seu desconsolado *So*, ensejando a chave da interpretação: /So/. Neste exato ponto, dá-se a ruptura de campo, instantânea e microscópica, não detectável no momento. *Mulher*, já figura como esclarecimento complementar, uma *sentença interpretativa* miniatural – uma explicação, que os analistas costumam confundir com a interpretação eficaz. Vem depois de uma pausa suficiente para que a instabilidade promovida pelo /So/ tenha movimentado afetos e representações da paciente. O que se segue é efeito de ruptura de campo: conclama formas de ser repudiadas pela consciência, é *vórtice representacional.*

Que é uma mulher?

A analisanda volta a falar. Conta das tarefas caseiras de uma mulher que é também profissional dedicada. A única que lhe causa transtornos é fritar um bife. Ou melhor, o nojo de mexer em carne crua. A esta altura, porém, o campo já trôpego, quase que se diz sozinho. Mexer em carne crua é coisa de mulher; mas, como já está em consideração a pergunta que interroga o ser mulher, a representação carne crua será com certeza muito mais essencial que a simples culinária. Pergunto, um pouco escandalizado: *Então mulher é carne crua*? Meu espanto não é só retórico, eu ainda não fora informado. De imediato, balbuciante, ela me conta uma fantasia antiga e persistente de ser o corpo feminino uma carne dobrada, que sangra às vezes, na menstruação. Dá-lhe nojo, mas também fascina.

/So/, enquanto verdade psíquica indeterminada, determinou-se numa representação mais precisa. O vórtice de /So/ evoca representações periféricas, marginais. Elas vêm rodopiando, como acontece em todo vórtice por ruptura de campo, tendo à frente da bailarina legião esta representação: carne crua. Não precisamos de mais, fixamos esta, ela e eu, para nossa consideração analítica, já que teve a delicadeza de se apresentar ao chamamento do *deixar que surja o vórtice.* Minhas amigas, meus amigos, para os homens a mulher tem vagina, para as mulheres também tem, mas os sentidos são irredutíveis. Eles a possuem quando podem, elas a possuem constantemente, eles gozam, elas são. A discrepância é tamanha, que, por vezes, gera incompatibilidade – que dizemos, por eufemismo, incompatibilidade de gênios, ou, pior, incompatibilidade de gêneros. De gênios é mais aceitável; como talvez saibam os mais versados em brasileirismos, *carne crua* é um dos quase infinitos epítetos que se aplicam ao demo. Há um gênio – um *Dâimon* metodológico-inconsciente – em ser vagina, outro em a possuir no ato do amor. No singular da solidão, todavia, cada mulher é-se vagina singularmente. Esta, minha analisanda, é carne crua, agora, no /So/. Completa-se a interpretação /*So vagina*/, interpretação, como todas, enunciada a dois, com a descoberta /*Carne crua* (/D). Estão vendo para que serve nossa epistemologia rebuscada?

O sujeito da interpretação, o ato falho

Quem interpreta? Um espaço, demarcado graficamente pelas //, interpreta. Entre ela e mim, em uníssono, mas discrepantes, construímos juntos esse espaço, com nossos encantamentos, nojos, ignorâncias. Não saber, para vir a saber aquilo que, erroneamente, já se pensava saber: o que é um homem, o que é uma mulher. Entre mim e ela, o sentido nascia como sentimento: primeiro, numa tensão afetiva, cócegas daqui, desconsolo de lá. Depois, no nascedouro da interpretação, o espaço vazio entre dois sentidos: *So* e *Sou*. Mas quem interpreta, quem cria o /So/, não foi bem ela nem fui eu, foi o método interposto entre nós, como um vazio produtor. Como sabem, toda produção requer um vazio, a música, o silêncio, a interpretação psicanalítica, o desencontro de sentidos.

A figura psicanalítica de linguagem, envolvida nesse gênero de síntese idiomática improvável do idioma-paciente com o idioma-analista, esta sessão o esclarece com um didatismo exagerado, que só a realidade consegue praticar sem ser ridícula. Tal figura conhece-se, desde Freud, por *ato falho*. Uma falha, um entre, entre os dois, homem e mulher, entre vagina e pênis – *entre*, parece dizer, *mas entre com cuidado*. Não é você em pessoa, entenda, mas o método, pois esta é a regra psicanalítica, aquela que sangra para dentro. Para ser esclarecida, a discordância interior de uma simples palavra exige, nada mais, nada menos, um ato falho, que só a dois pode ser cometido.[20] /So/.

O método psicanalítico, como o antigo alquimista, invoca o sentido nascente, a verdade por vir. Cada vez que o espírito da clínica lhe responde, é com inteira verdade, embora de maneira imprecisa e ainda indeterminada. /So/ é verdade psíquica completa, porém demasiado aberta. Refere-se a tanta coisa, imagino, a toda esta análise talvez. /So/ surge entre dois significados compreensí-

---

20 Esta concepção de interpretação como um ato falho a dois já apareceu anteriormente, ver nota 16, p. 159. (L H)

veis *So-Sou*, logo, na falha da significação. O que é inteiramente apropriado, vocês devem ter percebido, pois só onde falha a significação, pode nascer o sentido. E é um ato falho, em acepção metodológica – no *sentido do Campo Psicanalítico*, como também se pode dizer.

Os três tempos da análise[21]

Esta descrição da análise, própria a registrar sua intimidade essencial, foi até aqui escrita em *tempo curto*. Tempo curto é o da interpretação singular, do ato falho criador. É a ação pontual do método psicanalítico (I/), que descobre sentido psíquico (/D), por meio da interpretação (/V/). A interpretação não sentencia uma verdade particular nem a explica, mas é sempre *verdade psíquica* (V), na medida em que é ruptura de campo. Mesmo no tempo curto, *modo da sessão*, esta analisanda foi, no entanto, submetida à espera, tanto quanto o analista. De /So/ até *Mulher*, e de *Mulher* até *Carne crua*, *Vagina*. Rompido o campo do jogo erótico de adivinhação, tivemos que esperar, em vórtice, que uma representação satisfatória, embora dolorosa, viesse a prover novo campo. Descrevê-lo no transcorrer da análise e no da vida é a forma do *tempo longo*, em que se descreve um processo de cura e a neurose de que se está a curar, ou seja, a cuidar. O *tempo médio*, entre os dois (o longo e o curto) reserva-se à descrição do jogo emocional de posições, chamado *transferência*. Nesta aula, só lhes darei indicações, para não quebrar o encanto íntimo da reinvenção da clínica, cá entre nós.

---

21 O tema dos tempos da análise – curto, médio e longo – foi desenvolvida por Hermann no capítulo 15, "Psicopatologia", do livro *Introdução à Teoria dos Campos*, op. cit. (L H)

Em tempo longo, a assimilação de vagina a carne crua, tendo como corolário emocional o nojo e certa maneira de aproximar-se afetivamente de homens e mulheres, chama-se *sintoma*. Para o classificar, nos termos da psicopatologia, um sintoma neurótico. No processo analítico, ao longo dos anos de uma análise, é nossa conhecida *neurose de transferência* (Freud), e sabe-se que deve ser constituída, para poder ser desfeita. Do trajeto desta neurose de transferência, só lhes direi, para não perdermos a intimidade da clínica, que ela desejava sequestrar para si o analista, possuí-lo e penetrá-lo, para conhecer o íntimo de seu pensamento, o nascedouro de suas ideias, sua máquina espiritual. Sempre admiradora, sempre insatisfeita. Sempre esperando a revelação, mas, quando porventura ocorria, nunca acreditando que fosse apenas isso...

Refletia-se tal desejo, no tempo médio atinente a este período, nesse jogo que lhes descrevi, o dizer aleatório, desafiante. Parafraseando o grande mito da esfinge: *decifra-te, ou eu me devoro de despeito*. O momento interpretativo que nos interessa fez avançar a análise, em tempo longo, importando num período fértil de trabalho analítico, e solucionou o jogo de adivinhas, cócegas e desconsolo. Como então vislumbramos, o campo presente fazia uma distribuição de papéis sumamente injusta: de um lado, o puro pensar, homem; de outro, a carne crua, mulher. De um, retirava o corpo, da outra, cancelava o espírito. O novo balanceamento desses atributos, logrado a partir desse momento privilegiado da análise, encaminharia o tratamento daí em diante, rumo à sua conclusão.

Se, por fim, vocês me perguntarem o que exatamente descobrimos de inconsciente, terei de lhes dar uma resposta ambígua. A representação *mulher é carne crua* obviamente não era consciente. Mas, em que estado poderia figurar "no inconsciente" é uma questão sem sentido. Sendo o inconsciente apenas o avesso da consciência, figurava, nessa consciência, como o próprio jogo de provocação da inteligência analítica do parceiro. O que me falta, você possui e deve pagar por isso, deixando-se tentar por mim. Na ruptura desse campo, durante o vórtice, a representação emerge, mas sua forma mais razoável e permanente é *Sou vagina*, ideia que tampouco poderia ser enunciada conscientemente – enquanto, *possuí-la*, seja como órgão sexual, seja como apetite sexual, é plenamente acessível à consciência. Nenhuma das formas de representação que surgem no vórtice, por conseguinte, pode ser a resposta da questão sobre o inconsciente. A melhor e mais próxima resposta, a meu ver, consiste em atribuir, como propriedade do inconsciente, somente uma lógica de concepção, e nenhuma representação específica. A lógica deste caso, eu a expus a vocês com todo o *engenho e arte* que Psique, a musa psicanalítica, houve por bem me conceder. Vali-me de fórmulas cabalísticas, de metáforas, de uma linguagem que procura, sem inteiro sucesso, mimetizar a magia intrínseca da sessão. Se tivesse de resumir numa palavra o inconsciente da sessão, seu campo, não a voltaria a contar de outra maneira, que não conheço maneira melhor, mas diria /So/. Há nesse som indeciso qualquer coisa que sugere a lógica produtiva, qualquer coisa que Freud devia perseguir em suas noites insones e escritos inumeráveis. O mesmo que, depois dele, persegue os analistas, e a mim entre eles. Como o sabor fugidio de uma palavra que desejamos lembrar, que aflora aos lábios, mas se furta no último instante. Para seguir a inspiração camoniana, não tendo mesmo dado certo o casamento com Eros – sogra é sogra, mesmo a deusa do amor –, nossa tágide Psique tomou-se de amores por Méthodos, semideus tardio, da linhagem de Hermes, o enigmático, o decifrador. Consumadas as bodas, nasceu esse belo pimpolho hermafrodita (sogra é sogra, e não larga o osso), a *Interpretação do Inconsciente*, de que /So/ é um dos avatares, neste tempo incerto, nesta terra desprovida de idioma...

Ou, se preferirem a poesia concreta dos fatos. Passados uns anos do fim da análise, conversei com a paciente sobre o episódio. Ela se lembrava de tudo, exceto do /So/, de que não sobrara migalha. Pode ser um indício lógico do inconsciente.

1.4. Estratégias

Os caminhos de uma aula

Esta teve um percurso sinuoso. Escrevia-a, como as demais, para este curso. Porém, tendo recebido do *Jornal de Psicanálise* o convite para publicar um artigo sobre clínica extensa no consultório,[22] tomei a liberdade de a adaptar como artigo. Como não saiu mal, uso-o como aula outra vez, mantendo o texto a ser publicado, com pequenas alterações.

Clínica extensa no consultório

E aqui, a porca torce o rabo. É quase evidente a intuição do que seja a clínica extensa fora do consultório. É o movimento de generosa ousadia daqueles que levam nossa clínica aonde mais se necessita dela, retratado, há não muitos anos, neste mesmo *Jornal de Psicanálise*, no número intitulado *Psicanálise sem divã*.[23] Também a interpretação da cultura, da arte, dos movimentos sociais. Sempre que o método psicanalítico estende-se para o mundo, temos clínica extensa, como temos visto, pela singela razão de nosso método ser inevitavelmente clínico, num sentido forte e antigo,

---

22 Ver "A travessia da incerteza. Sobre a clínica extensa no consultório", *Jornal de Psicanálise*, vol. 36, n. 66/67, 2003, pp. 167-194. (L H)

23 Vol. 30, n. 55/56, 1997. (L H)

que ultrapassa o de *atendimento*. Basta que não se confunda método com procedimento. *Livre associação* ou *atenção flutuante* são termos relacionados ao procedimento técnico –ao método terapêutico, como também se diz às vezes, criando a maior confusão. *Ruptura de campo* ou *vórtice*, para ficar na versão da Teoria dos Campos, são termos relacionados ao método psicanalítico. As interpretações sublimes do caso Schreber ou de Moisés (e o Monoteísmo) não podiam contar com associação livre, mas sim com ruptura de campo. Método em ação, clínica extensa fora do consultório.

Dentro, porém, a distinção é menos óbvia, acostumados como estamos a misturar regras de *setting* (moldura), doutrina teórica e técnica padrão, uma sustentando a outra. Mas, não precisa ser assim. Se não for presa, a clínica é livre. Quanto por cento de análise há numa supervisão? Os estudos estatísticos mais acurados demonstram que em média 50% (± 50), ou seja, entre nada e tudo. A anamnese da primeira entrevista pode ser quase uma cura analítica – às vezes, mas não se fie nisso com o próximo paciente. Conversar sobre teoria pode conter análise, embora o inverso seja bem mais frequente. Porém, o mais interessante e desafiador é encontrar a Psicanálise dentro da própria análise, a clínica extensa na clínica padrão. Voltando à definição do tenista: clínica extensa é a clínica padrão, menos o padrão.

Explico-lhes novamente que significa um padrão, para que não se pense só em número de sessões ou coisa assim, quando os acordos internacionais, que determinaram os centros de poder, fixam técnica, teoria e forma canônica de interpretação. Procedimento padrão.

Em certas férias, para passear de teco-teco por uma cadeia de montanhas, o piloto antes nos fez vestir jalecos salva-vidas, explicando que voaríamos *sobre água* e que os usar é *procedimento padrão*, nos regulamentos internacionais. Perfeito, por que não?

Meio incômodo e talvez até um bocadinho arriscado, em caso de se ter de safar numa emergência, mas afogar-se é muito pior. E lá fomos nós. O voo foi lindo, entre os píncaros nevados. De vez em quando, o piloto mostrava um laguinho perdido entre os cumes. Porém, teria ele a pontaria de jogar o avião num deles? Nem que tivesse pós-graduação em *kamikaze*.

Que se passa com o padrão? Padrão é a lei reduzida à sua forma morta. Para que todos a cumpram, é preciso ordenar o mundo como se fosse um arquivo morto. Os *as* no A, os *bs* no B etc. Se a água é muita ou pouca, se os lagos estão ou não congelados, tudo isso contado, teríamos um manual de cem páginas só para o jaleco. Ou, um padrão: use e pronto. Caso contrário, seria preciso confiar no julgamento de cada um; que é justamente o oposto dos procedimentos padrão. Ora, quando estabelecemos um padrão médio, não se pode evitar o fenômeno das médias: já no primário aprendi que, em média, a gente se afoga em meio metro d'água. O padrão médio da sensatez geral, em cada caso particular, é invariavelmente uma rematada insensatez. Ou, se preferirem, padrão é a ata de uma assembleia de sábios, redigida pelo sujeito caladinho lá no canto, o idiota de plantão. Nós simplesmente não voamos sobre água, mas voamos dentro do padrão. Entretanto, após profunda meditação, tive de me curvar à lógica do procedimento padrão. Voamos sim. Afinal, de que é feita a neve?...

A diversidade benfazeja

Extraídas de uma aula sobre *Estratégia*, as situações clínicas que se seguem, vêm no mais das vezes escritas em tempo médio, próprio para mostrar situações analíticas. De modo geral, são variações sobre o tema da desconfiança ou sobre o analista em análise, mas também servem, tão bem como qualquer outra coleção de situações particulares, para demonstrar os muitos modos que pode assumir a clínica extensa no consultório. Não são recomendações, mas sugestões, no estilo clássico de *sugestões estratégicas*, que constitui um gênero já estabelecido em diversos domínios da atividade humana.

Técnica ou técnicas?

A ideia de *clínica extensa* de consultório traz em seu bojo o reconhecimento de que é vital estabelecer estratégias para cada tratamento e para períodos ou situações particulares do mesmo processo. Certas decisões que toma o analista durante uma análise têm apenas cunho tático; a forma de abordar um certo tema emocional espinhoso para seu analisando, ou como resolver algum impasse da própria moldura analítica. Outras, de maior alcance, definem a ordenação geral de um tratamento, ou a forma de comunicação possível e desejável com este ou aquele paciente. Estas últimas são decisões tipicamente estratégicas, que raramente se ensinam durante a formação, para preservar o que, na melhor das hipóteses, se poderia chamar de uma bela ilusão de cunho moral: a padronização da técnica psicanalítica. Como toda ilusão moral, sua legitimidade ética é bastante discutível, aliás. Se você está disposto a pôr de parte a ilusão de que precisa seguir uma norma rígida em seu trabalho – passando boa parte dele a se justificar, com racionalizações, por a estar infringindo –, convido-o agora a acompanhar alguns problemas práticos da análise e as estratégias usadas para os solucionar.

Entre colegas

Começo por um problema muito comum em minha clínica. Como todos os analistas mais velhos, sou frequentemente procurado por colegas que já se analisaram diversas vezes e por longo tempo. Apesar disso, e em geral por boas razões, decidem tentar uma nova análise. Nalguns desses casos, o hábito interpretativo, cultivado como analistas e como pacientes, gera uma dificuldade especial para nosso trabalho. Suas associações, como a de qualquer outro analisando, ensejam a oportunidade de ruptura de campo. Não obstante, ocorre uma resistência muito eficaz, sobretudo porque esta vem encarnada na mais honesta colaboração. Como analistas experientes e analisandos experimentados, o material psíquico que surge acompanha-se de uma forte expectativa de interpretação, porém das interpretações já conhecidas. Então, certas interpretações preconcebidas, malgrado a disposição consciente a se entregar à nova experiência, aparecem enxertadas no fluxo associativo. Ou, quando não, aquilo mesmo que lhes digo é traduzido em termos do hábito formado.

A luta para afastar esse tipo de intromissão seria, em primeiro lugar, desgastante; contudo, mais grave, levaria a uma espécie de censura prévia, a última coisa que desejamos ver acontecer. Uma estratégia apropriada, e que se tem mostrado frutífera em diversas ocasiões, consiste em acolher ou mesmo incentivar as interpretações próprias, cujo teor pode ser, em seguida, utilizado como legítimas associações e interpretado. O importante é que isso não seja executado sem a participação do paciente; não se trata de um truque nem de uma manobra tática, mas de um acordo estratégico claro. Com uma paciente, nessas condições, combinamos que ela iria realizando sua autoanálise, tendo em mim uma espécie de supervisor. A *supervisão*, assim iniciada, não teve nada de convencional, naturalmente, era psicanálise no mais puro sentido da palavra, sobretudo por não ter de colocar entre parênteses uma atividade mental preciosa e espontânea da colega. Noutro caso, combinamos o que, meio por brincadeira, batizamos de *desanálise*, parodiando os *desaniversários* da Alice. A ideia era semelhante. Um trabalho analítico, inteiramente normal, porém orientado no sentido de acolher, interpretativamente, os esquemas interpretativos a que se habituara, os quais, do contrário, suprimidos de nossa relação, formariam um campo de insuperável resistência, minando o processo terapêutico.

Entre colegas, um tipo de trabalho clínico que precisamos aprimorar, e que me interessa particularmente, pelo desafio e pela necessidade prática, é a *revisitação de alta*. O término de análise tem suas peculiaridades. Uma das mais constantes, em minha experiência, é a repassagem de certos pontos nodais do tratamento, como que a verificar se foram concluídos com sucesso. O analista não a força; ao contrário, sua ocorrência é um sinal de trabalho de alta, tanto ou mais que a elaboração do luto pela separação, mais atinente à relação emocional que ao campo transferencial. O fato de as análises e as supervisões se prolongarem e se multiplicarem acaba por conduzir muitos colegas à procura de um analista para *trabalhar sua alta*. Não que o digam assim. Porém, a demanda é perfeitamente clara. Procuram análise ou supervisão para encerrar um ciclo de dependência, mesmo tendo que assumir uma última. Compete ao analista, nesses casos, isolar o fim do processo, por assim dizer, admitindo, desde o início, o caráter de revisitação em sua escuta. Os exemplos anteriores (e alguns dos outros que se seguem) ilustram a contento o tema. Em síntese, trata-se de assumir a independência do analisando ou do supervisionando, excelendo na arte da evanescência, que Confúcio recomendava ao conviva. O trabalho pode até ser longo, sem dúvida, mas orientado, desde o início (e mesmo na supervisão), à liquefação da transferência – liquidação, seria um exagero. O analista convidado...

Supervisão ou análise?

Situação aparentada a essa é a de colegas que me procuram para um trabalho que fica indeciso entre supervisão e análise. Como na anterior, são pessoas com longa experiência analítica que desejam algo mais, cujo nome permanece indefinível. Estrategicamente, prefiro de hábito manter a ambiguidade pelo tempo apropriado. Com efeito, a questão não se resume a decidir entre duas possibilidades. Entre supervisão e análise, o espaço terapêutico abriga diversas modalidades clínicas, a que faltam nome e endereço teórico-técnico. Em mais de um caso, foi possível criar uma dimensão terapêutica de intensa colaboração e muito profícua. Em todos, a *função terapêutica da psicanálise* esteve sempre presente. Não é raro, em minha experiência, que um colega me apresente situações de consultório, como uma espécie de passaporte para o ingresso no país desconhecido dessa função terapêutica. Através de seus pacientes, fala de si, de suas angústias, de sua forma de pensar, de sua criatividade pessoal. Num exemplo especialmente feliz, descobrimos uma forma de análise, digamos assim, que consegue tomar por tema quase qualquer ideia, contingência da vida, leitura, concepção filosófica ou sonho – às vezes, até supervisão fazemos. Noutro, que se encaminha mais ou menos na mesma direção, a pressão exercida pela ambiguidade mantém-se mais ativa. Numa *sessão*, sentada no divã, a terapeuta permaneceu longamente em silêncio, explicando que não conseguia decidir se contava um sonho seu ou o de um paciente seu. Respondi-lhe que era natural, pois estava sentada no divã. No entanto, com minha inteira aprovação, ela lá ficou, não se deitou nem mudou para uma cadeira. Decidiu equilibrar-se na intersecção dos campos da análise e da supervisão, beira do divã, tolerando certo desconforto, à espera de uma inclinação natural para um dos lados ou da descoberta de um ângulo adequado a seu estar consigo, comigo. Outras vezes, a ambiguidade é só aparente e resolve-se por uma opção perfeitamente clara. Nesses casos, tenho observado, a busca costuma ser de análise, ficando o pedido de supervisão como um álibi. Típico é o caso de uma paciente que me procurou para supervisão, com a queixa de ser incapaz de recordar ou anotar sessão alguma. Em pouco tempo, decidiu-se pelo divã.

Um topos *eficaz*

Uma situação clínica aparentemente mais convencional, sem tintas de supervisão ou de função terapêutica indefinível, porém aparentada ao dos *analisandos experimentados*, foi o de uma paciente, terapeuta também, que, depois de alguns anos de análise, foi sentindo cada vez mais forte a suspeita do que apelidava de *má compreensão*. Com essa expressão, designava um sentimento contraditório. Ficava apreensiva de que eu a estivesse a compreender a partir de esquemas de livro, de uma das *Bíblias*, sentia que minha interpretação seguinte estava a ponto de o demonstrar, entretanto nunca chegava a suceder o acontecimento temido. Como num pesadelo, era sempre na esquina seguinte que o malfeitor se escondia. Ao mesmo tempo, sua relação pessoal comigo era de amizade, consideração e, paradoxalmente, confiança. Todavia, estar lá, deitada no divã, à espera da equivocada interpretação convencional, tornara-se uma tortura. Eu não sabia o que fazer. A solução veio dela mesma.

Certo dia, fez-me ver, com eloquência, como era inumano ficar sofrendo assim desnecessariamente. Propôs então que um *tratamento humano*, condição fundamental da análise, deveria incluir a possibilidade de ela mesma ter mais controle sobre o que se passava. Sugeri-lhe que se sentasse, literalmente para começo de conversa, e que discutíssemos juntos as interpretações que eu lhe daria. O que parece absurdo, eu sei – e de certo modo o é, pois contradiz frontalmente uma das propriedades do regime da consciência em condição de análise, a impossibilidade de reflexão simultânea sobre a lógica de concepção, enquanto se abre a ela a consciência. Contudo, funcionou a experiência, que mantivemos por longo tempo. Numa comparação, surgida numa das sessões, a situação criada era semelhante a de uma criança que está sendo alimentada às colheradas pela mãe, da qual suspeita que a queira envenenar. Talvez a melhor maneira seja ela própria pôr sua mão na colher, mesmo não a conseguindo dirigir sozinha, de maneira a participar da seleção. Antes da boca que engole, a mão que controla.

No fundo, a eficácia da tentativa não contradiz a psicanálise. Ocorria simplesmente – mais ou menos como naqueles casos de analistas com diversas análises anteriores – que nossa discussão sobre as interpretações a receber funcionavam como material a interpretar, agora por interpretações de segunda ordem. Coisa que minha paciente reconhecia perfeitamente e de bom grado. Não se tratava de competir com o analista, penso, mas de criar um espaço psíquico intersubjetivo, topologicamente viável para superar o impasse emocional.

A invenção de um *topos* eficaz, dentro do espaço analítico, constitui uma das dimensões estratégicas mais comuns do processo terapêutico. Para muitos pacientes, o fato de estar submetido à ação de uma mente desconhecida pode ser intolerável. Como se pode facilmente perceber, este sofrimento é, em si mesmo, um tema analítico a ser tratado interpretativamente. Não obstante, como resolver o paradoxo prático que ele envolve: *sei que devo me tratar dessa impossibilidade, mas é o próprio tratamento da impossibilidade que é impossível*. Em dois casos, pelo menos, encontramos juntos, meus pacientes e eu, soluções menos engenhosas que a anterior, porém igualmente adequadas. Com um analisando, dedicamos bom tempo do tratamento a discutir sua produção artística, que ele não apenas mostrava, mas planejava e desenvolvia imaginariamente na sessão, enquanto ia explicando as ideias geradoras. Com outra, discutíamos regularmente seus escritos teóricos, mais nalguns períodos, menos noutros. Com uma terceira, a preparação de um livro sobre filosofia social foi assunto de inúmeras sessões. Com um quarto, de inclinação menos teórica, o espaço para a superação da entrega insuportável ao psiquismo alheio foi criado em torno da discussão detalhada de um projeto de negócio. Com ser clínica extensa, procedimentos deste tipo são usados praticamente por todos os analistas.

No caso de análises de terapeutas, não raro o gênero de impossibilidade de que tratamos aqui fica encoberto por uma atribuição de diferença de linhas ou de escolas psicanalíticas. Como isso também pode acontecer, é preciso ter o cuidado de reconhecer que dinâmica emocional está realmente em jogo. Nos quatro casos mencionados, com todas as radicais diferenças entre as origens e estruturas da impossibilidade posicional, é razoável admitir certa comunidade típica. A propósito, convém salientar que, em grau menor, o paradoxo da entrega à atividade mental alheia, ocorre, nalgum momento, talvez na maioria das análises; somente não se nota tanto, porque acaba por ser solucionado pela própria participação do analisando na criação do que chamo de *ato falho produtivo a dois*, como no exemplo inicial de *intimidade da clínica*. A estratégia de superação, por conseguinte, fica embutida dentro de outras estratégias analíticas que o caso solicita, não se sobressai. Mas, se fosse de fato as *interpretações* do analista aquilo que move a análise, suas *sentenças interpretativas*,[24] imagino que mais da metade dos tratamentos acabaria mal, vítimas do venenoso paradoxo que examinamos.

Como começo?

Outro problema típico e muitíssimo comum na cura analítica é o do paciente que não sabe como começar uma sessão. Bem, na verdade ninguém sabe, a gente começa e pronto. Só que há pacientes e pacientes; e, com certa frequência, o problema de – *que*

---

24 Ver nota 17, p. 159. (L H)

dizer? – dá um nó em si mesmo. Posso reconhecer mais de uma causa para tal dificuldade. Às vezes, raramente, simples timidez. Outras, o medo de se trair dizendo logo aquilo, mostrando aquilo, deixando que transpareça aquilo – qual *aquilo*?, ora aquilo que se conhece e desconhece, o *grande emboscado*. Outras ainda, o dilema obsessivo de, ao se dizer algo, deixar de dizer tudo o mais. Habitualmente, algum tipo de racionalização recobre o verdadeiro problema, por exemplo: como ser mais produtivo? Falar cada vez de uma coisa diferente? Como saber que este, que escolho, é o assunto mais importante? As causas emocionais, que seria melhor tratar de *colorido emocional*, bem como as racionalizações que a elas se superpõem deixam entrever o nó interior.

A questão central pode ser assim enunciada: como sair da essencial indeterminação do nada, da abertura irrestrita aos possíveis, para um ser particular, encerramento de todas as alternativas? Para cada um de nós existe o problema, em qualquer circunstância. Por que é tão difícil escrever a primeira linha de um texto? A primeira pincelada, o primeiro compasso? Quantas perfeições virtuais fenecem, quando me decido por uma palavra, por uma sentença, por uma profissão, por um modo de existência? Resposta: nenhuma! Ninguém é mais capaz que seu feito. Eu sei que não sou. Porém, este fundo problema existencial aturde certos pacientes, a ponto de abandonarem a análise por não saber como a iniciar.

Um pequeno exemplo clínico pode ajudar-nos a encontrar uma estratégia de superação. Note que escolho este, entre uma boa dezena de casos parecidos, pois é um problema realmente comum. Meu analisando não conseguia começar a sessão e perguntava, agoniado, *como faço*? Todas as vezes. Pedia: *me dá uma dica, vai, só desta vez*. Novamente, um paradoxo prático. Precisamos chegar lá, onde se pode esclarecer o sentido, mas sem o primeiro passo não há expedição. Minha estratégia, de novo combinada com o paciente, foi a de começar eu as sessões, sempre que me pedisse, falando de algum assunto de sua vida ou perguntando algo, *como se eu fosse ele*, o que bem sabemos não ser o caso. Funcionou, porque, em seguida, ele podia, com leve tom de censura ou de aprovação, mostrar se minha escolha foi justa, ou se teria sido melhor começar por outro ponto. E lá vamos nós. A análise tornou-se viável, o que não é pouca coisa. Com variações, esta pode ser uma estratégia salvadora em situação potencialmente perdida.

Certo paciente pedia que lhe repetisse a sessão anterior, de que não se lembrava corretamente, sessão após sessão. Às vezes, eu repetia, outras não, outras ainda *repetia* a sessão que estávamos a encetar, como quem fala do passado. Noutros casos, menos peremptórios, fecho-me em copas, que é a saudável receita tradicional. É forçoso, entretanto, reconhecer a gravidade relativa de cada nó, mesmo sabendo que, em essência, este nó de começar é de todos. O medo da vida e o da morte, como você talvez já tenha adivinhado, são somente outro aspecto da mesma questão.

Estratégia

Esta série de temas vai deixando claro, ao menos é o que espero, aquilo que entendo por estratégia terapêutica em clínica extensa. Não estou pensando em manobras sutis, engodos para levar o paciente a fazer o que não quer. Tampouco, puras alterações da moldura analítica para fazer frente a pacientes difíceis, ou situações clínicas especialmente delicadas, como chamar a família do cliente, indicar apoio psiquiátrico, atendimentos com equipe multidisciplinar etc. Essas são também decisões estratégicas, mas, sobre elas, existe suficiente literatura publicada. O que nos interessa aqui é mais fino e mais quotidiano, os problemas emocionais que recheiam o estofo da análise, em tempo médio, os quais, normalmente, não mostram tamanha intensidade para exigir providência diferente do trabalho interpretativo habitual.

Em certos casos, porém, transformam-se em nós especialmente malignos, porque o fio do desejo emaranha-se no fio da análise. Então, é urgente tomar um outro tipo de medida, praticar uma interpretação que modifica o espaço analítico, às vezes também a moldura, criando condições para o solucionar. Não se trata de medida heroica, como dizia o médico de antigamente, pouco antes de levar seu paciente ao óbito. Não é questão de ostentar coragem, mas só de ter juízo, na maioria das vezes. De mais a mais, a psicanálise, entendida como clínica extensa, não faz profissão de fé em nenhum dos rituais da organização costumeira da moldura – frequência semanal, divã, silêncio inicial, não perguntar e não responder etc. –, considerando que esta, a moldura, deve ser construída sob medida para cada quadro e para cada caso, da forma que melhor atenda às necessidades do método psicanalítico.[25] A moldura padrão, que se vai modificando com o correr do tempo e com as contingências sociais, é em geral boa o bastante para o analista, mormente por se haver acostumado a ela, mas não é sagrada. Como vemos, os problemas de estratégia que se vão acumulando até aqui, exigem mais mudanças de atitude, que mudanças de calendário ou de mobília.

O impasse da desconfiança

Aqueles casos em que a entrega a uma outra mente se converte em pesadelo fazem pensar, de imediato, numa forma extrema

---

25 Ver Herrmann, F. "A moldura da clínica", in *Clínica Psicanalítica: A Arte da Interpretação*, op. cit., cap. 3, pp. 37-50. (L H)

de transferência alimentada pelo sentimento de desconfiança. Como vou saber com quem estou? É impossível saber, porque o motor da transferência invoca figuras psíquicas desconhecidas, a cada período da análise, que se encarnam no analista sem pedir licença. A paciente que exigia um *tratamento humano*, por exemplo, não parecia em absoluto desconfiar de mim, e fazia questão de o deixar claro, mas da psicanálise, ou seja, do analista no campo transferencial. Noutros casos, é a pessoa do analista, como se costuma dizer, que está posta em xeque. Ou, para os amantes do xadrez, em *Zugzwang*, obrigação de jogar, quando qualquer lance que se faça leva a ter de abandonar a partida.

Em dois casos, lembro, a desconfiança era tanta que os pacientes, não eu, estavam a pique de abandonar a partida terapêutica. Nenhum deles era psicótico, neuróticos normais como todo mundo, mas o primeiro suspeitou por certo tempo, agudamente e a sério, de que eu o quisesse enlouquecer, para ter sobre ele um domínio absoluto. Em mais de uma ocasião, exigiu explicações sobre ocorrências do consultório, uma ausência da secretária, algum ruído ocasional, a ampliação de minha casa – tenho consultório em casa. Às vezes, preferia não responder, e era acusado, com angústia avassaladora, de estar criando uma atmosfera misteriosa, propícia a deixá-lo incerto e desorientado. Outras, escolhia responder, mas era também acusado, agora de cercear o espaço de fantasia indispensável para sua sanidade mental. *Zugzwang*! Preso por ter cão, preso por não ter cão. No desespero, ele falava sempre em largar a análise. Como a situação durasse e o sofrimento também, decidi, a certa altura, tomar ao pé da letra a proposta. Não lhe propus uma data para o término, o que seria pouco honesto face à situação, mas que a considerasse largada. A partir daí, poderia continuar a vir em seus horários, se quisesse, mas para discutir comigo o tratamento que tínhamos realizado até então. Estrategicamente, como lhe expliquei, estaríamos livres daquela análise, contaminada pela desconfiança, para tentarmos juntos decidir se as suspeitas eram ou não justificadas. Durante algumas sessões – ele sempre veio –, conversamos face a face sobre o trabalho analítico. Logo, porém, sem maiores explicações, ele voltou a se deitar e o impasse foi superado, começando nova análise, para a qual a anterior se tornou um material perfeitamente interpretável. A exemplo dos casos anteriores, um espaço topologicamente viável para a cura foi de novo inventado aqui.

No segundo caso, outra paciente desconfiada, encontramos uma solução mais ortodoxa. Uma ou duas vezes por semestre, ela se declarava em alta a pedido, acusando-me, aos prantos, de não a conseguir entender, além de autoritarismo possessivo, pois não permitia que me deixasse. Só pelo dinheiro das sessões, só por meu egoísmo. Acontece, porém, que quando eu aceitava discutir mais objetivamente suas razões para interromper a análise, minha analisanda logo delatava meu desinteresse por ela: no fundo, era eu quem estava apressadíssimo para terminar sua análise. *Zugzwang*? Aparentemente sim. Não obstante, quando comecei a pensar a fundo numa estratégia que propiciasse um lugar médio, entre o meu abandono e o abandono dela, descobri, inopinadamente, que esta já existia, e que era a própria análise. Afinal, uma análise, *qualquer análise*, não é o espaço que medeia entre o paciente não se decidir a deixá-la e o analista não o expulsar? Em geral, isso se diz de maneira inversa e bem mais educada, o lugar onde o desejo de cura do paciente encontra o acolhimento do analista. Mas a sentença negativa diz exatamente o mesmo, ao revés, sob o signo exato da neurose de transferência. Não fiz coisa alguma, continuei com meu trabalho, ela com o seu e nós com o nosso. Uma decisão estratégica como outra qualquer...

O estranho caso da análise escondida

> *"Toma um conselho de amigo,*
> *Não te cases Belzebu,*
> *Que a Mulher, como ser humana,*
> *É mais fina do que tu."*
> Machado de Assis[26]

Por fim, encerrando esta série de sugestões estratégicas para a prática da clínica extensa no consultório, gostaria de lhes apresentar *o estranho caso da análise escondida*. Ela me procurou. Era uma mulher simpática e bondosa, cheia de problemas que, neste contexto, não vale enumerar. Eu a aceitei, ela começou. Começou o quê? Depois de umas quantas sessões, descobriu de repente: *mas eu não quero fazer análise*. Quase entrava em análise por engano. Fiquei um pouco tonto, como você ficaria, meu amigo, e repliquei com toda a dignidade profissional que ela sabia muito bem que eu era analista: *olha o divã*. Ela concordou, também dignamente, mas contestou, com lógica imbatível, que precisava de um analista. Só que análise, isto ela não queria fazer, lógico. Não se ia deitar, não ia dizer o que lhe viesse a cabeça – Deus me livre –, não queria que lhe desse interpretações, falar da infância, nem morta. Lembrei-me vagamente de Freud haver dito a alguém que também lhe poderia pedir a lua. No caso, ela me pedia o Cruzeiro do Sul. Estava para a dispensar sem mais aquela, quando uma pequena suspeita aracnídea armou sua teia em meu cérebro. Esta paciente não era do ramo, sabe-se lá que ideia fazia da análise. Pensando bem, deitar-se não é essencial, dizer tudo o que vem à cabeça ninguém o diz em seu juízo perfeito e interpretação psicanalítica não é coisa que se dê, constrói-se suadamente e vem, quando quer, do paciente.

---

26 Assis, M. O casamento do diabo, in *Obra Completa*, José Aguilar, 1959, vol. III, Poesia, Crônica, Crítica, Miscelânea e Epistolário, p. 324. (L H)

Tampouco queria ela um *casamento analítico*, nem pretendia ser *um caso de análise*, mas – soprou-me o Tentador em sua ardilosa versão clínica –, talvez não recusasse ter um *caso com a análise*... Adultério é coisa de adultos, pensei. E não sou monogâmico em minha fidelidade aos *standards*. Já que havíamos começado, continuamos. Para ver no que dava.

O que se desenvolveu entre nós foi um tratamento *sui generis*, como não poderia deixar de ser, porém muito analítico, muito mesmo. Ela me contava algo de sua vida às vezes, muito raramente de sua infância, quase nunca de suas fantasias ou sonhos. Mais comumente falava de outras pessoas, ou comentava comigo um filme, um livro, uma situação qualquer do mundo. Seja lá qual fosse o assunto, estava sempre bem atenta, pedia-me uma interpretação da psique envolvida no caso, dela ou de outrem, de uma pessoa ou do mundo atual, discutia-a com animação. Como é costume dizer, ela se *colocava*, mais até que a média dos pacientes. Eu estava apenas proibido de me referir diretamente a ela, de lhe mostrar as emoções que porventura experimentasse, de interpretar sua relação com os pais na infância, sobretudo. Como interpretação não é mesmo isso, não me importava.

Certa feita, contou-me um sonho. Cometi a rematada tolice de lhe pedir associações. Passou dois anos sem sonhar. Os desencontros produtivos, do gênero ato falho a dois, ocorriam regularmente; porém, sem que me fosse permitida a menor sentença interpretativa, nem por caridade. Rupturas de campo, expectativas de trânsito, vórtices também. A relação emocional comigo foi evidenciando os reflexos das interpretações, ocultas em comentários gerais. O campo transferencial transparecia no estilo dos relatos. Aos poucos, muito aos poucos é verdade, foram desaparecendo seus sintomas mais graves. Uma vida que parecia ir pelo ralo, abriu-se em possibilidades. Por razões de sigilo próprias a este caso, não posso entrar nos detalhes do material analítico. Paciência, alinho toda a série de generalidades convencionais. Numa palavra antiga: foi-se curando.

Com muitos anos de trabalho e estabelecida uma sólida aliança terapêutica, certa feita perdi a cabeça, insurgi-me e exigi meus direitos constitucionais. *Você sabe muito bem que o que estamos fazendo é análise, não sabe?* Ao que ela retrucou, com seu sorriso mais cândido e compassivo: *Claro que eu sei, Fabio, mas se ficar falando, estraga. É que estou fazendo análise escondido.* Ao que perguntei perplexo: *escondida de quem? Ora, escondido de mim...*

1.5. Os dois eus e seu tempo (lições da análise escondida)

Duplicação sub-reptícia do eu

A última situação clínica da aula passada, *o estranho caso da análise escondida*, desperta agora vivamente nossa atenção para um aspecto, de resto inerente a todos os demais exemplos de estratégia; qual seja, a duplicação sub-reptícia do sujeito psíquico envolvida na graciosa e franca afirmação de estar em análise escondida de si mesma, de estar fazendo escondido. Minha estratégia unicamente consistiu, a rigor, em respeitar a lógica de uma proposta de aparência absurda: tratar-se com um analista, sem estar em análise. Ou melhor, como ficou patente, sem que ela tenha conhecimento de que *ela* está em análise. Estratégia, coisa nenhuma, sei muito bem que estão pensando. Ora, meus caros, estratégia sim, como as outras. No caso, decidir pela inclusão, no espaço analítico, do (não) freudiano, do ensaio sobre a *Negação* (*Verneinung*), *eu (não) quero fazer análise*, e empreender o trabalho normalmente, dando de ombros ao não entre parênteses.

Freud descreveu a negativa, lembrem-se, na mesma época em que desenvolveu a ideia de cisão do eu, nos anos 1920. Não resta dúvida de ambos os processos manterem uma relação íntima e profunda. No caso em pauta, bastaria deslocar o termo entre parênteses para passar de um a outro: *(eu) não quero fazer análise.* Agora, já não é o não, mas o eu que é trazido à mesa de discussão. Um *eu* não quer de fato fazer análise, mas só tratar-se com um analista, tendo lá suas razões; outro *eu*, porém, parece ter estado o tempo inteiro ciente do processo e tolerantemente crítico a respeito da contradição. Esta atitude perante o conhecimento, a *Verleugnung*, mecanismo que se traduz razoavelmente por *recusa*, *descrédito*, ou talvez até melhor *descredenciamento* (na acepção diplomática do termo), mas que, na maioria dos casos, se poderia dizer muito simplesmente *renunciar a seu conhecimento*, corresponde à incidência da *negativa* sobre a *cisão*, constituindo um terceiro e feliz conceito da mesma safra. Um eu e seu reprimido substituídos, para certos fins teóricos, por dois eus e uma negativa, que não se toma em conhecimento. Ou, um positivo, um negativo e a impossibilidade de sua convivência no mesmo campo. Ela, *ela* e o *nem estou aí.*

Na realidade, eu já tivera, muito tempo antes, outro paciente que me havia defrontado com um problema análogo. Depois da primeira semana de análise, se bem me recordo, não se declarara avesso como ela, mas incapaz para se analisar. Sabia que aquilo nunca iria dar certo, que era tolice insistir e que logo abandonaria o tratamento. Ao mesmo tempo em que sua análise avançava, mais ou menos como outra qualquer, sua atitude negativa se mantinha incólume. Como então percebi, mais que se manter teimosamente, o sujeito da negação servia de contrapeso aos progressos terapêuticos, vindo à tona resolutamente, com seu projeto de abandono, sempre que se abriam novas possibilidades de ser. Numa palavra, o abandono ameaçado e a desconsolada consciência de que não havia jeito, não apenas se *mantinham*, mas serviam para o *manter* em análise. Sete anos depois, quando já não havia mesmo outra coisa a fazer senão terminar o tratamento, diante da alta iminente, ele não se rejubilou como o hipocondríaco da anedota – que faz inscrever em sua lápide o epitáfio *Não disse*? –, mas, surpreso, admitiu que experimentava um sentimento estranho, cujo nome, a custo descobrimos, só podia ser *felicidade*. Combinamos então uma data para o fim e encerramos nosso trabalho, satisfeitos ambos com o resultado. O *eu do não* pôde enfim ser dispensado de sua vital função de contraparte negativa do processo.

Para aquele *eu*, a análise, creio que assim o possa exprimir, deu-se quase às escondidas, senão o processo, como com a paciente da última aula, ao menos seus resultados positivos. Tomando em conjunto esses dois casos, parece mais produtivo pensar numa *duplicação sub-reptícia do eu*, que invocar o simples *não* inconsciente. De forma análoga, o primeiro dos casos de desconfiança da aula anterior, o da colher na boca, bem como aqueles pacientes para os quais iniciar a sessão era impossível, também testemunham certo gênero de conflito que não se pode reduzir a uma tendência negada, sem exageros de dialética. Eles nos forçam a admitir uma duplicação mais complexa do sujeito psíquico. Cada qual desses sujeitos duplicados nos pacientes era capaz, com efeito, de aduzir boas razões para sua atitude, continha um estoque de representações e de lembranças que lhes sustentava o ponto de vista, controlava o fluxo ideativo etc.

Formas de análise escondida

Mas não apressemos nossas conclusões clínicas – mesmo porque uma dedução geral desse processo intrapsíquico já apareceu, há alguns anos, em meu livro *A psique e o Eu*.[27] Voltando aos dois

27 No primeiro capítulo, "O eu no fígado da pedra". Ver nota 10, p. 185. (L H)

casos de *análise escondida*, acredito que no mínimo seja injusto atribuí-la a uma excentricidade dos pacientes. Sem prejuízo de reconhecer o caráter extremo de que se revestiu o fenômeno em ambos os casos, faz-se mister reconhecer também que em todo e qualquer processo analítico, não importando sua profundidade, duração e êxito, *boa parte da análise sempre se dá às escondidas*. Isso acontece de duas maneiras, uma processual e transitória, a outra posicional e praticamente insolúvel.

O primeiro tipo de ocultamento pode ser facilmente reconhecido em pacientes predominantemente histéricos, como aquela que decidia abandonar a análise por suspeitar que eu não a quisesse analisar. Toda vez em que eu era identificado a um pai brutal, moralista e censor, o antagonismo devia ser conduzido a seu extremo. Como analista, não só a censurava e a desconsiderava, como também era demasiado exigente, violento: não rompia campos, perfurava-a com uma britadeira. A este *eu*, dela, o violentado e menosprezado, havia de se deixar a rédea solta, para que percorresse o ciclo inteiro do drama interior, sob pena de abortar o procedimento analítico em curso. Não que eu precisasse esforçar-me por corresponder à expectativa de violência; porém, não lhe devia contrapor qualquer evidência em contrário, antes contracenar com sua revolta impotente, mantendo a postura interpretativa. Ela exigia que eu me desculpasse, que, quando menos, admitisse minha culpa. Nesses momentos, sua mágoa era tão honesta e convincente que me parecia ver formarem-se estalactites de lágrimas congeladas no teto do consultório. Chegando ao ponto máximo de tensão, beirando o abandono da análise, explodia do imo da paciente um sentimento de amor incompreendido, de paixão não correspondida, forte e comovente como fora o ódio. Então, já nos podíamos reconciliar e até compreender o que se passara. Todavia, antes disso, o eu amoroso havia de manter-se oculto; não obstante, presente em análise, pois que era o verdadeiro endereço das nossas interpretações. *Nossas interpretações*, delas e minhas, criadas em desencontrada colaboração pela paciente humilhada por seu severo analista, como se estivéssemos a viver um psicodrama analítico em benefício do *eu apaixonado*.

O ponto ao qual desejo chamar a atenção de vocês é que jamais, por anos a fio, era possível totalizar os dois tempos dessa análise, o que teria sido concebível caso estivessem em jogo simplesmente duas tendências do mesmo eu. Tratava-se, como fica evidente, de dois eus, interdependentes, mas sub-repticiamente desdobrados, em que o *eu apaixonado* funcionava como sujeito do campo dominante da análise, no qual o *eu revoltado* era o sujeito da relação analítica. Como as duas posições antagônicas se dispunham na sequência de um mesmo processo e admitiam algum trânsito, custoso é certo, mas um trânsito temporal de qualquer modo, qualifiquei este tipo de *análise escondida* como *processual e transitória*.

Muitas outras versões de *análise escondida* do mesmo tipo podem ser reconhecidas em qualquer tratamento, é fato que de forma menos veemente. Às vezes, está proibido trazer à análise a infância de um cliente. Não se recorda de nada, senão de banalidades, e os esforços em conclamar as relações mais primitivas ao campo transferencial redundam num mutismo associativo provisoriamente insuperável. Não obstante, o analista sabe muito bem que estão tratando da relação com a mãe ou com o pai, por exemplo, assim como o próprio analisando o sabia, descobre-se depois, mas não tomava conhecimento disso, ou o recusava. Outras vezes, é a própria relação com o analista que fica interditada, isto é, não se deve explicitar, embora ela esteja na ordem do dia da interpretação – nesta situação, que é das mais comuns, os pacientes tendem a ironizar a importância que o analista se atribui em sua vida mental. Outras ainda, é a sexualidade que vai sendo analisada em surdina. Uma paciente, por exemplo, interpreta, com certa cumplicidade tácita do analista – o termo é duro, mas o juízo, inegável –, todas as fases de uma relação sexual, sem que esclarecimento algum se possa enunciar em sã consciência, pois infalivelmente redundaria no desaparecimento abrupto do *eu* sexual; o que deixaria o analista falando sozinho do erotismo, sob a discreta insinuação de ser um pouco tarado. Outro exemplo aparentado é o de uma paciente, cujo contato prévio com o terapeuta, muito tempo antes de escolhê-lo para tal função, não pode ser mencionado, nem sequer entrar como horizonte da interpretação; acarretando a desobediência longos períodos de seca analítica, quando ela apenas produz associações teóricas, da melhor lavra, acusando ao mesmo tempo o analista de teorizar seu tratamento.

Há, porém, situações em que o analista não apenas está proibido de falar, mas até de pensar, e isso por longo tempo. Paradigmática, a este propósito, é a análise de uma paciente, cujo campo dominante proibia sua analista de entender que as acusações feitas ao marido dirigiam-se igualmente a si, até ser surpreendida por uma violenta atuação – o termo é pobre, mas habitual –, que pôs em relevo a natureza transferencial das queixas. Em minha experiência como analista, tampouco faltam tais ocorrências. Lembro-me de uma analisanda que se "curou" antes da primeira sessão. Não tinha vida sexual nem menstruava. Logo ao começar a análise, já lá vão décadas, não só desapareceu a amenorreia, como voltou a interessar-se pela sexualidade. Passados vários anos de terapia, a relação erotizada com o analista pôde surgir em toda sua magnitude. Não que antes fossem obscuros os sinais. Certa feita, redecorou seu quarto de dormir, pintando-o todo de preto, como uma tumba egípcia, dizia ela, em versão holywoodiana, com pequenos desenhos dourados, que imitavam hieróglifos. Só então seu "complexo de Nefertiti" revelou-me, tardiamente, haver sido eu seu relutante faraó. O trabalho interpretativo resultante foi bastante proveitoso, culminado num desenlace que, se os anos decorridos não me traem a memória, resultou na resolução da neurose de transferência e numa vida amorosa bastante normal.

O importante desses exemplos clínicos reside em admitir, muito a contragosto, que de pouco adiantaria uma consciência precoce da análise escondida. Muito ao contrário, a cegueira provisória do analista, ou sua perspicácia em não ver, bem como o precavido silêncio nalgumas circunstâncias, foram a condição da eficácia analítica dos tratamentos. A vulgar ideologia de tudo entender, para poder "interpretar corretamente", mostra aqui sua precariedade. Dentro da análise, de qualquer análise, parte considerável ocorre escondida. Em verdade, *outra análise inteira*, exigindo do analista tanto os dotes da percuciência, quanto aqueles, quiçá mais sublimes, da estupidez.

Em todos esses casos, vocês não deixarão de reconhecer a presença de um eu sub-repticiamente duplicado, na constituição do campo que proíbe certo gênero de percepção do analista ou de sentenças interpretativas, ao ponto de, às vezes, pura e simplesmente paralisar ou mesmo inviabilizar a análise. Por si só, esta drástica circunstância, o impasse analítico completo, sugere teoricamente que, mesmo em processos terapêuticos que se desenvolvem de maneira satisfatória, uma porção considerável do trabalho analítico se dê às escondidas. Não me refiro aos setores da personalidade que não conseguimos analisar, nem aos temas da lógica emocional não trabalhados, ou seja, à simples e inevitável incompletude de qualquer análise, porém a uma dimensão posicionalmente oculta do processo, o qual funciona, mas não pode ser acompanhado em sua totalidade. Se, nalguns casos, é todo o processo, ou quase todo, noutros, deve também ocorrer em parcelas mínimas, mesmo que só o possamos afirmar com base numa especulação teórica.

Regime temporal da análise (∞)[28]

Aqui, mesmo nesta investigação da clínica que prefere passar ao largo das teorias psicológicas, estou convencido de que vale a pena abrir uma exceção e introduzir teoricamente o problema, que, do contrário, se tornaria quase incompreensível. Comecemos perguntando: em que tempo se dá a análise? A resposta automática, mesmo para o analista iniciante, é: no tempo presente, num presente radical, indicado pela consagrada expressão *hic et nunc*, o *aqui e agora* da sessão. Isso é verdadeiro até certo ponto, como uma espécie de conselho técnico que objetiva evitar que o terapeuta se afaste de seu campo próprio, a sessão, perdendo-se nos meandros das racionalizações do analisando a respeito de seu passado ou do comportamento das pessoas próximas. Todavia, essa fórmula clara e respeitável não está isenta de contradições. *Aqui e agora*, como qualificadores da sessão analítica, não são conceitos da Psicanálise, mas noções de senso comum; como tais, compreensíveis para todo mundo, mas, infelizmente, muito imprecisas. É claro que a análise se dá no consultório e na hora aprazada, a menos que se dê noutro lugar e fora de hora. O tempo do efeito psicanalítico, porém, é outro. Quando ocorre uma interpretação, ou seja, quando há ruptura de campo, fica abalada uma das estruturas vivenciais do paciente, responsável por dar sentido a sua história. Como esta vem de longa data, da infância em geral, o efeito de reorganização exigido abrange o passado, o *solo da memória*. Não apenas se alteram as lembranças – "corrigem-se", escuta-se comumente, num sentido ligeiramente moralista e eivado de preconceito –, como o solo mesmo em que se implantam tais lembranças, o campo da memória, foi modificado, sem que possamos saber ao certo como o foi. Numa

28 Cf. Herrmann, F. A Cura no campo psicanalítico, in *Andaimes do Real: O Método da Psicanálise*, op. cit., 3ª parte, pp. 273-287. (L H)

palavra: *o passado passa a ter sido outro*. Em pequena medida, é lógico, mas desde sempre. Com isso, nosso presente, futuro desse novo passado, não só muda, como *passa a ter sido* sempre este que agora se criou; confrontado com as atitudes e sentimentos que até há pouco vivia, nosso paciente experimenta estranheza, como se falássemos de outra pessoa. Esse fenômeno comum apresenta algum parentesco com o desencadeamento de um delírio – ou com a cura do delírio, a propósito –, quando é forçoso o doente explicar por que agia assim, tão estranhamente, já que agora, estando curado, ou delirando, sabe muito bem quem é na realidade.

Qualquer análise pode servir de exemplo. Uma paciente tinha do pai a lembrança dos castigos bastante cruéis que, de criança, lhe impunha a todo momento. A certa altura da análise, ocorre uma ruptura desse campo, surgindo outro pai, alegre, comunicativo, um pouco irresponsável nalguns setores da vida, mas decididamente bom e confiável. Como é natural, ela não se esqueceu da imagem anterior, nem é este o problema que nos interessa. As lembranças estão aí, mas o *solo da memória* já é outro, se vocês me entendem. Para fins práticos, passou a ter sido outro desde sempre, pois a mesma coisa, lembrada noutro solo, é de forma sutil, mas muito eficaz, outra coisa, completamente diversa. Não haviam sido tantos assim os castigos, ele também fora educado com severidade, ademais, pequenos mimos e certa bonomia do pai os compensavam etc. Surge, em decorrência, outro tipo de relação consigo própria, com o analista, com a vida em geral. Agora é natural o novo campo, demandando-lhe certo esforço de elaboração justificar ou compreender alguns hábitos ligados à fase punitiva que ainda permanecem, mesmo na análise.

Creio que, até aqui, nada há de incompreensível ou obscuro. O problema real apenas surge quando nos colocamos no momento exato da ruptura de campo. A alteração do passado já está ocorrendo, dela, porém, ficaremos sabendo tão somente ao se completar, no futuro, ou seja, no transcorrer da análise. Quando isso se der, novo campo estará em ação – que talvez venha ainda a ser rompido também. Ora, um campo é coisa séria, é um inconsciente, é todo o inconsciente em ação, sendo pois *o inconsciente* da relação analítica. Assim, a nova relação da paciente com seu analista não é nova para ela, sempre foi assim, passou a ter sido sempre assim como é agora, como solo da memória, mesmo que o desmintam certas lembranças particulares. A rigor, a ruptura de campo subjetivamente deixou de ter havido.

Espero não os estar aturdindo com esta análise do tempo psicanalítico, dentro do sistema campo/relação. Se vocês ainda me acompanham a esta altura da aula, podem constatar que o tempo em que se dá a psicanálise clínica não é um presente, na realidade. Mais propriamente, é o futuro de um passado (em mutação), tempo este, o futuro do pretérito, que também se conhece por *condicional*. A cada instante, do ponto de vista da ruptura de campo, o *eu sou assim* designa de fato um *eu poderia ser assim*. Um tempo de possíveis em movimento. Neste tempo estranho, o presente já é potencialmente outro, dependendo do efeito sobre o passado que tiver a ruptura de campo – sobre o solo da memória, não sobre o passado absoluto dos acontecimentos, nem é preciso acrescentar, pois *praeterita mutare non possumus* –, efeito que só se completará no futuro. Claro, este futuro, já o é do novo presente; ao se cumprir, virá com toda a naturalidade do novo campo. E nosso paciente poderá dizer com toda a honestidade: *mas no fundo eu sempre fui deste jeito*.

Esse extravagante regime temporal da análise tem toda a sorte de repercussões na prática clínica. Na verdade, ele a constitui. Não fora essa temporalidade reversível, o processo interpretativo não poderia funcionar de modo algum. A questão derivada dos três tempos de se pensar a clínica, a que já fiz referência noutra aula, tempo curto, médio e longo,[29] é apenas uma de tais repercussões. Não há como as explorar agora, tenham um pouco mais de paciência. Basta considerar, com relação aos três tempos, que a existência do tempo curto, o do diálogo da sessão, quando não é reconhecida, leva à confusão entre tempo psicanalítico e presente absoluto, há pouco denunciada; com efeito, o tempo curto parece ser um presente irremissível, porém sua análise cuidadosa mostra a presença do mesmo regime temporal dos outros dois. É curto, mas não é zero. A transferência também só pode ser metodologicamente esclarecida pela consideração do regime condicional. E assim por diante. Para figurar este regime, costumo usar, não por acaso, a figura gráfica do infinito: ∞. Se o ponto central onde se cruzam as duas laçadas for o momento de uma interpretação (ruptura de campo), a laçada da direita representará o futuro da análise, quando o efeito psicanalítico já alterou o passado correspondente à interpretação. Tampouco exploraremos agora o movimento de translação desse ∞ ao longo do processo analítico, sendo suficiente admitir, por princípio, que, para o paciente pelo menos, tal movimento se anula constantemente, tudo se passando como se nada estivesse a acontecer. Ninguém sabe quando se cura.

Sucede, porém, que também o analista é afetado pelo mesmo regime temporal, como não poderia deixar de ser. Como resultado, os momentos de ruptura de campo via de regra desaparecem de sua consciência, como um sonho ao despertar. Por outro lado, muitas das rupturas de campo acontecidas nem sequer são por ele registradas e, daquelas que o são, parte respeitável do efeito escapa-lhe em maior ou menor medida. Seguem-se daí duas consequências que nos trazem de volta ao problema da análise escondida. Quan-

29 Ver nota 21, p. 364. (L H)

do o analista consegue dar-se conta da ruptura de campo, e na medida em que capta seus efeitos, ele pode formular uma sentença interpretativa, porém só no futuro, na laçada direita. Se o fizer, talvez se convença, e convença o paciente, que o efeito adveio da sentença e não da interpretação, esta que já ocorreu, mas foi *temporalmente anulada pelo* ∞. Caso contrário, mesmo que o analista escape da ilusão retrospectiva, está-lhe proibido de qualquer forma referir-se ao ponto central, à interpretação propriamente dita, sob pena de enfrentar o mais feroz dos antagonismos por parte do cliente, uma vez que estará mostrando o nascimento do próprio sujeito psíquico (atual), este que passou a sempre ter sido assim. E o nascimento de uma forma psíquica, sendo lógica de concepção, é incongruente ao extremo para essa psique. Outra consequência é que grande parte das rupturas não se notam durante o vórtice – geralmente o analista pensa que errou a mira, porque o efeito é confuso, e, acreditem, confusional – e seus produtos posteriores são creditados simplesmente à evolução da relação analítica. Da junção dessas duas malignas consequências do regime temporal analítico, resulta que uma *outra análise*, a mais verdadeira, diga-se de passagem, é sempre conduzida às escondidas, sem que a dupla disso desconfie. O que costuma aparecer na narrativa de um processo analítico terminado é muito semelhante, de resto, àquilo que se registra nos livros de história; não deixa de ser verdade, porém, de alguma forma, a gente tem a impressão de que a verdadeira história está por baixo da versão oficial, como se esta flutuasse sobre os acontecimentos reais.

O eu e o ∞

Por fim, para não alongar em demasia esta digressão teórica, é preciso ao menos compreender como se situa o *eu* em relação ao regime temporal da análise. Na vida comum, as funções do eu, em especial esta a que chamamos *solo da memória*, são suficientemente estáveis para criar uma ilusão de consistência, unidade e permanência. Não assim no processo analítico. A cada ruptura de campo, o eu correspondente a certo tema emocional ou região psíquica sofre alterações tais que, para sermos coerentes, teríamos de falar num *novo eu*. Como é óbvio, o *novo eu* só corresponde a uma região psíquica determinada, a certa estrutura da lógica emocional, e além disso seu surgimento é imediatamente obliterado da memória, já que o campo que lhe corresponde passa a dominar a região psíquica onde se deu a transformação. Ninguém experimenta em análise contínuas metamorfoses, muito menos as pode perceber. No entanto, ao pensar a clínica psicanalítica, todas as estruturas e formações do psiquismo só se podem razoavelmente conceber em relação ao ponto de ruptura de campo, ao centro do ∞. O *eu que fui*, antes da ruptura do campo que o sustentava, já mantinha uma relação de *diálogo negativo* com *este que o sucede* – usando aqui uma terminologia aproximada, que se vale rudemente da temporalidade de um inexistente observador. Explico-lhes. As forças estruturais do campo preveniam a transformação do *eu que fui* no *eu que agora sou*. O *eu* que surge e toma a posição de sujeito psíquico é, nada mais, nada menos, o contrário, ou o *negativo*, do sistema interior de determinações que sustentavam o *eu que fui*, antes da ruptura. Como tal, já *existia*, com seu próprio solo de memória, porém impedido de alcançar a posição de sujeito das relações. Era o próprio sujeito do campo, um sujeito ainda morto para as relações psíquicas – *ainda morto*, vejam vocês como a tradução em termos comuns de nosso regime temporal conduz a paradoxos gritantes. Durante o processo analítico, por conseguinte, é o diálogo de negação entre um *eu vivo* e outro *eu morto*, aquilo que constitui o sujeito psíquico a se considerar. Nem um nem outro podem existir independentemente, mas da curiosa dialética de seu diálogo de negação recíproca é que resulta a ilusão de um sujeito estável. Antes da ruptura, o futuro eu, existindo em negativo, em *repressão* (na expressão freudiana), tem, por sintoma, o eu presente. Depois da ruptura, o novo eu tem a incumbência de obliterar, apagar, anular, os resíduos de memória do eu anterior, mantendo pois o diálogo negativo.

Assim, é preciso reconhecer que o avanço que se faz na análise não é, como seria mais fácil pensar, uma lenta e paulatina conquista do inconsciente, mas uma luta entre um eu que se tem de manter contra as tentativas de outro que lhe quer roubar a posição de sujeito. As cenas representadas em nossas fantasias não deixam margem à dúvida: trata-se sempre de garantir a posição do rei contra o usurpador. As cenas de castigos, no caso citado, têm de ser recordadas continuamente para manter o *eu, filha de um pai cruel*, ainda rei da consciência, contra o *eu, filha de um pai querido*, que se esforça por usurpar a cena. As cenas de horror são desejadas pelo eu, não o contrário – recordem que horror é desejo, em nossa definição da *matriz simbólica das emoções*.[30] Nesse duelo, o analista, imaginem vocês, bate-se, por dever de ofício, do lado do usurpador e, assim sendo, ele figura o próprio usurpador, de voz melíflua e intenções inconfessáveis. Antes de surgir na ruptura de campo, o eu potencial futuro encarna-se, antecipatória e projetivamente, no analista, e ele nunca sabe exatamente quem é para seu paciente, com respeito à sucessão das rupturas de campo – notem quão tranquilo é o trabalho que os aguarda no consultório. Do que

---

30 Cf. Herrmann, F. Pequena ficção metafísica e Andaimes do real, in *Andaimes do Real: O Método da Psicanálise*, op. cit., 2ª parte, cap. 5 e 6, respectivamente, pp. 143-162. O desejo é definido como o estofo de possibilidades das representações de identidade, produtor da lógica que cria e ordena a relação emocional e definido como *matriz simbólica das emoções*, acessível apenas pela operação simbólica que é a interpretação de forma psicanalítica. (L H)

decorre que cada nova assunção de identidade seja tomada indefectivelmente como uma *identificação com o analista* – não com sua pessoa, espera-se, mas com sua função de fiel depositário da promissória da cura em processo.

A luta entre os dois eus, o da relação e o do campo – este, decalcado em negativo pelas regras do campo – desdobra-se, por sua vez, no ambivalente duelo entre o *eu-paciente* e o *eu-analista*. Porque, no fundo do *desejar-se em análise*, o paciente deseja o *eu--por-advir*. Nisso reside seu *desejo de cura*, que, por tabela, deseja o analista que o representa, por atribuição antecipatória. Este é o sentido último e legítimo da frase do paciente, cuja honestidade não cesso de testemunhar, que replica: *mas, no fundo, eu sempre fui assim*. Ora, estando constantemente nessa instável posição antecipatória, o analista raramente é capaz de prever cabalmente o sentido de suas palavras, já que *desconhece quem as profere*. Esta, a outra forma de enunciar o que antes havíamos expresso em termos temporais. Mesmo quando sei o que estou dizendo, não sei exatamente quem o diz para a paciente: o pai severo, o amoroso, a mãe que a indispôs com ele, ou, como é quase sempre o caso, nenhum dos anteriores. À margem do acúmulo de sentenças interpretativas, que registram em ata o patrimônio de conhecimento que se alcança num caso clínico, as verdadeiras interpretações são o produto do diálogo entre dois eus que nunca podem conviver no mesmo campo. Não à toa, asseveramos que, em toda análise, há uma análise escondida, que contém mais verdade que aquela que conseguimos conhecer. Isso, em tempo longo. Ou, para o formular em tempo curto, que a interpretação é o produto dialogal de dois eus desencontrados, um eu-analista que ainda não pode saber quem é, com um eu-paciente que é a negação do interlocutor. O sujeito do campo fala através dos dois, mas só em seus equívocos, desencontros ou atos falhos.

1.6. Os três tempos da análise (o tempo ∞ e seus andamentos)[31]

Quem quer ser analista? A intolerável simplicidade

Ao rever a digressão teórica da última aula, não consigo deixar de me penitenciar por sua complexidade. Nenhuma das passagens que redigi parece-me inexata ou incompreensível, mas a impressão de ter feito e exigido de vocês um árduo esforço de compreensão permanece. O motivo é claro. Procurei pôr a nu o arcabouço da análise, que é exatamente o oposto daquilo que intui o senso comum dos analistas, usando, porém, termos e noções retiradas desse mesmo senso comum, e torcendo-os, espremendo-os, torturando-os até obrigá-los a confessar a verdade que escondem. Suponho que, de modo geral, os autores psicanalíticos, com Freud à frente, devam ter provado remorso semelhante. Nas primeiras aulas destas "Meditações Clínicas", procurei mostrar como a complexa montagem do aparelho psíquico freudiano dificilmente serviria para um paciente abrir a porta do consultório do analista. E não é que faço pior? Qual analista se disporia a abrir as portas de seu consultório, caso soubesse, antes da hora, de toda essa complicação de tempos e sujeitos. Será um vício comum? Não, meus caros, Freud, como os demais pensadores da Psicanálise, estavam todos em busca da simplicidade, mas de uma simplicidade profunda – não da aparência intuitiva que ostenta o pensamento superficial, o qual leva de imediato a insolúveis complicações práticas. Freud queria

---

31 Este item, com notas explicativas e resumos de Leda Herrmann, foi publicado em *Jornal de Psicanálise*, vol. 41, dez. 2008, n. 75, pp. 49-64. Na obra de Herrmann os textos de referência para este item são o capítulo 15, "Psicopatologia", do livro *Introdução à Teoria dos Campos*, op. cit., capítulo VIII, "A cura no campo psicanalítico", 3ª parte do livro *Andaimes do Real: O Método da Psicanálise*, op. cit. e "O eu no fígado da pedra", primeiro capítulo de *A Psique e o Eu*, op. cit. (L H)

mostrar o que significa haver psique. Para tanto, teve de construir sistema após sistema, sendo que um dos últimos – *cisão, negação, descredenciamento (ou recusa), perversão e psicose* –, não de todo integrado na segunda tópica, aponta numa direção muito parecida àquela que acabamos de percorrer, como lhes fiz ver no início da aula passada.

Como ficariam as coisas, ditas com simplicidade? Acho que se vocês suportaram até aqui, merecem saber. Pois bem, vamos ao resultado prático. O eu é uma ilusão de óptica do quotidiano. Mas, as instâncias psíquicas são uma ilusão de óptica da teoria. O que há, na clínica, é o sujeito, uma posição psíquica, e seu tempo, ∞, o da ruptura de campo. Abandonando as aproximações de senso comum, tais como antes e depois, o novo eu e o eu anterior, mudanças de visão sobre o passado etc., bem como expressões de cunho erudito como diálogo negativo, dialética e outros que tais, só nos resta descrever os fenômenos em sua realidade clínica, nua e crua, de ruptura de campo – vejam, porém, como a resultante ficaria incompreensível, ou pior, dogmática e um bocado mística, sem o duro trabalho anterior.

O sujeito psíquico vê-se assediado de fantasmas assustadores, desde pequenas incongruências que desafiam o fluxo de suas ideias, até imagens aterradoras que habitam seus sonhos, seus devaneios, até mesmo suas intenções conscientes. Isso que o desafia recebe nomes teóricos como superego, inconsciente pulsional, mecanismos de defesa etc. Na verdade, porém, ele está apenas olhando para si mesmo! Só que noutro tempo. Para a psique humana, não há espelho no presente. Ele só se vê em ∞, ou seja, alguém vê alguém, ele mesmo, de si para consigo, porém situado noutra localização temporal (não digo *antes* nem *depois*), noutro ponto de ∞. Assim é para todo mundo, por isso inventou-se a análise, onde se põe em evidência esse fenômeno psíquico essencial, já agora convertido em método. Como no deserto, onde o panorama transforma-se em miragem do desejo, exibindo lagos, fontes e oásis, o sujeito em análise depara-se consigo mesmo, só que *com outro sigo*, se me perdoam o jogo de palavras.

Ele sempre se lembra mais ou menos das mesmas coisas, pessoas e acontecimentos, um sorriso da mãe, um cenho franzido do pai (ou vice-versa), mesmo depois de uma ruptura de campo, como a da paciente mencionada. Só que não são lembranças suas, do sujeito psíquico, que é um vazio estruturado e é só posição, mas de alguém que ocupa essa posição. Parte dessas lembranças, e percepções, é bom não esquecer, o Homem Psicanalítico toma para si, e se considera um *eu, alguém que é si mesmo*. É um importante êxito, não só porque, como esperam nossos pais, todos nós queremos chegar a ser alguém na vida, como porque o nascimento do eu – quer dizer, de uma falsa representação do sujeito psíquico –, é motivo de comum e legítima celebração: participações de nascimento, aniversário, graduação, promoção no emprego, doutoramento... O homem nasce na mentira.[32] Outra parte das lembranças e percepções são, ao contrário, de um *não si mesmo*, tão íntimo como alheio. Um *alterum se*. Todavia, mesmo que os tratados tentem mostrar que a partição se dá na *psicologia do sujeito*, o que acontece mesmo é que a gente se vê em posições distintas de ∞. "*Antes e depois*" da ruptura de campo, deixando uma propina ao tempo comum; ou num espelho temporal, que se desloca em ∞, para ser preciso. Em posições irreconciliáveis, em todo caso. No fundo, no fundo, toda a complicação teórica do aparelho psíquico, todas as formações e estruturas, todos os mecanismos e objetos internos,

---

32 Esta afirmação está explicitada em "Acerca da mentira e do erro necessário", terceiro capítulo do livro *Andaimes do Real: Psicanálise do Quotidiano*, op. cit., pp. 43-66. (L H)

tudo isso é uma tentativa de exprimir a defasagem temporal do sujeito, quando se quer identificar, ser alguém determinado, em vez de ser mero espectador dos sonhos da realidade. Que fazer? O animal é pura ação sem busca reflexiva, o Iluminado, pura reflexão sem ato. O homem foi feito para a ação e para a reflexão em igual medida. Defeito de fábrica, a cultura o fez assim.

Não se pode descrever esta condição do ser fora do seu regime temporal: tudo é relativo ao ∞. Cada alguém que *somos*, ou que *des-somos*, caracteriza-se por um *solo de memória*. As lembranças registram-se, e cada solo, ou campo, dá-lhes sentido. O diálogo entre dois alguéns, entre duas apropriações do sujeito psíquico (situado em posições diferentes com respeito ao ∞, que é o que conta), cria a ilusão de um ser dotado de história, de acontecimentos enfileirados com certa lógica, em suma, de um *eu*. Eu mesmo. Logo, *eu* é a dissensão entre uma identidade – um sistema de representações – num ponto de ∞, com ela própria, noutro ponto de ∞.

Outra forma de explicar este fenômeno, no fundo simples, é falar de ego, inconsciente, compulsão à repetição, mecanismos de defesa, instintos etc. Acho que esta é de intuição mais fácil, embora de manejo clínico muito complicado. A nossa é talvez mais simples, mas exige que vocês abram mão de noções rotineiras arraigadas, como a de *eu*, de *sucessão temporal*, de *personalidade*, de *realidade concreta* etc. Já que decidiram ser analistas, vocês necessitam das duas, na clínica. Da complexa teoria do aparelho psíquico e da intolerável simplicidade da Teoria dos Campos.

A posição do analista da transferência

Ao lhes propor esta tradução do aparelho psíquico da análise em termos puramente metodológicos, não usando mais que o entrejogo de dois conceitos, o de tempo analítico ∞ e o de posição do sujeito, não pretendo levar em frente a discussão teórica. Seria fascinante discutir como a complexa harmonia das noções freudianas, que fundaram nossa disciplina, poderiam ser transpostas neste outro registro musical. Entretanto, nós nos afastaríamos demais da intimidade da clínica, talvez a pondo a perder. É preferível garantir o terreno conquistado, fixando de vez as consequências paradoxais do encontro do eu consigo próprio, em tempos diferentes. Essa defasagem temporal tem sido expressa por conceitos como *regressão, ressignificação* (*Nachträglichkeit*), *processo primário*, além daqueles que nos atraíram a atenção na última aula. Deixemo-los em paz, por enquanto.

Se alcançarmos uma intuição clara da dimensão temporal ∞, estaremos em boa condição para acompanhar o analista em sua difícil tarefa de conduzir um processo de tratamento que, caprichosamente, se nega ao dar resultado e, por isso, ameaça puni-lo por seu êxito ao interpretar. Ao longo desta aula, tomaremos três exemplos clínicos, registrados em andamentos diversos, curto, médio e longo, para examinar o problema da insegura posição do psicanalista. Antes, porém, permitam-me uma última dilação. Se uma imagem vale por mil palavras, às vezes uma pequena história pode esclarecer melhor que três casos. Para isto existe a ficção, para isolar da realidade um caso modelar, pela via da imaginação.

Há certo tempo, decidi conduzir por conta própria um experimento arriscado, o qual, mirado com os maus olhos e o pior senso de humor que soem ter os detratores, com certeza contribuirá para o descrédito deste vacilante autor. Na ausência de bibliografia capaz de exemplificar com precisão certos conceitos clínicos da Teoria dos Campos, como este, da dimensão temporal da análise, e faltando-me capacidade e tempo de vida para redigir os textos necessários, propus-me a resenhá-los, muito embora não houvessem sido escritos. Nunca fui bom em resenha de textos reais, quem sabe posso sair-me melhor com um imaginário. Esta resenha de um livro não escrito foi inspirada no problema com o qual estamos às voltas no momento. Não creio que os sérios analistas que organizam nossa vida institucional o acolham com favor – se até minha inocente *Realidade indistinguível*[33] foi rejeitada sem comentários do Congresso de São Francisco. Borges, porém, talvez fosse mais condescendente com o plágio, que a IPA com a originalidade. Afinal, no Prólogo de 1941, declara haver preferido *la escritura de notas sobre libros imaginarios.* Vejamos se com vocês funciona.

Transferência, autobiografia alheia

No ensaio hoje clássico de Gusmaniov, um cientista, desgostoso de sua vida, projeta algo mais radical que o suicídio, meia medida inconsequente que interrompe, mas não apaga a vida. Ele se recusa haver vivido, senão até os vinte e sete anos, quando sua grande paixão o desiludiu. Pensara, naquela época, que o passar dos anos apagaria a dor da ingratidão, e por assim pensar, ele se considerara um homem maduro. Passado dos sessenta, contudo, como a dor e o despeito só fizessem crescer, teve de admitir que a ideia madura era tão inocente e tola quanto a idade em que a tivera e que, se não se havia tornado mais sábio com os anos, porém só mais velho, pelo menos passara a confiar unicamente em medidas empíricas, adequadas a um físico como ele. Fora com a psicologia de almanaque! Fora com as vãs conjecturas filosóficas! Vai ao laboratório, cria uma máquina do tempo – "é bem conhecido o poder criativo do ressentimento amoroso", salienta o autor – e volta ao passado, a seu passado, ao recesso objetivo de sua mágoa.

---

33 O congresso realizou-se em 1995 e o conto referido, "Realidade indistinguível", foi publicado, em 2002, no livro de Herrmann *A Infância de Adão e outras ficções freudianas*, op. cit. (L H)

Encontra-se consigo próprio num modesto restaurante, em companhia daquela que ainda não o traíra, ou só talvez em pensamentos, reconhecia, e dispara um tiro certeiro na cabeça do rapaz. Um argumento empírico, irretorquível e irretocável.

Desse enredo vulgar, tira o autor seu argumento para situar a posição do narrador autobiográfico. Pois, como é evidente, se morre o rapaz, deixa de existir seu assassino e o rapaz não morre. Todavia, se ele não morre, então é morto necessariamente pelo senhor em que se transformaria. Logo, quem se suicida retrospectivamente – o que vem a ser "o escopo último de toda e qualquer autobiografia honesta", segundo o autor – só pode ser assassinado até morrer. Contar a própria vida é um "assassínio sem morte" – conclui Gusmaniov.

As questões postas pela posição do narrador autobiográfico apenas adquirem plena vigência, é nossa opinião, no contexto analítico. Com efeito, a análise é uma *autobiografia alheia*. O analista conduz a revisitação autobiográfica de seu paciente, que, ao registrar o próprio passado, altera-o e altera tudo o que vem a seguir, o futuro daquele passado, o tempo condicional ou tempo dos possíveis que constitui o cerne da existência humana. Para tanto, deve *emprestar-se* ao analisando, para que as premonições de descobertas, os ressentimentos que vai recuperar em breve, as transformações que sofrerão as figuras da infância etc. sejam vividas antecipatoriamente nele e através dele. Sem esse trânsito pela carne espiritual do analista, o paciente não suportaria a angústia do que está por encontrar em si mesmo, no outro de si, defasado, que persegue cheio de medo e de esperança.

Ademais, se a possibilidade da construção de uma máquina do tempo é discutível, ainda que sob o efeito da maior das desilusões do amor, a psicanálise consiste precisamente nisto: uma máquina do tempo advinda de uma desilusão amorosa. De antes e depois do complexo de Édipo freudiano, sejamos claros. O experimento de reconciliação não se pode furtar dos sonhos de vingança e das autorrecriminações. Quem, senão o analista, pode servir de suporte transferencial provisório das mágoas, das acusações e, não menos perigoso, das idealizações e transportes amorosos dirigidos a um alvo ainda não identificado?

Alterações do passado transferido repercutem de imediato em seu futuro, o qual nada mais é que o presente da sessão. Há casos, por exemplo, em que o analista se mata no passado. Ao interpretar abruptamente certa relação do analisando com alguma figura da infância que sustentava sua posição *autobiográfica* transferencial, este, o analista, se elimina no presente. Não sua pessoa, irrelevante, mas sua força de intervenção, lastreada no equilíbrio instável que lhe conferia ser representante de alguém ou de algo. Desfeita a relação do paciente com aquela dimensão que o fazia escutar seu analista, ele perde a posição transferencial e, não raro, perde o paciente. A menos que possa valer-se do paradoxo que mantém suspensos assassino e vítima, intérprete transferencial e objeto. Como prescreve sabiamente nosso autor, a justa medida é *um assassínio sem morte*.

Tempo curto

Para o tempo curto, ficaremos na sessão do /So/.

O tempo curto é o tempo da palavra analítica, da sessão enquanto acontecimento em si. O tempo condicional, dos possíveis, condensa-se em cada sessão, concentrando a história do paciente em poucas palavras. Mas, que palavras! Elas têm de dar conta do presente, do analisando face a seu interlocutor, da situação analítica em curso. Minha paciente falava comigo, isso está fora de dúvida. Mas, simultaneamente, as mesmas palavras contêm desde o início a presença vinda do passado, da carne dobrada, que é ela mesma, noutro tempo.

Isto é, minha paciente fala comigo, como um adulto a outro, emprega os termos adequados para se dirigir a um analista. Sendo eu, no entanto, o seu analista, e há já muito tempo, suas palavras podem e devem transmitir os sentimentos vivos, o desejo de se apossar de meus pensamentos e, ainda mais, da máquina anímica que os fabrica – sem perder a compostura, bem entendido. Uma modulação transmite os anseios, e não aos gritos.

Além disso, a presença ainda irreconhecível da Mulher – o bife e a náusea – colocam-na numa peculiar situação: deve pôr-me em atividade erótico-intelectual, para isso é preciso um pouco de encanto feminino, mas os eflúvios imperceptíveis da representação antecipada parecem condenar a um fracasso, também antecipado, qualquer tentativa nesse sentido. Quem se encantaria com carne crua? Resposta, eu, ela, mas só depois de vencida a náusea. Em todo prato tentador reside um potencial oculto de canibalismo, de atração negada pela carne humana; em toda atração humana combina-se carne e espírito, cheiro e perfume, sangue e poesia. Só a consubstanciação atrai. E o problema está aí. A presença a surgir denota um conflito interior, em que o espírito, a graça, a inteligência, devem estar radicalmente separados da carne e do sangue, residência do nojo. Assim, as palavras da paciente também têm de exprimir o desejo de proximidade afetiva, carne da análise, que logo desperta aflição e distanciamento. Vêm daí seus toques tão leves, como as antenas da borboleta. Ela teme que eu rejeite sua feminilidade, por isso já a apresenta em retirada, como quem entrasse de costas numa festa, em que desconfia não ser bem-vindo. Tudo isso, e mais outros sentimentos que naquela aula enumerei, e mais outros tantos de que nem desconfio, esta é a verdade analítica, lutam por ocupar o espaço da palavra, sobrecarregando-a além da medida. Elas, as palavras, falam pela paciente e falam pela outra, ela mesma noutro tempo analítico de ∞, que disputam palmo a palmo o campo transferencial.

Não é, pois, de admirar que sobrecarregada, tendo de dizer muito mais do que pode, a palavra se dilacere. Cabe ao analista escutá-la, em seu dilaceramento, cujo sintoma paradigmático é o ato falho. Por isso: ato falho a dois. O *so*?, escutado como /So/, é o resultado da explosão da palavra, com que é forçoso que o analista esteja sintonizado. Naquele momento, estava.

O risco transferencial de que há pouco lhes falava, valendo--me do mestre Gusmaniov, consiste, no tempo curto, numa espécie de objetivação. Imaginem vocês que, por alguma magia intuitiva, me ficasse evidente a náusea da paciente. Poderia ter-lhe dito, quem sabe: *você me mantém à distância, porque teme meu nojo, que é apenas o seu*. Ou, caindo das asas da magia, para os tamancos da teoria, da teoria da projeção, ou daquela por algum motivo ainda mais popular, a da competição: *você fala dessas mulheres em dificuldade, porque na verdade elas são você, mas não quer que eu a veja assim*. Vejam bem. Aquilo que sustenta minha posição de analista consentido a meia distância, ou melhor, a proximidade roçada, é ser um tanto carne crua e um tanto espírito superior. Se objetivo a carne crua, ou, pior, se objetivo a mulher em dificuldade, ponho-me numa insuportável superioridade, para os valores daquela que se avizinha, a do nojo da vagina. Suicídio, sem meias medidas.

O tempo curto, quando as palavras são vencidas, dilaceradas, pela sobrecarga daquilo que se avizinha, só se pode resolver pela submissão ao equívoco, e é melhor aceitá-la de bom grado, para que o ato falho a dois não se converta em ato mais que falho a um.

Este, meus caros, é o tempo por excelência da técnica psicanalítica. A técnica não é um desdobramento do *setting* ou uma receita teórica do que dizer. É a escuta poética, sem melodrama nem alcaçuz. Deixar que surja o sentido, para lá do alcance estreito da significação, tomá-lo em consideração e aguentar as consequências. Principalmente, não tomar as palavras pelo dicionário ou pelo manual da interpretação, esperando delas um significado literal que não podem ter nas circunstâncias.

Comparando os andamentos da análise aos gêneros do teatro,[34] coube, ao tempo curto, a comédia. A comédia de erros, na qual se ouve algo, que se entende mal e se replica pior, pois o outro escuta errado o que, erradamente, respondemos. Com isso, como em Aristófanes ou em Molière, acerta-se em cheio, depois de dois enganos. Quando o esquálido herói pergunta pelo mais rápido caminho para descer ao Hades, o camponês estende-lhe uma corda para se enforcar... *So*, *Sou*, e um bife dobrado que é também a Mulher – de cuja existência duvidava Lacan, por desacreditar do universal da não castração, que o amor cavalheiresco sublimou nos cantares trovadorescos, que encontramos nós dois, ela e eu, na esquina de uma palavra extraviada. Se isso não é *techné*, então *ilustrai-me vós, sábios deste mundo...*

Tempo médio

Salamô. Foi o que disse minha paciente. Era um sonho, que lhes contarei com imprecisa discrição. Havia a proximidade de minha casa, onde tenho o consultório. Mas era um local de prazeres.

---

34 A reflexão sobre os andamentos da análise e os gêneros do teatro encontra-se em "O mais", último capítulo do livro *Clínica Psicanalítica: A Arte da Interpretação*, op. cit., pp. 193-207. (L H)

A mulher, elegantemente vestida, subia a escadaria formal, à sua frente. Voltando-se, mirou-a de cima para baixo, como competia às posições relativas, dando a entender que sabia o que ela apenas então adivinhava. Era um lugar de prazeres sensuais. Nunca saberemos quais. A cada qual de vocês, sua fantasia.

Ela, porém, usava camisola. Vestido de noite, numa acepção profana. Porém, o sonho acelera-se. Ela se dirige a um ônibus, um coletivo, uma perua, onde se sentam velhos, esperando a partida. Está atrasada. Ao pedir informações, escuta um longo sermão, que não consegue interromper. Argumenta, aflita, vai perder a condução, vai-se atrasar para a sessão. O carro sai, a porta prendendo sua camisola. Sabe que não estão vivos os ocupantes. Dirigem-se ao cemitério. Mas a camisola – estranho – não rasga.

Digo-lhe: *você vai para o cemitério com eles, arrastada*.

Pensando em tempo médio, o jogo transferencial é de extremo interesse. A paciente parece enunciar seu desejo de estar comigo na análise, numa relação viva, erótica. O campo transferencial estende seu poder de imantação às proximidades do consultório, a casa do sonho fica nas vizinhanças. A forma intrínseca do desejo, porém, situa nosso problema de maneira muito especial. O convite à vida envolve uma sedução mortal: prazeres proibidos, com o sabor das perversões ritualizadas do século XIX – reparem na cena da escadaria, funciona como uma datação por carbono radiativo –, que imediatamente se traduzem numa decrepitude senil, que se apossa dela. Ela me pede socorro, para que a desperte da depressão, mas, o socorro que lhe posso oferecer é vivido como um sonho erótico proibido que termina em morte.

Antes, há anos, suplicava a cada sessão para que eu desistisse de ajudá-la, tentava convencer-me de não ser analisável. Era a súplica do sujeito da depressão por um mínimo de compreensão e piedade. Deixe-me morrer em paz? Não, exatamente. Deixe-a morrer em paz, que sua morte é minha sobrevivência.

Hoje, tudo se passa como se ela ocupasse simultaneamente as duas posições, começando a integrar morte e vida. O signo sob o qual se abriga essa hesitante integração tem sido, nessa fase, uma espécie de erotismo mórbido.

São prazeres proibidos, os daquela casa.. Não entendi Salamô. Parecia um nome conhecido. Um filme, um romance? Você tem ideia?

Salammbô, talvez, *de Flaubert? É isso. Não li. Ouvi falar. É mais pelo nome. Tem algo a ver?*

Com prazeres sensuais? É uma história oriental...

Conta-me então do embate contra o marido. Ele, como o pai, a castiga – trata-se da paciente do pai severo. Sempre tem razão o marido, pois ela jamais o conseguirá convencer, faltam-lhe argumentos. Ele nunca para de falar, como o velho do coletivo. Nesta semana, ele queixava-se dos gastos de certa viagem. *Você me custa caro, muito caro. Se sou sua mulher* – ela contestou – *você tem de pagar meus gastos. Se não sou, então tem de pagar a acompanhante, o que é muito mais caro.*

Que resposta, meus amigos! Foi a primeira vez que acertou na mosca, segundo parece, mas a mosca foi fulminada com *Rodiasol.* Morta. Mandada para o cemitério.

Período curioso da análise, este. Ela me acena com a vitória da análise contra a repressão. A memória do pai severo já se temperou, faz tempo, com sua bonomia e alegria de viver. Conta-me de certas aventuras dele, durante a guerra. Dissera à mãe, em meio ao horror nazista: *fala pra eles que é minha mulher*. Ela não era ainda. Mas falou. Conseguiram manter-se juntos. Casaram-se e acabaram-se salvando.

Concluo eu: *portanto, seu pai também foi um herói, não é verdade*?

Ela me acena com a vitória da análise. Mas não me deixa gozar, é claro. Claro? Claro. Enquanto luto por ela, e à sua instância, contra o herdeiro do pai punitivo, o marido, ela se mantém neutra, apostando nos dois. Um delicado equilíbrio. Não posso vencer, mas não me deixa ser derrotado. Uma vela para Deus, a outra para o diabo. Mas quem é quem? Não consigo estar certo. É preciso manter o equilíbrio ainda agora. Se exige do marido, depois se arrepende e é como se torcesse por sua vitória, a vitória dos mortos. Recrimina-me por a estimular. Mas, se surpreende em mim sinais de desânimo, ou se os supõe vagamente, desperta e procura estimular-me. Equilíbrio, no momento.

Salamô. Lembra-lhe Sodoma e Gomorra. Lembra-lhe a *Histoire d'O*. Narra-me, com alguma delícia, como a mulher se submete aos abusos eróticos, e, ao fim, o homem submete-se, quando vê que a perdeu.

Chegam ao fim as sessões da semana. O trabalho parece ir de vento em popa. Logo, a depressão deve marcar presença. Que me diz? *Mais uma semana, e não falei coisa alguma de útil*. Ah, mas eu me tinha valido de um truque baixo. Não me envergonho, foi por uma boa causa. De costume, meus pacientes já me fizeram notar diversas vezes, eu me mexo um pouco na poltrona, quando se aproxima o fim da sessão. Dessa vez, de propósito e caso pensado, ou pelo menos sincronizado com a transferência, mexo-me uns cinco minutos antes. Quando ela nega o valor das sessões e se prepara para levantar e deixar-me a ver navios, posso dizer-lhe: *ainda não está na hora*. O tempo que sobra é o bastante para repassar por alto as sessões e perguntar-lhe: *então, não fizemos nada*. E ela tem de admitir que sim, que fizemos, que ela encontrou a resposta para o marido, que descobriu algo do pai. E, mais importante, que reproduziu a ida ao cemitério, no fim suposto das sessões. Sua vitória depressiva foi derrotada dessa vez. Transformará a derrota em vitória da derrota? Próximo capítulo...

Em Salamô há de tudo. Anuncia Salambô, menos sambou, *salam!*; salame e *d'O*; Sodoma e Gomorra. Gomorra, apud *Proust* e testemunhos bíblicos, a perversão feminina. *L'historie d'O*, a vitória da submissão masoquista. Oriente e sensualidade. No futuro das sessões, em tempo médio, que aparecerá?

Como podem ver, o tempo médio é o do drama transferencial. Foi assim que o classifiquei, em contraposição à comédia do tempo curto. Sentimentos delicados, vivências dolorosas. É o tempo em que a dúvida tangencia o sofrimento. É, também, o tempo mais comum dos relatos clínicos, entre nós. Neste caso, a paciente desejosa de viver está empenhada num diálogo complexo com sua depressão, ou, por outra, a paciente depressiva dialoga com aquele eu portador de esperanças e, sejamos justos, de várias e importantes realizações recentes. A síntese provisória são os prazeres sensuais mortíferos. Com certeza, no tempo médio, o analista, embora tendo já tomado seu partido – ela o sabe bem, que dúvida! –, deve manter-se equilibrado entre as tendências que se enfrentam. Dando tempo ao tempo dos sentimentos.

Tempo longo

Este é o tempo da neurose e o tempo de sua cura, duas totalidades conjugadas e contraditórias, solidárias e antagônicas, duas encarnações de uma psique em transformação, que naturalmente se vão modificando no transcorrer da análise. No próprio tempo longo, à medida que neurose se converte em cura. A cada período temos um diagnóstico transferencial da análise, que nos orienta no trabalho. O tempo longo também é, pois, o tempo diagnóstico e o das estratégias de longo curso. Não o das táticas, como o pseudoencerramento prematuro da última sessão da semana, nem o do equívoco saltitante, que constitui a técnica. Não é a comédia clássica nem o drama contemporâneo, mas, a tragédia, o destino. Ou quase. Pois estes não admitem solução humana; digamos que, como gênero psicanalítico, o tempo longo é o dos pequenos e grandes golpes que nós homens tentamos aplicar contra o destino, esse roubo a que se chama *história*. Entre a tragédia clássica e a história, este é o tempo de um trauma, da neurose e de seu tratamento psicanalítico. Uma tragédia histórica, envolvendo diversos ritmos e tempos particulares, de que se tem valido a narrativa cinematográfica, por exemplo, sobre o fundo de um sentido geral, que se vai descobrindo nos acontecimentos particulares.

(Cena em *flashback*. Pretérito perfeito.) A menina estava brincando com o irmão, no sofá da sala, quando começou a batalha da tesoura. Rolaram, aos gritos, mas ela se apoderou. Foi quando a mãe entrou às carreiras, para acabar com a gritaria. Cega de raiva, virou a bofetada. (Câmera lenta, agora. Presente inamovível.) A menina cobre o rosto com a mão direita, olhos fechados. A esquerda, que empunha a tesoura, fica esquecida à frente, entre a mão espalmada e o tapa na cara. A grande mão não se detém. Há o grito, a menina abre os olhos. A tesoura atravessara a mão materna, que espirra sangue. (Tempo acelerado. Um passado logo ali, pretérito imperfeito.) Um pano de pratos enrolado, ainda sangrando muito, a mãe corria pelas ruas ao posto de saúde, a menina, correndo ao lado, gaguejando qualquer coisa. A mãe não a olha, nem fala com ela. *Não me olhava, não me olhava, não me olhava*. (Fotograma estático.) Depois, olha, com ódio; sem uma palavra, não a desculpa.

(Documentário. Passado factual, contínuo.) Então, os médicos. Havia lesado um nervo. Os movimentos nunca se recuperaram por completo. Ao escrever, ainda se pode notar o jeito canhestro com que segura o lápis. (Câmera evanescente. Tempo congelado) Elas jamais chegaram a falar no assunto.

Ora – digo eu sensatamente –, *pede desculpas*. Já se haviam passado mais de trinta anos; caso contrário, por que haveria de sugerir essa estúpida sensatez?

Ela me escuta, em dúvida. *E se... Eu poderia dizer que não queria machucar, que foi sem querer*. Tentativamente, gaguejando.

Para descobrir que foi sem querer, aliás, ela teve de perguntar recentemente à irmã, que assistira o feito. Já começou a se descongelar a cena. Ouve-se uma voz maligna, noutro plano – *sem querer significa sem desejar*? Alguém o disse dentro dela, ela o repetiu para mim. Ela espreme a memória e o coração para saber a verdade. Tenta admitir ódio e culpa inconscientes, numa tentativa autoacusatória de mitigar a consciência de culpa. Às vezes, ela queria que a mãe morresse, sim, sim. Mas não daquela vez, jura. Ela, a menina retornada à sessão, faz experimentos de admissão de culpa sob autotortura preliminar. Ela, adulta, não acredita muito na mágica, mas empresta-lhe a voz. Aos poucos, descobrimos que essa cena nunca se interrompera. Sempre pediu desculpas a todo mundo, do que fez e do que não fez, menos à mãe. De tudo, menos daquilo. O que está sendo espremido não cede, porém, e não por ser duro, mas por ser vazio. Digam-me vocês: como espremer uma forma geométrica, como amassar uma equação, como achatar um silogismo?

A cena traumática estampou-se em sua vida. A mão direita da mãe contra sua mão esquerda. Sem perceber, ela a esfrega e depois alisa, esfrega e alisa sem parar, durante certa sessão. As chagas de S. Francisco, num quadro que se encontra por toda parte, projetando-se do crucifixo sobre o corpo, plástica impressão das feridas. Imaginem o Seráfico procurando em si culpas de Lady Macbeth – *what is done, cannot be undone*, eco shakespeariano do provérbio antigo *factum fieri infectum non potest.*

Tragédia. Tragédia inescapável. A cena trágica parece estar-se realizando. *Horresco referens, estremeço ao contar*, como diz Eneias. Seu horror não é propriamente a condenação materna. Mas a tragédia de uma fusão punitiva. Ela teme transformar-se na mãe. Vão colar-se, corpo contra corpo, até que a impressão palmar invertida, direita sobre esquerda, faça com que a alma desesperançada e ressentida da mãe se cole na sua, para sempre, até a morte.

Foi pelo tema da morte que tudo começou, aliás. Alguém morrera, de suas relações. E descobriu que ela mesma morreria. Não já, claro, mas na sua hora. Na hora certa, ou seja, em hora incerta. Perguntava-me sem parar sobre a eternidade, ou você acha que *acabou, acabou.* Fez-me jurar a sério que não morreria, ao menos até o fim da análise. A análise de algum trauma começara, parecia óbvio. Até aí eu podia ver, mas como adivinhar qual fosse? Na análise, o processo principia com a pena, para chegar ao julgamento, deste, ao juiz, e, por último, à cena do crime. A pena capital, vocês não ignoram, é a sentença mais comum nos tribunais da mente humana. É preciso não perder a cabeça e esmiuçar a sentença capital. Como, qual o instrumento? Neste caso, o órgão era o coração. Crises de taquicardia, sensação de morte iminente.

Atravessando-as a custo, com muitas crises angustiantes, chegamos ao sentido da visão. Ela não enxergava. Tinha provas de haver lido várias vezes certos textos, pois deixava para si, como lembrete, palavras sublinhadas a lápis ou em tintas de diversas cores. O náufrago põe o bilhete na garrafa, afunda no mar do esquecimento traumático de si, e, quando volta à tona, recebe sua mensagem. De quem? Do trauma, o sujeito da forma psíquica congelada, o sujeito da voz passiva. Foi lido o texto, mas nem do título recorda-se. Cega, ela experimentava mostrar-se, encenar balés e figurações, mas não lhe era permitido olhar-se ao espelho. Se vê que é vista, então perde a pose e a ousadia. Tampouco via bem o resto das coisas. Das pessoas próximas, parece que nunca soube o que faziam, mesmo diante dos próprios olhos, preferia crer no que lhe diziam. De súbito, com a análise, caíram-lhe as escamas dos olhos, como as do velho Tobias, e viu tudo de uma vez. Um horror. Aquele horror.

De vista em vista, cruzando o tempo médio da análise – o da transferência, dos sentimentos, da dor e da consolação, da tangência entre a sensibilidade ao sofrimento e a dúvida entre dois caminhos –, chegou a enxergar o analista. *Você, eu olhei mais que todos os outros que já tive.* Ao poder olhar-me, viu-se, como é natural. Mudou a forma de se vestir, decidiu cuidar da pele e da aparência. A entender o que lia e o que via.

Foi quando descobrimos a cena do crime que não houve. Inconsciente? Sem dúvida, mas conhecida. Na dimensão temporal ∞, porém, ela jamais está onde pode fazer algo a respeito: esta é uma definição de trauma, na Teoria dos Campos. Com efeito, a cena da tesoura nunca lhe saíra da cabeça, já a contara e recontara dezenas de vezes em suas análises. Porém, o inconsciente do trauma não é sua representação ou falta de representação, mas a matriz de estampagem do desenho do desejo. Uma, a mãe, cega de raiva, outra, a filha, de olhos fechados. É importante que vocês notem: olho e olhar são opostos solidários. A pálpebra que se fecha, para proteger o olho do tapa, é a mesma que impede olhar a tesoura em riste. O olho é alvo do objeto, mas o objeto é alvo do olhar. Simétricos, opostos, identificáveis. Permitam-me perguntar-lhes de chofre: onde estão vocês em si? Com toda a probabilidade, a resposta será: bem aqui, por trás dos olhos. Ativamente, estamos no olhar, passivamente, no olho; nós humanos somos olho-olhar. E o outro? O outro é o vermos; acima de tudo, porém, é sermos olhados. Toda a vergonha e a sublime consolação vêm daí. Nós, os humanos, somos *a olhos vistos*.

Uma análise, descrita de algum ponto, em tempo longo, possui a solenidade freudiana do diagnóstico do homem. Sugere frases lapidares e sentenças latinas, como em Freud. Pois uma análise, assim vista, são todas, é o homem em condição de análise. Portanto, está feito o diagnóstico desta análise. Não se enganem. Não falaremos em histeria ou em depressão. O diagnóstico transferencial é toda a descrição que lhes apresentei. Ou, para ser lacônico e lapidar, o diagnóstico é: *a olhos vistos*.

O tempo longo é também o da teorização, o da prototeoria. Devo acrescentar alguma teoria. Mas, feita sob medida, por favor. Em suma, não há um lugar psíquico para o inconsciente do trauma. Cada psique é seu trauma, por inteiro. A cena da tesoura, elemento por elemento, molda a realidade e a fantasia da minha paciente. Sem dúvida, os sentimentos em jogo na cena histórica poderiam ter vindo de antes, talvez até da primeira infância ou mesmo de gerações anteriores, via transgeracional; bem como poderiam ter vindo de fora, do meio cultural, das relações familiares típicas do lugar de infância, dos enredos afetivos consagrados naquela época e local, ou de outras alheias circunstâncias. Uma vez que o trauma não cria, congela a circunstância.

É possível que vocês compreendam agora o que significa um campo. É tudo. É a única forma de ser... dentro do campo. Sem sombra de dúvida, uma vida humana comporta diversos campos, uns à sombra dos outros. Não obstante, cada campo é a vida toda, dentro daquele campo. Não há meio campo, nem é possível o trânsito voluntário, antes da ruptura. O campo é o inconsciente, mas são inúmeros os inconscientes simultâneos, inconjugáveis e irredutíveis uns aos outros. Como a hóstia consagrada – é o que ensinam os padres da igreja –, cada parte do campo é o todo, por transferência.

Para criar as duas tópicas, Freud partiu da tópica do trauma. Para completar nossa prototeoria, vamos chamá-la de *Tópica 0.* O inconsciente da *Tópica 0*, o inconsciente do trauma, ilustra excelentemente a noção de *campo.* E, por conseguinte, também a de *inconsciente*, espécime fundador do gênero campo.

O que não precisaria ser dito

Fora da intimidade da clínica, no movimento psicanalítico, a teoria dos três tempos serve também para encaminhar uma questão constrangedora. Os analistas não se entendem. Certa vez, depois do Congresso de Roma, quando tentamos encontrar sem sucesso o *common ground* da Psicanálise, pensei num encontro clínico para testar a comunicação. Que diabos, se só contarmos casos de análise, não é possível que não nos entendamos. Organizamos o *Encontro de Windsor.* FEPAL e Federação Europeia,[35] mesmo número de vagas (poucas), só casos de pacientes. Estava errado, como de hábito, não funcionou.

Isso me sugeriu, naqueles tempos distantes, o germe desta teoria. Serve para explicar, no mínimo. Os freudianos contam casos em tempo longo, os kleinianos e muitos outros, em tempo médio, os lacanianos e, até certo ponto, os bionianos, em tempo

---

35 Federação Latino Americana de Psicanálise – FEPAL e Federação Europeia de Psicanálise – EPF. O Congresso Internacional de Roma aconteceu em julho de 1989. O Encontro de Windsor, no início de 1990. (L H)

curto. Cada qual acredita ser o seu o tempo certo da narrativa. Como se entenderão?

1.7. O suicida sem pontaria (um estudo de psicopatologia)

Do plano da psicopatologia

Este caso, que lhes conto em tempo longo, aconteceu há muito tempo. Mas, é como se fosse hoje. Por isso, não o corrijo, emendo nem atualizo. Conto-o ao sabor daquele momento, já distante, em que o escrevi. Ele serve também para introduzir, na intimidade da clínica, a questão da psicopatologia. Em especial, da reorganização da psicopatologia hoje necessária. Esta aula versa, por conseguinte, sobre a renovação da psicopatologia psicanalítica na Teoria dos Campos, que foi nosso tema de curso de 2000/2002, empreendida aqui sob o microscópio do caso clínico. Pretendo mostrar-lhes que uma perversão obsessiva pode ser isolada e compreendida, entre a imprecisão inerente à noção de *borderline* e a redução aproximada à neurose obsessivo-compulsiva. E sem a fragmentação desajuizada da ideia de Transtornos Obsessivo-Compulsivos.

Três pontos no espaço sempre determinam um plano. Porém, o plano determinado pelos três pontos tradicionais, normalidade, neurose e psicose, pode não ser o lugar justo para situar todas as demais patologias. Assim, há quadros que simplesmente não estão entre um e outro, entre mais leve e mais grave. Mas noutro plano. Gostaria que pensassem nisso.

Introdução às aparências

José beira os sessenta anos, e não tem por que queixar-se da vida, só de si mesmo. Sua vida seria muito boa, admite sem relutância, não fosse pela incompreensível injustiça do destino que, dentre tantas pessoas possíveis, escolheu justamente a ele, para ocupá-la. Vocês poderiam contra-argumentar que, de regra, é assim mesmo, que cada um de nós é o único perito capaz de estragar a própria vida. Têm razão, queridos alunos. Mas, esperem só para ver se ele também não tem razão. A mim, convenceu-me desde o início.

Nasceu numa boa família; embora, por outro lado, seja verdade que todas as famílias são boas, até as conhecermos de perto. Seu pai era de ascendência britânica, foi uma de suas primeiras declarações – e estava ele pronto a valorizar as vantagens de conhecer o idioma paterno. Apenas se negou a aprender uma só palavra em inglês. Nos primeiros anos de vida era considerado pela mãe ligeiramente bobo, talvez *bonzinho* fosse o termo que ela usava; depois, tornou-se rebelde e, com tanta eficiência, que acabou interno num colégio de padres. Conseguiu ser expulso, por haver cometido alguns atentados memoráveis contra a propriedade eclesiástica. Quando já não davam por ele um tostão furado, ingressou numa das melhores faculdades do país. Lá, foi bom estudante. Depois, formado, não lhe faltaram empregos. No último, trabalhando numa empresa que estava para ser fechada. Optou por adquiri-la, "*para não perder o emprego*", como gosta de dizer, e hoje é empresário.

Empresário? "*Empresário-peão*" é como prefere chamar-se. Procurou-me, vestido como peão de construção. Oh! Não completamente. O problema eram os sapatos, principalmente; um par dessas botas rancheiras, que até caem bem para um engenheiro de obras, porém singularmente contraindicadas de portar quando a gente vai tratar de uma operação bancária complexa e de vulto. E insiste, ou insistia, em usá-las constantemente. Isso não seria mais que uma esquisitice perdoável num industrial bem sucedido, caso

José não se sentisse mortalmente ofendido ao se ver confundido com um funcionário de sua empresa. Trazia engatilhado aquele ar de: *você sabe com quem está falando*? Por outro lado, como é previsível, desagrada-lhe ser respeitado por sua posição na vida. É como um desses amantes inseguros, que nunca creem na autenticidade do amor alheio: *ela me ama por meu dinheiro, não por quem sou* – só que pensava assim a respeito da inteira sociedade humana. Ou da vida, que seria boa caso não fosse a sua, como já lhes disse, parodiando-o sem qualquer pudor.

Com as mulheres, desnecessário acrescentar, acontecia exatamente o mesmo. Casou-se, teve filhos; separou-se da esposa e dos filhos, brigou com todo mundo. Juntou-se com várias mulheres, em seguida. Sua escolha recaía, por predileção, em prostitutas negras, que imaginava serem pessoas de maior valor e mais autênticas no amor. Certo, quem sabe, deixem de lado seus preconceitos. Todavia, por que insistir em levá-las às festas da alta sociedade? Claro que não havia de funcionar, concordam?

Enfim, para encurtar essa introdução às aparências, acredito que temos aqui adequada casuística para um artigo promissor, que se chamaria, ao que tudo indica, "*Aqueles que fracassam com o sucesso*".[36] Não fossem dois fatos conjugados. O primeiro, é a ideia já haver ocorrido a outro autor, infelizmente. O segundo, é que José não fracassa, em absoluto. Apesar de ter inventado um modo esdrúxulo de administrar suas empresas, que por pouco não o leva à falência, ele não faliu e continua prosperando. Talvez não tanto como poderia, mas muito mais que o suficiente para

---

36 Freud, 1916. Trata-se do segundo item do texto "Alguns tipos de caráter encontrados na prática psicanalítica". Na tradução de Paulo César de Souza das obras completas de Freud, Companhia das letras, 2010: "Os que fracassam no triunfo". (L H)

viver. Também desistiu de suas semiprostitutas e encontrou uma mulher dedicada, que não só o suporta, como também o ajuda decisivamente em seus negócios. Com certo tempo de análise, casou-se com ela. Não será justo dizermos que a vida tem sido, no mínimo, clemente com ele?

O exame

É assim José, na aparência. Alguém que aposta contra si, mas equivoca-se ao deitar as fichas à mesa, e acaba ganhando a parada, sem entender como. Dir-se-ia um suicida desastrado. Esse tipo de comicidade, a propósito, é dele, não meu. Comicidade involuntária. No fundo, talvez, proposital, conquanto correndo por trilhos inusuais.

No fundo do fundo, entretanto, sofre terrivelmente. Quem se faz de inferior para realçar sua própria superioridade, dirão os mais sábios dentre vós, é porque se sente mesmo inferior. E é fato. Ele precisava, de início, provar sua superioridade sobre mim, entremeando as falas com dissertações sobre física, economia, português, até sobre línguas estrangeiras que desconhecia com toda a proficiência. Deixar que o fizesse por longo tempo, foi minha primeira providência psicanalítica; a segunda, quando surgiu a oportunidade, foi mostrar-lhe que não conseguia deixar de fazer. Parecia estar repetindo uma situação de exame escolar, em que, ao invés de querer ser aprovado, preferia evidenciar a incompetência do examinador. Menos com menos dá mais – e um examinador que não o é nem o deseja ser, mas que apenas procura entender de que raios de exame se trata, qual matéria e qual a banca, pode chegar a ser considerado analista. E previsivelmente resultou, como se verá adiante, que se tratava de um exame sobre a identidade sexual. Embora qual o examinador, só o tempo possa vir a esclarecer. Ele acha que é a mãe, acho a ideia plausível.

Para lhes dar uma medida da intensidade da compulsão a ser exato, basta observar seu respeito às fórmulas de saudação. De manhã, bom dia, depois, boa tarde, como todos nós. Porém, por azar, uma de suas sessões era ao meio-dia. Meses a fio, saudava-me José com um murmúrio disfarçado: *diarde...*, que consegui traduzir por um apressado "bom dia, boa tarde"! É verdade que a interpretação do sentido sexual da necessidade de exatidão acabou por permitir que este ritual incômodo desaparecesse. Porém, até hoje, passados já um ano e pouco de análise, ele me surpreende por vezes com justificativas complicadas para algum erro de português que porventura cometa. Elipses, silepses, concordâncias figuradas, todo um desfile de esquecidas figuras de linguagem faz-se presente para explicar qualquer insignificante falta de concordância, dessas que vocês ou eu cometemos às pencas.

Em suma, sob a inofensiva aparência de comicidade, esconde--se um sofrido processo psíquico, ao feitio aproximado de uma neurose obsessivo-compulsiva clássica. Ele se sente paralisado, queixa-se de preguiça e torpor, teme ser incapaz de pensar com eficiência. A diferença entre meu paciente e um neurótico resulta do fato de o processo obsessivo puro ocultar melhor o temor à castração e a perversão correlata. É concebível pensarmos aqui numa espécie de *perversão obsessiva*. Esse quadro, cuja frequência tenho visto aumentar nos últimos anos, poderia entrar no rol das *novas patologias*, expressão que se tem aplicado sem muito rigor, a meu ver, tanto à desagregação paulatina das entidades nosográficas bem estabelecidas, como é aqui o caso, quanto aos distúrbios de outra ordem, ligados a novas formas de sociabilidade e às alterações da psique do real. Creio estarmos diante de uma perspectiva mais radical que a de somar uns tantos itens aos já conhecidos. O sistema nosográfico ainda vigente na Psicanálise sofre uma intensa atração gravitacional da dualidade neurose/psicose. A perversão obsessiva não coloca problemas de monta, talvez um ajuste. Porém, somada aos processos patológicos que não se localizam na órbita clássica, leva à suspeita de, mais que de novas patologias, estarmos necessitados de uma nova psicopatologia psicanalítica.

História infantil

José foi bobo até os quatro anos, quando nasceu seu irmão. Esta é a versão atual de sua história. Depois se rebelou, mas não venceu. Acredita haver travado uma luta acirrada contra a dominação materna e contra a distância que a mãe lhe impunha, talvez mais interessada no irmão pequeno. Mesmo antes, enquanto filho único, sua mãe não era verdadeiramente próxima: "*uma criança limpa e bem alimentada deve estar bem; se chorar, deixa que chore*". Impunha provas ao filho. Como eram religiosos, a forma básica de dominação era moral e litúrgica, pelo que se lembra. Certas liturgias privadas, entendam. Por exemplo, a mãe convidava-o a oferecer "*uma florzinha ao menino Jesus*" – sacrifício que, na prática, consistia em abster-se de algum prazer, da sobremesa, de uma brincadeira. Sua ideia é que a mãe pretendia dominá-lo em nome da fé, mas também por gosto pessoal – mãe castradora. São inúmeros os exemplos que me traz de dominação materna. Coisas pequenas, porém sempre acompanhadas do espírito do engodo, tentando levá-lo a uma submissão voluntária, doce, melada, grudenta.

Quando o mandaram ao colégio interno, fora da cidade natal, o lugar da mãe foi ocupado por um padre, amigo da família, que via nele uma possível vocação. O episódio-chave de sua neurose, acredita, deu-se então. Num de seus atentados terroristas contra o internato, conseguiu dar cabo de todo o estoque armazenado na caixa d'água. Descoberto, foi obrigado a ajoelhar-se e pedir perdão ao padre-diretor, diante dos colegas reunidos no pátio. Meses depois, expulso, conseguiu sua alforria e voltou para casa. Deixara o colégio interno, mas este nunca mais o abandonaria.

A forma precisa da permanência de sua submissão rebelde à mãe e ao padre, já que o pai é até hoje um figurante secundário em suas fantasias – talvez oculto na fórmula "*homem de saias*", com que se refere ao sacerdote – consiste numa fantasia sexual, absolutamente dominante. Estando com alguma mulher, para pagar o pedágio obrigatório da viagem até a potência sexual, tem de se valer de certo devaneio masoquista, onde uma mulher dominadora (ou o próprio padre) derramam fezes ou urina em sua boca. Não há grandes variações.

Por vezes, a título de experiência terapêutica por conta própria, José ensaia substituições. Tenta pôr a mãe no lugar do dominador, ensaia pôr ali o analista, ensaia pôr-se a si mesmo, de masoquista transformando-se em sádico. O caráter experimental e deliberado desses ensaios é tão típico deste quadro psíquico como a própria fantasia masoquista. Há algo de superlativamente convencional, quase se diria fora de moda, tanto na fantasia perversa, como na busca de cura imaginária. Parece-me que José procura em desespero entrar numa experiência real, seja esta uma fantasia p'ra valer, vivida sem a autoironia habitual, seja uma relação efetiva com o outro. Aliás, mais até que dos sentimentos de passividade e aprisionamento, para não falar do nojo trazido pela fantasia masoquista, ele se lamenta da impossibilidade de romper a barreira fina que a fantasia perversa interpõe entre si e o objeto de amor sexual. O que apenas vem endossar a ideia de que toda perversão sexual é, antes de mais nada, uma perversão do real.

Análise e vida

Ora, assim também opera sua psique em análise. Desde as primeiras sessões, ficou patente que ele adotaria uma das estratégias básicas dos analisandos, a saber: oferecer-se passivamente à interpretação, reservando em paralelo, como contraparte ativa, uma consciência censora e sádica que torce contra o paciente e a favor do analista. É inegável o prazer que sente ao reinterpretar minhas palavras como censuras merecidíssimas. Por outro lado, que tipo diverso de transferência se poderia esperar de um masoquista? É assim, mais ou menos, que ele argumentaria, como bom entendedor de terapias e de si mesmo. *Que é que você quer, eu sou masoquista...*

Como devem ter desconfiado, essa estratégia impede um mergulho mais decidido na relação analítica. Não que lhe falte o empenho. Há um esforço denodado em aproximar-se do analista e da análise. Porém, tudo se passa como se escorregasse no momento do encontro. Ou é a entrega prazerosa às interpretações, ou uma teorização de última hora que faz com que se desvie do alvo tão anelado. Ou, como já lhes disse antes, ele retorna, num recurso defensivo derradeiro contra o encontro direto, às dissertações escolares, a retificações de linguagem ou de pormenores de uma história narrada.

Em sua vida extra-analítica, essa mesma impossibilidade de comunhão com o real não afeta apenas a esfera sexual. No trabalho, cria as mais diversas formas de alienação da empresa, escorregando do papel de dono e dirigente. Inventou expedientes de gerenciamento indireto, que quase o levaram à ruína. Num desses, viu-se na posição absurda de encabeçar uma greve contra si próprio, à qual os empregados não aderiram, para seu desgosto. Hoje, é a esposa quem assume a maioria das decisões, embora tudo me leve a crer que seja ele quem as dite. Foge, por exemplo, das decisões sobre contratação de pessoal ou dos projetos econômicos, refugiando-se em sua sala, onde escuta música clássica, ou mete as mãos na graxa das máquinas. Numa fantasia notável, resultado de certa linha interpretativa, imaginou-se saindo da fábrica, de mãos dadas com uma alegre prensa hidráulica de algumas centenas de toneladas que se apaixonara por ele. Para superar a escorregadia relação com o real, não hesitou em praticar no passado toda sorte de esportes perigosos ou violentos: é como se num mergulho suicida pudesse experimentar um instante fugaz de vida real.

Que o impede de viver, afinal? Tanto quanto posso saber até agora, nos momentos em que parece haver acertado o alvo, experimentando uma relação próxima e verdadeira, vivencia a insuportável sensação de claustrofobia. Para escapar do afogamento emocional, tenta cansar-se, correndo ou fazendo ginástica. Ou então briga. Briga com a mulher, tenta desestabilizar ou mesmo fechar a fábrica e, comigo, nas sessões em que me sente muito próximo, sofre de uma imperiosa necessidade de ir embora do consultório. Diz-me então: "*face ao adiantado da hora...*", ou "*nada mais havendo a tratar...*" – a título de sugestão, apesar de nunca se haver retirado de fato.

Quando a experiência emocional atinge limites insuportáveis, e nem mesmo o exercício o alivia, o artifício é masturbar-se, sempre pensando no padre ou numa mulher dominadora. Aparentemente, a emoção vivida torna-o muito vulnerável e aprisionado numa passividade extrema, diante de uma figura perigosa, "*uma fera, um leão*", como me diz às vezes. Acredito que a natureza sexual da solução aponta para uma fantasia de castração, ou mais precisamente de emasculação, às mãos da mãe. Transformar a cena fatal em representação sexual depreciativa e gozá-la masturbatoriamente parece indicar um começo de superação e controle: ao fim e ao cabo, é ele quem se masturba, e o faz ativamente. Não apenas não vira mulher e prova sua potência, como também se vinga da situação original, por meio de um gesto que combina gozo e acusação.

Esse tipo de solução mágica para o impasse da potência dominada parece apontar em direção a um reservatório de magia mais amplo, a ser ainda explorado. O fato mesmo de se render voluntariamente à violência sádica talvez sirva como comprovação de uma ideia fantástica: é provável que José se sinta protegido por uma força transcendente, uma mãe deificada, com a qual se alia para vencer os perigos da vida. Se essa hipótese tem fundamento, seria justamente o êxito prático que alcança, malgrado sua aparente atitude suicida, o ingrediente básico para manter a fantasia de onipotência, onipotência de empréstimo, a salvo de qualquer teste ou infirmação. Enquanto for possível demonstrar que não fez nada para conseguir o que tem, tanto no plano da vida prática, como no plano sexual, fica assegurada sua participação na unidade mística com a mãe. Pode ser até que nessa fantasia, apenas de leve tocada na análise, esconda-se a figura ausente do pai. Tudo o que diz dele é que era extremamente religioso, e que sofria de escrúpulos de consciência, ao ver lindas moças na praia, por exemplo. Teríamos então, ainda hipoteticamente, uma situação edipiana *sui generis*: a potência paterna fluindo para ele através dos excretas femininos, fantasia que encontra alguma corroboração no uso que faz do *homem-mulher*, do padre, o homem de saias.

Numa palavra, a fórmula exata do contato possível exige que o objeto de amor se mantenha a distância adequada: muito perto, afoga-o, muito longe, e ele se sente desamparado e solitário, atirado à jaula da fera. Ademais, tem de ser uma relação homo/heterossexual. O que o enternece de verdade é a amizade entre os homens, uma espécie de provocação viril, desafio másculo, mas cheio de doçura. Dois homens fortes que parecem rugir um para o outro, mas que no fundo se querem bem.

Estratégia analítica

Como analisá-lo, é a questão.

O trabalho interpretativo com este paciente exige uma orientação precisa e rigorosa. Se fosse confiar exclusivamente no que se costuma chamar de *relação analítica*, no puro efeito do contato emocional intersubjetivo, cairíamos com certeza numa de duas condições adversas: ou repetiríamos a relação sado-masoquista à exaustão, que é essa a relação disponível em seu repertório, ou a análise transformar-se-ia numa série de correções interpretativas – eu não sou quem você pensa, nem você mesmo é quem pensa ser etc. O que, por seu lado, não deixaria de constituir uma variação, compartida e exacerbada, do próprio sadomasoquismo que o domina. Se, por outro lado, pensasse em utilizar a interpretação como esclarecimento (nossas conhecidas *sentenças interpretativas*, que explicam a vida mental e a relação entre analista e analisando), estaríamos os dois eternamente prisioneiros de uma relação, porventura feliz, mas cristalizada, porque todo e qualquer esclarecimento instantaneamente se converte em reprovação, distanciamento e, por fim, em submissão, aceita até com afabilidade.

Por sorte, isso não é necessário. Nossa forma de trabalho não visa, em última instância, a relação, mas o campo, a estrutura lógica das emoções, não as emoções enquanto tais. Ou seja, visamos o inconsciente relativo, o campo. Nesta modalidade de clínica, não é indispensável, num primeiro momento, explicar ou fazer compreender, mas induzir rupturas; as formulações de sentido vêm quase sempre do paciente. A ferramenta principal na análise de José, até hoje, tem sido a alternância cuidadosa entre silêncio, ou mesmo distância, e súbitas irrupções dentro do núcleo de alguma problemática que se esboça. O efeito principal é sentir ele que o analista não o afoga, mantém-se a distância segura, mas ressurge, em cada caso, precisa e inegavelmente no eixo daquilo que está esforçando por comunicar. Ele vê então que tenho acesso eficaz ao plano onde transcorrem suas lucubrações semiconscientes e conflitos emocionais. Este é o amor analítico possível. Mesmo quando não estou interpretando, e pareço exterior, ele sabe que estou lá, nele, se não em pessoa, ao menos em posição. A ação analítica visa a estrutura lógica das emoções; as figuras emocionais concretas, representáveis, provêm em geral do próprio paciente.

A história da máquina apaixonada é um exemplo disso, naturalmente. O importante não foi a compreensão da dificuldade de relacionamento, mas a irrupção da presença analítica dentro do *Santo dos santos* de seu segredo emocional. Assim também ocorreu num momento de síntese, em que pude lhe dizer que precisava sustentar apaixonadamente a confusão entre as extremidades do aparelho digestivo, fazendo equivalerem leite e fezes, por exemplo. Como interpretação, convenhamos, não parece grande coisa, é antes um tanto convencional na análise de uma perversão obsessiva. O efeito decisivo que teve, num dos campos abertos à intervenção analítica, pode ser creditado, em minha opinião, ao fato de haver feito surgir abruptamente algum sentido psíquico e, com este, a própria posição do analista, no eixo de significação do tema emocional que José ansiava em ver compreendido. Não houve tempo de escorregar nem de afogar-se. Ao contrário, o analisando respondeu, quase imediatamente, com uma série de blasfêmias infantis, dirigidas contra a mãe e contra a Santa Madre Igreja. Lentamente, então, pudemos exorcizar a estrutura da blasfêmia. Com mais pontualidade que nos exorcismos medievais, a velha figura do diabo deu as caras. Surgiram, a partir de então, o engano infantil, as armadilhas maternas e as dúvidas quanto à própria masculinidade, que a mãe tentara solapar, usando a religião como instrumento de castração (nada simbólica).

A distância real ou imaginária da mãe cobrava dele o preço da impotência ou da feminilização para se deixar vencer. Esse doce leite envenenado, ele o transformava em fezes, mas, ao mesmo tempo, não podia deixar de idealizá-lo e dele se alimentar. A síntese psíquica foi, por conseguinte, ter-se transformado num revolucionário infantil, praticando uma espécie de má-criação elevada a dimensões cósmicas: em todo o sagrado e querido ele decidiu ver fezes, e atirá-las ao rosto da mãe inimiga e de sua aliada a igreja. Sua interpretação do mundo, a propósito, revela sinais indeléveis de uma cosmogonia malcriada: tudo é mentira, tudo, falsa aparência, contrafação do reino puro da verdade emocional, que ele ainda crê existir, porém, fora de alcance, oculto, inacessível. Mesmo quando sustenta que só as mulheres pobres, negras e marginais são honestas, ou que só os mendigos falam a verdade, o sentido parece ser principalmente o de garantir para si mesmo que nalgum lugar perdido ainda se esconde o reino da emoção real.

Portanto, não é meu objetivo ocupar pessoalmente o lugar da verdade emocional – o que seria meia impostura pelo menos, ao criar uma relação de *suposto ser*, mais até que de suposto saber –, e sim produzir irrupções posicionais do campo da verdade emocional, o que é coisa totalmente diferente, como vocês compreendem. Ao choque entre o campo da verdade emocional irretorquível, arma essencial do analista, e o campo da blasfêmia, resposta à mentira castradora, é que deve ser atribuído o avanço titubeante desta análise.

Estamos no caminho de esclarecer um dos campos da estrutura edipiana, que, provisória e hipoteticamente, parece configurar-se como participação mística no poder da mãe divinizada, tal como o indiquei a vocês. Os progressos no plano da vida prática e mesmo da vida afetiva foram evidentes, por outro lado. Tudo parece hoje ir um pouco melhor. Resta ver, no entanto, como o paciente suportará sua retomada da própria empresa e a consolidação do casamento, assim como certos desempenhos miúdos, talvez mais significativos. E o que é ainda mais crucial, resta ver que efeitos irá produzir o trabalho analítico no campo da onipotência de empréstimo, para cuja manutenção tanto sofrimento psíquico tem sido necessário. José suportará sua ruptura e a perda de uma ilusão tão básica? Afinal, ele tem dedicado a vida a ser pouco mais que um suicida com má pontaria...

O que posso dizer é que o procedimento de distanciamento indispensável e brusca irrupção no eixo da significação emocional, induzindo rupturas de campo, tem dado certo, por enquanto.

Adendo I. Uma interpretação em tempo longo

Vejamos a história de uma interpretação. Nosso paciente, como já lhes disse, sentia-se muito oprimido pela educação religiosa que recebera na infância. Havia sido muito apegado à mãe, até que se deu conta de que esta o mantinha sob o jugo da moral religiosa da família, transformando-o num menino obediente e bobo. À religião sempre se referia depreciativamente, ou antes, enfurecido, com saraivadas de impropérios que terminavam por lamentar o quanto custara a perceber que o "rei estava nu", como na fábula. Para piorar a situação, nascera-lhe um irmãozinho, uns anos mais novo, que lhe roubou o lugar de predileção. Em certo ponto da análise, reabre-se a ferida narcísica – os pormenores do processo interpretativo seriam demasiados para nossa intenção presente, mas parece haver-se rompido o campo da submissão masoquista automática à mãe, à Santa Madre Igreja e à mulher em geral. A primeira ideia que lhe ocorre, no vórtice subsequente, foi a de dar sumiço a uma imagem em metal de Nossa Senhora que guardava, sem nunca a tocar. E que fim! Planejou atirá-la num depósito de sucata, para que fosse derretida com outras aparas de metal. Diz, em seguida, que estava procurando um porto seguro, um berço – mas completa sem saber por que: "o berço do dragão". Dragão, fogo pelas ventas, sucata derretida num forno industrial, algum sentido há. Talvez, pensamos juntos, o próprio bebê, na onipotência que lhe dava a unidade com a mãe, fosse um pequeno dragão; esta ideia não nos parece muito consistente, todavia.

Na sessão seguinte, ainda sob o impacto da ruptura de campo e do vórtice – vejam vocês como as coisas não são tão momentâneas assim –, traz a imagem condenada, que pensava agora dar a mim. Diz que não pode um bebê ser um dragão, mas sim um animal pequeno e inofensivo como um... pavão. *Como é mesmo, um pavão*? – pergunta-se. E segue assim, com representações que lhe vêm por assonância ou por um parentesco vago, com pouco sentido aparente. Pavão, exibicionismo? Ou seria um truque defensivo, fingir-se de grande, como o pavão que abre seu leque? Há até certa alusão homossexual possível, a bela cauda. Mas tudo gira depressa demais, decompondo-se e recompondo-se, como num caleidoscópio, de pouco valendo querer decifrar uma figura em separado. Sucedem-se também sensações físicas dolorosas, principalmente nos genitais. Ao fim dessa sessão, levanta-se para pagar a semana, e mostra-me a imagem, enquanto preenche o cheque. Já não pensava sequer em ma dar, porém em guardá-la para pensar no assunto. Notável a imagem. Nada de especial quanto à beleza ou tamanho, a Virgem, sobranceira, tendo ao lado o Menino Jesus, numa pose curiosa, figurado como um rei de algum quadro pós-renascentista, o pé e a mão esquerdos um pouco à frente do corpo, em atitude de domínio condescendente, posto sob um orbe terrestre, como conquistador senhorial. Só que me surpreendo ao olhar com detenção, e tanto, que exclamo: "O menino parece um rei, mas está nu". "Como nu?" – replica – "Está vestido, veja a roupa, tenho essa imagem há mais de cinquenta anos...". "Não, olhe bem, o que você pensa que é a roupa, é só parte da túnica de Nossa Senhora, que ela estende à frente do filho". Sua surpresa não parece ter limites. "Puxa, que coisa..." – e, entregue o cheque, vai-se embora pensativo, carregando a imagem, junto com a descoberta do rei que, para ele e diante dele, sempre estivera nu.

Durante o vórtice, não há lugar para "interpretações", para o que se costuma assim chamar, ou seja, para explicações do processo psíquico, traduções de sentido e reflexões sobre o que está acontecendo, tudo aquilo que, na Teoria dos Campos, preferimos chamar de *sentenças interpretativas*. Como o próprio analista é afetado pela ruptura de campo, ademais, tampouco seria oportuno querer explicar muito, já que tenderia a encontrar um sentido que o satisfizesse, quando nem o paciente está organizado para receber o resultado da explicação. É um bom momento para prestar atenção, isso sim, para *tomar em consideração*; as associações rodopiantes, que brotam e circulam em redemoinho, podem e devem ser guardadas com cuidado para uso posterior. Dragão, pavão e uma imagem de Sua Majestade, o Rei-Menino nu – alguma hora isso tudo ainda há de servir como ponto de partida para uma prototeoria deste paciente. Não se perde por esperar.

Adendo II. Fantasia adicional e a perversão obsessiva

Finalizando a apresentação deste material clínico, gostaria agora de acrescentar-lhes um pequeno adendo, seis meses passados. Um novo campo tem-se aberto na análise, onde domina a problemática relação entre fantasia e realidade, neste regime psíquico.

Certa feita, fatigado e de mau humor com os cuidados que a empresa lhe impõe, José tentou, como é seu hábito, relaxar com um devaneio de prazer. Sonhou então que estava num iate nas Bahamas, acompanhado de uma linda morena. Até aí, nada de mais. Até, por segurança – contou-me –, tomou a providência de não permitir que o iate fosse seu ou da morena, para evitar conflitos de interesse...

Curioso com essa medida protetora, perguntei-lhe a quem pertencia o barco, nesse caso. Ele mostrou-se reticente e um pouco envergonhado, argumentando que o resto não importava muito. Ante minha insistência, acabou por confessar que o iate era do cunhado da morena, um empresário que morava nos Estados Unidos, marido da irmã dela.

É claro que essa revelação apenas fez crescer minha curiosidade. Belas morenas no Caribe não devem ser um tema demasiado raro para um devaneio; agora, nunca soube que beldades de sonho tivessem irmãs noutra parte do mundo e muito menos cunhados. Não sei bem por quê, deve ser preconceito meu, mas cunhados não me parecem ter lugar num sonho erótico.

A história era assim. O industrial, dono do iate e cunhado da morena, devia ir a uma festa na *Côte d'Azur*, e não tinha tempo de levar seu barco. Iria de avião, e pediu que José navegasse até lá, onde se encontrariam todos. Chegando a Nice, continua meu paciente, houve uma grande festa, à qual, um pouco amuado, ele se recusara a ir. Na festa, a linda morena havia paquerado alguém e, no dia seguinte, saíram os quatro no iate: o cunhado, a morena, o paquera e ele, já decididamente de mau humor, no sonho e na narrativa. Nesse ponto, antes que a história ficasse ainda pior, José decidiu interromper o devaneio, que se transformara em pesadelo, e nada mais podia acrescentar.

Não é difícil compreender o que se deve ter passado. Regularmente, sonhos e devaneios invadem o espaço da realidade. Aqui, porém, vocês podem verificar que a recíproca não é menos verdadeira. O espaço do devaneio escapista é invadido pela realidade – ou, para ser rigoroso, por elementos de fantasia representativos dos aspectos da realidade que a fantasia principal precisamente procurava eliminar. Querendo explicitamente deixar de fora a questão da propriedade e das relações de dominação e desconfiança – o iate não era de nenhum dos dois –, José, infalivelmente, com a infalibilidade cruel do pensamento obsessivo, inclui da pior maneira o que projeta descartar. Como o inconsciente, os devaneios não conhecem o não perfeito, a pura ausência, mas devem representar negativamente o estado que buscam afastar. Já é, no entanto, peculiar à configuração psíquica obsessiva que os representantes da negação tomem o primeiro plano, e acabem por ganhar o campo e o dia da batalha. José, tudo pesado, era apenas o marinheiro do empresário. Como na vida, ele, o peão, dele, o empresário.

Uma vez masoquista, sempre masoquista, dirão vocês – e dirão bem. O que fica iluminado nessa infeliz situação, além do masoquismo e da obsessividade, é o estatuto recíproco de realidade e fantasia. A fantasia busca um derivativo para a realidade. Porém, a realidade é também representação. De hábito, figuramos a realidade como um conjunto de representações carregado de limites, obstáculos e contingências; quando um paciente nos diz que *deve também considerar a realidade*, nove em dez vezes quer dizer *dinheiro*, não é verdade? Em nosso caso, a realidade, a fantasia chamada realidade, invade o mundo da fantasia de prazer, como aliás acontece com todos nós, lá pelo domingo à tarde. Não que a segunda (a segunda-feira e a segunda fantasia, a de realidade) seja mais verdadeira ou objetiva que a primeira (a do iate, a do fim de semana). Pode ser que sejam equivalentes os graus de distorção dos fatos, se é esse o critério para distinguir a realidade – coisa duvidosa –, mas não restam dúvidas de que meu paciente vê cortada sua capacidade de fantasiar a gosto, por uma penetração indevida de elementos, quiçá também fantásticos, vindos do outro lado do mundo da representação. Da face oculta da lua de mel, por assim dizer.

Um dos problemas essenciais da perversão obsessiva é que a carga de cavalaria contra a realidade a carrega constantemente na garupa. A realidade inimiga, no caso de nosso paciente, não é tanto a empresa, mas a perversão masoquista, que não se deixa ignorar. Ao congelá-la na imagem de excretas femininos, ele alcança o ponto máximo de isolamento possível, afasta-a da realidade quotidiana; mas quando passa da conta e pretende imaginar um mundo de prazer mais convencional, a realidade masoquista cobra seu imposto, com juros extorsivos. A cena erótica convencional simplesmente não se mantém, transforma-se no masoquismo de sempre.

É notável e instrutivo, sob esse aspecto, como nossa evolução tecnológica pode ser reaproveitada pela neurose e pela perversão. Com a introdução da internet, José conseguiu aquilo que os devaneios não lhe davam, crença ou estabilidade de representação. Acessando a rede, ele foi encontrar os endereços que apresentam fotos de mulheres nuas. Não descreveu uma experiência entusiástica, parece que as fotos não são mais excitantes que as de revistas masculinas, e certamente de pior resolução gráfica. Mas algo o encanta. É que pode fazer essas figuras masturbatórias surgirem do nada, ou do quase nada, do *ciberspace*, tocando as teclas e o mouse do computador. Num ato, em tudo análogo ao da masturbação dos velhos tempos, um certo manuseio traz à mente as figuras eróticas, dessa vez, contudo, com suficiente estabilidade e permanência. Ao contrário da morena das Bahamas, cunhado algum aparece na página da internet. Estaria vencida a batalha contra a invasão psíquica da realidade? Não, decerto. Se a invasão da realidade pela fantasia, tema reiterado pela psicanálise, nunca se elimina, tampouco seu avesso pode ser vencido. O fato é que José, no melhor do processo de descoberta do hipermundo, viu-se confrontado a um maligno pedido de identificação para acessar uma página qualquer, que lhe oferecia maiores estímulos. Recuou. Justificou-se, pensando que já era hora de voltar ao trabalho, de ser adulto etc. A verdade, porém, e ele foi o primeiro a admitir, é que se estava simplesmente a reproduzir a cena clássica da descoberta da masturbação pela mãe, nada mais, nada menos. Prova disso é que, subsequentemente, se veria obrigado a eliminar uma a uma as referências dos sites de dominadoras frequentados, primeiro do histórico do *browser*, depois das pastas temporárias, e assim por diante, até se tornar um *expert* no encobrimento de pistas virtuais. Até que um dia, acossado por seu *duplo*, o detetive, cometeu o gesto extremo: formatou o disco C.

De qualquer modo, é preciso louvar a possibilidade de manter uma imagem psíquica evocada por meios informáticos, contra sua transformação fatídica em imagem masoquista e castradora. Há uma dimensão de espontaneidade e mimetismo: a tela reproduz imaginariamente a superfície de apresentação de sua mente, muito mais sensível, intencional e sujeita à vontade que as coisas do mundo comum. É duro admitir, mas um computador corresponde com toda a exatidão à imagem que o homem contemporâneo faz de sua própria consciência. A demora mesma em se formar a imagem inteira, devida à proverbial lentidão de nosso sistema de telefonia,[37] contribuía a magnetizar o analisando na tela do computador. Era quase um *strip-tease*, ou melhor, um lento processo de escultura erótica intrapsíquica, a recriação da mulher por um divino Adão. Por outro lado, em comparação às revistas, e sobretudo às mulheres de carne e osso, o computador representa muito melhor a extensão direta da psique do paciente, um canal privativo com o jardim das delícias – o que nos leva a temer seriamente que esse Adão se veja convertido em personagem de Bosch.

Desses dois exemplos do destino instável das representações intencionais, quando comparadas à força e inevitabilidade do sistema perverso-obsessivo, podemos retirar algum ensinamento. O principal é a constatação de que o processo mesmo de criação psíquica de derivativos para o modo obsessivo de relação com o

---

37 À época da escrita desse relato a velocidade dos provedores de internet era megabytes menor que a desta segunda dezena dos anos 2000, e passava pelo sistema telefônico. (L H)

mundo é, como não poderia deixar de ser, obsessivo. Não só na garupa vem o incômodo ginete, ele é também o próprio cavalo. E José, sentindo sua presença constante, reage protestando internamente no modo da preguiça, ou daquilo a que ele chama de preguiça – uma sensação de paralisia psíquica que ocorre como reação aos sinais de prazer provindos da realidade, como se fosse ele mesmo um desmancha-prazeres de proporções cósmicas, ou pelo menos, de proporções empresariais.

Um neurótico obsessivo mais bem comportado não consegue gozar as fezes dessa maneira. Ficam no avesso. Que se passa aqui, nesta perversão obsessiva? Podemos conjecturar que as fezes, ou sua transformação mitigada em histórias como a da morena, sejam representações da atividade psíquica, *representem a produção das próprias representações*. O processo de produção do pensamento obedece a uma lógica sumamente indigesta para o próprio pensamento, a lógica de concepção. No sujeito normal, ela é cancelada, na neurose, representada negativamente, como falha de memória, de palavra, de ato. Na psicose, ao contrário, ela toma o lugar do pensamento racional, tendo de ser racionalizada nos relatos delirantes. Na perversão obsessiva, porém, a lógica de concepção não consegue tomar o campo, ela é representada por imagens rituais escatológicas, que testemunham sua presença originária e, a um tempo, seu destino de excreta, de coisa a ser jogada fora, para que se continue a poder pensar e agir com certa eficácia. Jogada fora continuamente, vocês compreendem, num ato psíquico que não é senão o próprio pensamento. O leite não se transforma em fezes ao longo do tubo digestivo, vira fezes na ingestão, na boca, na cara. A representação do processo produtivo da lógica de concepção deve, todavia, permanecer isolada, pela preguiça, pelos cuidados em disfarçar os traços de sua presença, por uma atividade voltada a desacreditar diplomaticamente seus representantes. A representação do processo psíquico pelo psiquismo nunca é melhor e mais notória que na perversão obsessiva. Porque, na psicose, ela *pensa* e, na neurose, é *desrepresentada*.

Uma experiência de meu paciente ilustra, na intimidade da clínica, o processo de representação da lógica de concepção obsessiva. Tratava-se do número de transformismo da mulher-gorila. O número é banal, um truque de espelhos. A jovem primeiro exibe uma pequena dança sensual, que se acelera, agita-se na jaula, inquieta pela antecipação. De repente, ela se transforma no gorila, que ameaça romper as grades. É por aí mais ou menos que as crianças soltam seus gritinhos agudos e correm para trás dos pais. José assistiu ao número na infância, mas este também, como o do internato, jamais lhe saiu da cabeça.

O paciente histérico, que qualquer mulher faz recuar envergonhado, teme o despertar de um macaco: onde, em quem? Na neurose obsessiva, medidas de proteção contra o antropoide interior seriam tomadas, à simples vista da mulher: coisa do pai. De qualquer modo, o neurótico fica com a mulher e reage ao símio. O psicótico fica com o macaco, que o fascina com a atração feminina. Nossa perversão obsessiva fica mesmo é com o momento de transição de mulher a gorila, apaixonado pelos opostos e pelas contradições, que nascem uns dos outros. Pelo ato psíquico de *concepção da antítese*. José mantém a representação mulher-macaco, é bem verdade que às custas da dinâmica de seu devaneio, que se contamina da realidade antitética, para cada morena, seu macaco, o cunhado, o paquera. De mulher a gorila, o segredo da concepção psíquica permanece vivo, mas congelado. Esta perversão fixa numa fotografia o mais íntimo do pensamento obsessivo, a transformação dos contrários que se anulam. O mistério, meus amigos, é que este quadro clínico possa existir.

Vocês acham difícil essa embrionária filosofia da obsessão? Não é fácil, concordo, principalmente para quem a inventa e sofre dela. Viver é difícil demais.

1.8. Três modelos técnicos

Mantemos a suspensão entre método e ontologia –
lugar de máxima tensão epistemológica,
de que a clínica é a representante, por excelência.
Herrmann, 2003

Método e técnica

Seria supérfluo introduzir a aula desta maneira se o conceito de *técnica psicanalítica* não tivesse sofrido tantas desventuras como sofreu no movimento psicanalítico. Se lhes perguntar de chofre qual a técnica psicanalítica, estou seguro de causar um certo constrangimento, uma espécie de abafamento vocal, como se pisasse no pedal do piano. *Técnica... em que sentido*? Defensivamente, talvez vocês começassem pela escolástica, que é mais segura: *técnica kleiniana ou técnica lacaniana*? Ou, tomando coragem: *técnica da clínica padrão ou da clínica extensa*? Livrando o espírito do peso da pergunta, alguém decerto apelaria para a erudição: *techné ou tecnologia*? Quem sabe, por fim, eu chegasse a escutar: *que técnica, se o que há é o método*?

Entre nós, temos destacado o método, mas também existe a técnica. Negar a existência da técnica psicanalítica está muito perto de negar a existência do método; por que não chamamos o método de técnica? Vá lá, de *techné*, só para manter o autorrespeito. Por que não é. Método é o que nos acontece, ele nos escolhe quando praticamos a psicanálise, não o escolhemos. Técnica, nós escolhemos. Freud quase nunca falou de método, só de método terapêutico, que é precisamente a técnica. Deu bons conselhos técnicos, numa época em que ainda se confiava no poder do conselho. Foi depois que técnica se converteu em emblema. O orgulho de seguir uma técnica estrita. A ironia contra a rigidez técnica de certos analistas. Técnica confundida com moldura (ou *setting*). A técnica de cada escola. A fidelidade técnica que não se deixa corromper nem pela escassez do dinheiro, nem pelas necessidades do paciente. Em suma, lembrando uma intervenção inspirada da colega Andrea Giovannetti, no nosso *Primeiro Encontro da Teoria dos Campos* (1999): se um time de futebol, formado só de psicanalistas, estivesse entrando em campo, sua formação técnica não seria o 4-3-3 ou o 4-4-2, mas o uniforme.

No mesmo espírito em que, na aula passada, eu lhes apresentei uma sugestão no campo da psicopatologia, e, na quarta aula, uma série de sugestões estratégicas – sugestões que envolviam elementos de técnica e até mesmo alguns conselhos esporádicos –, hoje lhes darei três sugestões técnicas. Não as tomem pelo que não são. Não são princípios gerais metodológicos. Tampouco, fórmulas para a identidade do analista da Teoria dos Campos, Deus nos livre e guarde! Nem são, por outro lado, conselhos práticos ou receitas de interpretação. São exemplos do plano em que, segundo penso, se situam as questões técnicas e qual a amplitude de seu domínio; mais, é método, menos, é estratégia. Se a Psicanálise combina prática clínica, ciência e literatura, nossas questões técnicas têm um pouco das três. O método é a forma de nosso saber e de nosso fazer. Dele, não escapamos. A técnica é a forma do bem fazer, mostra caminhos, não o caminho, e previne contra perigos. É útil, disso não tenho dúvidas.[38]

---

38 O tema da técnica psicanalítica Herrmann tratou em "Da técnica psicanalítica", cap. 8 da segunda parte de *Andaimes do Real: O Método da Psicanálise*, op. cit.,

Vou apresentar meus três modelos técnicos a partir de pequenas ficções, ao modo de parábolas. É um costume que vocês conhecem. Sua razão maior é que o analista tem de trabalhar com arte prática, para desimpedir o caminho da descoberta, mas seu objetivo só estará cumprido quando, dos fatos, puder chegar a seu sentido íntimo, proeza que a literatura tem realizado a milênios. Uma análise adquire pleno sentido ao poder ser pensada, conduzida e contada, como uma história. Nossa técnica deve refletir isso, até no modo de sua apresentação.

A posição do analista e o canto do jaó

A questão técnica de âmbito mais largo e de plano mais elevado, confrontando com o método, é a da posição do analista. O método psicanalítico determina uma espécie de neutralidade, de isenção, de anterioridade posicional em relação aos acontecimentos, que tem sido confundida com formalidade ou intangibilidade. A posição analítica é a de eixo para os movimentos concretos da análise, como tal, não se pode comprometer com os acontecimentos ou ceder às exigências do paciente, sem graves danos para o processo. Isto é verdade. Só não é verdade que o analista, em pessoa, deva imitar sua posição metodológica: o método, como ponto de vista essencial, nos previne justamente contra a tentação de mimetizá-lo.

A primeira questão técnica para a qual, hoje, desejo chamar a atenção de vocês é, portanto, a da posição do analista. Ele desempenha várias funções. Serve de suporte transferencial ao trânsito do paciente por sua própria história e, até certo ponto, o dirige.

---

pp. 173-185, e em "O sentido a técnica psicanalítica", cap. 5 de *Introdução à Teoria dos Campos*, op. cit., pp. 67-76. (L H)

Ao cumprir essa tarefa, tem de se haver com resistências, que se concretizam em jogos práticos, quando não em *practical jokes*. À segunda e terceira funções dedicaremos nosso interesse logo depois. Antes, porém, é preciso refletir um pouco sobre a condição técnica para o exercício dessas importantes funções: o exercício de sua posição.

Procurei durante muitos anos um modelo apropriado para os ajudar, e a meus colegas de profissão em geral, a medir com justeza o exercício da posição. Foi debalde que montei esquemas e sugeri fórmulas. A isenção que gostaria de caracterizar sempre escapava. Ou parecia muito abstrata, num grau mais próprio ao método que à técnica. Ou solene, com a solenidade rançosa das exigências que se impõem alguns analistas, que fazem cara de psicanálise, ao falar das minudências do quotidiano. Ou então, nem abstrata, nem solene, mas fria como o técnico. Ora, contra esses três equívocos é que buscava erigir meu modelo técnico: contra a confusão lamentável entre método e técnica, contra o engessamento e a autocaricatura do analista que quer acima de tudo parecer sério e contra a frieza desolada dos cirurgiões da alma.

Por que o analista não apenas sente e se ressente, como nisso consiste sua virtude técnica: em se emocionar, em rir, em se entristecer, ou, reunindo todo o repertório das emoções partilháveis, na compaixão. São as dores e as alegrias de sua história que o dotam da faculdade simpática essencial para o empréstimo de alma, da metade de sua alma que cede ao paciente, para vibrar com suas dores e alegrias. Mas, com a outra metade cuida de manter sua posição.

E não está passivo. Compassivo, mas ativo. Entretanto, sua atividade não é a do caçador que alveja à distância, Hemingway e sua caça pesada, nem a do herói intrépido e tonto que se crê na obrigação de pular na arena dos touros para recolher o lenço que a volúvel dama deixou cair, como *n'A última corrida de touros em Salvaterra*. Não precisamos enfrentar, peito a peito, as angústias e os ataques do paciente, que, no fim das contas, nem se dirigem a nós em última instância. O demolidor de resistências tem vida curta na profissão, pois não soube manter sua posição.

Também não somos computadores enxadristas. O xadrez é um bom treinamento para o analista, precisamente por ser um confronto entre duas mentes, entre suores de medo, risos de triunfo e principalmente o desfrute estético da tensão lógica criada a dois. Mas não se espera que um analista seja uma máquina de calcular conflitos inconscientes, de predizer lances afetivos futuros, de prospecção do passado remoto. Nem, ao contrário, que seja um tolo confiante na intuição; que, se a tivesse de fato desenvolvido, poderia usar para intuir sua própria fragilidade emocional, sugestionabilidade e desejo de ter razão. Não deve ser máquina de intuir ou de calcular, mas deve cuidar racionalmente de sua posição.

Tantos requisitos para um modelo simples. Vocês não imaginam o quanto o procurei inventar. Mas os deuses reservam seus dons para os momentos de distração. Quando estamos distraídos, para que não nos orgulhemos do que não criamos, mas achamos, ou quando estão aborrecidos com a mesmice do esforço inútil dos homens, e se querem distrair de nosso chocho panorama. Eu, pelo menos, estava à procura de distração, pescando o dourado lá na fronteira entre os dois Mato Grossos, delimitados pelo rio Piquiri. E não armara o bote às ideias fugidias e ingratas, mas estava dentro do bote, esperando o dourado, vara na mão, tuvira na água, enquanto caía a tarde. Foi quando algum deus menor, daqueles que não compraram ingresso na mitologia, soprou ao barqueiro, que lá se diz *piloteiro*, a sugestão salvadora.

A fábula do caçador, da onça e do jaó

“Enquanto o sol poente avermelha o Piquiri, estando de bote ao dourado – nascer de outro sol assustado dessa lâmina de noite, que é o rio –, o canto tristíssimo. Não é Aó, nem mesmo Óo, mas Ôo, quase impronunciável a não ser por escandinavo de nascença, de tão fechado tom.

Selzé dá nome e lenda: *o jaó, pássaro estúpido que nem só*. O jaó brigou com a perdiz. Ele ficou no mato, ela, nos campos. Não se veem. Pede o jaó: vamos fazer as paiz? Responde ela: por mim, nunca mais!

Bicho bobo. É só piar parecido e a gente pode ir chegando. Até onça imita, até jaguatirica. Meu pai dizia.

O jaó tinha comido o plantio. Deitou abaixo o milharal, escavou a lavoura de mandioca. Meu pai pegou a espingarda. Vou matá esse jaó. E piou: Ôo. Do mato respondeu: Ôo. Ôo, fez meu pai, e subiu no toco seco, touceira espinhenta. Isso foi lá por Coxim. Ôo, veio do mato. Mas ele falou: Tá meio fofo. Vai pra lá, filho, que pode não ser. Então, bão, foi o tiro. E não era o jaó, bicho bobo, mas a onça parda, imitando o jaó que o pai imitava, levou o tiro na cara. Cartucho 24. O jaó? Não se viu. Só marcou encontro: Ôo. Ave idiota...

Tomemos por assentado que o objeto transferencial não se apresenta, marca o encontro. Termo que medeia entre duas imitações, estúpido de nascença, tocaiável, o analista deixa-se estar sossegado na ronda de dois inimigos: duplicação do eu no processo intrapsíquico. Objeto transferencial só. Como o jaó.”

Foi isso que lá anotei, nas barrancas do Piquiri. A posição do analista, como eixo da transferência, é só uma questão de método.

Não há como assumi-la, porque ela nos constitui. Logo, não é uma questão de técnica. Por que não tinha pensado nisso antes? O exercício técnico dessa posição, porém, materializa-se num objeto. Este não é o analista em pessoa nem é sua posição, mas a encarnação, na pessoa, da posição. Creio com toda a sinceridade, meus caros, que era Selzé. Para mim, ao menos. Deu-me com que pensar. O som veio da mata, mas a lição veio dele.

A posição do analista é a do jaó. Um não haver, um não se haver com a briga dos crescidos, da onça e do pai com a cartucheira dupla. Nossos pacientes trazem de cada vez os dois de si no campo, que se enfrentam à distância, sem se conhecerem. Sem se lembrarem que já se encontraram em tantas outras sessões. Que fazer? Chamá-los? Sim, mas com que som? Com que presença? Comprar a briga de um contra o outro, de jeito nenhum. Seria covardia expressa, dois contra um, além de arriscado para a pele analítica, de que se há de cuidar com desvelo. O jaó, o analista, têm suas próprias dores, uma perdiz, alguma perdiz perdida. Jaó também é gente. Porém, sentindo tudo de seu, e quase tudo do outro, não é menos verdade que se tem de cuidar da posição analítica. Que é no mato, no íntimo intocável da análise.

Como promover o encontro da paciente animada de erotismo, com sua depressão? Ou do gigante com seu menino Jesus, rei nu? Ou dos lados opostos da tesoura, mãe e filha? Se sou eu quem se mete no meio, ou tomo partido, ou acabo ferido. Ou, no mínimo, provoco o encontro e, com isso, o desfiguro com minha presença nada neutra. Se calculo teorias, reduzo os dois eus dos pacientes a figuras bem comportadas, cada qual com seu *script*, falas e ações preestabelecidas. Mas, algo devo fazer. Devo oferecer-lhes um objeto que é nada, mas que soa a algo desejável, para que os dois, caçando-o, cacem-se mutuamente. Simples como um pedaço de pão, simples como uma tuvira. Nem é preciso ser um gênio da interpretação, basta piar manso e triste como o jaó. Para isso, para criar um objeto transferencial – que é bom, que é ótimo, não confundir com os objetos transferidos! –, é suficiente deixar-me estar e dar sinal de vida. O objeto transferencial é tão plástico, moldável, tão tentador quase-nada, que será interpretado, por cada eu, na forma de seu próprio desejo, lembranças, solo de memória. Compreendem?

Ser o objeto transferencial é a forma técnica mais elevada, quase método, de manter a posição do analista. Se me tiverem seguido com atenção, se meu pio os tenta, compreenderam o que compreendi eu mesmo. Enquanto eixo dos movimentos analíticos, sou uma barra, um fio sem espessura, uma posição na topologia da sessão. Enquanto *em pessoa*, sou quem sou e mal sei quem sou. Sofro com o paciente, que não é então um campo e dois eus, mas um amigo, um companheiro de trabalho, com quem arregaço as mangas e vou à luta, com amor e com inteligência. Mas, como operador da transferência, nem situs nem gente inteira, sou jaó. Tocaiável pelos eus, fácil de imitar, porém, na minha, mata. E, cada qual, me pia, me escuta, me pia, me escuta, e sai à caça. Assim se encontram. E seja o que Deus quiser.

Uma lição técnica de Gusmaniov

Na última aula, eu lhes contei do *Suicida sem pontaria*. Ao físico de Gusmaniov (como ao pai de Selzé), não faltava, porém, a pontaria, faltava-lhe o bom senso de escutar as *vãs conjecturas filosóficas*. Tanto que ficou prisioneiro de uma delas, para sempre. Espero que tenham aproveitado sua lição.

Boa técnica é, em primeiro lugar, não cometer os mesmos erros eternamente. Por que é necessário errar? Porque, quem não erra, nunca acerta. O acerto constante, na análise, é uma generalidade. Ao contrário, o erro é uma especificidade. Isto é, tento fazer alguma coisa muito especial com meu paciente, criando, com isso, a oportunidade de errar redondamente. Ou, de acertar na mosca. Num de meus primeiros livros, lembro-me de ter escrito um elogio do erro necessário.[39] A ideia era a seguinte. Quando o analista quer ter razão, ele se pauta por fórmulas gerais, por interpretações canônicas, substitui técnica por ética, depois faz da ética sua moldura clínica, ou vale-se de pseudoteorias que jamais podem ser falseadas por algo tão insignificante como seu caso clínico. Ou, por fim, nega ter seja lá qual intenção: quem não deseja sequer acertar, está imune ao erro. O físico de Gusmaniov não aceitava meias medidas, queria imunizar-se contra o erro humano e contra os azares da vida. Até hoje está lá, prisioneiro de seu paradoxo.

É melhor errar. Errar, sabendo exatamente o que se tentou fazer e descobrindo exatamente, sempre que possível, por que motivo não funcionou. Da mesma maneira que a verdade é um caso particular da mentira,[40] o acerto é um caso particular do erro. Por isso, dizemo-lo necessário. Quando uma análise vai mal, tentem descobrir a razão. Mas, quando parece que vai bem, é interessante experimentar alguma coisa diferente. Por vezes, e não poucas vezes, acaba-se por verificar que *não ia bem*. Ao errar, é preciso persistir no erro por certo tempo. Jamais tentar provar que se está certo, que queria dizer uma coisa diferente e o paciente não entendeu. Ou não soube apreciar a sutileza. Todavia, o contrário não é mais ajuizado. Desistir de imediato, tentar corrigir, ou aprender depressa demais a não botar a mão no fogo, pode ser péssima ideia. Quando se erra, melhor ir fundo, porém com flexibilidade e atenção. Como quando se derrapa; virar brus-

---

39 Ver Herrmann, F. Acerca da mentira e do erro necessário, in *Andaimes do Real: Psicanálise do Quotidiano*, op. cit., cap. 3, pp. 43-66. (L H)

40 Idem à nota anterior. (L H)

camente o volante e meter o pé no freio é o meio mais seguro de rodopiar, controlar a derrapagem é arte da paciência. Dizem que errar é humano, o que está perfeito, mas persistir no erro é diabólico, o que é inegável. Contudo, sem uma ajudazinha lá de baixo, não se analisa. Ao errar, é prudente escutar seu diabinho conselheiro – que lhe sopra ao ouvido *errando discitur* – e persistir o bastante para ver se o juízo de erro não estava errado. Creio que me entendem, se não estiver errado...

Deixem-me trazer de novo à tona a questão transferencial proporcionada pela infeliz história do cientista empírico. O sábio mata seu passado, que, então, não pode mais estar vivo, nem pode morrer. Os pacientes que nos procuram vêm em busca de uma cura imaginária que, não raro, repete o erro do físico. Desejam matar o passado. Ou, pelo menos, esquecê-lo. Só que para isso têm de o lembrar: senão, o que se vai esquecer? O analista não o satisfaz – como poderia? – nem o desmente, porque não é pregador. Ele se apoia exatamente naquilo, na pessoa ou na situação de que o analisando se quer livrar. Apoia-se no sentido mais material que vocês possam conceber: inclina-se sobre ele. Não sabendo muito, um analista sabe, no entanto, que o passado a ser morto e esquecido deve necessariamente conter tamanho valor de constituição que mereça a sentença letal. Numa palavra, deve ser emocionalmente precioso. E sabe também que sua posição transferencial é de garantia desse passado.

Explico-lhes. O paciente, como o físico, deseja voltar no tempo para eliminar o trauma que, contra suas melhores e mais adultas perspectivas, nunca o deixou de torturar. Contudo, esse mesmo trauma – o pedido de perdão ao diretor (fac-símile da mãe), a tesoura em riste, a surra do pai, para recorrer aos símbolos traumáticos de feitio análogo de alguns dos pacientes mencionados antes – foi o marco de fundação da psique com que se defronta agora. O nascimento da psique é traumático, o sintoma é celebração desse trauma de nascimento, que pouco tem a ver com o de Rank, um pouco mais com a *caesura* de Bion, mas tudo com a tópica zero, implícita em Freud. Assim sendo, a abolição do trauma equivaleria à sumária execução retrospectiva do sujeito. Que, como vimos, só se pode consumar até que morra etc. Compete ao analista, pois, oferecer-se como suporte do trauma.

Então, surge o problema delicado. Sou atacado como perseguidor – até aí está bem –, mas louvado como salvador. Minha função, eu sei, é de liquefazer a figura que me sustenta aqui e agora, mas sem esquecer que vivemos no futuro do pretérito, o ∞. (O pobre cientista o esqueceu, ou não estava a par, e vejam no que deu.) Se saio em defesa da figura do passado – sua mãe, seu pai, eles não eram tão maus assim –, aprisiono o paciente no trânsito de ∞, e tenho um paciente para sempre: a terapia de apoio invertida é imóvel e infinita. Pode-se confiar em sua culpa, para o manter em análise. Se apoio as reivindicações de meu analisando, recriminando a figura traumática, somos dois pacientes em sintonia, ele com seu perseguidor, eu com o meu, e nada acontece. Porém, se tento dissolver a lógica de concepção do trauma fundador, como é razoável, estou retirando minha base de sustentação no presente.

Que fazer? A primeira figura técnica é a da corrida de moto. Inclino-me sobre minha sombra passada, apoio-me no trauma, mas não o tento eliminar de golpe, ou tombaria na curva. O apoio deve ter o molejo da arrepiante relação entre gravidade e força centrífuga (inercial). Apoio-me sobre mim num passado que mal conheço, tentando errar um pouco, um pouquinho para mais ou para menos, até ajustar a inclinação – vocês devem recordar que, na raiz etimológica, clínica é inclinação. É bom sentir isso no corpo.

Eu sinto. É uma sensação de perigo exultante, cuja atração deve ser controlada com todo o cuidado. O erro necessário.

A segunda figura técnica que lhes sugiro é ainda mais estranha. Outra história de ficção científica, cuja referência perdi – mas juro por todos os santos que não é minha –, conta a viagem do protagonista a uma sociedade futura, em que todos os bens podem ser *replicados*, reproduzidos sem gasto algum. Ora, nas antigas economias lastreadas, uma reserva de ouro se mantinha fora de circulação, como fonte do valor da moeda. Uma nota, naqueles bons tempos, era como uma promissória em aberto. Dizia: *se pagará ao portador desta, a quantia de...* Essa quantia era em ouro, meus caros, e acontece de eu já ter visto amostras desse espécime antediluviano. Claro, isso ocorria nos tempos em que era preciso ser rápido ao sair à rua para comprar jornal, ou não se escapava dos tigres de dente de sabre que andavam à solta, e quando nem sequer existia a internet. Esse tempo houve! Pois bem, naquela imprevisível sociedade futura, o que serviria de lastro para a moeda circulante? Encontraram uma solução tremenda. Como só o espírito humano não podia ser *replicado*, guardavam no Banco Central um homem, em estado cataléptico, como lastro do valor.

A história é indecente, mas não impossível, do jeito como as coisas vão. Aplicá-la à análise é a questão. Cada paciente tem, como lastro de sua identidade, um homem em vida suspensa. Ele não é eu, não é você, não é nosso paciente. É a humanidade do homem, a marca humana. Como cada homem é *possibilidade acontecida*, a reserva de possibilidades humanas em geral, de tudo o que nosso paciente (e nós) poderia ter sido, ou poderá ser é a marca humana. Esse lastro não constitui uma identidade. Pelo contrário, é a garantia de qualquer identidade concebível. Na teoria do *luto primordial*, de *O método da Psicanálise*, o reconhecimento de não se ser um si mesmo absoluto leva à aceitação de um substituto, o objeto humano, que se conhece na Psicanálise como *relação objetal*.[41] A garantia dessa moeda de troca, já adivinharam, é o lastro, o humano em suspenso no fundo de todo objeto.

Pois bem. Ao dissolver cuidadosamente seu suporte traumático, o analista pode errar um pouco mais que o motociclista, sem se suicidar retrospectivamente. Tecnicamente, basta que apele para o lastro humano em suspensão. Ou seja, para o patrimônio cultural, comum e inespecífico, que lastreia sua relação com o paciente. Um equívoco grave, de consequências fatais para a análise, é confundir a humanidade comum, que se traduz em simpatia, com o amor transferencial ou, pior, com as qualidades reais de bom objeto do analista (julgado por si mesmo), ou com sua capacidade de invocar metáforas culturais de algum prestígio, Homero, Shakespeare etc. Salvando esses percalços, a simples simpatia, a comunicação imediata entre os seres humanos, acossados por um mundo inóspito, é suficiente para lastrear sua tentativa de desestabilizar a figura que o garante, ou seja, de romper o campo. Mesmo que saque a descoberto, pode contar com um saldo credor. Esta é a ideia. Assim, sua tentativa de suicídio (da figura de sustentação transferencial) pode confiar no lastro, para que o paradoxo do *assassínio sem morte*, noção tirada do método, possa contar com um suporte técnico. Entenderam qual o âmbito da técnica psicanalítica?

Parábola da prova real – da interpretação transferencial

"Houve um tempo em que a cobrança do pênalti era automática. O zagueiro – quem melhor que um zagueiro para chutar feito máquina? – batia rente à trave, no canto baixo, com força e, se

---

41 Luto primordial é o terceiro capítulo da terceira parte, "O campo da cura", de *Andaimes do Real: O Método da Psicanálise*, op. cit., pp. 219-228. (L H)

possível, precisão. O goleiro seguia o movimento das pernas cobradoras e, uma *fração de segundo* antes do chute, como dizem os locutores esportivos, pulava em direção à trave visada. Pegava ou não.

Surgiu então, em meio às tribos de chuteira e uniforme, aquele que arguiu: *Regra é regra, pô! Se é pro goleiro só se mexer depois que a gente tocou na bola, quero ver.* É que a ciência da defesa impossível consiste em sintonizar o tempo da cobrança. Quando os neurônios atacantes agendaram a direção programada e a perna se comprometeu com ela irrevogavelmente, é preciso dirigir-se para lá, antes de pensar, antes de saber, ou pelo menos antes de pensar que se sabe. O homem de lata *versus* o mágico de circo. Só que dois podem jogar o mesmo jogo. Que fez ele? Sintonizou a sintonia, marchou para a bola e, no momento em que os neurônios do goleiro comprometeram seu corpo com a direção do pulo, ele... parou. Depois, caído o goleiro, empurrou com calma a bola no outro canto. Legalmente, mesmo que a bola não entrasse, a cobrança teria de ser repetida, pois ficava patente que o *goalkeeper* se movera antes da hora. Eis a beleza da coisa.

A partir de então, o goleiro tinha que adivinhar também se haveria ou não a paradinha. Sintonizar com a sintonia que o batedor fazia de sua sintonia. Brincadeira.

O goleiro foi literalmente pego no pulo. Denunciado no ar, olhando para trás a bola em desconsolo, tardia saudade do estar em terra, como avião em pane. E assim o juiz. O limite de sua precisão era até então a tal "fração de segundo". Não é possível decidir se foi o ovo ou a galinha, o chute ou o pulo. Ninguém poderia humanamente exigir mais, nem mesmo o mais acabado dos "idiotas da objetividade" dentre os comentaristas esportivos, é evidente. Lógico, todo fato evidente traz sua contradição às costas, nós sabemos. Nesse caso, porém, a indetectável fração de segundo foi congelada, tirada do contexto, fotografada, publicada no jornal. Fato: o chutador não tocara na bola. Fato: o goleiro estava no ar. *Lei é lei*, deve ter dito o rei.

Nem toda boa literatura é Psicanálise. Literatura alguma é Psicanálise, por maior que seja, na realidade. Até que o venha ser, pelo menos. Quando Fabrice, na *Cartuxa*, ouve da cantineira o nome do lugar da batalha, nossa perspectiva histórica transtorna-se bruscamente pela revelação de que Waterloo não foi a cena dos soldadinhos exposta naquele famoso museu particular em Tânger – que agita uma cena do 007 – , nem a chegada de Blücher ou a demora em atender a Ney. Foi, antes de tudo a crise dessa representação tradicional, coisa de gente aflita, perdida na bruma e na confusão, um não estar onde se queria e se deveria estar. Stendhal não fez psicanálise, o nome nem existia, mas com essa cena e a invenção do romance moderno está dada a possibilidade da Psicanálise. Quando Joyce desmancha a língua humana com cuidado, cria também a palavra psicanalítica. Ele não está fazendo psicanálise, a Psicanálise se está fazendo em Joyce, ou, também, no *Além Deus* de Pessoa. A Psicanálise é o horizonte para o qual apontam as psicanálises existentes e suas fontes, na literatura, na filosofia, no cuidado comum entre as pessoas. O horizonte das psicanálises não reconhecidas ou somente possíveis, um conjunto situado no ponto de fuga de nossa experiência.

Já a paradinha do Pelé é uma interpretação psicanalítica, com toda certeza. Põe em evidência, no sentido algébrico, para fora do parênteses, o sentido da lei. *Lei é lei, pô* – ou seja, acomodação dos limites, aquilo que não se pode provar que não é assim, como o instante indetectável. Esta reflexão não é psicanálise, é teoria. Claro que, se viesse da boca do sublime Rei, seria invasão de propriedade, prática ilegal da medicina filosófica, ou mesmo palpite infeliz. Todavia, não foi argumento, foi chute; nos pés do rei a bola converte-se em interpretação. Por sua eficácia metodológica, o tempo revela sua natureza humana, sintonia entre dois eus, e as entranhas humanas da lei, seu indiscernível arbítrio. E mais, interpretação transferencial, pois só se torna possível pela transferência da bola com Pelé, através do olhar angustiado do guarda-metas, do olhar de censura do árbitro e do extasiado olhar da torcida. Prova disso é que o goleiro voa e a bola entra. E eis a prova real: a paradinha é posta fora da lei, como tudo aquilo que expõe a natureza da lei."

Descendo estes dois degraus da escada que conduz às condições particulares de nossa prática, posição do analista e dissolução do suporte transferencial, jaó e Gusmaniov, chegamos a esta parábola, de que até me custa um pouco lhes explicar o significado. Trata-se apenas do analista frente ao paciente, postas de lado a posição de um e a duplicação sub-reptícia do outro. Quando uma interpretação já ocorreu, e serenou seu vórtice, ainda existe uma última dificuldade, a luta contra as resistências contra a própria sentença interpretativa. O sentido já se fez, nós o conhecemos e o paciente não o desconhece. Mas, tenta impedir que entre, como a bola no gol.

É um pouco covarde a situação, convenhamos, pois agora sabemos até o que dizer e o que fazer e o paciente opõe-se por que lhe dói o que adivinha, é como bater um pênalti, tão perto estamos da meta a atingir. E há muitas maneiras de o conseguir. Como, porém, a maioria dos textos técnicos começa aí, por onde estamos terminando, pelos problemas postos pela resistência a um sentido já conhecido e que pode até ser enunciado, não custa pensar um minuto em como não estragar o trabalho já realizado pela dupla. Pois agora há mesmo uma dupla, o analisando enfrenta seu analista, são duas pessoas em diálogo. Alguns dos conselhos que se costumam dar, para essa espécie de posfácio da interpretação, que é a comunicação do significado emocional, podem levar a um impasse. Por exemplo, quando se aconselha a ser o mais claro possível, a explicar o que se passa (se passou, seria melhor dizer) em detalhes, a referir-se à figura do analista etc. No pênalti, o goleiro tem pouca chance, mas não está morto, como na comunicação final não está morta a resistência. Antes, está bem preparada para a defesa.

Como existe certo antagonismo em jogo, sentenças interpretativas que se acompanham de *você não quer ver que* só o fazem aumentar, como chutão de zagueiro. Um paciente com anos de análise, e de várias análises, a propósito, sabe intuitivamente como defender o último reduto da crença ameaçada: sintoniza espontaneamente com o movimento do analista e se defende como pode. É natural. Não é uma resistência brutal, nada de ataque sádico contra a capacidade de pensar ou ao vínculo com o analista. É claro que ninguém quer que entre o que doeu e confundiu, durante o vórtice, caso contrário, não precisaríamos de artistas, mas de simples técnicos em retórica terapêutica.

Pois bem, quando chegaram a este ponto, e falta tão pouco – só falta, na linguagem vulgar, dar a "interpretação" – seria absurdo perder a oportunidade de ajudar o outro, entrando em luta direta contra sua resistência. Ou tentando furá-la à força. Ou se deixando envolver pessoalmente, emocionalmente, acreditando ser uma questão de honra uma explicação clara e didática – que é tudo o que espera o goleiro da resistência, para atribuir ao analista má intenção e usar a defesa tradicional: *você quer se mostrar superior, se falasse de outro jeito até que eu aceitava*. Pior que tem razão a resistência, a gente está mesmo querendo ser superior uma porção de vezes, o que é humano, mas diabólico quando se está em posição realmente de superioridade. Vejam que nem sequer menciono bobagens elementares, como usar linguagem teórica, enfeitar a sentença interpretativa com uma metáfora de própria lavra, falar bonito usando algum "modelo" literário etc. Fico só nos conselhos técnicos que os livros dão.

Tudo o que se tem de fazer é lembrar do Pelé. Se nosso paciente sintonizou a resistência à nossa fala, uma simples paradinha costuma resolver o caso. Sintonizamos com sua sintonia, mas, nem é preciso pôr tudo em pratos limpos, basta hesitar, no último momento. A resistência armou-se para se defender do que já sabe que vem. Na hesitação, declara-o: *sei que você está pensando que...* Como é o paciente que o diz, para que repetir? Vindo de si próprio, que remédio. Um analista do passado contestou com ironia: *tu o disseste*. O que, convenhamos, já é tripudiar do goleiro, batendo o pênalti de chaleira, coisa que nem o rei fazia; havia atenuantes, porém: primeiro, Ele não era o rei, segundo, dadas as circunstâncias, devia estar de péssimo humor. Não recomendo ser tão mordaz. Às vezes, gaguejar é o suficiente. Outras, dar um tempo. Ou até perguntar, menos bom, porém bastante. Lembram-se do exemplo que lhes dei do pseudoencerramento. Não passava de tática. Todavia, aquele pequeno recurso tático filia-se ao preceito técnico aqui proposto à consideração de vocês. Na realidade, como a resistência não está sozinha, em geral, mas acompanha o desejo de cura do paciente, seria possível até simplificar o procedimento do rei. Em vez de parar e chutar, há ocasiões em que tudo o que se tem a fazer é entregar ao paciente os elementos da sentença interpretativa, como Freud o fazia tão bem, e o paciente elabora sozinho, ou seja, passa-se a bola ao goleiro, que a mete no gol com suas próprias mãos.

1.9. A última sessão

Escrevo por sugestão da paciente. Nesta sessão, bem no início, ela me convidou a tomar notas para escrever alguma coisa. Há uma história por trás. Durante boa parte dos muitos anos desta análise que hoje termina, ela imaginava que tomasse notas para escrever sobre ela. Às vezes, irritava-se, achando que eu prestava mais atenção à escrita que à sessão. Hoje, pediu que o fizesse.

Não lhe obedeci. Acredito que os analistas devem anotar algumas palavras que lhes ajudem a reconstituir as sessões. Principalmente a reconstituir a ordem das falas, das ideias e dos sentimentos, pois, tal como nos sonhos, a lógica emocional da análise repugna à consciência e o material reconstrói-se de moto próprio numa ordem mais afim à razão comum, quando não se o esquece pura e simplesmente. Nos primeiros quinze ou vinte anos de meu trabalho como analista, tomava notas regularmente. Porém, nas últimas décadas, quase não o faço mais. É que, de tanto escrever psicanálise, habituei-me a tal ponto a essa lógica estranha, desenvolvi tamanha confiança nela, que prefiro deixar que o texto se forme por si só, ao sabor do misterioso estofo da consciência, manifestando sua verdade através da ficção que vai criando em mim. Desapeguei-me da verdade factual. O mínimo apego à ordem objetiva da sessão ou ao desejo de reconhecer uma sequência causal, onde nossa fala é a interpretação e esta é responsável pelo efeito analítico, leva-nos a inverter a ordem das falas, emprestando à sessão um caráter que não é o seu: o material associativo do paciente gera a interpretação, como se fora uma hipótese, e a resposta a justifica e comprova. Por isso, é melhor tomar notas que ficar parasitado pela luta entre a força de lembrar e a força de esquecer. Imagino que Bion concordaria com isto.

Todavia, como disse, creio haver-me transformado numa exceção à minha própria regra. Desta análise que hoje se encerra, não tenho nota alguma registrada, nem sequer da última sessão. Mas não esqueci a sugestão da paciente. Embora nossa luta seja para afastar os efeitos sugestivos de parte a parte, nesta ocasião especial parece-me mais sensato deixar que me conduza, para que eu também possa terminar minha análise com ela. Restos de sonho na vigília podem converter-se em possessão, caso não haja como voltar a sonhá-los.

Comecemos pela suspeita de que eu tenha passado estes anos a tomar notas. Como somos convencionais, todos nós. É certo que um escritor escreve. Escreve sempre. Pensa por escrito, pode-se dizer. Porém, por isso mesmo, não tem a necessidade de rabiscar, para escrever. O processo de escrita não se resume ao papel ou ao teclado, como o de interpretação, à fala sentenciosa, é muito mais complexo e é contínuo. Um escritor psicanalítico analisa como escreve, escreve como analisa, não separando os dois momentos de seu dia. Formam estes um *continuum*, e porque não se justapõem, também não se podem confundir nem se acavalam. O contraditório desejo de penetrar na escrita do analista, querendo transformar-se em história, mas não querendo que a narrativa teórica os substitua na sessão, faz com que inúmeros pacientes alimentem a mesma suspeita a meu respeito. Isso não é coisa que lhes diga, contudo, este tipo de sentença interpretativa pré-fabricada. Melhor flutuarmos nas ondas da dúvida, que os anos mostrarão se estive ou não escutando. Esta pequena espera constitui, ela sim, uma interpretação.

Minha paciente – só hoje cabe dizer que é minha, até aqui fui dela, de sua fantasia transferencial – não admitia terminar a análise sem me dar um presente. Qual, porém? Cogitamos muito sobre isso, até descobrirmos que se tratava do presente, do tempo presente, do tempo da presença que sucede ao tempo transferencial. Marcamos o dia de terminar, para que fosse um qualquer, não o fim de um semestre ou de um ano, solenidade transferencial excessiva e ominosa, mas um simples e quotidiano fim de mês. Um tempo presente.

Mesmo assim, ela me trouxe um presente. Um vidro grande, grande, de pó de café. Deu-mo ao entrar, e contou que havia trazido outro menor para minha secretária, a título, confidenciou com um grão de ironia, de coanalista. Minha secretária é bastante querida pelos pacientes. Trabalha comigo há trinta anos, sabe gerir a sala de espera, conversa amistosamente e sabe esquivar-se com um murmúrio psicanalítico de perguntas indiscretas. Num consultório, sempre ensinei, alguém tem de ter cara de analista, ser tolerante, discreto e solícito, esse alguém é a secretária. Já o analista deve conduzir a estranheza de sua função com os modos um tanto escandalosos do papel transferencial que cada momento lhe atribui, não basta falar em nome da transferência, é preciso sê-la, interpretar como o ator interpreta sem deixar de ser gente comum. Tudo isso é só possível porque no fundo de sua função no ato analítico não é alguém, mas *Ninguém*. O mesmo *Ninguém* do episódio de Polifemo, na Odisseia, aquele que se disfarça no interior do discurso alheio, para fazer com que profira a verdade indigesta; o ciclope pretendia devorar Ulisses, mas só comeu *Ninguém*, cegado por um pau afilado e emudecido por um nome ambíguo. Aceitando ser *Ninguém*,[42] podemos ser todos; mas uma secretária, se a temos, deve ser analiticamente alguém e merece meio pote de café, pelo menos.

Sendo a última sessão, a solenidade sem pompa do encerramento, apressei-me a contrapor, a qualquer discurso preparado, um jogo de palavras, coisa tão familiar na fala da paciente. Disse-lhe: *côa analista*. Tentada, repetiu *côa o café*, entrando no jogo de capoeira linguística com *ecoanalista*. *Ecoa*? – perguntei vagamente – e ela assentiu.

Pergunto-me às vezes se o erro teria sido de Lacan ou dos seguidores. Não fica inteiramente claro nos *Escritos*, e os *Seminários* foram editados, já como doutrina. O fato de ser tão eficiente o jogo de palavras, de a escuta das assonâncias, das expressões interiorizadas no tecido da fala, promoverem tão bem a ruptura de campo,

42 Ver nota 11, p. 214. (L H)

apenas prova que, habitando de várias maneiras o espaço da expressão, diferentes planos se interceptam produtivamente, mas não redunda em demonstração de um significante preexistente, *no interior do inconsciente*. Nem o falo, nem mesmo pó de café. O efeito se fará sentir, mesmo na última sessão, mas sem demonstrar, sem mesmo mostrar um significante interior, ou um sentido anterior. Ao contrário, confiar nos inconscientes exige apenas esperar por seus efeitos, estimulá-los, não tentar adivinhar o sentido e expô-lo à consciência. *Côa* trará seus *ecos*, porém não é preciso saber de que se está falando, antes que surja o que há de surgir. Talvez Lacan reconhecesse a *sobreindeterminação* do curso do diálogo analítico, que não permite destacar um sentido, ou um significante, senão para incluí-lo no circuito, nunca como certo, se queremos evitar o efeito sugestivo. Mas como o dizer a uma comunidade que o escutava oracularmente? A impressão que ficou, e disso não faltam exemplos (*Sumaré*), foi a de que, nalgum oculto lugar, já existia o significante que se iria criar, que o inconsciente antecede a interpretação, na forma mesma em que surgiu. De minha parte, estou convencido do contrário. Que vem sempre novo em folha, novo inconsciente, ainda que na última sessão.

Já perceberam que no discurso psicanalítico corrente referimo-nos ao inconsciente como *outra coisa*. Outro sentido, outra cena, outra emoção, outra linguagem etc. Se trata-se de outra, qual será a mesma de que é outra? A consciência, naturalmente. Em termos práticos, o inconsciente é concebido como uma consciência. O que faz sentido, porquanto, nos tempos de Freud, o desafio era mostrar que existe um outro processo psíquico à margem daquele consciente. Hoje, porém, popularizado o inconsciente, é preciso voltar à questão de forma diversa. Por que este outro processo deveria ser semelhante à consciência em tudo, menos naquelas características distintivas? Por que seria uma *segunda consciência*? Não será muito mais econômico, conceitualmente, supor que se trata apenas do lado do avesso da consciência, do processo mesmo de pensar – como Freud também indica –, da lógica de produção das representações. Quando ocorre uma consciência, o processo inconsciente de sua criação não é admitido, não por censurável necessariamente, mas por incompatível, como é incompatível numa cena de filme a sua produção. Assim pensando, nossos jogos clínicos buscam estimular a atividade da lógica de produção, para que se denuncie a si própria em novas criações, não descobrir uma verdade oculta, emoção, significante, sentido ou cena. Na clínica, interpretar é poetar, não é explicar, nem mesmo compor. Para a clínica, é melhor a confiança que a crença. A confiança plena no inconsciente, na lógica produtiva, leva-nos a querer tangê-lo, ou seja, a atrair sua consciência, que é a única, para movimentos que a excedam, que a ponham em crise. Algo surgirá desses jogos, se há um inconsciente por aí. Já a crença no inconsciente leva tão somente a querer descobrir qual é.

E surgiu no presente desta última sessão. O presente projetado, mas não encontrado, era uma caixa de pios, diz-me a paciente. *Pios*? – pergunto –, *pios de caça*? Sim, uma coleção de pios de caça artesanais, numa caixa de preciosa madeira que, infelizmente, está em falta. Fiquei sem os pios e não piei. Afinal, não há presente melhor numa análise que a própria análise (concluída satisfatoriamente). Contudo, a paciente continua, já quase ao fim da sessão: *isso foi importante na análise com você, estou pensando agora. Nem tinha ligado os pios à caça; mas, agora lembrei de uma ideia de Ana Alvarez, a analista kleiniana* – branda reprimenda final, no tom de voz, ao fato de eu não ser kleiniano e de evitar falar em kleinês com ela, que o é, como aliás evito o bionês com bionianos, o lacanês com lacanianos etc. *O analista tem de atrair as partes inaparentes da personalidade, capacidades ocultas que o paciente desconhece.*

Isso você sempre soube fazer. Nesse caso – completo – *você tem razão, porque esta interpretação foi sua... Ser analista de mim mesma?*

E assim terminou a análise. Despedimo-nos com amizade.

1.10. Visita aos sonhos (descuidar-se)[43]

"Σκιάς όναρ άντρωπος
Sonho da sombra, o homem."

Ontem tive um sonho?
Ontem tive um dia.
Mas, despertei.
E agora sonho.
Herrmann, 2003

Vida psicanalítica e os sonhos próprios

Uma vida psicanalítica, no sentido em que se diria uma vida artística, não tem limites definidos; como a arte ou a filosofia, a Psicanálise é um fluxo constante. A vantagem de ser analista é que não é preciso ser nada mais. Sério. Isso se costuma dizer em defesa da incultura, mas pode ser dito em defesa da cultura. Como não se

---

43 Herrmann visitava frequentemente os sonhos, principalmente os sonhos próprios. No capítulo 7, "Tempo e entrelaçamento dos campos", do livro *Clínica Psicanalítica: a arte da interpretação*, op. cit., aborda às páginas 109 a 111 o campo do sonho, comparando seu tempo, o tempo do sonho, ao da chuva. Acontece por precipitações de temas psíquicos que se concentram como em nuvens para a chuva. Sua ideia é a de que o sonho é o despertar de um sonho, ou seja, "da surda corrente subterrânea dos temas de que o sonho trata, cuja lógica preside ocultamente a vigília até que se possa manifestar num episódio constituído, ganhando estatuto de consciência" (p. 110). Constitui-se o sonho, para Herrmann, no solo da vigília. Essas páginas com um pequeno adendo foram publicadas na revista virtual *Com Ciência*, n. 15, SBPC, 10/10/2000, com o título "Sonho, o despertar de um sonho." (L H)

sabe bem o que é Psicanálise, tudo o que vocês conseguirem aprender pode ser decisivo. De dia e de noite. Um analista deve cuidar-se, como qualquer artista. Como qualquer outro artista, cuidar-se significa *descuidar-se*. Deixar que surja o sentido do absurdo, por engano, por descuido, por sonho, e tomá-lo em consideração. Conhecem o mote? Cuidar dos preciosos descuidos da razão. Em nosso caso, dos sonhos e da sua persistência na vida desperta.

Sempre tive paixão por sonhos. Sonho muito, anoto alguns, gosto de os interpretar. Pelos sonhos, eu me conheço um pouco. Não se trata exatamente de uma autoanálise sistemática; sofro de transferência negativa comigo mesmo. Como dizer? Autossessões episódicas. Sonhos são criaturas tão enigmáticas. Diferentemente de um problema teórico ou filosófico, são enigmas vivos, companheiros de conversa, são meus duplos os vários de mim que me surpreendem no espelho da noite. Diferentes de mim, meus sonhos insistem até que me reconheça neles e descubra quantos sou, quão diferentes do eu titular que lhes fala agora, por exemplo. E eles se vão incorporando na escrita e na fala, quebrando arestas de estilo, amaciando a lógica do pensamento, humanizando-me, esses interlocutores perseverantes que constantemente me assistem também no trabalho analítico com meus pacientes.

Como se isso não bastasse, os sonhos ajudam-me a compreender a teoria. O problema do inconsciente, por exemplo. A clínica extensa exige que se maneje uma pluralidade de campos de nível diverso e distinta circunscrição. Mesmo praticada no consultório, sem a pressão imediata dos campos do social, há inconscientes e inconscientes, ou, se preferirem, campos (do inconsciente) estruturalmente irredutíveis à mesma definição. De planos diferentes, como aqueles que nosso índio descobriu no *laptop*. Não me incomodaria chamar *inconsciente* a certas organizações, atribuí-las ao processo psíquico primário, caso não houvesse outras que de fato justificam o nome e o selo de origem. Se não houvesse o inconsciente, mas apenas sentimentos inconscientes, defesas inconscientes, impulsos inconscientes... a Psicanálise não me interessaria, e numas décadas não interessaria a mais ninguém. Não obstante, felizmente há *campos* (digo-o, para os inconscientes relativos) e *lógica de concepção* (digo-o, para os níveis diversos de seu processo psíquico).

Pergunto-me constantemente se não estamos confundindo consciência com razão e conhecimento, desde o começo da Psicanálise. Influência da ideologia da época, da *Aufklärung*, sobra o *Unbewußte*. O fato é que minha consciência engloba tantos processos ditos oníricos, que, como Chuang-Tze (ou como o Chuang-Tze de Borges), estou sempre na dúvida acerca de borboletas e filósofos. Condensações, deslocamentos. Sem contar os atos falhos, um de meus instrumentos prediletos de pensar, mesmo fora do consultório. A compreensão das funções da mente é psicologia, enquanto a compreensão dos significados da existência concreta, como um romance psicológico o faz, uma espécie de sociologia individual – Adorno concordaria? Já o *inconsciente traduzido* é só sua interpretação.

Porém, em acepção rigorosa, há o inconsciente quando falha o intuito de o interpretar. O inconsciente é sua interpretação, mas sob forma de vórtice, de abertura a sentidos rodopiantes e inapreensíveis, porém efetivos. Complicado? Seria mais que complicado, seria ininteligível até para mim que o estou dizendo, se me faltassem os sonhos...

Primeiro sonho

Num sonho recente, encontro uma amiga, que não vejo há muito. Digo-lhe: *sou seu amigo de infância* – e após um deliberado esforço de esclarecimento, ainda no sonho – preciso: *de sua infância.*

(É verdade, ela tem uns anos menos, era menina quando nos conhecemos.) Estamos na cafeteria de uma estação de esqui. Passa um tenista conhecido, que deve ter minha idade, mas que parece estar com uns quarenta anos. Vejo-me muito gordo e velho. Logo depois, olho-me outra vez, com esforço parecido ao anterior, e tenho a idade dele e a mesma forma física. Note-se aqui a presença dos dois *esforços de consciência*: o primeiro encontra a expressão correta, o segundo, a aparência correta, embora objetivamente mentirosa. O primeiro me envelhece, porém exageradamente, o segundo me rejuvenesce na mesma proporção, compensando-se mutuamente. É um mecanismo onírico, talvez não descrito, o *balanceamento*. Entretanto, a meu ver, típico da consciência. Talvez tenha ocorrido uma confusão entre consciência e racionalidade na Psicanálise, como disse. A origem, a história, não importa aqui, mas sim o fato de inúmeras consciências despertas e razoáveis, senão *racionais*, exatamente se darem como este sonho ilustra. O desejo de juventude e de amizade, de volta no tempo e de correção de certos desmandos da vida, é, no caso, bastante trivial. Não ousaria dizê-lo *inconsciente*. Demasiado superficial e antiestético.

Segundo sonho

Outro, mais aparentado ao devaneio de vigília e à atividade pré-consciente, figura uma situação tão cômica que me envergonha um pouco contar. Sou um espião ou agente secreto que, após uma série de aventuras rocambolescas, está em vias de levar a liberdade a um país totalitário, moldado no figurino do Portugal salazarista. Encontro-me com o Presidente, num jardim; mas estou tão bem disfarçado que nem eu mesmo me reconheceria: baixo, gordinho, usando bigodes e um jaquetão cortado à antiga. Ele me diz: *este governo está a roubar o Estado, renuncio*. Fantasticamente pré-consciente, como a crença, como a duplicação dos eus. Dedo em riste, num gesto parlamentar que me identifica como (falso) deputado do governo, replico: *objeto*! Ainda sonhando, pergunto-me se não estou exagerando no papel. Aqui, algumas associações são úteis. Num jornal, havia lido a respeito do escândalo dos fundos humanitários da Lady Di, que os filhos assumem. A banca de jornais está na única rua da cidadezinha próxima, chamada Buckingham St.[44] Daí, talvez, o palácio e o presidente. Quanto a *objeto* escrevia sobre a questão kleiniana. Objeto kleiniano. Duplicidade, espião e disfarce bom demais. Já desperto, identifico a cena com uma conhecida sequência de *Terra em transe*. Como estrutura narrativa e como lógica de concepção, este sonho, fica patente, poderia haver ocorrido em estado de devaneio – este em que vivemos, no mínimo, um terço da vida desperta, sem geralmente o perceber. Se identificasse a lógica de concepção deste último ao inconsciente, ficaria sem expressão válida para o seguinte.

Terceiro sonho

Caminho na rua com uma mulher desconhecida. De golpe, juntam-se a nós três rapazes, de aparência belicosa, prestes a armar confusão. A mulher dobra uma esquina, ou melhor, dá a volta num tapume, e desconfio que se livraram dela. Voltam-se contra mim, mas não me assusto, apesar de ver a navalha na mão de um deles, que ensaia visagens ameaçadoras. Noto que levam camisetas, com o número 8 estampado. Digo-lhes: *o jogo acabou*. Uma trinca de 8, descartada a dama, sendo eu o valete. Explico em seguida, finalizando o sonho: *outrora, os anjos da vida e da morte disputavam nossa sorte no xadrez, agora há vídeo-pôquer no céu*. A este sonho, como a outros de lógica emocional equivalente, o

---

44 Em Lake Hayes, Queenstown, Nova Zelândia. (L H)

nome *inconsciente* não cai mal. Vídeo-pôquer vem de uma tese que estava orientando. Os anjos, de uma conversa sobre o famoso filme de Bergman, cuja partida de xadrez analisei com um amigo, há muito tempo. A navalha, de uma experiência infantil com um pivete que ameaçava com sua navalha meu cachorrinho, o qual, seguindo o conselho de meu professor de judô, primeiro tive de pôr em segurança, antes de o enfrentar. O velho Ono, do judô, retornando após tantos anos (via certa conversa durante uma festa), meu cãozinho, o destino, xadrez e pôquer, um casal, mesmo a frase pernóstica e cômica que interpreta o sonho dentro dele mesmo – tudo se pode encaixar, com algum esforço e um pouco de teoria. Todavia, que todas as relações reproduzissem as cinco cartas da mão do pôquer – porque havia outras relações de cinco elementos, sei, mas não me recordo quais – e que o instrumento *obbligato* de cada orquestração fosse a regra do jogo de comprar e descartar, aí falharam todas as interpretações, como, aliás, para a trinca de oito. Pelo resto, penso estarmos próximos do inconsciente, daquilo que não existe, mas há. Só me animo a chamar de *inconsciente* àquilo que começa onde termina a interpretação associativa, o resto para lá do umbigo, o cordão cortado da placenta do sonho. O intraduzível que a tradução destaca.

Sonho, consciência e inconsciente

Entre tantas coisas que os sonhos ensinam, destacam-se, portanto, os sentidos diferentes com que se pode usar, e com que de fato tem sido usada a palavra *inconsciente*. Para Freud, na consciência, João e Pedro são pessoas perfeitamente distintas, mas um atributo de uma delas, os óculos que João não usa, por exemplo, pode indicar que, no sonho, aquilo que foi feito por João, também o foi por Pedro, o qual usa óculos. Para Klein, João e Pedro podem ser dois objetos da realidade externa e também da interna; mas, nesta última, a interna, expressa no sonho, representam partes do psiquismo, são objetos internos. Em Lacan, na consciência, assunto pouco psicanalítico para ele, compõem uma interação subjetiva, com sua lógica própria, coletiva, que, no inconsciente onírico, é regida por um significante em movimento, expresso numa palavra que falta – Pedro e João: por exemplo, *pão*. Em Bion, tudo se passa como em Klein, não tanto como em Freud, porém, o que chamaria de inconsciente num sonho seria a figuração do substrato ativo que os constitui na profundidade real da mente – chamemo-lo de *Jedro*, para assinalar o forte mas contraditório parentesco com o pão, de Lacan, sem o primado da língua e sim da composição bizarra.

Minha posição é um pouco diferente – mesmo sendo rigorosamente freudiana –, mas não sem parentesco com as demais. João e Pedro, *no sonho como na realidade*, interpenetram-se, misturando muito ou pouco os respectivos ectoplasmas conotativos, *a aura de seus sentidos vivos* – por condensação, como diria Freud. Que uma pessoa seja também outra, dependendo do contexto, é óbvio para mim, mesmo quando estou acordado; é função do estofo onírico de minha consciência desperta – Bion diria isso com outras palavras, provavelmente. O processo freudiano de deslocamento tampouco falta ao pensar desperto, constituindo uma das fontes de nossa precária verdade quotidiana. O preconceito não é isso? Haverá verdade não preconceituosa para nossa espécie zoológica? – diga-me aquele de vocês isento de culpa. O sonho, na vigília, encontra representações de realidade, só atingindo certa lucidez quando se dorme, quando se precipita em forma de cena explícita. Sei que, desperto, só há o *pão* (de Lacan), um Pedro *enjoãodo*, e uma duplicação sub-repticía e infindável de meus eus (os quase objetos internos de Klein), embora reconheça, na experiência psicótica, que raramente alcanço experimentar, possa surgir um puro João, (concreto, sensorial, como diria Bion) em que Pedro sumiu – isto é, um João *empedrado* (como resmungaria Freud, entre dentes).

É por isso que o inconsciente onírico apenas começa, a meu ver, no *umbigo do sonho*, mesmo um pouquinho além, na placenta amputada, onde a tradução associativa estaca, e começa a ruptura de campo. O resto é consciência, embora não seja razão. Não posso deixar de reconhecer a existência de pessoas que mal se veem – por uma espécie de estrabismo divergente psíquico, que leva a atribuir ao outro a origem da estranheza que um dos olhos constata – e acreditam mesmo que os produtos pensados são seu pensamento, que pensam saber o que estão pensando, que estão certos de não serem preconceituosos e que aboliriam, com todo o gosto, a filosofia, a literatura e a Psicanálise. Essa gente é 99% do mundo, dizem vocês? Verdade, mas Psicanálise não é estatística. Fora dessa condição extrema, a de todo mundo, não há como confundir consciência e razão.

Se cabe alguma culpa à legião dos psicanalistas, *por cujos negros pecados* (como a Espanha do *desdichado* Rodrigo) a *Psicanálise foi perdida*, nenhum deles mais escuro, suspeito, que o de haverem deixado de investigar os sonhos, os próprios sonhos, como Freud o fez. Para sustentar sua hipótese, mesmo que fosse para a refutar ou modificar. Pesadelos também se criam no repertório cultural da época. A nossa é a da privacidade tímida e a da inveja envergonhada:[45] não mostre quem é, finja ser igual a todos, declarando-se não obstante um indivíduo original. Custa-nos revelar a intimidade contando os próprios sonhos? Mas, como diria Freud, esta é uma consideração irrelevante para um homem de ciência.

---

45 Cf. Herrmann, F. Da inveja envergonhada, in *A infância de Adão e outras ficções freudianas*, op. cit., pp. 169-173. (L H)

Nos sonhos que lhes contei, o processo associativo foi mais ou menos freudiano. Mas eu sigo também uma espécie de aura emocional. Acho que Freud também, mas não estou certo. A gente sente quando uma associação é forçada, ou quando há alguma coisa faltando, que não quer aparecer. Num outro sonho, havia um leilão de quadros, numa igreja. O prospecto mostrava um quadro que eu pensava ser de Léger. E o padre falava de Chagall e do Crucificado. Pois bem. De Chagall, fiz uma porção de associações artísticas, mas alguma coisa me dizia que não valiam nada. Depois, quando esqueci o assunto, bateu. As chagas! Com Léger, foi até mais engraçado. Por que a figura não parecia dele, de jeito nenhum. Uma pessoa me tinha pedido para ler um texto do Leonardo Boff. Aí lembrei de uma ocasião em que escutei, de um amigo: Boff, *çà, tu prends à la légère*. Bem de francês. O assunto tinha a ver. Só que continuava encafifado com a história da figura. Bom, quando voltei de viagem, fui mexer nos livros. A figura era capa de um livro de arte para jovens. Mas, soltou, e tinha grudado num álbum sobre Léger! Agora podem rir.

1.11. Visita aos sonhos (escrever-se)

Escrever-se oferece muito,
mas exige tudo.
Herrmann, 2003

Escrita psicanalítica

Havia pensado em terminar nosso curso com uma aula sobre a escrita da clínica. Seria redondo, porque as aulas sobre a *Intimidade da clínica* foram todas previamente escritas, e esta fecha o ciclo. Seria elegante, já que vocês me vêm pedindo há tempos que trate do tema. Seria redondo e elegante, mas não consegui. Ou a gente escreve, ou diz como se faz para escrever.

Curioso como possa parecer, nunca fui convidado a participar das dezenas de simpósios que a todo momento se organizam sobre a escrita do psicanalista. A não ser de uma mesa improvisada à última hora, por causa de um *show off* durante o Congresso de Cartagena de Indias, em que os participantes falaram sobre a escrita, não havia tempo para escrever.[46] Um reputado analista confessou que não escrevia, ditava ao gravador para a secretária. Outra analista, que escrevia tomando café num bar da Recoleta. Fiquei intimidado em declarar que escrevo três horas por dia, todos os dias da semana. Teria feito papel de bobo. Preferi contar uma história que me tinha sido inspirada, à sombra da casa de García Marquez, por um chofer de táxi erudito, quem sabe personagem de sua ficção, caso não fizesse ponto justo na frente do nosso hotel. A história dramática de Don Blás de Lezo, um bravo guerreiro espanhol – perneta, maneta, caolho, *pero hombre de gran valor*, segundo o taxista. Ele figura em moedas cunhadas na Inglaterra, uma eu vi, de joelhos – como se ajoelha sem uma perna? –, oferecendo nas mãos – faltaria uma para tanto... – sua espada em rendição ao general inglês. Apesar de, na realidade histórica, haver massacrado os invasores, matando, com a ajuda das doenças endêmicas, 17643. É no que dá cantar vitória antes do tempo. Os analistas não acharam graça, sabe-se lá por que. Vai ver não entenderam o espírito da coisa. Como eu já tinha tomado minhas notas, depois a escrevi. Está na *Introdução à Teoria dos Campos*.[47]

Se eu fosse dar conselhos sobre a escrita, acho que só teria um a *escuta analítica é metafórica, poupe suas metáforas teóricas*. A vida as traz, às pencas. Mas, não sei dizer, por exemplo, se a criati-

---

46 Trata-se do Congresso Latino Americano de Psicanálise, FEPAL, de 1998 que teve lugar em *Cartagena de Indias*, na Colômbia. (L H)

47 Herrmann, F. Escrever com Freud, in *Introdução à Teoria dos Campos*, op. cit., pp. 103-111. (L H)

vidade vem da sublimação dos impulsos inconscientes; só que o índice de suicídios entre os poetas é decerto muito maior que o da população, o que depõe contra a eficácia dessa forma de sublimação. Não conheço uma teoria psicanalítica que explique a escrita. Em compensação, depois de anos a fio cogitando no mistério, descobri por que os relatórios são tão difíceis de fazer. Porque se chamam relatórios, mas se alguém escrever um relatório, uma sessão do primeiro ano e outra do segundo ano de supervisão, mais um resumo dos temas tratados em análise, provavelmente será considerado um burocrata sem alma literária. Como, nem uma intuição, nem uma metáfora? Machado de Assis, como chefe de repartição pública, deve ter escrito relatórios muito escrupulosos, nenhum deles figura na Obra Completa, se bem me lembro. Em suma, paira uma fumaça de impostura sobre a escrita do analista, que não convém soprar, no momento, para não atear fogo ao mato. Apagar o incêndio pediria mais que uma aula, no mínimo.

Por isso, constrangido, meio em dúvida, depois de todas as hesitações possíveis, acabei por me decidir a lhes dar esta última aula de nosso curso sobre *Escrever-se*. Ela continua a anterior, sobre *Descuidar-se*. Cuidar dos sonhos é cuidar de si no descuido da censura, quando se é analista. Um passo a mais na direção desse interessante preceito atual de *ficcionalizar*, de que ouço falar cada vez com maior frequência, e pensei que os poderia entreter nesta última aula com o problema do relato do sonho, em que a escrita se retorce sobre sua fonte, escrevendo-se, escrevendo-nos.

O que tenho em mente é simples. Simples como o diário que todo adolescente começa e larga no meio. Porém, difícil como não o largar. O analista está sempre em formação. Parte dela consiste em não largar a infância, outra parte, em não largar a adolescência. Continuar o diário, porém um diário clínico, de sessões e de autossessões, cujo caminho mais simples é a análise dos sonhos.

A escrita constante dos sonhos mantém aberto o canal que liga ao que Freud chamava de inconsciente, mas que pode permanecer à flor da consciência, como um fluxo constante de pequenos sentimentos iníquos e de infames trocadilhos. Se nossa vida mental se faz disso, para que ir para o outro lado da cerca e construir hipóteses complicadas sobre o que deixamos para trás? Ilógico, não é? É. Só que tudo nos afasta dessa atividade de pensar-se boiando no inaceitável – Freud chamava de *repressão*, já ouviram falar.

Na última aula contei um pedaço da história do sonho com Chagall e Léger. Vejam. Aquele sonho levou a uma cadeia de associações que nem lhes conto, senão acabaria na própria, na cadeia. Uma delas serve de exemplo, e é inofensiva. A igreja do sonho, o tema da religião. Nas férias, uma amiga pediu-me que lesse um livro chamado *A experiência de Deus*. Ela é judia, como Chagall, como Freud, mas achou que o livro tinha que ver com a Teoria dos Campos. E tinha mesmo, curioso. No dia anterior ao sonho, conversava com uns hóspedes da *Pension Garni*, onde me hospedo para escrever. Falávamos do mal-humor dos parisienses que, para tudo, comentam *boff*! No sonho, a frase: *çà, tu prends à la légère*, uma censura a minha crítica do inconsciente, era dita por um amigo francês, que a preludiara com um discreto *boff*! Naquele dia, também, havia lido um dos ímpios ditos do Millôr Fernandes, que, tanto quanto a religião, ataca a Psicanálise: *Se o povo tivesse pedido para soltar Jesus, seríamos todos barrabãos*. Que junta tudo no sonho? Ora, meus caros, o autor do livro emprestado, parente da Teoria dos Campos, a qual é parente do Millôr Fernandes em matéria de crítica à Psicanálise, chama-se exatamente Leonardo Boff! O que é *condensado* no sonho como *igreja*. Não é preciso acreditar no capítulo 7 da *Interpretação dos sonhos*, como os *scholars* a fixaram. Mas é preciso boiar nesse mar associativo, nesses jogos de sentimentos e palavras que são nossa única realidade, acreditem ou não. E escrevê-la, senão a gente esquece depressa. Chamo a isso: *escrever-se*. Experimentem. Se querem ser psicanalistas.

Escrever-se em sonho

Quando leio artigos ou escuto um debate sobre a relação entre a escrita e o inconsciente, tenho quase sempre uma curiosa impressão de exterioridade, como se não soubesse bem de que assunto se trata. Quem fala ou escreve é psicanalista e tem experiência de escrita, seus argumentos assemelham-se aos do *escritor criativo*, de Freud, mas parecem referir-se a um outro mundo, um mundo psíquico feito de conceitos, em que a sublimação permite dar vazão ao inconsciente sob forma de texto. Em geral, o modelo é o sonho. Também aí sinto a mesma exterioridade. É como se os sonhos fossem aqueles da *Traumdeutung*, não os que eu tenho quase toda noite. Por exemplo, jamais ouço falar do estado em que estava o sonhador, se bem adormecido, se semidesperto. No entanto, em minha experiência isso faz enorme diferença. Raramente, talvez nunca, vejo referência à bússola afetiva que nos ajuda a selecionar o que é e o que não é uma associação válida; mas eu não conseguiria interpretar um sonho sem ela, ficaria com um compêndio de citações, ou teria de escolher arbitrariamente.

Uma das formas mais produtivas que tenho encontrado para testar a relação entre sonho e escrita consiste em escrever um sonho de diferentes maneiras. A primeira anotação, quase sempre ainda na cama, costuma vir embebida na atmosfera do sonho e trazer uma porção de surpresas. Aparenta-se aos ditos de humor que Freud estudou, contém jogos de palavras e metáforas concretizadas de maneira muito convincente, é um tanto escrita e um tanto processo onírico. Aí sim, consigo entender o vínculo entre inconsciente e escrita criativa. Se bem que a qualidade literária da criação não seja lá essas coisas.

Ontem, estava trabalhando num texto que me trazia uma sensação de desconfiança. Parecia-me estar puxando, de escritos anteriores, todos os fios que me dessem na telha, e tudo cabia bem. Mas, a questão era: será isso só argumento, ou as pessoas são mesmo capazes de fazer o que parece adequado? Sonhei, então que minhas férias tinham terminado – como vocês sabem, dedico as férias a escrever. Estou em São Paulo, encontro alguns alunos, nós nos abraçamos com saudade. L., noto, parece forte, coisa que me preocupava, por ter ela passado alguns maus momentos de vida. Forte? Fortíssima, como a Mônica dos quadrinhos, mais até. Pego-a pelo braço, ela quase me arrasta, sem querer!

Na cena seguinte, tento chegar ao hotel onde haverá um Congresso. Depois de vários percalços, chego à recepção e tento descobrir meu quarto. Digo meu nome, em voz forte, querendo impressionar as recepcionistas, que conversam entre si. Mas, só me sai um fio de voz. Então, as coisas se precipitam. Devo estar quase acordado, pois sinto um mal-estar na boca que, depois, desperto, persistiria como um gosto ruim. O interessante são as imagens atropeladas da tentativa de tirar o fio da boca. Penso que devo ter ficado com fio dental. Puxo-o, ele começa a sair, mas não para de sair. Puxo cada vez mais rápido. De algum lugar, tiro uma carretilha de pesca, com que enrolo o fio cada vez mais rápido. Para minha surpresa, à medida que a carretilha vai criando o novelo, eu mesmo começo a desaparecer... Vocês sabem, como num desenho animado.

Meu caderninho não estava à mão, anoto tudo depressa na página em branco do fim do livro que estava lendo. Não há tempo para associações distantes, as que vêm estão molhadas de sonho. Primeiro: *fio*. Fio de voz é sensação do sonho, que logo ganha expressão, entre sonho e vigília, acho. O fio dental tinha mesmo se prendido entre os dentes, quando me preparava para dormir, mas eu o tirara. Porém, a frase: não *confio* no que escrevi e a impressão de estar puxando um *fio* temático de outros escritos, demora uns instantes mais. A figura de L., tão forte como personagem de quadrinhos, chama-me a atenção para a realização de um desejo, de um voto bem consciente, mas, ao mesmo tempo, ela me dá um sentimento de registro, de clave musical, como se dissesse: este sonho tem de ser compreendido como desenho animado, este é seu *gênero literário*.

A imagem mais forte é a de meu próprio desaparecimento. Minha primeira tendência é ligá-lo ao uso de textos já escritos. É razoável, mas a bússola emocional diz que não. Volto a pensar. E entendendo melhor. Já estava a escrever todos os dias há mais de um mês. Ontem, escrevendo, fumei demais, não os vinte charutos diários de Freud, que minha ambição intelectual não chega a tanto, mas pelo menos uns dez cigarros, verifico depois, o que para mim é uma barbaridade. Veio daí, creio, o gosto ruim e um tanto do sonho. O que se revela é que, de fato, estou-me gastando ao escrever. E a dúvida: será que vale à pena – a pena da pena? Quem vai ler, quem porá em prática? E a palavra-chave brilhou instantânea: *conversa fiada*. O fio de mim escorre para o papel, via *laptop* bem entendido, enquanto eu mesmo vou sumindo. Mas, quem sou eu, meu corpo ou meus escritos? Mas essa última questão já vem depois, em meio às imagens ainda atropeladas.

Por fim, rabiscadas as anotações, começa o dia. Tomo o livro para escrever esta aula e então me dou conta, com surpresa e hilaridade, que veio bem a propósito sua escolha. Imaginem vocês, estava lendo o pequeno romance de Schnitzler, que a Biblioteca Folha há pouco publicou. Onde anotar um sonho em que viro novelo, senão num livro chamado *Traumnovelle*?

Pronto, escrevi-me. Esta é a escrita mínima, *resto noturno*, se quiserem. Os jogos de palavras despudorados, os sentimentos em estado de flutuação visível, isso tudo é consciência e é o inconsciente. Parte de minha vida, quando escrevo um sonho, quando sonho e desperto, quando me descuido, quando tento pensar como psicanalista, transcorre nesse registro. Sobretudo, vocês já adivinharam, este é o estado de fundo em que conduzo as análises de meus pacientes e em que vocês o devem fazer, é lógico. Lógica emocional, ou *de concepção*, quase emergente. Assim concebo minhas ideias também, antes de as pôr laboriosamente no papel, cuidando das palavras, cuidando dos conceitos. Agora não. Estou-me escrevendo, e é só. Mas, deixem-me parir uma noçãozinha. Talvez o inconsciente, que se descreve tão distante, tão contrário à consciência, corresponda ao esquecimento, negação, repúdio e mais uma dúzia de nãos dirigidos contra esse estado tão natural para mim, suponho que para todos. Experimentem viver um pouco mais esse estado e verão como se modifica sua concepção da teoria psicanalítica.

Esta é a escrita mínima, o mínimo escrever-se psicanalítico, quase sonho.

Do sonho à escrita.

Por mais que eu tente ser honesto comigo mesmo, sempre minto a meu favor, eu, vocês, todos nós. Mesmo a interpretação dos próprios sonhos mente a nosso favor, por efeito de seu campo. Freud e todos nós temos mentido, sem querer. Mas há uma coisa que não mente: é transformar em ficção os sonhos. Como é mentira intencional, não tendo, nem por sonhos, o objetivo de relatar a verdade íntima, a transformação do sonho em conto passa a ser um recurso de verdade, talvez valioso. Lembro-me de ter escrito um sonho em versos aos 17 anos. Péssima poesia, aliás, mas excelente sonho. Havia um rio que corria em oito, como um sinal de infinito ∞. O resto não importa muito, mas o sinal, para quem acompanha minhas aulas, adquiriu um sentido especial com o tempo: transformou-se na figura do tempo psicanalítico, a dupla laçada condicional.

De lá para cá, nunca deixei de usar esse recurso ambíguo, fugidio, mentira dupla que pode dizer a verdade. Começo pelo sonho que lhes contei na aula anterior, só que escrito como história. A diferença entre as associações comportadamente psicanalíticas e a deslavada ficção pode ser sua verdade verdadeira.

O que pretendo esclarecer é simples. Ao associar à distância – ainda que à pequena distância, que de longe nunca faço, desconfio demais –, certas linhas devem ser suprimidas do relato, por íntimas, por desabonadoras. Até aí está bem, não é inteiramente honesto, mas quem o é? Outras, com certeza, são suprimidas até das próprias associações. Paciência. Mentira mesmo, eu vejo na negação de que as operações oníricas também regem nossa vigília, até nossa teoria, até nossa filosofia. Não tenho palavras para exprimir o quanto eu, pessoalmente, vivo em sonho; por isso, minto a meu favor, suprimo a presença do sonho do ∞, que agora confessei, afirmo que descubro meu inconsciente, quando eu sou ele. Entendem? Pois bem. Junto com essa mentira, associada a ela, vem a de fazer crer que tenho um alimentador interno das ficções, histórias ou teorias, que escrevo. O alimentador não é interno a mim, é interno à escrita. A transformação de inconsciente em escrita é difícil de exprimir, seria como revirar as entranhas do texto e expô-las. Os surrealistas tentaram, mas também mentiam.

Produzir um experimento sobre a passagem de inconsciente à escrita, não é complicado, porém. Basta dar a um sonho, descrito em forma comum, uma segunda versão, escrita como ficção. Deve ser isso que se pretende dizer com *ficcionalizar*. Se for, é boa ideia. No sonho anterior, tentei descrever a passagem imediata à escrita.

É uma medida do tal trânsito do inconsciente ao consciente. Agora, vou-lhes mostrar o produto transformado do sonho do jogo de pôquer, para que apreciem um ensaio de reprodução do processo onírico de constituição de uma história – sonho é história, conto, desenho animado, teatro. O alimentador em ação.

Cinco

Primeiro – mas só me lembro vagamente –, duas mulheres de idade indefinida, mas elegantes e esbeltas, acompanhavam-nos, a mim, um jovem ousado, e a dois ases da Primeira Guerra, de calças largas tipo bombachas, botas lustrosas, capacete de couro, selado pelos óculos de proteção. Tive de deixar o quinteto, por razões logísticas, sendo substituído por um velho senhor, de longas barbas, que nada acrescentou a nosso valor. Perdemos vergonhosamente, se é que tenho direito de me incluir entre os perdedores, estando de fora.

Então, na mesma indumentária e aparência, que, diria, ficariam comigo todo o tempo, aliei-me a outro igual, porém de diferente tom, tão avermelhado quanto moreno era eu, e, com três personagens distintos, lançamo-nos à contenda. Sendo eles diferentes, tiveram de abandonar a liça. Guardávamos esperanças no coração. Os recém-chegados em nada nos fortaleceram, no entanto, e tivemos de nos retirar da aposta, sem perder a altivez, mas sem ganho, por outro lado.

Quis a sorte que, pela terceira vez em sequência, me fosse facultado comparecer. Comigo estava certa mulher muito elegante, talvez superior fosse a expressão correta. Olhava-a como a um superior, em todo caso. Agora, já me lembro melhor. Estávamos passeando ao longo dos tapumes, de azul lavado, que encobriam a construção do *Forum des Halles*. Ao passar pelo conhecido restaurante que tanto havíamos frequentado ao fim de nossas noitadas parisienses, juntaram-se a nós, inopinadamente, três jovens arruaceiros, de aparência descuidada, vestindo jeans e camiseta, com o número oito estampado ao peito. Uns porcos. Minha amiga, mais discreto chamá-la *acompanhante* ou *parceira*, dobrou uma das esquinas, desaparecendo de minha vista. Desconfiei que se tivessem livrado dela, contra todas as regras do convívio honesto, simplesmente a descartando. Circunstância inimaginável, aliás.

Fosse como fosse, voltaram-se então contra mim. Estranhamente, não me intimidei, mesmo vendo brilhar na mão de um deles uma afiada navalha, com que ensaiava visagens ameaçadoras. Com admirável frieza, que me seja perdoada a imodéstia, contestei-lhes: o jogo está feito! Recuaram, resmungando. As regras favoreciam meu argumento. Nada puderam fazer. Ganhamos! Uma reles trinca de oito. Ainda por cima, numa mão quebrada por seu impensado desatino. À nossa volta, apenas pares submissos. Ganhamos, enfim.

A noite caía, inexorável. Mil olhos nos fitavam do firmamento. Ouvi, então, uma voz pronunciando a elevada sentença: *antes, os anjos da vida e da morte disputavam nosso destino ao xadrez, agora já instalaram máquinas de videopôquer no céu...*

Medindo a distância

De que serve transformar um sonho em conto? Vejo três utilidades principais.

A primeira consiste em desmascarar a pretensão de um relato objetivo. Se vocês compararem esta versão com a que lhes apresentei na última aula, verificarão que aquela leva, sobre esta, principalmente a vantagem de parecer objetiva. Tem jeito de relato de sonho, esta não tem. Todavia, no tocante à fidelidade, não sei não.

A segunda é o exercício em si. Do sonho à interpretação há um trabalho de eliminação dos recursos teatrais de que se vale o *metteur en scène onírico*. Ao voltar sobre os próprios passos, e recriar o efeito narrativo eliminado, mas de outro modo e com recursos diferentes, o analista põe à prova sua capacidade de *escrever-se*, exercita o tratar-se como trata seus pacientes: como matéria de uma história a ser criada. Isso faz bem, pelo menos para mim. Exercito, se não a impossível objetividade, ao menos o tomar-me como material sem demasiados privilégios. Além de poder comparar a criação desperta com a esperta, a onírica.

Por fim, mais relevante, é que o experimento de reinvenção do sonho, como história de ficção, serve para medir a distância que vai entre os processos psicoprimários do inconsciente, na terminologia de Freud, e os da criação literária – que tenha mérito ou não, importa muito pouco –, que ele atribuía a uma vitória sobre a repressão, sob forma de sublimação. Ou, por outra, é um experimento sobre os dois lados da consciência. O esforço consciente e a qualidade do seu trabalho psíquico mede, sem muita teoria, a distância qualitativa entre consciência (no sentido correto, não no de razão) e avesso da consciência. Como experimento, é dos mais interessantes que já consegui realizar sobre o tema do inconsciente. Em vez de levantar a hipótese de que no processo onírico as metáforas são tomadas ao pé da letra, e escarafunchar com erudição a metapsicologia para o justificar, é muito mais simples experimentar para ver que de fato, na escrita do sonho, as metáforas são tomadas ao pé da letra, como aliás noutras formas de escrita ficcional. Manter numa tensão viva inconsciente e consciência, quero dizer, mantê-los em carne viva, é minha receita pessoal de teoria.

Para finalizar, gostaria de contar-lhes um sonho. Um dos mais complicados, embrulhados, enigmáticos e inconscientes que já tive. Qualquer interpretação que lhe desse soaria francamente paranoica. Ou, o que é ainda mais psicótico: redutiva. Por isso, decidi escrevê-lo. Ou melhor, *escrever-me*. Todos os elementos, situações, citações e alusões fazem parte do próprio sonho. Restos diurnos estão incorporados no relato, na medida em que estavam incorporados no próprio sonho. E o *infantil*, ou como queiram chamá-lo. E meu estilo. E o que já li e já vi. A propósito, *boustrofédon*, palavra que aparece com destaque no sonho, é um modo esquisito de escrever, em que se vai da esquerda para a direita e, na linha seguinte, da direita para a esquerda. Segundo alguns especialistas, era a forma usada nos rongo-rongo, os textos, para sempre indecifráveis, da Ilha de Páscoa. A palavra é grega e significa: escrever do jeito em que os bois lavram o campo, arando de cá para lá, depois de lá para cá. O que não deve ser nada prático, mas dá uma ideia do trabalho de boi que é *escrever-se*. Sem mais comentários eis o sonho, que não consegui narrar melhor que isso.

Vizinhança

Quando a vi abrir a porta da casa com imperturbável decisão, logo percebi que a teria de conquistar a qualquer preço. A tarefa não me parecia impossível, longe disso, mas também não me deixava embalar por fantasias de um êxito fácil. Ficava evidente, pela precisão estudada de seus gestos, que minha precavida vizinha não se contentara em dar volta dupla à chave. Não! Devia ter corrido também algum tipo de tranca suplementar, quem sabe mais de uma.

Minhas primeiras tentativas mostraram-se infrutíferas, o que não me surpreendeu. A porta estava muito bem trancada, é claro, bem como as janelas e a entrada de serviço. A casa era térrea e não aparentava ser uma fortaleza. Tinha uma chaminé, verdade, porém estreita demais para dar passagem a um adulto de minha envergadura, mesmo que minha antiga alergia à fuligem não fosse, por si só, um obstáculo intransponível para tal gênero de penetração. Por outro lado, o arrombamento estava fora de questão. Nunca fui um tipo violento nem seria de valor algum para mim ter a casa arrombada. Pensei até em me disfarçar. Policial ou carteiro, talvez. Mas, logo tirei a ideia da cabeça: conhecíamo-nos bem demais para que um truque dessa laia oferecesse qualquer perspectiva de sucesso. Tocar a campainha ou bater na porta, isso nem pensar. Minha vizinha decerto iria inquirir, sem a menor sensibilidade, que estava eu fazendo do lado de fora.

Foram dias de angústia e incerteza. Meu assédio não prosperava, sua fortaleza – como passei a designá-la, mesmo ciente da impropriedade do termo – não mostrava brechas, fissuras, poros sequer. No mais, eu levava a vida normalmente. Levantava-me pontualmente às sete, saía às oito para o trabalho, destrancando os ferrolhos e fechando a porta por fora com o devido cuidado. Entre um e outro cliente, deixava o escritório e voltava a rondar a casa da vizinha, sempre à espera de uma providencial inspiração.

Esta não veio da inspeção cuidadosa, todavia. Como é tão comum acontecer em situações do gênero, foi deitado em minha cama que tive a primeira ideia verdadeiramente prática. E não foi a casa da vizinha que a inspirou, mas uma antiga leiteira de prata, herança de minha mãe. Junto com o bule, ficava em exposição numa prateleira defronte ao leito, refletindo os poucos móveis que decoravam meu quarto. Movê-la para uma mesa próxima à parede não me deu maior trabalho. Um pouco mais difícil foi praticar uma abertura de meio centímetro na parede de vez-e-meia que nos separava, um furo pequeno e bem disfarçado, quase invisível do lado dela. Tive de o abrir em horas estranhas, trabalhando com instrumentos precários, como um prisioneiro vigiado, o que aumentou minha sensação de impropriedade.

Por fim, vencida a última camada de argamassa e raspada delicadamente a pintura, pude encostar a leiteira na parede, sendo recompensado com a primeira visão interior da casa conquistada. Sendo também seu quarto, dela, a superfície espelhada parabólica refletia polidamente parte da verdade interior, concentrando-a em ponto pequeno. Os móveis, por exemplo, não diferiam quase dos meus. O banheiro, previsivelmente, ocupava a mesma posição, conquanto invertida, como é natural em se tratando de um espelho. O mais fantástico, entretanto, é que a vizinha parecia intuir que estava sendo observada. Não que o recato natural que ostentava fora de casa se tivesse acrescido de um grão de pudor sequer! Ao contrário. Diria até que se sentia muito à vontade sob observação, embora seja impossível estar seguro se efetivamente conhecia ou não minha identidade. Os anos contribuem tão pouco ao conhecimento mútuo...

O fato é que ela ao menos aparentava estar inteiramente à vontade, até lisonjeada com a súbita atenção. Andava de lá para cá, como quem se aprecia na visão alheia. Se posso interpretar assim, ousaria suspeitar de um tanto de coqueteria, na maneira pela qual ia e vinha pelo quarto, entrava e saía do banheiro, às vezes nua. Imaginei, por um momento, que se pavoneava como uma borboleta. Ou, pensando de outra forma, é possível que nem sequer desconfiasse do buraco que se abria entre nós, de sua imagem encostada à parede, e somente agisse por natureza, por autoestima. Vista na rua, precisa e sobranceira, quem diria que pudesse ser tão diferente por dentro?

Foram as rápidas e distorcidas visões de minha vizinha, contudo, que finalmente me conduziram ao fundo do problema. Era preciso que a casa tivesse um porão! Tão aparente era tudo, tão superficial, diria, tão lúcido e veraz, que necessariamente meu espírito divisava sob o solo da aparência uma dimensão mais profunda e obscura.

Escavá-la, como é de regra nesses casos, demandou mais que este *insight*. Foram meses à beira da prancheta de projetos, para arquitetar o plano baixo da construção. Por sorte, entre um e outro trabalho encomendado, dos quais evitava descuidar profissionalmente, sempre me sobrava tempo bastante para adiantar o meu. Tendo enfim delineado um projeto consistente, que não poria a casa abaixo, implementá-lo custou relativamente pouco. Bastou deixar surgir a profundeza. Com pertinácia, pois, como se pode notar, estava decidido a tudo, tomei em consideração cada detalhe da edificação e, ao tempo em que a reconstruía intimamente, fui também me arrastando por seu labirinto. Teias de aranha barravam-me o caminho tortuoso, experimentei por vezes repressão e isolamento ao deslocar certas barreiras censuráveis, porém nunca esmoreci no aprofundamento da pesquisa. Trabalhei como um boi arando o campo. Para a frente e para baixo, era meu lema!

Quando dei por mim, lá estava.

Era um espaço cimentado, claro e limpo. Sem acabamento, de início, porém não despojado de interesse. Lá estavam, por exemplo, meus livros de infância, dispostos em boa ordem, numa estante de alumínio escovado. Havia muito não os via. Detive-me, folheando um ou outro, ao acaso, e quase me esquecia o propósito original. Em particular, atraíam-me as capas. Alisei-as com carinho nostálgico e regressivo. Aquelas avermelhadas, mortiças pela idade, aveludadas ao tato: uma coleção sobre o sistema econômico do país-colônia, da qual nunca lera mais que o índice. A

Primeira Visitação dos inquisidores às terras austrais, e o ridículo a que foram submetidos pelo excesso de confissões voluntárias. Capas amareladas de histórias infantis, com gravuras eróticas e chocantes, de fazer perder o sono. Um dicionário enciclopédico, em grafia antediluviana, que, este sim, percorrera na juventude, verbete por verbete, durante uma longa enfermidade. Quase tudo o que sei estava lá, de uma maneira ou de outra. Bastava lê-lo. Uma pequena placa de madeira encimava a estante, exibindo o nome enigmático: *Biblioteca Boustrofédon*. Fui e voltei incontáveis vezes pela superfície das lombadas, para frente e para trás, sem decifrar o enigma.

Com diligente esforço, desprendi-me do cheiro adocicado da infância e procurei uma entrada à vida adulta. No teto, a princípio, não enxergava ranhura acessível. Andei de um lado para outro. Nada. Ao passar, pela terceira vez ao largo da adega de vinhos, conservas e geleias que comi durante toda a vida – potes de vidro, latas que suspeitei já estarem enferrujadas em sua mal conservada intimidade, pequenos tubos de enchidos, devorados com sofreguidão nas noites de insônia, centenas de garrafas de vinho que inspiraram alguns escritos desconexos e incriminadores, que já destruí ou publiquei – , foi só na terceira vez que notei a fenda. Dependendo do ângulo de visão, era visível ou invisível. Encontrando o ângulo correto, do qual, embora invisível, era alcançável, decidi-me por um impulso instintivo. Avancei de cabeça.

Imagine-se minha surpresa quando, ao emergir no quarto, ela, a vizinha, me notou instantaneamente, mas, em vez de censurar minha intromissão ou assustar-se, agradou-me os cabelos com afagos, estimulando minha penetrante ascensão. A essa altura, não me fiz de rogado, embora custe ter de admitir. Entrei e aproveitei, sem censura. É preciso avaliar a situação geral. Se o objeto a conquistar era a casa, que seria ela sem sua dona de casa? Quase nada.

Invadida sua casa, ou, como já me dissera inúmeras vezes, vencida sua fortaleza, não havia mais que a aproveitar. Juntamo-nos no leito da forma convencional. Depois, os olhos vagando ao redor, pude notar, sem sombra de dúvidas, o mesmo tom azul esmaecido de meu próprio quarto. Tudo era perfeitamente igual. Os mesmos móveis. A mesma vista pela janela estreita. Ainda uma fruta que havia deixado cair, ao aproximar a leiteira da parede, estava ali, tombada no chão, em posição correspondente, conquanto inversa, à da queda original. Já não havia hesitação em minha mente: este quarto era tal e qual meu quarto. Cada pormenor correspondia, surpreendentemente.

Pela manhã, lembro-me com a exatidão de um sonho, ela me dirigiu seu sorriso de sempre, pálido e consensual, testemunha putativa de que esta fora mais uma de nossas noites. Isto tampouco me surpreendeu. Os truques femininos inconscientes. Assegurei-me, mirando a leiteira do outro lado do orifício e os restos da fenda inferior que já se fechava, por um efeito natural da fisiologia muscular do piso, de que tal sugestão estava apenas a serviço da rotina. Muito mais fácil imaginar que há muitos anos vivíamos juntos. Não havia malícia de sua parte, não tentava impor-me uma sugestão pós-hipnótica. Em absoluto. Conquistada, seu erro era honesto, como o de todos. Como trilhos, as vidas não se cruzam, senão ao preço de um desastre inominável. Porém, estava claríssimo para mim que não se tratava de convivência. O nosso, era um caso de simples vizinhança.

Posfácio

O pensamento de Fabio Herrmann é genial, fascinante, e está muito bem apresentado neste livro sucinto. Isso, considerando a vasta obra do autor – composta de dez livros publicados em vida, além de cerca de uma centena de artigos, a maioria publicada também quando estava vivo. O livro que temos em mãos, *Sobre os Fundamentos da Psicanálise (quatro cursos e um preâmbulo)*, oferece uma iniciação possível a este sistema de pensamento simples e complexo, *crítico-heurístico* como o caracteriza Leda Herrmann em seu livro.[1] Mesmo para os conhecedores do pensamento de Herrmann, este livro traz inúmeras ponderações originais sobre como conceber Psicanálise, auxiliando particularmente a se refletir sobre a clínica psicanalítica, com exemplos do consultório e de fora dele.

---

1 Herrmann, Leda. *Andaimes do real: a construção de um pensamento.* São Paulo, Casa do Psicólogo, 2007.

Durante a leitura, é comum nos identificarmos com as situações apresentadas, lembrando experiências com pacientes ou, mais amplamente, de nossas vidas. Para os que querem se iniciar no pensamento deste autor, o livro é uma dentre suas infindáveis portas de acesso – pois são deveras infinitos os caminhos que se pode trilhar nesse sentido. Vale ressaltar que, ao longo do livro, dois ou três exemplos clínicos se repetem, mas de forma a revelar o novo, a narrativa se transforma, assim como a perspectiva adotada. A maneira de contar vai mudando, e os exemplos ganham novas dimensões. Daí, suspeito a escolha de Leda,[2] organizadora do livro, por mantê-los intocados.

Considero que a forma da narrativa é tão importante quanto as ideias nesse sistema de pensamento: constitui sua riqueza, apresenta um estilo e, principalmente, obriga o leitor a pensar interpretativamente. Sem uma forma, o pensamento não acontece, pois é nela que ele se concretiza. Portanto, principalmente considerando a qualidade dessa escrita, não basta o estudioso da Psicanálise aprender os conceitos da *Teoria dos Campos*; o texto do autor nos ensina a pensar *com* ele. Trata-se de uma escrita formativa para o leitor mais jovem. Podemos dizer que, além de psicanalista e pensador, Herrmann foi um escritor de literatura que permaneceu ancorado no campo psicanalítico.[3]

---

2 Tenho optado por utilizar o primeiro nome de Leda e reservado o sobrenome Herrmann para me referir ao seu marido.

3 A afirmação do próprio Herrmann de que ele não "alberga no íntimo pretensão alguma a ser um sério escritor de ficção" é um tanto enganosa: não diz que ele não é. (Herrmann, Fabio. Sobre a infância de Adão. *Percurso. Revista de Psicanálise*, São Paulo, n. 38, p. 11-22, 2007). Em meu livro *Literacura: Psicanálise como forma literária* (São Paulo: Unifesp/Fapesp, 2015), procuro demonstrar o contrário: sua escrita atinge unidade estética – produzida por interpretação psicanalítica, o que o torna, de fato, um literato.

Neste breve posfácio, faz-se necessário apresentar um recorte para discutir este livro e a obra do autor; optei por fazer uma nota sobre os nomes cunhados ou reinterpretados por Herrmann. Considerando o abrangente terreno de conceitos, formulações e neologismos que ele adota, pareceu-me relevante e, em alguma medida, urgente. Determinadas designações são retomadas em vários momentos da obra; outras servem de metáfora em um texto, mas em outro não. Em suma, cabe perguntarmos: por que tantos nomes? O mais comum deles é *Teoria dos Campos*, pelo qual ficou conhecido o pensamento. Mas, se bem podemos utilizá-lo, em companhia do próprio autor, não é um termo necessário.

Dá-se que esse sistema de pensamento pode ser considerado de várias maneiras. Exemplos: como uma *psicanálise possível*, formulação que o autor usava muito, ou como uma *psicanálise brasileira*, também encontrada em seus escritos. Gosto particularmente desta última, pois privilegia sua participação íntima na tradição psicanalítica brasileira, inaugurada antes dele, por exemplo, com Isaías Melsohn.[4] Sua especificidade é observável na clínica – pensada de maneira ampla – e nos pensamentos psicanalíticos que acontecem principalmente em São Paulo, mas também em diversos pontos do Brasil, como notadamente em Uberlândia. Além desses dois exemplos, há ainda outras designações para essa interpretação da Psicanálise, que são encontradas ao longo dos escritos de Herrmann, como *depuração do método psicanalítico*, *clínica extensa*, *alta teoria* e *pensamento por ruptura de campo*.

A conclusão a que chego é de se tratar de uma pletora de nomes (nomes, nomes, nomes, parafraseando o famigerado personagem

---

4 Este argumento é sustentado pelo próprio Herrmann, em sua apresentação do livro que reúne ideias sobre Melsohn: Isaías Melsohn: a Psicanálise e a vida (organizado por B. M. Sister e M. Taffarel). São Paulo: Escuta, 1996.

shakespeariano Polonius), cujo objeto, neste caso, é revelar sentidos não aparentes. Ou seja, eles não são apresentados para prescrever os conceitos psicanalíticos, nem designam termos a serem memorizados: são gatilhos do pensamento.

Por outro lado, tampouco são excludentes, substituíveis, nem se bastam por si sós. Cada designação é descritiva, precisa e singular. Sua força reside no *desencontro produtivo* que provocam quando pensadas lado a lado. Cito um breve exemplo: podemos indagar que a Psicanálise segundo Herrmann é brasileira (psicanálise brasileira) ou universal (método psicanalítico)?

Ao confrontar-nos com um excesso de descritores, Herrmann – que considero, além de um freudiano e, entre muitos outros qualificativos, um joyceano, justamente no sentido de, quando julga necessário, expressar-se pelo excesso – está mostrando que o cerne de seu pensamento não está em cada designação, no conceito proposto ou denotado, mas sim no ato criativo que o engendra, nas discussões que, em conjunto, os descritivos propiciam. Ou seja, Herrmann cumpre, na sua obra, a sua própria proposta: aquela que, na sua interpretação daquela de Freud, chamou *horizonte de vocação da Psicanálise*. Entretanto, a *forma* – *como* se chega a uma interpretação psicanalítica – é mais importante que cada conceito resultante desse processo.

Outro exemplo: sobre o conceito de *clínica extensa*, que foi privilegiado particularmente nos dois últimos cursos deste livro – talvez por tratarem prioritariamente da clínica psicanalítica e não da depuração do método de uma perspectiva mais filosófica – cito uma passagem elucidativa:

> *Os conceitos psicanalíticos, os de Freud, assim como os de todos os demais autores, só adquirem pleno sentido*

> *quando em movimento, como os fotogramas que compõem um filme. Fazem sentido no curso de uma psicanálise, seja esta clínica, padrão ou extensa, literária, cultural etc. – por simplicidade, prefiro reunir todas essas variantes sob o título de clínica extensa, já que a aplicação do método interpretativo sempre tem uma dimensão de cura, mesmo quando não diz respeito a doença alguma. Digamos que o método psicanalítico é tanto a câmera que filmou, quanto o projetor que exibe o filme (1. Primeira meditação, item 1.2. Psicanálise na Universidade, p. 216).*

Fica evidente, nesta passagem, que *clínica extensa* é mais um nome para Psicanálise. O que não muda no pensamento de Herrmann – cada vez que um conceito é pensado de outro ângulo e/ou novos nomes são dados – é a ideia de uma ontologia comum, que caracterize a singularidade do fazer psicanalítico, chamemo-lo, com o autor, de *método psicanalítico* ou de outra coisa. As teorias e os conceitos podem ser abandonados, não a busca pela interpretação. Herrmann perseguiu incessantemente a sua definição do termo freudiano de método psicanalítico, valorizando esse processo de investigação, não tanto cada resultado que foi obtendo. Daí, podemos pensar, a multiplicidade de nomes; daí a sua desimportância relativa.

Entretanto, uma pergunta permanece não respondida: o pensamento psicanalítico de Herrmann é brasileiro ou é universal? Por um lado, podemos pensar que ele persegue o entendimento do que é Psicanálise com P maiúsculo, ou seja, o que ela tem de universal enquanto ciência futura em construção. Por outro lado, ao escrever, coloca no papel o seu percurso singular produtivo, participando da tradição brasileira e recriando-a. Assim, brasileiro e universal em inter-relação. Dou um passo adiante: pensar com os conceitos de Herrmann pode propiciar uma maior compreensão do que sejam, do que não sejam e/ou, ainda, pode derivar novos. É a maneira de dar continuidade a essa tradição, de manter vivo o pensamento do autor, repensando-o sempre.[5]

Para finalizar, uma última consideração: a obra de Herrmann pode ser estudada a partir de no mínimo dois "momentos" de seu pensamento. No primeiro, ele privilegia a criação de conceitos,[6] cunhando nomes ou redefinindo os existentes, preocupado em explicitar o que é Psicanálise e o que ela faz. É um pensamento que nasce, portanto, aparentado à filosofia. Nesse sentido, principalmente nas três primeiras décadas de sua criação, Herrmann privilegiou a depuração do processo interpretativo, quis saber como uma psicanálise acontece e o que ela cria. *Sobre os fundamentos da Psicanálise (quatro cursos e um preâmbulo)* é também um exercício de apanhado e explicitação dessas designações conceituais, pensadas ativamente na clínica, seja dentro do consultório, seja a partir do mundo em que vivemos.

Contudo, tenho estudado algo minuciosamente os últimos escritos de Herrmann, produzidos contemporaneamente aos dois últimos cursos deste livro, ou mesmo depois. Neles, penso que Herrmann colhe os resultados de sua pesquisa anterior. São trabalhos clínicos, no sentido da *Teoria dos Campos*, que mostram alguns *possíveis* da

---

5 Nesse sentido, Piglia fala do interesse em fazer leituras que não reproduzam um pensamento, mas que o reeditem, criando novas ideias (Piglia, Ricardo. *El úlltimo lector*. Barcelona: Anagrama, 2005). Até porque, digo eu na esteira de Herrmann, a única maneira de reproduzir com fidelidade é fazer como Pierre Menard, personagem de Borges: reescrever o que já foi dito.

6 Deleuze e Guatari, por exemplo, definem arte, filosofia, e ciência, contrapondo-as. Para eles, "criar conceitos novos é o objeto da filosofia" (p. 13 – Deleuze, Gilles e Guatari, Félix. *O que é Filosofia?* Tradução de B. Prado Jr e A. A. Muñoz. São Paulo: Editora 34, 2007. Trabalho originalmente publicado em 1991).

interpretação psicanalítica, deixando para o leitor a perspectiva de continuar esse legado, de criar outras perspectivas, audazes como as dele, adentrando o campo artístico. Já tendo anteriormente em sua obra se dedicado exaustivamente ao estudo do método psicanalítico, como ele próprio indica na Apresentação deste livro, Herrmann, nesse segundo momento, adentra o campo das artes, na sua criação de psicanálises, ao mesmo tempo, clínicas e artísticas. O faz sempre alicerçado pela *alta teoria* que produzira, os andaimes retirados de sua produção mais recente. Resulta desse segundo momento, em 2002,[7] um livro de ficção literária e, ainda inédito, um trabalho de fotografia e escrita poética, produzido em 2005.[8] Na mesma direção, já em 1992[9] e 1999,[10] despontavam livros de ensaios literários, embora o caminho para a arte se solidifique principalmente no livro de 2002.

Em *Sobre os fundamentos da Psicanálise (quatro cursos e um preâmbulo)* temos indícios do nascer cada vez mais artístico na escrita de Herrmann, nessa espécie de progressão que estou propondo, da Filosofia à literatura de ficção, às artes visuais com prosa poética. O último texto do livro, "Visita aos sonhos (Escrever-se)" é, por exemplo, uma clara indicação nesse sentido. Podemos perguntar: esse texto adentra, com os dois pés, pelo âmbito literário? Como em inúmeros momentos desta rica obra, há vários argumentos para dizermos que sim. Temos aqui um híbrido dos dois momentos.

Fernanda Sofio
São Paulo, janeiro de 2015.

---

7 Herrmann, Fabio. *A Infância de Adão e outras ficções freudianas*, op. cit.
8 ______. *Anotando a China (Viagem psicanalítica ao Oriente)*, inédito.
9 ______. *O divã a passeio: à procura da Psicanálise onde não parece estar*, op. cit.
10 ______. *A Psique e o eu*, op. cit.

Referências

Assis, M. de. O casamento do diabo, Obra Completa, Ed. José Aguilar, 1959, vol. III, Poesia, Crônica, Crítica, Miscelânea e Epistolário, p. 324

________. Galeria Póstuma, Histórias sem data. Obras Completas. Rio de Janeiro, José Aguelar, 1959, tomo II, p. 395.

Barone, L. M. C. et al. A Psicanálise e a Clínica Extensa, Casa do Psicólogo, 2005, pp.17-31.

Blanton, S. Diário de minha análise com Sigmund Freud, Nacional, 1975.

Borges, J. L. História Universal da Infâmia, Porto Alegre, Globo, 1975, pp. XXIX.

Butor, M. et al. Joyce e o romance moderno, Documentos, 1969.

Campos, A. H. Panorama do Finnegan's Wake, Perspectiva, 1986.

Camus, A. Le Mythe de Sisyphe. Paris, Gallimard, p. 48 e 166.

Cohn, G. L'Oeuvre de Mallarmé: "Un coup des dés", Librairie Les Lettre, 1951.

Contos de Perrault. Trad. Olívia Krahembuhl. São Paulo: Cultrix, 1968, 3a ed.

Deleuze, F.; Guatarri, G. O que é Filosofia? Trad. B. Prado Jr e A. A. Muñoz. Rio de Janeiro: Editora 34, 2007.

Dicionário de Gastronomia Larousse.

Ellman, R. Ulysses, A short history. In Joyce, Ulysses, Penguin Books, 1977.

Erasmo. Elogio da loucura, trad. Paulo M. Oliveira. Rio de Janeiro: Ediouro, p. 81 e 110.

Erikson, E. H. Eight Ages of Man. International Journal of Psychiatry, 1966, vol. 2, n. 3, p. 281-300.

Ernst, M. Citado em Duplessis, Yves. O surrealismo, Difusão Europeia do Livro, São Paulo, 1956, p. 29.

Faure, É. L'Esprit des Formes. In Histoire de l'Art. Paris, Librairie Plon, tomo V, p. 35.

Freud, S. (1926) Inhibición, Síntoma y Angustia. Obras Completas. Editorial Nueva Madrid, 1948, vol. I.

_______. (1924) Resumo da Psicanálise. In Sigmund Freud Obras Completas. Trad. Paulo César de Souza, São Paulo, Companhia das Letras, vol. 16, p. 227, 2011.

_______. (1929). Revisão da teoria do sonho, in Novas Conferências Introdutórias à Psicanálise, trad. Paulo César de Souza, Sigmund Freud – Obras completas, vol. 18, Companhia das Letras, 2010, pp. 148-9.

_______. (1916). "Alguns tipos de caráter encontrados na prática psicanalítica". Obras completas, Companhia das letras, 2010: "Os que fracassam no triunfo"

Gilbert, S. James Joyce a study, Faber & Faber Limited, 1960.

Chesterton, G. K. Ortodoxia, Livraria Tavares, Porto, 1956, p. 87.

Herrmann, F. A Infância de Adão e outras ficções freudianas, Casa do Psicólogo, 2002.

_______. Análise didática em tempos de penúria teórica. Revista Brasileira de Psicanálise, vol. 32, n. 4, pp. 679-709.

_______. Andaimes do Real: O Método da Psicanálise, Casa do Psicólogo, 2001, 3a ed.

_______. Clínica Psicanalítica: A Arte da Interpretação, 3a ed. pela Casa do Psicólogo, 2003.

_______. A Cura no campo psicanalítico, Andaimes do Real: O Método da Psicanálise, op. cit., 3a parte, pp. 273-287.

_______. A moldura da clínica, in Clínica Psicanalítica: A Arte da Interpretação, op. cit., cap. 3, pp. 37-50

_______. Sobre a infância de Adão, Percurso. Revista de Psicanálise, 38, 2007, p. 11.

_______. A arte da interpretação, in Clínica Psicanalítica: A Arte da Interpretação, Casa do Psicólogo, 2003, 3a ed., cap. 6.

_______. A Psicanálise em São Paulo, 15/06/1986, suplemento Folhetim, Folha de S. Paulo.

_______. A travessia da incerteza. Sobre a clínica extensa no consultório, Jornal de Psicanálise, vol. 36, n. 66/67, 2003, pp. 167-194.

_______. Da inveja envergonhada, in A infância de Adão e outras ficções freudianas, op. cit., pp. 169-173.

_______. Nossa clinica. In Introdução à Teoria dos Campos, Casa do Psicólogo, 2004, 3a ed., cap. 17.

_______. Da técnica psicanalítica, in Andaimes do Real: O Método da Psicanálise, op. cit., capítulo VIII, Parte segunda, pp. 173-185.

_______. Introdução in Andaimes do Real: O Método da Psicanálise, op. cit., p. 30.

_______. O que é Psicanálise, para iniciantes ou não..., Blucher, 2015, 14a ed.

_______. Zona intermediária, in Introdução à Teoria dos Campos. Casa do Psicólogo, 2004, 2a ed.

_______. A Psique e o Eu. São Paulo, Hepsyché, 1999.

_______. O Divã a Passeio: à procura da Psicanálise onde não parece estar. São Paulo, Casa do Psicólogo, 2001, 2a ed.

_______. Anotando a China (Viagem Psicanalítica ao Oriente: Inédito)

Herrmann, L. Andaimes do Real: A Construção de um Pensamento. Casa do Psicólogo, 2007, p. 4.

Herrmann, Leda e Fabio. Entrevista em Serviço Social de Casos – Emoção (Conceitos Gerais). São Paulo, PUCSP, 1970; publicação interna.

Hesíodo. Teogonia, in Hesiod and Theogonis, trad. D. Wender, Penguin Classics, 1979.

Johnson J. Introduction, in J. Joyce, Ulysses, 1922 text, Oxford University Press, 1993.

Joyce, J. Ulisses, trad. Antônio Houaiss, Civilização Brasileira, 2000.

_______. A James Joyce reader, Penguin Books, 1993.

_______. Finnegan's Wake, Penguin Books, 1988.

Langer, S. Filosofia em Nova Chave, Perspectiva, 2004.

Lefebvre, H. Introdução à Modernidade. Rio de Janeiro, Paz e Terra, 1969, p. 14.

Lévi-Strauss, C. O Pensamento Selvagem, trad. Maria Celeste da Costa e Souza e Almir de Oliveira Aguiar. São Paulo, Nacional, 1970, p. 209.

Lima, A. Trajetória de um Conceito – Comunicação Clínica. Instituto de Psicanálise da Sociedade Brasileira de Psicanálise de São Paulo.

Mallarmé, S. Mallarmé Poésies et autres textes. Paris. Le Livre de Poche, 1998.

_______. Um coup de dés jamais n'abolira le hasard, in Mallarmé Poésies et autres textes. Paris: Le Livre de Poche, 1998, pp. 251-278.

_______. Cantique de saint Jean, op. cit., p. 108.

Mendeleiev. Princípios de Química, "tabela periódica dos elementos", 1869.

Monzani, L. R. Freud, o movimento de um pensamento, tese de doutoramento apresentada à FFLCH da USP, 1982. (Posteriormente publicada em livro com o mesmo título pela Editora UNICAMP, 1989.)

Nietzche. La Naissance de la Tragedie, trad. G. Branquis, Gallimard, 1976.

Peirce, C. S. Resenhas. Capítulo X, Lady Welby, What is meaning?, in Os Pensadores, vol. XXXVI, trad. Luís Henrique dos Santos, Abril Cultural, 1974, pp. 137-141.

Perez, A. "El Sentimiento del Absurdo en la Pintura". Santiago, Universitário, 1970.

Piglia, R. El Último Lector. Barcelona, Anagrama, 2005.

Poincaré, H. Últimos Pensamentos. Rio de Janeiro, Livraria Garnier, 1924; cap. IV, "A Lógica do Infinito".

Politzer, G. Crítica dos Fundamentos de Psicologia, Presença/Martins Fontes, s.d.

Pound/Joyce. The letters of Ezra Pound to James Joyce, New Directions Book, 1970.

Rancière, J.; Mallarmé. La Politique et la sirène, Hachette-Luvre, 1966, p. 98.

Ricoeur, P. De l'Interprétation, essai sur Freud. Paris, Editions du Seuil, 1965, p. 91.

Schawarz, R. As ideias fora de lugar, Ao Vencedor as Batatas, Editora 34, 2001, 5a ed., pp. 9-31.

Sister, B. & Taffarel, M. Isaias Melsohn: A Psicanálise e a vida. São Paulo: Escuta, 1996.

Sofio, F. Função terapêutica e hospital: onde há psicanálise? Dissertação de Mestrado, Programa de Pós-Graduação em Psicologia Clínica, PUCSP, 2006.

_______. Literacura? Psicanálise como forma literária: uma interpretação estética vislumbrada. Tese de Doutorado. Instituto de Psicologia, USP, 2013.

_______. Literatura: Psicanálise como forma literária. São Paulo. Unesp/Fapesp, 2015.

Soriano, M. Les Contes de Perrault: culture savante et traditions populaires. Paris, Gallimard, 1968.

Strachey, J. Editor's Introduction. In Freud, S. The Psychopatology of Everyday Life. St. Ed. London, Hogarth Press, 1973, Vol. V, p. XIII.

Vega, G. de la. Comentarios Reales: el origen de los incas. Barcelona, Bruguera, 1968, p. 56.

Zilboorg, G. Historia de la Psicología Médica, trad. Vicente P. Quinters. Buenos Aires, Editorial Psique, 1968.